ŒUVRES
COMPLÈTES
DE MOLIÈRE

COLLATIONNÉES SUR LES TEXTES ORIGINAUX ET COMMENTÉES

PAR

M. LOUIS MOLAND

DEUXIÈME ÉDITION

SOIGNEUSEMENT REVUE ET CONSIDÉRABLEMENT AUGMENTÉE

Une composition de Staal, gravée sur acier, accompagne chaque pièce

---

TOME DIXIÈME

PARIS
GARNIER FRÈRES, LIBRAIRES-ÉDITEURS
6, RUE DES SAINTS-PÈRES

AVIS AUX SOUSCRIPTEURS. — Le premier volume, consacré entièrement à la Vie de Molière et aux documents biographiques, paraîtra en dernier lieu.

CHEFS-D'ŒUVRE

DE LA

LITTÉRATURE

FRANÇAISE

7 *quater*

PARIS. — IMPRIMERIE A. QUANTIN
7, RUE SAINT-BENOIT

ŒUVRES

COMPLÈTES

DE MOLIÈRE

———

TOME DIXIÈME

Mᴿ DE POURCEAUGNAC.

ACTE II SCÈNE VI

Garnier frères, Éditeurs

ŒUVRES
COMPLÈTES
DE MOLIÈRE

COLLATIONNÉES SUR LES TEXTES ORIGINAUX ET COMMENTÉES

PAR

M. LOUIS MOLAND

DEUXIÈME ÉDITION

SOIGNEUSEMENT REVUE ET CONSIDÉRABLEMENT AUGMENTÉE

Une composition de Staal, gravée sur acier, accompagne chaque pièce

TOME DIXIÈME

 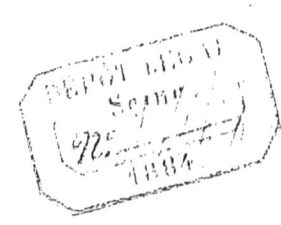

PARIS

GARNIER FRÈRES, LIBRAIRES-ÉDITEURS

6, RUE DES SAINTS-PÈRES, 6

MDCCCLXXXIII

MONSIEUR

DE POURCEAUGNAC

COMÉDIE-BALLET EN TROIS ACTES

6 octobre 1669.

NOTICE PRÉLIMINAIRE.

Toute la première partie de l'année 1669 fut occupée par *le Tartuffe*, livré enfin au public (voyez tome VI, page 29). Ce fut seulement au mois d'octobre qu'une nouvelle production de Molière vit le jour, et cette pièce fut commandée pour les plaisirs du roi. On écrit de Chambord à la Gazette, sous la date du 7 octobre 1669 : « Leurs Majestés continuent de prendre ici le divertissement de la chasse ; et, hier, elles eurent celui d'une nouvelle comédie par la troupe du roi, entremêlée d'entrées de ballet et de musique ; le tout si bien concerté qu'il ne se peut rien voir de plus agréable. L'ouverture s'en fit par un délicieux concert, suivi d'une sérénade de voix, d'instruments et de danses. Et, dans le quatrième intermède, il parut grand nombre de masques qui, par leurs chansons et leurs danses, plurent grandement aux spectateurs. La décoration de la scène étoit pareillement si superbe que la magnificence n'éclata pas moins en ce divertissement que la galanterie, de manière qu'il n'étoit pas moins digne de cette belle cour que tous ceux qui l'ont précédé. »

La pièce annoncée en ces termes par la Gazette, ce divertissement d'une soirée royale entre deux parties de chasse dans les forêts de Chambord, c'est *Monsieur de Pourceaugnac*, l'immortelle facétie dont on a pu dire : « Si l'on croit qu'il y ait beaucoup plus d'hommes capables de faire *Pourceaugnac* que *le Misanthrope*, on se trompe. »

NOTICE PRÉLIMINAIRE.

Robinet, dans sa lettre du 12 octobre, est, comme toujours, plus complimenteur que la Gazette en prose :

> Or, du mois courant le sixième,
> La cour eut un régal nouveau
> Également galant et beau,
> Et même aussi fort magnifique,
> De comédie et de musique,
> Avec entr'actes de ballet,
> D'un genre gaillard et follet,
> Le tout venant, non de copiste,
> Mais vraiment du seigneur Baptiste
> Et du sieur Molière, intendants,
> Malgré tous autres prétendants,
> Des spectacles de notre Sire.....
> Les actrices et les acteurs
> Ravirent leurs grands spectateurs,
> Et cette merveilleuse troupe
> N'eut jamais tant le vent en poupe.

La pièce fut jouée au Palais-Royal le 15 du mois suivant ; et à cette occasion Robinet, dans sa lettre du 23 novembre, revient sur la nouvelle pièce et ajoute quelques détails :

> Il (Molière) joue autant bien qu'il se peut
> Ce marquis de nouvelle fonte,
> Dont par hasard, à ce qu'on conte,
> L'original est à Paris,
> En colère autant que surpris
> De s'y voir dépeint de la sorte.
> Il jure, il tempête et s'emporte,
> Et veut faire ajourner l'auteur
> En réparation d'honneur,
> Tant pour lui que pour sa famille,
> Laquelle en Pourceaugnacs fourmille...
> Quoi qu'il en soit, voyez la pièce,
> Vous tous, citoyens de Lutèce :
> Vous avouerez en bonne foi
> Que c'est un vrai plaisir de roi.

Grimarest, cherchant par la suite à préciser ce que Robinet rapporte en cet endroit, prétend qu'un gentilhomme limosin « ayant un jour, dans une querelle qu'il eut sur le théâtre avec les comédiens, étalé une partie du ridicule dont il étoit chargé », Molière, pour se venger, en fit un personnage de comédie. On n'en sait pas plus, et encore nous avons dit ce qu'il faut attribuer de juste crédit à ces bruits de la chronique contemporaine.

Le vivant modèle de M. de Pourceaugnac serait donc venu trouver Molière jusque sur la scène. C'était faire acte de complaisance. Molière, sans aucun doute, le connaissait déjà : il l'avait dû rencontrer souvent dans les pérégrinations de sa jeunesse ; il avait eu affaire mille fois à lui, quand il jouait à Limoges et ailleurs. M. de Pourceaugnac est bien, comme M. de Sotenville, un hobereau provincial ; mais M. de Sotenville est le gentillâtre campagnard proprement dit, tandis que M. de Pourceaugnac est un gentillâtre bourgeois, qui sent la robe, et l'on dirait presque la robe de procureur. M. de Sotenville, dont la noblesse est d'épée, aurait eu pour lui autant de dédain que pour son gendre. A un point de vue plus général, M. de Pourceaugnac, c'est le sot épais et plein de jactance ; plaçant tout de travers sa confiance et ses soupçons, il est certes le plus facile des hommes à berner, mais il nous divertit par la présomption et la suffisance étonnée qu'il porte dans toutes ses mésaventures.

Ce rôle, comme vient de le dire Robinet, était joué par Molière. C'est à lui que J.-B. Lulli, que nous verrons figurer dans le second intermède sous le pseudonyme d'Il signor Chiacchierone, chantait les couplets italiens :

> Non vi lasciate uccidere
> Dal dolor malinconico...

« Ne vous laissez pas tuer par la mélancolie... » Qui eût dit que ce conseil, adressé à l'auteur d'une œuvre si gaie, n'était pas hors de propos ?

M. Livet (dans *le Moliériste* du 1er janvier 1880) cite un passage d'*Araspe et Simandre*, nouvelle imprimée à Paris, chez Barbin, en 1672, où il est dit : « J'allois sortir de la cuisine, quand un grand homme vêtu de noir y entra. Il étoit chargé d'une de ces lances dont l'illustre Cully (pour Lully, la faute est-elle volontaire ?) s'escrimoit de si bonne grâce au divertissement de Porsognac (*sic*), et de tout l'attirail nécessaire à cette course de bague, ou, pour m'expliquer mieux, d'un *piglialo sù* ».

A en croire Cizeron-Rival[1], Lulli remplit une fois le rôle de

---

1. *Récréations littéraires* (1765).

Pourceaugnac. Par une de ces libertés qu'il pensait faire toujours passer avec ses grimaces, il avait mécontenté le roi ; et, comme ce mécontentement durait, on commençait à croire à une disgrâce sérieuse du musicien. Lulli, pour rentrer en faveur, eut recours à la pièce de Molière, qui avait le privilège de divertir beaucoup Louis XIV.

Voici le récit de Cizeron-Rival :

« On dit que Lully, ayant eu le malheur de déplaire au roi, voulut essayer de rentrer dans ses bonnes grâces par une plaisanterie. Pour cet effet, il joua le rôle de Pourceaugnac devant Sa Majesté et y réussit à merveille, surtout à la fin de la pièce, quand les apothicaires, armés de leurs seringues, poursuivoient M. de Pourceaugnac : car Lully, après avoir longtemps couru sur le théâtre pour les éviter, vint sauter au milieu du clavecin qui étoit dans l'orchestre, et mit le clavecin en pièces. La gravité du roi ne put tenir contre cette folie, et Sa Majesté pardonna à Lully en faveur de la nouveauté. »

« Comment, dit Auger, Lulli, avec son baragouin italien, aurait-il pu se charger du rôle de Pourceaugnac ? » Il s'agissait très probablement d'un divertissement composé des intermèdes les plus gais de la pièce, et arrangé par Lulli lui-même qui, pour le besoin de sa cause, fit de Pourceaugnac un bourgeois italien et rima en couplets italiens tout son rôle. Nous avons ce divertissement ; il a été inséré dans « *le Carnaval,* mascarade représentée par l'Académie royale de musique l'an 1675, les paroles de différents auteurs, la musique de M. de Lully ». C'est le huitième opéra dans le *Recueil général des opéra représentés par l'Académie de musique depuis son établissement,* édité chez Christophe Ballard en 1703. On trouvera ci-après, à la suite de la pièce, la troisième entrée de cette mascarade, qui contient *Pourceaugnac* accommodé à l'italienne.

Quelque place qu'occupe M. de Pourceaugnac dans la pièce, ce n'était point tout que de posséder ce précieux personnage. Il ne suffisait même pas de l'avoir amené à Paris par le coche, afin de l'exposer à une série de tribulations et de mystifications. Il fallait créer des incidents, inventer une comédie dans la comédie. Molière, pour remplir ce cadre, eut recours, comme d'ordinaire, non seulement à ses observations, mais aux souvenirs et aux lectures de sa vie entière. Lorsqu'à chaque œuvre nouvelle nous faisons ainsi remarquer les réminiscences de l'auteur, lorsque nous recherchons les éléments dont il l'a formée, notre intention, qu'on ne s'y méprenne pas, n'est nullement de montrer Molière composant ses pièces avec des livres, à la façon d'un laborieux compilateur. Ce qui se passait en lui était certes tout différent ; il vivait au milieu d'un ensemble de traditions qui se présentaient tout naturellement à son esprit pour la composition de ses comédies. Un large courant lui apportait tout cela : les vigoureux tableaux de la scène antique, les mille inventions des théâtres de l'Italie et de l'Espagne, les récits de nos conteurs, tout cela flottait dans l'air, tout cela passait devant ses yeux, et lorsqu'il voulait tracer une action comique, il n'avait qu'à choisir. C'était là, en quelque sorte, des formes de langage prêtes à traduire sa pensée. Aussi il ne faut pas croire que l'abondance de ces imitations, qu'on ne peut appeler ainsi que faute d'un mot plus juste, se mesure toujours à l'importance de l'œuvre. *Monsieur de Pourceaugnac*, par exemple, cette bouffonnerie toute de fantaisie et de verve, en offre presque un aussi grand nombre que *l'Avare*.

Prenons d'abord le trait le plus saillant de cette comédie : M. de Pourceaugnac remis entre les mains du médecin, et, bon gré mal gré, considéré et traité comme malade, au lieu d'être « régalé comme il faut ». Cette aventure a fourni le sujet d'une longue suite de contes qui paraissent avoir singulièrement égayé nos bons aïeux. D'abord, pendant le moyen âge, c'est au curé, au pénitencier, qu'un malicieux débiteur conduit un créancier débonnaire ; il dit à celui-ci qu'on va l'expédier, qu'on va prendre soin de lui ; il dit à l'autre que le diable s'est emparé de cet homme, et qu'il est besoin de le confesser ou de l'exorciser ; et, cela fait, l'audacieux compère les laisse se débrouiller ensemble. C'est sous cette forme que l'histoire nous apparaît au XIIIe siècle, dans la dernière partie du fabliau célèbre des *Trois Aveugles de Compiègne* par Courte-Barbe ; c'est ainsi qu'on la retrouve dans *les Repues franches* attribuées à François Villon, sous la rubrique : « De la manière d'avoir du poisson », et qu'elle est répétée par maints conteurs du XVIe siècle. Peu à peu on substitua au prêtre un médecin ou un chirurgien, et à la maladie de l'âme une prétendue infirmité corporelle, et notamment la folie, la frénésie [1].

Modifiée de la sorte, elle fait un chapitre (le chapitre v) de l'*Histoire générale des larrons*, publiée à Lyon en 1639 par F. D. C. Lyonnois. Ce chapitre est intitulé : « De la plaisante

---

[1]. Dans *la Cortigiana*, de P. Aretino, par exemple, acte I, scène xv, on conduit à un médecin un pêcheur à qui on a pris ses lamproies, et qui croit que le médecin va le payer.

IL PESCATORE, IL MEDICO.

MEDICO.
Le fan male, e vero?

PESCATORE.
Signor, no. Le lamprede son cibo leggiere.

MEDICO.
Poveretto, tu farnetichi.

PESCATORE.
Come farneticho? Domandatene il medico.

MEDICO.
Ti pigliano di giorno ò di notte?

PESCATORE.
Io ne presi sei sta notte, e quattro sta mattino, e non ho paura che mi pigliano. Vostra signoria mi paghi, che ho da fare.

MEDICO.
Tuo padre ti lascio la maledittione certo.

PESCATORE.
Fù maledittione pur troppo a lasciarmi mendico.

MEDICO.
Io ti voglio guarire con una polvere.

PESCATORE.
Che diavolo hanno a fare le lamprede con volermi guarire? Pagatemi, se volete, che mi fareste attaccar al calendario.

MEDICO.
Pigliatelo, tenetelo, hora gli va attorno il cervello.

PESCATORE.
Ahi poltroni!

MEDICO.
Et ti voglio guarire.

PESCATORE.
Ahi tristi!

MEDICO.
Tu mordi?

PESCATORE.
Co' pugni, ladroni!

MEDICO.
Tu sei matto ò humorista.

PESCATORE.
Lasciatemi, traditori! matto io? io humorista?

MEDICO.
Conduciamolo in casa. Ah! poverello!

PESCATORE.
Voi mi ci strasinerete, vigliacchi!

MEDICO.
Tiratelo dentro. O come è maltrattato da gli humori!

tragédie jouée par deux voleurs chez un drapier de la rue Saint-Honoré. » Un des deux compagnons vint trouver un chirurgien de la rue de Montmartre, et, le tirant à quartier, il lui dit qu'il lui amènerait un jeune garçon de telle et telle façon, le priant de le conduire en la chambre, parce que ce jeune homme était certainement malade, et le prévenant toutefois que celui-ci pourrait bien faire quelques difficultés pour avouer son mal. Le chirurgien promet qu'on sera content de lui. Le compagnon se rend de là à la boutique du drapier, et choisit une pièce entière pour son maître, chirurgien renommé. La marchande commande à son commis de porter le drap et de suivre monsieur, « en ayant soin, ajoute-t-elle, de rapporter l'argent de votre marchandise ». On arrive chez le chirurgien, qui dit aussitôt : « Est-ce là ce jeune garçon dont vous m'avez parlé ? — Oui, monsieur, répond l'autre, s'il vous plaît ; menez-le en votre chambre pour le contenter. » Le commis laisse sa marchandise et s'en va avec le chirurgien, qui se met à lui faire la leçon : « Mon ami, lui dit-il, plus les maladies sont invétérées, plus il est difficile d'en recevoir la guérison. Le mal qui s'enviellit prend racine, etc. » Ce n'est qu'après de longues remontrances, menaces, explications, que le chirurgien comprend enfin la fraude dont le pauvre commis est victime. Quant à la pièce de drap laissée au compagnon, il va sans dire qu'elle avait disparu avec lui.

On s'était déjà avisé, du temps même de Molière, de mettre cette aventure à la scène. Un comédien du théâtre du Marais, Chevalier, y fit représenter en 1661 une farce en vers de huit syllabes intitulée : *la Désolation des filous sur la défense des armes, ou les Malades qui se portent bien*. Dans cette farce, un pauvre diable nommé Guillot, chargé par son maître de lui faire prêter, sur une bague, une somme dont il a besoin, s'adresse à cet effet à un intrigant qui prend le diamant et le remet à un de ses complices déguisé en médecin. Celui-ci prétend avoir été payé pour guérir Guillot, qu'il fait poursuivre par une troupe d'apothicaires armés de seringues. Nous sommes tout près, comme on le voit, de *Monsieur de Pourceaugnac*.

GUILLOT.
Mais qu'on me donne, bien et beau,

> Ou de l'argent, ou mon anneau.
>   PLUME SEICHE.
> Comme ce pauvre homme extravague!
>   GUILLOT.
> Rendez-moi, s'il vous plaît, ma bague,
> Ou bien me donnez de l'argent.
>   PLUME SEICHE.
> O bons dieux! que son mal est grand!
> Véritablement la folie
> Est une étrange maladie.
>   GUILLOT.
> Mes cinq cents livres, s'il vous plaît!
> On vous paiera bien l'intérêt.
>   PLUME SEICHE.
> Qu'entends-je? Hélas! quelle boutade!
> Monsieur, que vous êtes malade!
> Tâchez de revenir à vous.
>   GUILLOT.
> On me met donc au rang des fous
> Alors que mon bien je demande?
>   PLUME SEICHE.
> Que son extravagance est grande!...
>   GUILLOT.
> Çà, délivrez-moi promptement
> De l'argent ou mon diamant,
> Et laissons là l'extravagance.
>   PLUME SEICHE.
> Cet homme est plus mal qu'on ne pense.
> Hélas! que j'ai pitié de lui!
> N'avez-vous rien pris d'aujourd'hui?
>   GUILLOT.
> Non, mais je suis tout prêt à prendre
> L'argent qu'on me fait tant attendre.

Nous avons cité dans notre première édition de Molière un passage d'une nouvelle intitulée *Ne pas croire ce qu'on voit*, que, d'après Aimé Martin, nous avions attribuée à Scarron et datée de 1652. Ce passage était rapproché de la scène où Éraste persuade à M. de Pourceaugnac qu'ils sont de vieux amis et qu'il connaît toute sa famille. Le voici :

« Mendoce s'en retournoit consolé de toutes les disgrâces qui lui étoient arrivées, quand le valet du jaloux Don Diègue, nommé Ordogno, qui passa auprès de lui, fit semblant d'avoir une idée confuse de sa personne, et commença de l'appeler

pays, quoiqu'il ne l'eût jamais vu que cette fois-là. « Je ne sais,
« lui répondit Mendoce, si je suis de votre pays ou non, mais
« j'ai bien de la peine à vous reconnoître. — Vous, de la peine à
« me reconnoître ! Bon Dieu ! répondit l'artificieux Ordogno, je
« n'en crois rien ; vous n'oubliez pas vos amis si facilement,
« et je vois bien que présentement vous commencez à me re-
« mettre. — Je voudrois bien, dit Mendoce, que vous me donnas-
« siez quelques enseignes pour me rafraîchir un peu la mémoire
« touchant notre connoissance : car plus je vous regarde, moins
« je me souviens de vous avoir vu. — S'il ne tient qu'à cela, répli-
« qua le perfide Ordogno, vous m'allez connoître à la moindre
« chose que je dirai. De quel pays êtes-vous ? — Aragonois, ré-
« pondit Mendoce. — Justement, reprit le fripon Ordogno. Voyez
« ce que c'est d'être quelque temps sans se voir ! Je l'avais déjà
« oublié. Et votre nom est ? poursuivit le traître. — Mendoce,
« repartit bonnement celui qui avoit ce nom-là. — Quoi ! mon
« cher Mendoce, interrompit au plus vite le cauteleux Ordogno ;
« celui avec qui j'ai tant de fois !... Il ne faut pas nous séparer
« sans renouer notre vieille connoissance ; je prétends vous ré-
« galer pendant que je vous tiens, etc. »

On nous a fait remarquer avec raison et, ayant eu l'occasion d'acquérir ces deux petits volumes, déjà nous avions constaté nous-même que la nouvelle n'est pas de Scarron, mais de Boursault, dont les initiales E. B. sont au bas de l'épître dédicatoire « à monsieur Pitou, seigneur de S. Olon, gentilhomme servant du roi ». Elle n'a pas été publiée en 1652, le privilège est de juin 1670. Elle a pu, à la rigueur, être composée après la représentation de *Monsieur de Pourceaugnac,* qui est du mois d'octobre précédent. Mais il ne semble pas, croyons-nous, à lire cette page, que Boursault ait eu connaissance de la scène de Molière ; il n'eût pu s'empêcher d'en tirer meilleur parti. Cette nouvelle est donnée par son auteur comme une traduction de l'espagnol, « quoiqu'il ne la garantisse pas trop fidèle ». On peut supposer que la scène si vaguement ébauchée entre Mendoce et Ordogno se trouvait dans l'original, et alors Molière aurait pu l'y voir. Mais nous avouons que c'est trop appuyer sur une conjecture, et que du rapprochement de la scène de *Pourceaugnac* avec la page de Boursault il n'y a à tirer aucune conclusion précise.

Lorsque Lucette, contrefaisant une Languedocienne, et Nérine une Picarde, viennent soutenir à Pourceaugnac qu'il les a épousées et, à l'appui de leur dire, font venir chacune leurs enfants, on peut rappeler un trait de Scarron dans *le Marquis ridicule,* qui est de 1656. Stéfanie, dame portugaise, espèce d'intrigante, vient, dans cette pièce, accompagnée de Louise et d'Olivarès (suivante et écuyer), trouver Blanche, fille de Don Cosme, promise par son père à Don Blaize Pol, marquis de la Victoire (le marquis ridicule). Voulant épouser Don Blaize et ayant remarqué le peu de sympathie de la jeune fille pour cet homme, qu'elle épouse par contrainte, Stéfanie finit par lui dire (acte IV, scène III) :

> Hélas! c'est moi, madame,
> Moi qui l'ai fait régner dès longtemps dans mon âme.
> Sa qualité, son bien, ses serments et ses pleurs,
> Son langage flatteur et ses feintes douleurs,
> Ma jeunesse crédule et mon âme trop tendre,
> Ma folle vanité trop aisée à surprendre,
> Enfin tout ce que peut d'ennemis assembler
> La rigueur d'un destin qui vouloit m'accabler,
> Favorisa si bien les desseins de ce traître
> Que je ne puis l'haïr, quelque ingrat qu'il puisse être ;
> Qu'il obtint... Mais, hélas! ma rougeur et mes pleurs
> Vous déclarent assez jusqu'où vont mes malheurs ;
> Mais aussi je vous suis encor si peu connue
> Que vous pourriez douter si je suis ingénue,
> Et sans me faire tort mettre en doute ma foi,
> Si j'étois sans témoins qui parlassent pour moi.
> Deux enfants malheureux d'un infidèle père
> Joindront leur foible voix à celle de leur mère,
> Et ces deux innocents auront bien le crédit
> De vous persuader tout ce qu'elle vous dit.

C'est M. Jules Couet, dans *le Moliériste* (août 1879), qui a signalé ce point de ressemblance.

Enfin on cite ordinairement un canevas italien intitulé *le Disgrazie d'Arlecchino* (les Disgrâces d'Arlequin). Arlequin y est tourmenté par un agent d'intrigues qui le fait persécuter par de prétendus créanciers, et par des aventurières qui l'accusent d'être le père d'une foule d'enfants qui les entourent. Le pauvre Arlequin ne trouve d'autre moyen pour leur échapper que de fuir déguisé en femme. Quelle est la date de ce canevas de la farce improvisée? Est-il plus ancien que *Pourceaugnac?* C'est ce qu'on n'établit pas du tout.

Molière, dans *Monsieur de Pourceaugnac,* revient à la charge contre les médecins, à qui il n'accordait pas de longues trêves. « Mais, dit Auger, il change son plan d'attaque; il ne va pas chercher dans leur doctrine ce qu'il y a de plus absurde, dans leur langage ce qu'il y a de plus ridicule, pour le rendre plus ridicule et plus absurde encore. Ici, c'est la représentation fidèle et point exagérée d'une consultation au xviie siècle : les deux médecins disent ce qu'auraient dit, en pareille occasion, Brayer, Valot, Esprit, Daquin, Desfougerais, Guénaut et Gui Patin lui-même, qui se moquait d'eux tous. Ils ne citent point à faux Hippocrate et Galien; leur théorie est fondée sur des phénomènes véritables; de ceux-ci ils tirent des conséquences assez justes, soit pour l'explication des causes, soit pour l'application des remèdes; enfin, sauf un peu de galimatias et de pédanterie, sauf quelques opinions chimériques et quelques pratiques superstitieuses, ce qu'ils disent est assez bon, ce qu'ils prescrivent n'est pas mauvais : tout le malheur, c'est que Pourceaugnac n'a pas la maladie dont ils lui trouvent tous les symptômes. Leur capacité, leur doctrine, ne font que donner du relief à leur bévue. »

Nous avons eu, à diverses reprises, l'occasion de mentionner un curieux monument de la pratique contemporaine : *le Journal de la santé du Roi*[1]. C'est ici le cas d'y recourir encore. Le premier médecin, dans *Monsieur de Pourceaugnac,* n'a rien inventé, dans son diagnostic de la prétendue folie du héros de la pièce, qui se puisse comparer aux explications que Valot a données de la scarlatine et des vapeurs du roi. Qu'on prenne la peine de lire le passage suivant que nous extrayons du *Journal,* et qu'on décide s'il n'appartient pas au plus gros comique; le style est tout à fait digne de la doctrine :

« Le roi étoit sujet aux vapeurs depuis sept à huit années, mais beaucoup moins qu'il ne l'avoit été auparavant, vapeurs élevées de la rate et de l'humeur mélancolique, dont elles portent les livrées par le chagrin qu'elles impriment et la solitude qu'elles font désirer. Elles se glissent par les artères au

---

1. Édité par J.-A. Le Roi, en 1862.

cœur et au poumon, où elles excitent des palpitations, des inquiétudes, des nonchalances et des étouffements considérables; de là, s'élevant jusqu'au cerveau, elles y causent, en agitant les esprits dans les nerfs optiques, des vertiges et des tournoiements de tête, et, frappant ailleurs le principe des nerfs, affoiblissent les jambes, de manière qu'il est nécessaire de secours pour se soutenir et pour marcher; accident très fâcheux à tout le monde, mais particulièrement au roi, qui a grand besoin de sa tête pour s'appliquer à toutes ses affaires. Son tempérament penchant assez à la mélancolie, sa vie sédentaire pour la plupart du temps, et passée dans les conseils, sa voracité naturelle qui le fait beaucoup manger, ont fourni l'occasion à cette maladie, par les obstructions fortes et invétérées que les crudités ont excitées dans les veines, qui, retenant l'humeur mélancolique, l'empêchent de s'écouler par les voies naturelles, et lui donnent occasion, par leur séjour, de s'échauffer et de fermenter, et d'exciter toute cette tempête. »

Fagon, homme d'esprit, homme du monde, écrivain moins embarrassé et moins enchevêtré que Valot, raisonne comme il suit sur le tempérament de Louis XIV : « Les personnes dans le tempérament desquelles la bile prédomine ont les cheveux et les sourcils ardents et la peau très souvent teinte de jaune. Elles ont assez de pente à vomir et à être dégoûtées pour peu qu'il fasse chaud ou qu'elles soient elles-mêmes échauffées; et naturellement elles ont un médiocre appétit, le ventre ordinairement libre, et souvent plus qu'il ne faudroit. Leur inclination les porte à la colère et à l'emportement, et rarement elles sont maîtresses de la première fougue de cette humeur et des passions vives et subites qu'elle excite, particulièrement quand elle est secondée d'un sang abondant et bouillant. Pas une de ces circonstances ne convient au roi. Ses sourcils et ses cheveux bruns ont presque tiré sur le noir. La peau blanche, au delà des femmes les plus délicates, mêlée d'un incarnat merveilleux, qui n'a changé que par la petite vérole, s'est maintenue dans sa blancheur sans aucune teinte de jaune jusqu'à présent. Jamais personne n'a eu moins de pente à vomir; même dans les temps de la fièvre, où presque tous les autres vomissent, il ne le peut faire; et dans sa grande maladie maligne, et dont, par conséquent, le vomissement est un des plus ordinaires accidents, l'émétique le sauva en le purgeant par en bas, sans le faire presque vomir. Il n'est que très rarement dégoûté, même dans ses grandes maladies ; et son appétit, dans toutes les saisons et à toutes les heures du jour, est également grand, et souvent il ne l'a pas moindre la nuit, quand ses affaires l'ont engagé à prendre ce temps pour manger, et, en général, il est plutôt excessif que médiocre. Son ventre est resserré, quelquefois très constipé, et jamais lâche que par le trop d'aliments, par leur mélange ou par leur qualité. Personne au monde n'a été maître de soi-même autant que le roi. Sa patience, sa sagesse et son sang-froid ne l'ont jamais abandonné, et avec une vivacité et une promptitude d'esprit qui le font toujours parler très juste et répondre sur-le-champ avec une netteté et une précision si surprenantes que la plus longue préparation n'en sauroit approcher. Il n'a jamais dit un mot qui pût marquer de la colère ou de l'emportement. Si l'on joint à toutes ces circonstances un courage inébranlable dans la douleur, dans les périls et dans la vue des plus grandes et des plus embarrassantes affaires qui soient jamais arrivées à personne, et une fermeté sans exemple à soutenir ses résolutions, malgré les occasions et la facilité de satisfaire ses passions, peut-on douter que le tempérament du roi ne soit celui des héros et de tous les grands hommes, et que l'humeur tempérée, mélancolique du sang n'en compose le mélange dans sa santé? et que, étant altérée dans ses maladies, l'humeur mélancolique n'y ait toujours prédominé? »

Ces deux échantillons suffisent pour qu'on puisse apprécier à quel point la satire de Molière se rapprochait de la réalité.

Un critique récemment enlevé aux lettres, Paul de Saint-Victor, voyait *Monsieur de Pourceaugnac* sous un jour bien sombre :

« Quelle terrible scène, disait-il, encore actuelle et vivante, que celle de Pourceaugnac, prévenu de folie, assis sur la sellette entre les deux médecins chargés de l'interroger! Il mange bien : symptôme grave ; il boit encore mieux : « Tant pis ! » il crache deux ou trois fois : « Autre diagnostic, la sputation fréquente » ; il veut se lever et sortir : « Autre encore, l'inquiétude de changer de « place » ; il affirme qu'il n'est pas malade : « Mauvais signe lors-

« qu'un malade ne sent pas son mal. » Excédé de ces mômeries, il s'écrie qu'il se moque de la médecine : « Hon, hon, voici un « homme plus fou que nous ne pensons. » Cet interrogatoire tragi-comique n'est-il pas encore, sous une autre forme, celui de la médecine aliéniste, cette redoutable inquisition sans appel, qui peut draper ses suspects d'une camisole de force en guise de *san benito,* et les enterrer tout vifs dans l'*in pace* des maisons de fous?

« Encore les médecins d'aujourd'hui ont-ils, dans leurs erreurs mêmes, des procédés à peu près humains. Mais reportez-vous au temps de Molière, et la mystification dont Pourceaugnac est victime prendra l'aspect d'un guet-apens effroyable. En ce temps la folie passait moins pour une maladie que pour une possession diabolique. Les maisons de fous étaient des enfers, dont les damnés, chargés de chaînes, parqués dans des cages, inondés de douches, se débattaient sous le fouet des démons de la chiourme. Le traitement seul dont le Premier Médecin de la comédie menace Pourceaugnac est tout bonnement un arrêt de mort : « Premièrement, pour remédier à cette pléthore obturante et à « cette cacochymie luxuriante par tout le corps, je suis d'avis qu'il « soit phlébotomisé libéralement, c'est-à-dire que les saignées « soient fréquentes et plantureuses : en premier lieu, de la basi- « lique, puis de la céphalique, et même, si le mal est opiniâtre, de « lui ouvrir la veine du front, et que l'ouverture soit large, afin « que le gros sang puisse sortir ; et, en même temps, de le purger, « désopiler et évacuer par purgatifs propres et convenables, c'est- « à-dire par cholagogues, mélanogogues, *et cœtera.* » Rien de chargé dans cette ordonnance homicide : les bourreaux en robe qui ravageaient alors toute l'Europe saignaient à blanc et purgeaient à mort. Ils versaient à leurs malades d'épouvantables breuvages, qu'on aurait pu leur servir dans la coupe où la tragédie distillait le noir poison des Atrides. Au xviie siècle, la lancette des phlébotomistes répandit des torrents de sang ; l'épée du soldat ne fut guère plus meurtrière. La saignée, comme les sacrifices humains des temps barbares, avait ses prêtres et ses fanatiques. C'était un axiome de l'École que, « le corps humain « contenant environ vingt-quatre livres de sang, on pouvait en « perdre vingt sans mourir ». Botal écrivait, sans que la main lui

tremblât, cet effrayant aphorisme : « Le sang dans le corps est
« comme l'eau dans une bonne fontaine : plus on en tire, plus il
« s'en trouve. »

« Gui Patin, qui passe pour un médecin relativement éclairé, s'escrimait de la lancette avec une furie fanatique. Ses exploits phlébotomiques, cités par lui-même, donnent la chair de poule. Il raconte qu'il saigna treize fois en quinze jours un garçon de sept ans atteint d'une pleurésie; quinze fois en douze jours, pour une petite fièvre de rhume, la femme d'un libraire, laquelle mourut sur un purgatif administré par surcroît; il se vante, — *Infandum !* — d'avoir saigné un enfant de deux mois et un nouveau-né de trois jours! Esculape en Tauride n'aurait pas fait pis. La saignée était pour lui un dogme, une oblation sainte, presque une religion. Il ne condamnait pas seulement, il damnait tous ses adversaires. — Un médecin, Gui de La Brosse, était mort en refusant ce sacrement sanglant de la Faculté. « On lui
« proposa la saignée, écrit Gui Patin; il nous répondit que c'étoit
« le remède des pédants sanguinaires (il nous faisoit l'honneur de
« nous appeler ainsi), et qu'il aimoit mieux mourir que d'être
« saigné. Ainsi a-t-il fait. Le diable le saignera comme le mérite
« un fourbe et un athée. »

Pourceaugnac eut beaucoup de succès à la ville, ainsi que le constate le registre de La Grange. Dix-neuf représentations consécutives suivirent la première, sans autre pièce qui l'accompagnât. La première représentation du 15 novembre avait été donnée avec *le Sicilien*. Les recettes sont élevées : les deux premières sont de 1,205 liv. 10 s. et 1,249 liv.; on reste jusqu'au trois dernières à 600 liv. environ. Les trois dernières, du 31 décembre 1669, des 3 et 5 janvier 1670, fléchissent à 323 liv. 10 s., 255 liv. 5 s., 222 liv. 10 s.

Pourceaugnac eut encore dix-sept représentations dans le courant de 1670, sept en 1671, en tout quarante-neuf du vivant de l'auteur, sans compter les représentations à la cour.

On a vu, par le témoignage de Robinet, que Molière joua d'original le rôle de Pourceaugnac. Voici la description de son costume dans l'inventaire après décès : « Un habit pour la représentation de Pourceaugnac consistant en un haut de chausses de damas rouge, garni de dentelle, un juste-au-corps de velours bleu garni d'or faux, un ceinturon à frange, des jarretières vertes, un chapeau gris garni d'une plume verte, l'écharpe de taffetas vert, une paire de gants, une jupe de taffetas vert garni de dentelle et un manteau de taffetas noir, une paire de souliers; — prisé trente livres. »

On n'a point d'indication positive sur les autres interprètes de cette pièce.

La distribution des principaux rôles, en 1685, était celle-ci :

MONSIEUR DE POURCEAUGNAC.	BRÉCOURT.
JULIE	Mlle DE BRIE.
NÉRINE	Mlle BEAUVAL.
LUCETTE	Mlle GUÉRIN.
ÉRASTE	LA GRANGE.
SBRIGANI	DU CROISY.

Le mercredi 27 février 1878, représentation de retraite de M. Bressant, *Monsieur de Pourceaugnac* fut repris à la Comédie française avec une interprétation exceptionnelle; il eut, à cette reprise, sept représentations dont la dernière eut lieu le mardi 25 février 1879. Voici la distribution des rôles :

POURCEAUGNAC.	MM. GOT.
ORONTE.	TALBOT, puis GARRAUD.
JULIE.	Mlles B. BARRETTA.
NÉRINE.	DINAH FÉLIX, puis BIANCA.
LUCETTE.	J. SAMARY.
ÉRASTE.	MM. DELAUNAY, puis BOUCHER.
SBRIGANI.	COQUELIN, puis COQUELIN cadet.
1er MÉDECIN	BARRÉ.
2e MÉDECIN.	MARTEL.
L'APOTHICAIRE.	THIRON.
UN PAYSAN.	TRUFFIER.
UNE PAYSANNE	Mlle REICHEMBERG.
1er MÉDECIN GROTESQUE.	MM. BAILLET.
2e MÉDECIN GROTESQUE	PRUD'HON.
1er AVOCAT CHANTANT.	COQUELIN cadet, puis TRUFFIER.
2e AVOCAT CHANTANT.	MAUBANT, puis RICHARD.

1ᵉʳ SUISSE............	MM. FEBVRE, puis DAVRIGNY.
2ᵉ SUISSE...........	LA ROCHE, puis JOLIET.
L'EXEMPT...........	WORMS, puis VILLAIN.
LA PICARDE..........	Mˡˡᵉ P. PONSIN.

Les premières éditions de cette pièce sont les suivantes :

« *Monsieur de Pourceaugnac,* comédie faite à Chambord pour le divertissement du Roy, par J.-B. P. Molière. — A Paris, chez Jean Ribou, au Palais, vis-à-vis la porte de l'église de la Sainte-Chapelle, à l'image S. Louis. 1670. Avec privilège du Roy. » Privilège du 20 février 1670, pour cinq ans, cédé à J. Ribou. Achevé d'imprimer pour la première fois le 3 mars 1670.

Une seconde édition eut lieu chez Cl. Barbin en 1673. Enfin cette pièce prit place dans le cinquième volume de l'édition de 1682 avec cette mention : « Faite à Chambord pour le divertissement du Roy, au mois de septembre 1669[1], et représentée en public à Paris, pour la première fois, sur le théâtre du Palais-Royal, le 15 novembre de la même année. »

Le Livre du ballet, qui contient les paroles des intermèdes et les noms des musiciens et des danseurs, fut imprimé « à Blois, par Jules Hotot, imprimeur et libraire du Roi, devant la grande fontaine ». In-4°.

Nous donnons à la suite de la pièce :

1° Le Livre du ballet;

2° La troisième entrée du *Carnaval,* mascarade dont il a été question ci-dessus.

---

1. La Grange s'est ici, comme pour *le Sicilien ou l'Amour peintre,* préoccupé surtout du temps de la préparation et de la répétition, car cette pièce fut, comme on l'a dit, jouée à Chambord le 6 du mois d'octobre.

MONSIEUR

DE POURCEAUGNAC

PERSONNAGES.	ACTEURS.
MONSIEUR DE POURCEAUGNAC.	Molière.
ORONTE.	
JULIE, fille d'Oronte.	Mlle De Brie.
NÉRINE, femme d'intrigue, feinte Picarde.	
LUCETTE, feinte Gasconne.	Mlle Molière.
ÉRASTE, amant de Julie.	La Grange.
SBRIGANI, Napolitain, homme d'intrigue.	Du Croisy[1].

Premier Médecin.
Second Médecin.
L'Apothicaire.
Un Paysan.
Une Paysanne.
Premier Médecin grotesque.
Second Médecin grotesque[2].
Premier Avocat.
Second Avocat.
Premier Suisse.
Second Suisse.
Un Exempt.
Deux Archers.
Plusieurs Musiciens, Joueurs d'instruments et Danseurs.

La scène est à Paris[3].

1. Cette liste, sauf pour le nom de Molière, est conjecturale. Voyez Notice préliminaire, p. 18.
2. Il y a simplement dans l'édition originale : *Premier musicien, second musicien.*
3. La scène représente le carrefour traditionnel : d'un côté, la maison d'Oronte; de l'autre, celle du Premier Médecin. Le manuscrit de Mahelot contient sur la mise en scène de *Monsieur de Pourceaugnac* les indications suivantes : « Il faut deux maisons sur le devant, et le reste du théâtre est une ville. Trois chaises ou tabourets. Une seringue. Deux mousquetons. Huit seringues de fer blanc. »

MONSIEUR DE POURCEAUGNAC

COMÉDIE-BALLET

ACTE PREMIER.

SCÈNE PREMIÈRE.

ÉRASTE, UNE MUSICIENNE,
DEUX MUSICIENS CHANTANTS, PLUSIEURS AUTRES JOUANT DES INSTRUMENTS; TROUPE DE DANSEURS.

ÉRASTE, aux musiciens et aux danseurs.

Suivez les ordres que je vous ai donnés pour la sérénade. Pour moi, je me retire, et ne veux point paroître ici.*

---

* Ces paroles d'Éraste ne se trouvent ni dans l'édition originale de la comédie de *Pourceaugnac,* ni dans le livre du ballet, imprimé à Blois, chez Jules Hotot, 1669. Elles ont paru, pour la première fois, dans l'édition des *OEuvres de Molière* de 1682.

L'édition originale, sans indication de scènes ni de personnages, commence ainsi : « L'ouverture se fait par Éraste, qui conduit un grand concert de voix et d'instruments, pour une sérénade dont les paroles, chantée par trois voix en manière de dialogue, sont faites sur le sujet de la comédie et expriment les sentiments de deux amants qui, étant bien ensemble sont traversés par le caprice des parents. »

SCÈNE II.

UNE MUSICIENNE, DEUX MUSICIENS CHANTANTS, PLUSIEURS AUTRES JOUANT DES INSTRUMENTS; TROUPE DE DANSEURS.

Cette sérénade est composée de chant, d'instruments et de danse. Les paroles qui s'y chantent ont rapport à la situation où Éraste se trouve avec Julie, et expriment les sentiments de deux amants qui sont traversés dans leurs amours par le caprice de leurs parents.

UNE MUSICIENNE.

Répands, charmante nuit, répands sur tous les yeux
   De tes pavots la douce violence;
Et ne laisse veiller, en ces aimables lieux,
Que les cœurs que l'amour soumet à sa puissance.
     Tes ombres et ton silence,
   Plus beaux que le plus beau jour,
Offrent de doux moments à soupirer d'amour.

PREMIER MUSICIEN.

    Que soupirer d'amour
     Est une douce chose,
  Quand rien à nos vœux ne s'oppose!
A d'aimables penchants notre cœur nous dispose;
Mais on a des tyrans à qui l'on doit le jour.
    Que soupirer d'amour
     Est une douce chose,
  Quand rien à nos vœux ne s'oppose!

SECOND MUSICIEN.

  Tout ce qu'à nos vœux on oppose,
Contre un parfait amour ne gagne jamais rien :
   Et, pour vaincre toute chose,
   Il ne faut que s'aimer bien.

TOUS TROIS ENSEMBLE.

Aimons-nous donc d'une ardeur éternelle :
Les rigueurs des parents, la contrainte cruelle,
L'absence, les travaux, la fortune rebelle,
Ne font que redoubler une amitié fidèle.
Aimons-nous donc d'une ardeur éternelle :
Quand deux cœurs s'aiment bien,
Tout le reste n'est rien[1].

PREMIÈRE ENTRÉE DE BALLET.

Danse de deux maîtres à danser.

DEUXIÈME ENTRÉE DE BALLET.

Danse de deux pages.

TROISIÈME ENTRÉE DE BALLET.

Quatre curieux de spectacles, qui ont pris querelle pendant la danse des deux pages, dansent en se battant l'épée à la main.

QUATRIÈME ENTRÉE DE BALLET.

Deux Suisses séparent les quatre combattants, et, après les avoir mis d'accord, dansent avec eux.

SCÈNE III.

JULIE, ÉRASTE, NÉRINE.

JULIE.

Mon Dieu! Éraste, gardons d'être surpris. Je tremble qu'on ne nous voie ensemble; et tout seroit perdu, après la défense que l'on m'a faite.

---

1. L'édition originale dit ensuite : « La sérénade est suivie d'une danse de deux pages pendant laquelle quatre curieux de spectacles, ayant pris querelle ensemble, mettent l'épée à la main. Après un assez agréable combat, ils sont séparés par deux Suisses qui, les ayant mis d'accord, dansent avec eux au son de tous les instruments. »

ÉRASTE.

Je regarde de tous côtés, et je n'aperçois rien.

JULIE.

Aie aussi l'œil au guet, Nérine; et prends bien garde qu'il ne vienne personne.

NÉRINE, se retirant dans le fond du théâtre.

Reposez-vous sur moi, et dites hardiment ce que vous avez à vous dire.

JULIE.

Avez-vous imaginé pour notre affaire quelque chose de favorable? et croyez-vous, Éraste, pouvoir venir à bout de détourner ce fâcheux mariage que mon père s'est mis en tête?

ÉRASTE.

Au moins y travaillons-nous fortement; et déjà nous avons préparé un bon nombre de batteries pour renverser ce dessein ridicule.

NÉRINE.

Par ma foi, voilà votre père.

JULIE.

Ah! séparons-nous vite.

NÉRINE.

Non, non, non, ne bougez; je m'étois trompée.

JULIE.

Mon Dieu! Nérine, que tu es sotte de nous donner de ces frayeurs!

ÉRASTE.

Oui, belle Julie, nous avons dressé pour cela quantité de machines; et nous ne feignons point de mettre tout en usage[1], sur la permission que vous m'avez donnée. Ne

---

1. « Nous ne feignons point de mettre tout en usage, » dans le sens de « Nous n'hésitons pas à mettre tout en usage ». Nous avons déjà rencontré

nous demandez point tous les ressorts que nous ferons jouer; vous en aurez le divertissement; et, comme aux comédies, il est bon de vous laisser le plaisir de la surprise, et de ne vous avertir point de tout ce qu'on vous fera voir : c'est assez de vous dire que nous avons en main divers stratagèmes tout prêts à produire dans l'occasion, et que l'ingénieuse Nérine et l'adroit Sbrigani entreprennent l'affaire.

NÉRINE.

Assurément. Votre père se moque-t-il, de vouloir vous anger[1] de son avocat de Limoges, monsieur de Pourceaugnac, qu'il n'a vu de sa vie, et qui vient par le coche vous enlever à notre barbe? Faut-il que trois ou quatre mille écus de plus, sur la parole de votre oncle, lui fassent rejeter un amant qui vous agrée! et une personne comme vous est-elle faite pour un Limosin? S'il a envie de se marier, que ne prend-il une Limosine, et ne laisse-t-il en repos les chrétiens? Le seul nom de monsieur de Pourceaugnac m'a mise dans une colère effroyable. J'enrage de monsieur de Pourceaugnac. Quand il n'y auroit que ce nom-là, monsieur de Pourceaugnac, j'y brûlerai mes livres, ou je romprai ce mariage; et vous ne serez point madame de Pourceaugnac. Pourceaugnac! cela se peut-il souffrir? Non, Pourceaugnac est une chose que je ne saurois sup-

---

bien souvent le verbe *feindre* employé avec cette acception, que depuis il a perdue.

1. *Anger*, vieux mot qui signifiait *accroître*, *enrichir*, en faisant naître volontiers, comme l'on voit ici, l'idée de surcharge et d'embarras. On l'écrivait tantôt par un *a* et tantôt par un *e*, *anger* ou *enger;* et il venait, suivant M. Génin, du latin *augere,* qui veut dire *augmenter*. La Fontaine en a fait usage :

> Il les engea de petits Mazillons,
> Desquels on fit de petits moinillons.
>   (Conte de *Mazet de Lamporechio*.)

porter ; et nous lui jouerons tant de pièces, nous lui ferons tant de niches sur niches, que nous renverrons à Limoges monsieur de Pourceaugnac.

ÉRASTE.

Voici notre subtil Napolitain, qui nous dira des nouvelles.

SCÈNE IV.

JULIE, ÉRASTE, SBRIGANI, NÉRINE.

SBRIGANI.

Monsieur, votre homme arrive. Je l'ai vu à trois lieues d'ici, où a couché le coche; et, dans la cuisine, où il est descendu pour déjeuner, je l'ai étudié une bonne grosse demi-heure, et je le sais déjà par cœur. Pour sa figure, je ne veux point vous en parler : vous verrez de quel air la nature l'a dessinée, et si l'ajustement qui l'accompagne y répond comme il faut. Mais, pour son esprit, je vous avertis par avance qu'il est des plus épais qui se fassent; que nous trouvons en lui une matière tout à fait disposée pour ce que nous voulons, et qu'il est homme enfin à donner dans tous les panneaux qu'on lui présentera.

ÉRASTE.

Nous dis-tu vrai?

SBRIGANI.

Oui, si je me connois en gens.

NÉRINE.

Madame, voilà un illustre[1]. Votre affaire ne pouvoit

---

1. Sous la casaque du subtil Napolitain, Molière a caché un de ces Sosies, un de ces Daves, un de ces esclaves fripons de la comédie antique que notre comédie moderne employa elle-même si longtemps à ses intrigues.

Dans *l'Asinaire* de Plaute, deux fourbes, Liban et Léonidas, s'entre-félicitent de leurs prouesses :

LEONIDA.
Edepol, virtutes qui tuas nunc possit conlaudare,

être mise en de meilleures mains, et c'est le héros de
notre siècle pour les exploits dont il s'agit : un homme

> Sicut ego possim, quæ domi duellique male fecisti?
> Næ illa, edepol, pro merito nunc tuo memorari multa possunt,
> Ubi fidentem fraudaveris, ubi hero infidelis fueris,
> Ubi verbis conceptis sciens libenter perjuraris,
> Ubi parietes perfoderis, in furto ubi sis prehensus,
> Ubi sæpe causam dixeris pendens advorsus octo
> Astutos, audaceis viros, valenteis virgatores.
> LIBANUS.
> Fateor perfecto, ut prædicas, Leonida, esse vera.
> Verum, edepol, næ etiam tua quoque malefacta iterari multa.
> Et vero possunt, ubi sciens fideli infidus fueris,
> Ubi prehensus in furto sies manifesto verberatus,
> Ubi perjuraris, ubi sacro manus sis admolitus,
> Ubi heris damno, molestiæ, et dedecori sæpe fueris,
> Ubi creditum tibi quod sit, tibi datum esse pernegaris,
> Ubi amicæ, quam amico tuo, fueris magis fidelis,
> Ubi sæpe ad languorem tua duritia dederis octo
> Validos lictores, ulmeis adfectos lentis virgis.
> Num male relata 'st gratia ? ut conlegam conlaudavi.
> LEONIDA.
> Ut meque teque maxume atque ingenio nostro decuit.
> LIBANUS.
> Jam omitte ista, atque hoc, quod rogo, responde.

« LÉONIDAS. Qui pourrait, aussi bien que moi, louer tes vertus, tes exploits pendant la guerre et pendant la paix? Que d'infidélités, que d'abus de confiance dignes de mémoire, et qu'on ne peut célébrer assez dignement ! Quelle gloire tu acquis, lorsque tu te parjuras sciemment et dans les termes les plus solennels; lorsque tu perças cette muraille; lorsque tu fus pris commettant ce vol ; lorsque si souvent on te vit plaider courageusement ta cause, suspendu devant huit hardis et vigoureux coquins, consommés dans l'art de donner des coups de verges !

« LIBAN. Ton récit est fidèle, Léonidas, j'en conviens. Mais je pourrais avec la même vérité célébrer tes nombreuses prouesses. Je te montrerais lorsque tu trompas à bon escient la confiance qu'on t'accordait ; lorsque tu fus surpris au milieu de ton larcin et publiquement fustigé ; lorsque tu faussas la foi jurée; lorsque tu mis la main sur les choses sacrées; lorsque tu causas le tourment, la ruine et le déshonneur de tes maîtres; lorsque tu nias ce dépôt qui t'avait été confié; lorsque tu fus plus fidèle à ta maîtresse qu'à ton ami ; lorsque si souvent la dureté de ta peau a lassé huit licteurs vigoureux, armés de bouleaux flexibles. Ne t'ai-je pas galamment rendu la pareille ? n'ai-je pas loué mon collègue comme il le mérite ?

« LÉONIDAS. Comme il convenait à toi et à moi, d'une manière bien digne de notre génie.

« LIBAN. Mais laissons cela, et réponds à mes questions. »

qui, vingt fois en sa vie, pour servir ses amis, a généreusement affronté les galères; qui, au péril de ses bras et de ses épaules, sait mettre noblement à fin les aventures les plus difficiles; et qui, tel que vous le voyez, est exilé de son pays pour je ne sais combien d'actions honorables qu'il a généreusement entreprises.

SBRIGANI.

Je suis confus des louanges dont vous m'honorez, et je pourrois vous en donner avec plus de justice sur les merveilles de votre vie, et principalement sur la gloire que vous acquîtes, lorsque avec tant d'honnêteté vous pipâtes au jeu, pour douze mille écus, ce jeune seigneur étranger que l'on mena chez vous; lorsque vous fîtes galamment ce faux contrat qui ruina toute une famille; lorsque avec tant de grandeur d'âme vous sûtes nier le dépôt qu'on vous avoit confié; et que si généreusement on vous vit prêter votre témoignage à faire pendre ces deux personnes qui ne l'avoient pas mérité.

NÉRINE.

Ce sont petites bagatelles qui ne valent pas qu'on en parle; et vos éloges me font rougir [1].

SBRIGANI.

Je veux bien épargner votre modestie; laissons cela : et, pour commencer notre affaire, allons vite joindre notre

---

1. Les commentateurs sont généralement d'avis qu'Éraste et Julie compromettent leur délicatesse, en employant, même contre un rival détesté, des gens capables d'aussi mauvaises actions que celles dont Sbrigani et Nérine se complimentent réciproquement. Mais faut-il prendre au mot ces deux *illustres?* La riposte de Sbrigani surtout ne part-elle pas d'un homme qui n'aime point à être en reste avec personne, mais qui a plus d'imaginative que d'amour de la vérité. Ce sont des railleries, médiocrement aimables, peut-être. Il nous semble que, malgré l'ironique remerciement de Nérine, on a tort d'y voir des *aveux* et de s'indigner avec le sérieux d'un magistrat qui requerrait la condamnation de ces deux criminels.

provincial, tandis que de votre côté vous nous tiendrez prêts au besoin les autres acteurs de la comédie.

ÉRASTE.

Au moins, madame, souvenez-vous de votre rôle; et, pour mieux couvrir notre jeu, feignez, comme on vous a dit, d'être la plus contente du monde des résolutions de votre père.

JULIE.

S'il ne tient qu'à cela, les choses iront à merveille.

ÉRASTE.

Mais, belle Julie, si toutes nos machines venoient à ne pas réussir?

JULIE.

Je déclarerai à mon père mes véritables sentiments.

ÉRASTE.

Et si, contre vos sentiments, il s'obstinoit à son dessein?

JULIE.

Je le menacerois* de me jeter dans un couvent.

ÉRASTE.

Mais si, malgré tout cela, il vouloit vous forcer à ce mariage?

JULIE.

Que voulez-vous que je vous dise?

ÉRASTE.

Ce que je veux que vous me disiez?

JULIE.

Oui.

ÉRASTE.

Ce qu'on dit quand on aime bien.

* VAR. *Je le menacerai* (1682).

JULIE.

Mais quoi?

ÉRASTE.

Que rien ne pourra vous contraindre; et que, malgré tous les efforts d'un père, vous me promettez d'être à moi.

JULIE.

Mon Dieu! Éraste, contentez-vous de ce que je fais maintenant, et n'allez point tenter sur l'avenir les résolutions de mon cœur; ne fatiguez point mon devoir par les propositions d'une fâcheuse extrémité dont peut-être n'aurons-nous pas besoin; et, s'il y faut venir, souffrez au moins que j'y sois entraînée par la suite des choses.

ÉRASTE.

Hé bien!...

SBRIGANI.

Ma foi! voici notre homme : songeons à nous.

NÉRINE.

Ah! comme il est bâti[1]!

SCÈNE V.

MONSIEUR DE POURCEAUGNAC, SBRIGANI.

MONSIEUR DE POURCEAUGNAC.

(Il se tourne du côté d'où il vient, parlant à des gens qui le suivent.)

Hé bien! quoi? Qu'est-ce? qu'y a-t-il? Au diantre soit la sotte ville, et les sottes gens qui y sont! Ne pouvoir faire un pas, sans trouver des nigauds qui vous regardent

---

1. Monsieur de Pourceaugnac est admirablement annoncé. Auger n'a pas craint de comparer, toutes proportions gardées, l'entrée de monsieur de Pourceaugnac à l'entrée de Tartuffe. « C'est le même art, dit-il, qui prépare les spectateurs à voir le plus odieux des imposteurs et le plus ridicule des campagnards. »

et se mettent à rire! Eh! messieurs les badauds, faites vos affaires, et laissez passer les personnes sans leur rire au nez. Je me donne au diable, si je ne baille un coup de poing au premier que je verrai rire.

SBRIGANI, parlant aux mêmes personnes.

Qu'est-ce que c'est, messieurs? que veut dire cela? A qui en avez-vous? Faut-il se moquer ainsi des honnêtes étrangers qui arrivent ici?

MONSIEUR DE POURCEAUGNAC.

Voilà un homme raisonnable, celui-là.

SBRIGANI.

Quel procédé est le vôtre? et qu'avez-vous à rire?

MONSIEUR DE POURCEAUGNAC.

Fort bien.

SBRIGANI.

Monsieur a-t-il quelque chose de ridicule en soi?

MONSIEUR DE POURCEAUGNAC.

Oui.

SBRIGANI.

Est-il autrement que les autres?

MONSIEUR DE POURCEAUGNAC.

Suis-je tortu, ou bossu?

SBRIGANI.

Apprenez à connoître les gens.

MONSIEUR DE POURCEAUGNAC.

C'est bien dit.

SBRIGANI.

Monsieur est d'une mine à respecter.

MONSIEUR DE POURCEAUGNAC.

Cela est vrai.

SBRIGANI.

Personne de condition.

MONSIEUR DE POURCEAUGNAC.
Oui ; gentilhomme limosin.
SBRIGANI.
Homme d'esprit.
MONSIEUR DE POURCEAUGNAC.
Qui a étudié en droit[1].
SBRIGANI.
Il vous fait trop d'honneur de venir dans votre ville.
MONSIEUR DE POURCEAUGNAC.
Sans doute.
SBRIGANI.
Monsieur n'est point une personne à faire rire.
MONSIEUR DE POURCEAUGNAC.
Assurément.
SBRIGANI.
Et quiconque rira de lui aura affaire à moi.
MONSIEUR DE POURCEAUGNAC, à Sbrigani.
Monsieur, je vous suis infiniment obligé.
SBRIGANI.
Je suis fâché, monsieur, de voir recevoir de la sorte une personne comme vous; et je vous demande pardon pour la ville.
MONSIEUR DE POURCEAUGNAC.
Je suis votre serviteur.
SBRIGANI.
Je vous ai vu ce matin, monsieur, avec le coche, lorsque vous avez déjeuné; et la grâce avec laquelle vous mangiez votre pain m'a fait naître d'abord de l'amitié pour

---

1. Homme d'esprit. Et Pourceaugnac qui croit enchérir sur cet éloge, en ajoutant : *qui a étudié en droit!* Mais prenons acte de la déclaration. Nous verrons par la suite notre gentilhomme mettre de la fatuité à nier ces mêmes études en droit, dont il tire vanité en ce moment.

vous; et, comme je sais que vous n'êtes jamais venu en ce pays, et que vous y êtes tout neuf, je suis bien aise de vous avoir trouvé, pour vous offrir mon service à cette arrivée, et vous aider à vous conduire parmi ce peuple, qui n'a pas parfois, pour les honnêtes gens, toute la considération qu'il faudroit.

MONSIEUR DE POURCEAUGNAC.

C'est trop de grâce que vous me faites.

SBRIGANI.

Je vous l'ai déjà dit : du moment que je vous ai vu, je me suis senti pour vous de l'inclination.

MONSIEUR DE POURCEAUGNAC.

Je vous suis obligé.

SBRIGANI.

Votre physionomie m'a plu.

MONSIEUR DE POURCEAUGNAC.

Ce m'est beaucoup d'honneur.

SBRIGANI.

J'y ai vu quelque chose d'honnête.

MONSIEUR DE POURCEAUGNAC.

Je suis votre serviteur.

SBRIGANI.

Quelque chose d'aimable.

MONSIEUR DE POURCEAUGNAC.

Ah! ah!

SBRIGANI.

De gracieux.

MONSIEUR DE POURCEAUGNAC.

Ah! ah!

SBRIGANI.

De oux.

MONSIEUR DE POURCEAUGNAC.

Ah! ah!

SBRIGANI.

De majestueux.

MONSIEUR DE POURCEAUGNAC.

Ah! ah!

SBRIGANI.

De franc.

MONSIEUR DE POURCEAUGNAC.

Ah! ah!

SBRIGANI.

Et de cordial.

MONSIEUR DE POURCEAUGNAC.

Ah! ah!

SBRIGANI.

Je vous assure que je suis tout à vous.

MONSIEUR DE POURCEAUGNAC.

Je vous ai beaucoup d'obligation.

SBRIGANI.

C'est du fond du cœur que je parle.

MONSIEUR DE POURCEAUGNAC.

Je le crois.

SBRIGANI.

Si j'avois l'honneur d'être connu de vous, vous sauriez que je suis un homme tout à fait sincère.*

MONSIEUR DE POURCEAUGNAC.

Je n'en doute point.

SBRIGANI.

Ennemi de la fourberie.

MONSIEUR DE POURCEAUGNAC.

J'en suis persuadé.

SBRIGANI.

Et qui n'est pas capable de déguiser ses sentiments.

* VAR. *Que je suis homme tout à fait sincère* (1682).

MONSIEUR DE POURCEAUGNAC.
C'est ma pensée.*

SBRIGANI.
Vous regardez mon habit, qui n'est pas fait comme les autres¹ ; mais je suis originaire de Naples, à votre service, et j'ai voulu conserver un peu et la manière de s'habiller, et la sincérité de mon pays ².**

MONSIEUR DE POURCEAUGNAC.
C'est fort bien fait. Pour moi, j'ai voulu me mettre à la mode de la cour pour la campagne³.

SBRIGANI.
Ma foi, cela vous va mieux qu'à tous nos courtisans.

MONSIEUR DE POURCEAUGNAC.
C'est ce que m'a dit mon tailleur : l'habit est propre et riche, et il fera du bruit ici.

SBRIGANI.
Sans doute. N'irez-vous pas au Louvre?

MONSIEUR DE POURCEAUGNAC.
Il faudra bien aller faire ma cour.

---

* Cette réplique est omise dans l'édition de 1682.
** VAR. *J'ai voulu conserver un peu la manière de s'habiller et la sincérité de mon pays* (1682).

1. Sbrigani fournit ici une explication du costume qu'il porte, la casaque traditionnelle, à bandes rouges et blanches, des Mascarilles et des Scapins de notre théâtre. Ce costume semble au contraire appartenir à la farce française, c'était celui de Turlupin, de Philipin. Le Mezzetin de la comédie italienne (Angelo Costantini) se l'appropria par la suite. Voy. Riccoboni, *Histoire du théâtre italien*.

2. Les Napolitains avaient au contraire la réputation de manquer de franchise et de bonne foi. Auger rappelle à ce propos que Sannazar, qui était de Naples, voulut protester, du moins en ce qui le regardait, contre cette réputation faite à ses compatriotes, en publiant la plupart de ses poésies sous le nom emprunté d'*Accius Sincerus*.

3. Il faut entendre : à la mode que suivent les gens de cour, lorsqu'ils vont à la campagne.

SBRIGANI.

Le roi sera ravi de vous voir.

MONSIEUR DE POURCEAUGNAC.

Je le crois.

SBRIGANI.

Avez-vous arrêté un logis?

MONSIEUR DE POURCEAUGNAC.

Non; j'allois en chercher un.

SBRIGANI.

Je serai bien aise d'être avec vous pour cela; et je connois tout ce pays-ci.

SCÈNE VI.

ÉRASTE, MONSIEUR DE POURCEAUGNAC, SBRIGANI.

ÉRASTE.

Ah! qu'est-ce ci? Que vois-je? Quelle heureuse rencontre! Monsieur de Pourceaugnac! Que je suis ravi de vous voir! Comment! il semble que vous ayez peine à me reconnoître!

MONSIEUR DE POURCEAUGNAC.

Monsieur, je suis votre serviteur.

ÉRASTE.

Est-il possible que cinq ou six années m'aient ôté de votre mémoire? et que vous ne reconnoissiez pas le meilleur ami de toute la famille des Pourceaugnacs?

MONSIEUR DE POURCEAUGNAC.

Pardonnez-moi. (Bas, à Sbrigani.) Ma foi, je ne sais qui il est.

ÉRASTE.

Il n'y a pas un Pourceaugnac à Limoges que je ne connoisse, depuis le plus grand jusques au plus petit; je ne fréquentois qu'eux dans le temps que j'y étois, et j'avois l'honneur de vous voir presque tous les jours.

MONSIEUR DE POURCEAUGNAC.

C'est moi qui l'ai reçu, monsieur.

ÉRASTE.

Vous ne vous remettez point mon visage?

MONSIEUR DE POURCEAUGNAC.

Si fait. (A Sbrigani.) Je ne le connois point.

ÉRASTE.

Vous ne vous ressouvenez pas que j'ai eu le bonheur de boire avec vous je ne sais combien de fois?*

MONSIEUR DE POURCEAUGNAC.

Excusez-moi. (A Sbrigani.) Je ne sais ce que c'est.

ÉRASTE.

Comment appelez-vous ce traiteur de Limoges qui fait si bonne chère?

MONSIEUR DE POURCEAUGNAC.

Petit-Jean?

ÉRASTE.

Le voilà. Nous allions le plus souvent ensemble chez lui nous réjouir. Comment est-ce que vous nommez à Limoges ce lieu où l'on se promène?

MONSIEUR DE POURCEAUGNAC.

Le Cimetière des Arènes?

ÉRASTE.

Justement. C'est où je passois de si douces heures à jouir de votre agréable conversation. Vous ne vous remettez pas tout cela?

MONSIEUR DE POURCEAUGNAC.

Excusez-moi; je me le remets. (A Sbrigani.) Diable emporte si je m'en souviens!

* VAR. *Le bonheur de boire je ne sais combien de fois avec vous?* (1682).

SBRIGANI, bas, à monsieur de Pourceaugnac.

Il y a cent choses comme cela qui passent de la tête.

ÉRASTE.

Embrassez-moi donc, je vous prie, et resserrons les nœuds de notre ancienne amitié.

SBRIGANI, à monsieur de Pourceaugnac.

Voilà un homme qui vous aime fort.

ÉRASTE.

Dites-moi un peu des nouvelles de toute la parenté. Comment se porte monsieur votre... là... qui est si honnête homme?

MONSIEUR DE POURCEAUGNAC.

Mon frère le consul?

ÉRASTE.

Oui.

MONSIEUR DE POURCEAUGNAC.

Il se porte le mieux du monde.

ÉRASTE.

Certes, j'en suis ravi. Et celui qui est de si bonne humeur? Là... monsieur votre...

MONSIEUR DE POURCEAUGNAC.

Mon cousin l'assesseur?

ÉRASTE.

Justement.

MONSIEUR DE POURCEAUGNAC.

Toujours gai et gaillard.

ÉRASTE.

Ma foi, j'en ai beaucoup de joie. Et monsieur votre oncle? Le...

MONSIEUR DE POURCEAUGNAC.

Je n'ai point d'oncle.

ÉRASTE.

Vous aviez pourtant en ce temps-là...

MONSIEUR DE POURCEAUGNAC.

Non: rien qu'une tante.

ÉRASTE.

C'est ce que je voulois dire, madame votre tante. Comment se porte-t-elle?

MONSIEUR DE POURCEAUGNAC.

Elle est morte depuis six mois.

ÉRASTE.

Hélas! la pauvre femme! elle étoit si bonne personne!

MONSIEUR DE POURCEAUGNAC.

Nous avons aussi mon neveu le chanoine, qui a pensé mourir de la petite vérole.

ÉRASTE.

Quel dommage ç'auroit été!

MONSIEUR DE POURCEAUGNAC.

Le connoissez-vous aussi?

ÉRASTE.

Vraiment si je le connois! Un grand garçon bien fait.

MONSIEUR DE POURCEAUGNAC.

Pas des plus grands.

ÉRASTE.

Non; mais de taille bien prise.

MONSIEUR DE POURCEAUGNAC.

Hé! oui.

ÉRASTE.

Qui est votre neveu?

MONSIEUR DE POURCEAUGNAC.

Oui.

ÉRASTE.

Fils de votre frère et de votre sœur?[*]

---

[*] VAR. *Fils de votre frère ou de votre sœur?* (1682).

MONSIEUR DE POURCEAUGNAC.

Justement.

ÉRASTE.

Chanoine de l'église de... Comment l'appelez-vous?

MONSIEUR DE POURCEAUGNAC.

De Saint-Étienne.

ÉRASTE.

Le voilà; je ne connois autre.

MONSIEUR DE POURCEAUGNAC, à Sbrigani.

Il dit toute la parenté.*

SBRIGANI.

Il vous connoît plus que vous ne croyez.

MONSIEUR DE POURCEAUGNAC.

A ce que je vois, vous avez demeuré longtemps dans notre ville?

ÉRASTE.

Deux ans entiers.

MONSIEUR DE POURCEAUGNAC.

Vous étiez donc là quand mon cousin l'élu fit tenir son enfant à monsieur notre gouverneur?

ÉRASTE.

Vraiment oui, j'y fus convié des premiers.

MONSIEUR DE POURCEAUGNAC.

Cela fut galant.

ÉRASTE.

Très galant.**

MONSIEUR DE POURCEAUGNAC.

C'étoit un repas bien troussé.

ÉRASTE.

Sans doute.

---

* Var. *Il dit toute ma parenté* (1682).
** Var. *Très galant. Oui* (1682).

MONSIEUR DE POURCEAUGNAC.

Vous vîtes donc aussi la querelle que j'eus avec ce gentilhomme périgordin?

ÉRASTE.

Oui.

MONSIEUR DE POURCEAUGNAC.

Parbleu! il trouva à qui parler.

ÉRASTE.

Ah! ah!

MONSIEUR DE POURCEAUGNAC.

Il me donna un soufflet; mais je lui dis bien son fait.

ÉRASTE.

Assurément. Au reste, je ne prétends pas que vous preniez d'autre logis que le mien.

MONSIEUR DE POURCEAUGNAC.

Je n'ai garde de...

ÉRASTE.

Vous moquez-vous? je ne souffrirai point du tout que mon meilleur ami soit autre part que dans ma maison.

MONSIEUR DE POURCEAUGNAC.

Ce seroit vous...

ÉRASTE.

Non. Le diable m'emporte! vous logerez chez moi.*

SBRIGANI, à monsieur de Pourceaugnac.

Puisqu'il le veut obstinément, je vous conseille d'accepter l'offre.

ÉRASTE.

Où sont vos hardes?

MONSIEUR DE POURCEAUGNAC.

Je les ai laissées, avec mon valet, où je suis descendu.

---

* VAR. *Non, vous avez beau faire, vous logerez chez moi* (1682).

ÉRASTE.

Envoyons-les querir par quelqu'un.

MONSIEUR DE POURCEAUGNAC.

Non. Je lui ai défendu de bouger, à moins que j'y fusse moi-même, de peur de quelque fourberie.

SBRIGANI.

C'est prudemment avisé.

MONSIEUR DE POURCEAUGNAC.

Ce pays-ci est un peu sujet à caution.

ÉRASTE.

On voit les gens d'esprit en tout.

SBRIGANI.

Je vais accompagner monsieur, et le ramènerai où vous voudrez.

ÉRASTE.

Oui. Je serai bien aise de donner quelques ordres, et vous n'avez qu'à revenir à cette maison-là.

SBRIGANI.

Nous sommes à vous tout à l'heure.

ÉRASTE, à monsieur de Pourceaugnac.

Je vous attends avec impatience.

MONSIEUR DE POURCEAUGNAC, à Sbrigani.

Voilà une connoissance où je ne m'attendois point.

SBRIGANI.

Il a la mine d'être honnête homme.

ÉRASTE, seul.

Ma foi, monsieur de Pourceaugnac, nous vous en donnerons de toutes les façons : les choses sont préparées, et je n'ai qu'à frapper. [Holà !]*

---

* Ce mot n'appartient qu'à l'édition de 1682.

SCÈNE VII.

ÉRASTE, UN APOTHICAIRE.

ÉRASTE.

Je crois, monsieur, que vous êtes le médecin à qui l'on est venu parler de ma part?

L'APOTHICAIRE.

Non, monsieur; ce n'est pas moi qui suis le médecin; à moi n'appartient pas cet honneur; et je ne suis qu'apothicaire, apothicaire indigne, pour vous servir.

ÉRASTE.

Et monsieur le médecin est-il à la maison?

L'APOTHICAIRE.

Oui. Il est là, embarrassé, à expédier quelques malades; et je vais lui dire que vous êtes ici.

ÉRASTE.

Non : ne bougez; j'attendrai qu'il ait fait. C'est pour lui mettre entre les mains certain parent que nous avons, dont on lui a parlé, et qui se trouve attaqué de quelque folie, que nous serions bien aises qu'il pût guérir avant que de le marier.

L'APOTHICAIRE.

Je sais ce que c'est, je sais ce que c'est; et j'étois avec lui quand on lui a parlé de cette affaire. Ma foi, ma foi, vous ne pouviez pas vous adresser à un médecin plus habile. C'est un homme qui sait la médecine à fond, comme je sais ma Croix-de-par-Dieu[1]; et qui, quand on devroit crever, ne démordroit pas d'un *iota* des règles

---

1. On appelait Croix-de-par-Dieu un alphabet à l'aide duquel on commençait à épeler. La Fontaine a dit :

    Eh! messieurs, sais-je lire?
    Je n'ai jamais appris que ma Croix-de-par-Dieu.

des anciens. Oui, il suit toujours le grand chemin, le grand chemin, et ne va point chercher midi à quatorze heures; et, pour tout l'or du monde, il ne voudroit pas avoir guéri une personne avec d'autres remèdes que ceux que la Faculté permet[1].

ÉRASTE.

Il fait fort bien. Un malade ne doit point vouloir guérir, que la Faculté n'y consente.

L'APOTHICAIRE.

Ce n'est pas parce que nous sommes grands amis, que j'en parle; mais il y a plaisir, il y a plaisir* d'être son malade; et j'aimerois mieux mourir de ses remèdes que de guérir de ceux d'un autre[2]. Car, quoi qui puisse arriver, on est assuré que les choses sont toujours dans l'ordre; et, quand on meurt sous sa conduite, vos héritiers n'ont rien à vous reprocher.

ÉRASTE.

C'est une grande consolation pour un défunt.

L'APOTHICAIRE.

Assurément. On est bien aise au moins d'être mort méthodiquement. Au reste, il n'est pas de ces médecins qui marchandent les maladies; c'est un homme expéditif, expéditif, qui aime à dépêcher ses malades; et, quand on a à mourir, cela se fait avec lui le plus vite du monde.

ÉRASTE.

En effet, il n'est rien tel que de sortir promptement d'affaire.

---

* « Il y a plaisir » n'est pas répété dans l'édition de 1682.

1. C'est ce que dit Saint-Simon de Fagon : « A son avis, il n'étoit permis de guérir que par la voie commune des médecins reçus dans les Facultés, dont les lois et l'ordre lui étoient sacrés. »
2. Molière a déjà employé ce trait dans *l'Amour médecin,* acte II, sc. VI.

ACTE I, SCÈNE VII.

L'APOTHICAIRE.

Cela est vrai. A quoi bon tant barguigner[1] et tant tourner autour du pot? Il faut savoir vitement le court ou le long d'une maladie.

ÉRASTE.

Vous avez raison.

L'APOTHICAIRE.

Voilà déjà trois de mes enfants dont il m'a fait l'honneur de conduire la maladie, qui sont morts en moins de quatre jours, et qui, entre les mains d'un autre, auroient langui plus de trois mois.

ÉRASTE.

Il est bon d'avoir des amis comme cela.

L'APOTHICAIRE.

Sans doute. Il ne me reste plus que deux enfants, dont il prend soin comme des siens; il les traite et gouverne à sa fantaisie, sans que je me mêle de rien; et, le plus souvent, quand je reviens de la ville, je suis tout étonné que je les trouve saignés ou purgés par son ordre.

ÉRASTE.

Voilà des soins fort obligeants.*

---

* VAR. Voilà les soins les plus obligeants du monde (1682).

1. *Barguigner* signifie *marchander* en vieux français :
« Estagiers de Paris puent barguignier et achater bled ou marchié de Paris. » (*Livre des mestiers*, d'Étienne Boileau.)

> Iluec trouvèrent le mercier,
> E lor dame qui remuoit
> Les joiaus, et les bargignoit.
> (*Roman du Châtelain de Coucy.*)

« Par ma foi! franc et libéral est le François, qui n'a voulu bargaigner sur une si grande somme de deniers. » (JOINVILLE.)

« C'est trop ici barguigné. Vends luy si tu veulx; si tu ne veulx, ne l'amuse plus. » (RABELAIS, livre IV, c. VII.)

Le mot est encore usité, mais seulement au sens figuré.

L'APOTHICAIRE.

Le voici, le voici, le voici qui vient.

SCÈNE VIII.

ÉRASTE, PREMIER MÉDECIN, UN APOTHICAIRE, UN PAYSAN, UNE PAYSANNE.

LE PAYSAN, au médecin.

Monsieur, il n'en peut plus; et il dit qu'il sent dans la tête les plus grandes douleurs du monde.

PREMIER MÉDECIN.

Le malade est un sot; d'autant plus que, dans la maladie dont il est attaqué, ce n'est pas la tête, selon Galien, mais la rate, qui lui doit faire mal.

LE PAYSAN.

Quoi que c'en soit, monsieur, il a toujours, avec cela, son cours de ventre depuis six mois.

PREMIER MÉDECIN.

Bon! c'est signe que le dedans se dégage. Je l'irai visiter dans deux ou trois jours; mais, s'il mouroit avant ce temps-là, ne manquez pas de m'en donner avis : car il n'est pas de la civilité qu'un médecin visite un mort.

LA PAYSANNE, au médecin.

Mon père, monsieur, est toujours malade de plus en plus.

PREMIER MÉDECIN.

Ce n'est pas ma faute. Je lui donne des remèdes : que ne guérit-il? Combien a-t-il été saigné de fois?

LA PAYSANNE.

Quinze, monsieur, depuis vingt jours.

PREMIER MÉDECIN.

Quinze fois saigné?

ACTE I, SCÈNE IX.

LA PAYSANNE.

Oui.

PREMIER MÉDECIN.

Et il ne guérit point?

LA PAYSANNE.

Non, monsieur.

PREMIER MÉDECIN.

C'est signe que la maladie n'est pas dans le sang. Nous le ferons purger autant de fois, pour voir si elle n'est pas dans les humeurs; et, si rien ne nous réussit, nous l'enverrons aux bains.

L'APOTHICAIRE.

Voilà le fin, cela; voilà le fin de la médecine [1].

SCÈNE IX.

ÉRASTE, PREMIER MÉDECIN, UN APOTHICAIRE.

ÉRASTE, au médecin.

C'est moi, monsieur, qui vous ai envoyé parler, ces jours passés, pour un parent un peu troublé d'esprit, que je veux vous donner chez vous, afin de le guérir avec plus de commodité, et qu'il soit vu de moins de monde.

PREMIER MÉDECIN.

Oui, monsieur; j'ai déjà disposé tout, et promets d'en avoir tous les soins imaginables.

ÉRASTE.

Le voici.*

---

* VAR. *Le voici fort à propos* (1682).

1. L'usage, à la Comédie française, est d'omettre cette scène à la représentation.

PREMIER MÉDECIN.

La conjoncture est tout à fait heureuse, et j'ai ici un ancien de mes amis, avec lequel je serai bien aise de consulter sa maladie.

SCÈNE X.
MONSIEUR DE POURCEAUGNAC, ÉRASTE, PREMIER MÉDECIN, UN APOTHICAIRE.

ÉRASTE, à monsieur de Pourceaugnac.

Une petite affaire m'est survenue, qui m'oblige à vous quitter; (Montrant le médecin.) mais voilà une personne entre les mains de qui je vous laisse, qui aura soin pour moi de vous traiter du mieux qu'il lui sera possible.

PREMIER MÉDECIN.

Le devoir de ma profession m'y oblige, et c'est assez que vous me chargiez de ce soin.

MONSIEUR DE POURCEAUGNAC, à part.

C'est son maître d'hôtel;* et il faut que ce soit un homme de qualité.

PREMIER MÉDECIN, à Éraste.

Oui, je vous assure que je traiterai monsieur méthodiquement, et dans toutes les régularités de notre art.

MONSIEUR DE POURCEAUGNAC.

Mon Dieu! il ne me faut point tant de cérémonies; et je ne viens pas ici pour incommoder.

PREMIER MÉDECIN.

Un tel emploi ne me donne que de la joie.

ÉRASTE, au médecin.

Voilà toujours six pistoles d'avance,** en attendant ce que j'ai promis.

* VAR. *C'est son maître d'hôtel, sans doute* (1682).
** VAR. *Voilà toujours dix pistoles d'avance* (1682).

MONSIEUR DE POURCEAUGNAC.

Non, s'il vous plaît ; je n'entends pas que vous fassiez de dépense, et que vous envoyiez rien acheter pour moi.

ÉRASTE.

Mon Dieu! laissez faire. Ce n'est pas pour ce que vous pensez.

MONSIEUR DE POURCEAUGNAC.

Je vous demande de ne me traiter qu'en ami.

ÉRASTE.

C'est ce que je veux faire. (Bas, au médecin.) Je vous recommande surtout de ne le point laisser sortir de vos mains : car, parfois, il veut s'échapper.

PREMIER MÉDECIN.

Ne vous mettez pas en peine.

ÉRASTE, à monsieur de Pourceaugnac.

Je vous prie de m'excuser de l'incivilité que je commets.

MONSIEUR DE POURCEAUGNAC.

Vous vous moquez ; et c'est trop de grâce que vous me faites.

SCÈNE XI.

MONSIEUR DE POURCEAUGNAC, PREMIER MÉDECIN, SECOND MÉDECIN, UN APOTHICAIRE.

PREMIER MÉDECIN.

Ce m'est beaucoup d'honneur, monsieur, d'être choisi pour vous rendre service.

MONSIEUR DE POURCEAUGNAC.

Je suis votre serviteur.

PREMIER MÉDECIN.

Voici un habile homme, mon confrère, avec lequel je vais consulter la manière dont nous vous traiterons.

MONSIEUR DE POURCEAUGNAC.

Il ne faut point tant de façons, vous dis-je ; et je suis homme à me contenter de l'ordinaire.

PREMIER MÉDECIN.

Allons, des sièges.

(Des laquais entrent, et donnent des sièges.)

MONSIEUR DE POURCEAUGNAC, à part.

Voilà, pour un jeune homme, des domestiques bien lugubres.

PREMIER MÉDECIN.

Allons, monsieur ; prenez votre place, monsieur.

(Les deux médecins font asseoir monsieur de Pourceaugnac entre eux deux.)

MONSIEUR DE POURCEAUGNAC, s'asseyant.

Votre très humble valet. (Les deux médecins lui prennent chacun une main pour lui tâter le pouls.) Que veut dire cela?

PREMIER MÉDECIN.

Mangez-vous bien, monsieur[1] ?

---

1. Dans *les Ménechmes*, de Plaute, l'un des deux jumeaux, celui qui est étranger dans la ville (Menæchmus Sosicles), traité de fou par tout le monde, à cause de l'extravagance apparente de ses discours, se décide à contrefaire le fou furieux, pour se délivrer des gens qui l'obsèdent. Le beau-père de son frère, qui le prend pour son gendre, va prier un médecin de se charger de lui, et d'entreprendre sa cure. En l'absence du vieillard, il s'enfuit ; mais son frère (Menæchmus subreptus) arrive, et est pris à son tour pour le prétendu fou : le médecin lui adresse à peu près les mêmes questions qu'on fait à Pourceaugnac ; et il arrive de même que chacune de ses réponses passe pour une preuve de la folie dont on le croit atteint.

MEDICUS.

. . . . Dic mihi hoc quod te rogo.
Album, an atrum vinum potas ?

MENÆCHMUS.

Quin tu is in malam crucem !

MEDICUS.

Jam, hercle, obceptat insanire primulum.

MENÆCHMUS.

Quin tu me interrogas,
Purpureum panem, an puniceum soleam ego esse, an luteum ?
Soleamne esse aveis squamosas, pisceis pennatos ?

SENEX.

Papæ !

ACTE I, SCÈNE XI.

MONSIEUR DE POURCEAUGNAC.

Oui; et bois encore mieux.

PREMIER MÉDECIN.

Tant pis! Cette grande appétition du froid et de l'humide est une indication de la chaleur et sécheresse qui est au dedans. Dormez-vous fort?

> Audin' tu? deliramenta loquitur...
> MEDICUS.
> Dic mihi hoc : solent tibi unquam oculi duri fieri?
> MENÆCHMUS.
> Quid? tu me locustam censes esse, homo ignavissume?
> MEDICUS.
> Dic mihi, en unquam tibi intestina crepant, quod sentias?
> MENÆCHMUS.
> Ubi satur sum, nulla crepitant; quando esurio, tum crepant.
> MEDICUS.
> Hoc quidem, edepol, haud pro insano verbum respondit mihi.
> Perdormiscin' usque ad lucem? facilen' tu dormis cubans?
> MENÆCHMUS.
> Perdormisco, si resolvi argentum, quoi debeo.
> Qui te Jupiter Dique omneis, percontator, perduint!
> MEDICUS.
> Nunc homo insanire obceptat.

« LE MÉDECIN. Réponds à mes questions. Bois-tu du vin blanc ou du vin fort en couleur?

« MÉNECHME. Hé! va-t'en au gibet, où tu périsses!

« LE MÉDECIN. Son accès commence à le prendre.

« MÉNECHME. Ne me demanderas-tu si je mange du pain rouge, ou violet, ou jaune? si je me nourris d'oiseaux à écailles, de poissons à plumes!

« LE VIEILLARD. O ciel! tu entends les extravagances qu'il débite...

« LE MÉDECIN. Dis-moi, tes yeux deviennent-ils durs habituellement?

« MÉNECHME. Est-ce que tu me prends pour une sauterelle, imbécile?

« LE MÉDECIN. Entends-tu quelquefois tes boyaux crier?

« MÉNECHME. Quand j'ai bien mangé, ils ne crient pas; c'est quand j'ai faim, qu'ils se mettent à crier.

« LE MÉDECIN. Par Pollux! sa réponse n'est pas celle d'un insensé. Dors-tu jusqu'au jour? As-tu de la facilité à t'endormir, lorsque tu es couché?

« MÉNECHME. Je dors quand j'ai payé mes dettes. Que Jupiter et tous les dieux te confondent, maudit questionneur!

« LE MÉDECIN. Voilà sa folie qui recommence. »

Ainsi nous avons dans Plaute l'idée du médecin qui, appelé pour traiter un homme bien portant, lui trouve tous les symptômes de la folie, et du malade qui se révolte à cet interrogatoire inattendu et bizarre. Mais ce malade n'est pas, comme dans Molière, un rival escamoté et berné par son rival, grâce à la complicité naïve du médecin.

MONSIEUR DE POURCEAUGNAC.
Oui, quand j'ai bien soupé.

PREMIER MÉDECIN.
Faites-vous des songes?

MONSIEUR DE POURCEAUGNAC.
Quelquefois.

PREMIER MÉDECIN.
De quelle nature sont-ils?

MONSIEUR DE POURCEAUGNAC.
De la nature des songes. Quelle diable de conversation est-ce là?

PREMIER MÉDECIN.
Vos déjections, comment sont-elles?

MONSIEUR DE POURCEAUGNAC.
Ma foi, je ne comprends rien à toutes ces questions; et je veux plutôt boire un coup.

PREMIER MÉDECIN.
Un peu de patience. Nous allons raisonner sur votre affaire devant vous; et nous le ferons en françois, pour être plus intelligibles[1].

MONSIEUR DE POURCEAUGNAC.
Quel grand raisonnement faut-il pour manger un morceau?

PREMIER MÉDECIN.
Comme ainsi soit qu'on ne puisse guérir une maladie qu'on ne la connoisse parfaitement, et qu'on ne la puisse parfaitement connoître sans en bien établir l'idée particulière et la véritable espèce, par ses signes diagnostiques et prognostiques, vous me permettrez, monsieur notre

---

1. Le premier médecin va commencer le raisonnement. C'était un article des statuts de la Faculté que, « dans les consultations, les plus jeunes opinent les premiers, et selon l'ordre de leur promotion au doctorat ».

ancien, d'entrer en considération de la maladie dont il s'agit, avant que de toucher à la thérapeutique, et aux remèdes qu'il nous conviendra faire pour la parfaite curation d'icelle. Je dis donc, monsieur, avec votre permission, que notre malade ici présent est malheureusement attaqué, affecté, possédé, travaillé de cette sorte de folie que nous nommons fort bien mélancolie hypocondriaque; espèce de folie très fâcheuse, et qui ne demande pas moins qu'un Esculape comme vous, consommé dans notre art[1]; vous, dis-je, qui avez blanchi, comme on dit, sous le harnois, et auquel il en a tant passé par les mains, de toutes les façons. Je l'appelle mélancolie hypocondriaque, pour la distinguer des deux autres : car le célèbre Galien[2] établit doctement, à son ordinaire, trois espèces de cette maladie que nous nommons mélancolie, ainsi appelée, non seulement par les Latins, mais encore par les Grecs : ce qui est bien à remarquer pour notre affaire. La première, qui vient du propre vice du cerveau; la seconde, qui vient de tout le sang, fait et rendu atrabilaire; la troisième, appelée hypocondriaque, qui est la nôtre, laquelle procède du vice de quelque partie du bas-ventre et de la région inférieure, mais particulièrement de la rate, dont la chaleur et l'inflammation portent au cerveau de notre malade beaucoup de fuligines épaisses et crasses, dont la vapeur noire et maligne cause dépravation aux fonctions de la faculté princesse, et fait la maladie dont, par notre raisonnement, il est manifestement

---

1. L'édition de 1682 indique qu'on omettait à la scène depuis ces mots : « consommé dans notre art, » jusqu'à ceux-ci inclusivement : « il est manifestement atteint et convaincu. »

2. Galien, le célèbre médecin de Pergame, qui vivait au temps de Marc-Aurèle, était le maître de l'école médicale qui régnait à Paris au XVII siècle.

atteint et convaincu[1]. Qu'ainsi ne soit[2], pour diagnostique incontestable de ce que je vous dis, vous n'avez qu'à considérer ce grand sérieux que vous voyez, cette tristesse accompagnée de crainte et de défiance, signes pathognomoniques et individuels de cette maladie, si bien marquée chez le divin vieillard Hippocrate : cette physionomie, ces yeux rouges et hagards, cette grande barbe, cette habitude du corps, menue, grêle, noire et velue, lesquels signes le dénotent très affecté de cette maladie, procédante du vice des hypocondres; laquelle maladie, par laps de temps naturalisée, envieillie, habituée et ayant pris droit de bourgeoisie chez lui, pourroit bien dégénérer ou en manie, ou en phthisie, ou en apoplexie, ou même en fine frénésie et fureur. Tout ceci supposé, puisqu'une maladie bien connue est à demi guérie, car, *ignoti nulla est curatio morbi* [3], il ne vous sera pas difficile de

1. Ces doctrines ressemblent beaucoup à celles que professait la Faculté. Voyez sur ces questions *les Médecins au temps de Molière,* par Maurice Raynaud, notamment dans le chapitre vii, les pages 366-367, 400-402.

« Il n'est pas, dit M. Raynaud, une des dissertations que Molière met dans la bouche de ses personnages, qui ne soit parfaitement conforme à l'esprit et même au langage usité dans l'École. Il y a là toute une pathologie burlesque, arrangée, il est vrai, pour les besoins de la comédie, mais qui n'en est pas moins calquée sur le galénisme à la mode, et très reconnaissable sous le manteau dont on l'affuble. Le meilleur morceau en ce genre est la consultation donnée à monsieur de Pourceaugnac. »

2. *Qu'ainsi ne soit.* — « C'est par l'ellipse, dit Dumarsais, que l'on doit rendre raison d'une façon de parler qui n'est plus aujourd'hui en usage dans notre langue, mais qu'on trouve dans les livres mêmes du siècle passé; c'est *et qu'ainsi ne soit,* pour dire : *ce que je dis est si vrai que,* etc. Cette manière de parler se prend en un sens tout contraire à celui qu'elle semble avoir : car elle est affirmative nonobstant la négation. « J'étois dans ce jardin, et « *qu'ainsi ne soit,* voilà une fleur que j'y ai cueillie ; » c'est comme si je disois, et « pour preuve de cela, voilà une fleur que j'y ai cueillie ». Dumarsais cite ensuite la phrase de *Pourceaugnac,* et, pour mieux expliquer encore l'expression elliptique *qu'ainsi ne soit,* il en donne ce qu'il appelle la *construction pleine :* « afin que vous ne disiez que cela ne soit pas ainsi. »

3. « Il n'y a point de cure d'une maladie qui n'est pas connue. »

convenir des remèdes que nous devons faire à monsieur. Premièrement, pour remédier à cette pléthore obturante, et à cette cacochymie luxuriante par tout le corps, je suis d'avis qu'il soit phlébotomisé libéralement, c'est-à-dire que les saignées soient fréquentes et plantureuses : en premier lieu, de la basilique, puis de la céphalique[1], et même, si le mal est opiniâtre, de lui ouvrir la veine du front, et que l'ouverture soit large, afin que le gros sang puisse sortir ; et, en même temps, de le purger, désopiler, et évacuer par purgatifs propres et convenables, c'est-à-dire par cholagogues, mélanogogues[2], *et cœtera* ; et comme la véritable source de tout le mal est ou une humeur crasse et féculente, ou une vapeur noire et grossière, qui obscurcit, infecte et salit les esprits animaux, il est à propos ensuite qu'il prenne un bain d'eau pure et nette, avec force petit-lait clair, pour purifier, par l'eau, la féculence de l'humeur crasse, et éclaircir, par le lait clair, la noirceur de cette vapeur. Mais, avant toute chose, je trouve qu'il est bon de le réjouir par agréables conversations, chants et instruments de musique ; à quoi il n'y a pas d'inconvénient de joindre des danseurs, afin que leurs mouvements, disposition[3] et agilité, puissent exciter et réveiller la paresse de ses esprits engourdis, qui occasionne l'épaisseur de son sang, d'où procède la maladie. Voilà les remèdes que j'imagine, auxquels pourront être ajoutés beaucoup d'autres meil-

---

1. La *basilique*, veine qui monte le long de la partie interne de l'os du bras jusqu'à l'axillaire, où elle se rend. La *céphalique*, l'une des veines du bras, qu'on croyait autrefois venir de la tête, et qu'on ouvrait, par cette raison, dans les cas où la tête avait besoin d'être soulagée.

2. *Cholagogues*, remèdes propres à chasser la bile. *Mélanogogues*, remèdes propres à chasser la bile noire, que les anciens appelaient *mélancolie*.

3. *Disposition* signifiait alors *agilité*, *légèreté*.

leurs par monsieur notre maître et ancien, suivant l'expérience, jugement, lumière, et suffisance qu'il s'est acquise dans notre art. *Dixi*.

SECOND MÉDECIN.

A Dieu ne plaise, monsieur, qu'il me tombe en pensée d'ajouter rien à ce que vous venez de dire! Vous avez si bien discouru sur tous les signes, les symptômes et les causes de la maladie de monsieur; le raisonnement que vous en avez fait est si docte et si beau, qu'il est impossible qu'il ne soit pas fou et mélancolique hypocondriaque; et quand il ne le seroit pas, il faudroit qu'il le devînt, pour la beauté des choses que vous avez dites et la justesse du raisonnement que vous avez fait. Oui, monsieur, vous avez dépeint fort graphiquement, *graphice depinxisti*, tout ce qui appartient à cette maladie. Il ne se peut rien de plus doctement, sagement, ingénieusement conçu, pensé, imaginé, que ce que vous avez prononcé au sujet de ce mal, soit pour la diagnose ou la prognose ou la thérapie; et il ne me reste rien ici que de féliciter monsieur d'être tombé entre vos mains, et de lui dire qu'il est trop heureux d'être fou, pour éprouver l'efficace et la douceur des remèdes que vous avez si judicieusement proposés Je les approuve tous, *manibus et pedibus descendo in tuam sententiam*[1]. Tout ce que j'y voudrois ajouter, c'est de faire les saignées et les purgations en nombre impair, *numero deus impari gaudet*[2];[*] de prendre le lait clair

---

[*] Les éditions originales donnent *impari* au lieu d'*impare*.

[1]. C'est-à-dire : je me range hautement de votre avis; littéralement : je vais des pieds et des mains du côté de votre avis; comme les sénateurs romains se rangeaient, en applaudissant, à côté de leur collègue dont ils adoptaient l'opinion.

[2]. C'est un hémistiche de la huitième églogue de Virgile signifiant : « Le nombre impair plaît à la divinité. »

avant le bain; de lui composer un fronteau[1] où il entre du sel, le sel est symbole de la sagesse; de faire blanchir les murailles de sa chambre, pour dissiper les ténèbres de ses esprits, *album est disgregativum visus*[2]; et de lui donner tout à l'heure un petit lavement, pour servir de prélude et d'introduction à ces judicieux remèdes, dont, s'il a à guérir, il doit recevoir du soulagement. Fasse le ciel que ces remèdes, monsieur, qui sont les vôtres, réussissent au malade selon notre intention!

MONSIEUR DE POURCEAUGNAC.

Messieurs, il y a une heure que je vous écoute. Est-ce que nous jouons ici une comédie?

PREMIER MÉDECIN.

Non, monsieur, nous ne jouons point.

MONSIEUR DE POURCEAUGNAC.

Qu'est-ce que tout ceci? et que voulez-vous dire, avec votre galimatias et vos sottises?

PREMIER MÉDECIN.

Bon! dire des injures! voilà un diagnostique qui nous manquoit pour la confirmation de son mal; et ceci pourroit bien tourner en manie.

MONSIEUR DE POURCEAUGNAC, à part.

Avec qui m'a-t-on mis ici? (Il crache deux ou trois fois.)

PREMIER MÉDECIN.

Autre diagnostique : la sputation fréquente.

MONSIEUR DE POURCEAUGNAC.

Laissons cela, et sortons d'ici.

PREMIER MÉDECIN.

Autre encore : l'inquiétude de changer de place.

---

1. *Fronteau*, bandeau appliqué sur le front.
2. « Le blanc cause la disgrégation de la vue. »

MONSIEUR DE POURCEAUGNAC.

Qu'est-ce donc que toute cette affaire? et que me voulez-vous?

PREMIER MÉDECIN.

Vous guérir, selon l'ordre qui nous a été donné.

MONSIEUR DE POURCEAUGNAC.

Me guérir?

PREMIER MÉDECIN.

Oui.

MONSIEUR DE POURCEAUGNAC.

Parbleu! je ne suis pas malade.

PREMIER MÉDECIN.

Mauvais signe, lorsqu'un malade ne sent pas son mal.

MONSIEUR DE POURCEAUGNAC.

Je vous dis que je me porte bien.

PREMIER MÉDECIN.

Nous savons mieux que vous comment vous vous portez; et nous sommes médecins, qui voyons clair dans votre constitution.

MONSIEUR DE POURCEAUGNAC.

Si vous êtes médecins, je n'ai que faire de vous; et je me moque de la médecine.

PREMIER MÉDECIN.

Hon! hon! voici un homme plus fou que nous ne pensons.

MONSIEUR DE POURCEAUGNAC.

Mon père et ma mère n'ont jamais voulu de remèdes, et ils sont morts tous deux sans l'assistance des médecins.

PREMIER MÉDECIN.

Je ne m'étonne pas s'ils ont engendré un fils qui est insensé. (Au second médecin.) Allons, procédons à la curation; et, par la douceur exhilarante de l'harmonie, adoucissons, lénifions et accoisons¹ l'aigreur de ses esprits, que je vois prêts à s'enflammer.

SCÈNE XII.

MONSIEUR DE POURCEAUGNAC.

Que diable est-ce là? Les gens de ce pays-ci sont-ils insensés? Je n'ai jamais rien vu de tel, et je n'y comprends rien du tout.

SCÈNE XIII.

MONSIEUR DE POURCEAUGNAC, DEUX MÉDECINS GROTESQUES².

(Ils s'asseyent d'abord tous trois; les médecins se lèvent à différentes reprises pour saluer monsieur de Pourceaugnac, qui se lève autant de fois pour les saluer.)

LES DEUX MÉDECINS.

Buon dì, buon dì, buon dì.
Non vi lasciate uccidere
Dal dolor malinconico.
Noi vi faremo ridere
Col nostro canto armonico;
Sol per guarirvi

---

1. *Accoiser* signifiait *calmer*. L'adjectif *coi* s'emploie encore en quelques phrases. Bossuet s'est servi du verbe *accoiser* :

« Si les couleurs semblent vaguer au milieu de l'air, si elles s'affoiblissent peu à peu, si enfin elles se dissipent, c'est que le coup que donnoit l'objet présent ayant cessé, le mouvement qui reste dans le nerf est moins fixe, qu'il se ralentit, et enfin *s'accoise* tout à fait. » (*Traité de la Connoissance de Dieu.*)

2. L'édition originale dit : « Deux musiciens italiens en médecins crotesques (*sic*), suivis de huit matassins. » Le livret du ballet n'indique que six matassins, et plus loin (acte II, scène IV), Pourceaugnac ne parle non plus que de six pantalons, comme il les appelle.

Siamo venuti quì.
Buon dì, buon dì, buon dì.

PREMIER MÉDECIN.

Altro non è la pazzia
Che malinconia.
Il malato
Non è disperato,
Se vol pigliar un poco d'allegria.
Altro non è la pazzia
Che malinconia.

SECOND MÉDECIN.

Sù, cantate, ballate, ridete;
E, se far meglio volete,
Quando sentite il deliro vicino,
Pigliate del vino,
E qualche volta un poco di tabac.*
Allegramente, monsu Pourceaugnac[1].**

---

* Le livre du ballet et toutes les éditions portent : *un po po di tabac*. Malgré cette concordance des textes, il est difficile de ne pas voir dans ce *po po* une faute d'impression.

** Var. *Allegramente, monzu Pouricaugnac.* (Livre du ballet.)

1. A la première représentation de *Pourceaugnac*, donnée à Chambord devant le roi, Lulli joua le rôle d'un des deux médecins grotesques, et, par conséquent, chanta sa part de ces trois couplets, dont il avait, dit-on, fait les paroles, et dont certainement il avait fait la musique.

Voici la traduction de ces couplets :

> « Bonjour, bonjour, bonjour.
> Ne vous laissez pas tuer
> Par la douleur mélancolique.
> Nous vous ferons rire
> Avec notre chant harmonique;
> Ce n'est que pour vous guérir

SCÈNE XIV.

MONSIEUR DE POURCEAUGNAC,
DEUX MÉDECINS GROTESQUES, MATASSINS.

ENTRÉE DE BALLET.

Danse des matassins autour de monsieur de Pourceaugnac.

SCÈNE XV.

MONSIEUR DE POURCEAUGNAC, UN APOTHICAIRE
tenant une seringue.

L'APOTHICAIRE.

Monsieur, voici un petit remède, un petit remède, qu'il vous faut prendre, s'il vous plaît, s'il vous plaît[1].

>   Que nous sommes venus ici.
>   Bonjour, bonjour, bonjour.
>   « La folie n'est autre chose
>   Que la mélancolie.
>   Le malade
>   N'est pas désespéré
>   S'il veut prendre un peu de divertissement.
>   La folie n'est autre chose
>   Que la mélancolie.
>   « Allons, courage, chantez, dansez, riez;
>   Et, si vous voulez encore mieux faire,
>   Quand vous sentez la folie approcher,
>   Prenez un verre de vin,
>   Et quelquefois une prise de tabac.
>   Allons, gai, monsieur de Pourceaugnac. »

---

1. Nous avons dit, dans la Notice préliminaire, page 9, qu'un comédien du théâtre du Marais, auteur d'une farce représentée à ce théâtre en 1661, avait déjà montré sur la scène un apothicaire qui, une seringue à la main, veut absolument faire son office séance tenante. Voyez l'*Histoire du Théâtre françois*, tome IX, page 81.

Ces plaisanteries, qui répugneraient à la délicatesse actuelle, ne parais-

MONSIEUR DE POURCEAUGNAC.
Comment? Je n'ai que faire de cela.
L'APOTHICAIRE.
Il a été ordonné, monsieur, il a été ordonné.
MONSIEUR DE POURCEAUGNAC.
Ah! que de bruit!
L'APOTHICAIRE.
Prenez-le, monsieur, prenez-le; il ne vous fera point de mal, il ne vous fera point de mal.
MONSIEUR DE POURCEAUGNAC.
Ah!
L'APOTHICAIRE.
C'est un petit clystère, un petit clystère, benin, benin; il est benin, benin : là, prenez, prenez, prenez, monsieur;* c'est pour déterger, pour déterger, déterger.

SCÈNE XVI.

MONSIEUR DE POURCEAUGNAC,
UN APOTHICAIRE, DEUX MÉDECINS GROTESQUES,
MATASSINS[1] avec des seringues.

LES DEUX MÉDECINS.
Piglialo sù,

---

* Var. *Là, prenez, prenez, monsieur* (1682).

saient point choquantes à la haute société du xviie siècle. De nombreuses anecdotes en fourniraient la preuve, et l'on peut citer, parmi les plus connues, le trait de la duchesse de Bourgogne prenant un clystère dans la chambre du roi, en présence de toute la cour. « Cela, dit la princesse palatine, passoit pour gentillesse. »

1. Le mot *matassin* désignait d'ordinaire de faux combattants, des danseurs simulant une bataille. On l'a fait dériver des verbes espagnols *matar*,

ACTE I, SCÈNE XVI.

Signor monsu;
Piglialo, piglialo, piglialo sù,
Che non ti farà male.
Piglialo sù questo serviziale;
Piglialo sù,
Signor monsu:
Piglialo, piglialo, piglialo sù[1].

MONSIEUR DE POURCEAUGNAC.

Allez-vous-en au diable !

(Monsieur de Pourceaugnac, mettant son chapeau pour se garantir des seringues, est suivi par les deux médecins et par les matassins ; il passe par derrière le théâtre, et revient se mettre sur sa chaise, auprès de laquelle il trouve l'apothicaire, qui l'attendoit, ce qui l'oblige à s'asseoir ; les deux médecins et les matassins rentrent aussi.)

LES DEUX MÉDECINS.

Piglialo sù
Signor monsu;
Piglialo, piglialo, piglialo sù,
Che non ti farà male.
Piglialo sù questo serviziale;
Piglialo sù,

tuer, et *fingir* feindre, *matado fingido*. M. P. Chasles donne une autre étymologie, mais également espagnole : *mata-chinches*, tue-punaises. Les Italiens avaient aussi *mattacino*, et *mattaccinata*, une joute feinte et plaisante. La batte d'Arlequin n'était qu'une épée de matassin. Le mot est ici détourné un peu de son sens, ou du moins les matassins qui poursuivent monsieur de Pourceaugnac sont d'une *arme* toute particulière.

1. Dans ce couplet, qui se chante deux fois, Lulli n'a fait que rimer une phrase de prose que vient de dire l'apothicaire : « Prenez-le, monsieur, prenez-le (ce clystère) ; il ne vous fera point de mal. »

Cailhava raconte qu'un célèbre comédien ayant eu la fantaisie de se joindre aux médecins grotesques, fit un contresens sur ces mots *piglialo sù* et les cria avec force, comme s'ils signifiaient : pille ! pille !

Signor monsu;
Piglialo, piglialo, piglialo sù.

(Monsieur de Pourceaugnac s'enfuit avec la chaise; l'apothicaire appuie sa seringue contre, et les médecins et les matassins le suivent[1].)

1. Ces jeux se prolongent quelquefois à la scène : non seulement monsieur de Pourceaugnac, suivi de toute la bande, passe derrière le théâtre, mais il revient aussi par le trou du souffleur. Sortant de là, il saisit une planche qu'il brise sur la tête du premier matassin qui se montre; puis il reprend sa course. On emporte le matassin assommé. Il s'agit de faire rire, et ces folies, si prolongées qu'elles soient, y réussissent toujours. Mais nous n'avons jamais vu monsieur de Pourceaugnac exécuter un saut comme celui qu'on raconte de Lulli (voyez la Notice préliminaire) et s'élancer à pieds joints dans la contre-basse.

ACTE DEUXIÈME.

SCÈNE PREMIÈRE.

PREMIER MÉDECIN, SBRIGANI.

PREMIER MÉDECIN.

Il a forcé tous les obstacles que j'avois mis, et s'est dérobé aux remèdes que je commençois de lui faire.

SBRIGANI.

C'est être bien ennemi de soi-même, que de fuir des remèdes aussi salutaires que les vôtres.

PREMIER MÉDECIN.

Marque d'un cerveau démonté, et d'une raison dépravée, que de ne vouloir pas guérir.

SBRIGANI.

Vous l'auriez guéri haut la main.

PREMIER MÉDECIN.

Sans doute : quand il y auroit eu complication de douze maladies.

SBRIGANI.

Cependant voilà cinquante pistoles bien acquises qu'il vous fait perdre.

PREMIER MÉDECIN.

Moi, je n'entends point les perdre, et prétends le guérir en dépit qu'il en ait.* Il est lié et engagé à mes remèdes,

---

* VAR. *Et je prétends le guérir en dépit qu'il en ait* (1682).

et je veux le faire saisir où je le trouverai, comme déserteur de la médecine et infracteur de mes ordonnances.

SBRIGANI.

Vous avez raison. Vos remèdes étoient un coup sûr, et c'est de l'argent qu'il vous vole.

PREMIER MÉDECIN.

Où puis-je en avoir des nouvelles?

SBRIGANI.

Chez le bonhomme Oronte assurément, dont il vient épouser la fille, et qui, ne sachant rien de l'infirmité de son gendre futur, voudra peut-être se hâter de conclure le mariage.

PREMIER MÉDECIN.

Je vais lui parler tout à l'heure.

SBRIGANI.

Vous ne ferez point mal.

PREMIER MÉDECIN.

Il est hypothéqué à mes consultations[1], et un malade ne se moquera pas d'un médecin.

SBRIGANI.

C'est fort bien dit à vous; et, si vous m'en croyez, vous ne souffrirez point qu'il se marie, que vous ne l'ayez pansé tout votre soûl.

PREMIER MÉDECIN.

Laissez-moi faire.

SBRIGANI, à part, en s'en allant.

Je vais, de mon côté, dresser une autre batterie; et le beau-père est aussi dupe que le gendre.

---

1. Il n'est plus libre de ne pas les subir, ainsi que parle Montaigne : « Il faut ménager la liberté de notre âme, et ne *l'hypothéquer* qu'aux occasions justes. »

SCÈNE II.

ORONTE, PREMIER MÉDECIN.

PREMIER MÉDECIN.

Vous avez, monsieur, un certain monsieur de Pourceaugnac qui doit épouser votre fille?

ORONTE.

Oui, je l'attends de Limoges, et il devroit être arrivé.

PREMIER MÉDECIN.

Aussi l'est-il, et il s'en est fui de chez moi, après y avoir été mis; mais je vous défends, de la part de la médecine, de procéder au mariage que vous avez conclu, que je ne l'aie dûment préparé pour cela, et mis en état de procréer des enfants bien conditionnés et de corps et d'esprit.

ORONTE.

Comment donc?

PREMIER MÉDECIN.

Votre prétendu gendre a été constitué mon malade; sa maladie, qu'on m'a donnée à guérir, est un meuble qui m'appartient, et que je compte entre mes effets; et je vous déclare que je ne prétends point qu'il se marie qu'au préalable il n'ait satisfait à la médecine, et subi les remèdes que je lui ai ordonnés.

ORONTE.

Il a quelque mal?

PREMIER MÉDECIN.

Oui.

ORONTE.

Et quel mal, s'il vous plaît?

PREMIER MÉDECIN.

Ne vous en mettez pas en peine.

ORONTE.

Est-ce quelque mal...?

PREMIER MÉDECIN.

Les médecins sont obligés au secret. Il suffit que je vous ordonne, à vous et à votre fille, de ne point célébrer, sans mon consentement, vos noces avec lui, sur peine d'encourir la disgrâce de la Faculté, et d'être accablés de toutes les maladies qu'il nous plaira.

ORONTE.

Je n'ai garde, si cela est, de faire le mariage.

PREMIER MÉDECIN.

On me l'a mis entre les mains; et il est obligé d'être mon malade.

ORONTE.

A la bonne heure.

PREMIER MÉDECIN.

Il a beau fuir; je le ferai condamner, par arrêt, à se faire guérir par moi.

ORONTE.

J'y consens.

PREMIER MÉDECIN.

Oui, il faut qu'il crève, ou que je le guérisse.

ORONTE.

Je le veux bien.

PREMIER MÉDECIN.

Et si je ne le trouve, je m'en prendrai à vous, et je vous guérirai au lieu de lui.

ORONTE.

Je me porte bien.

PREMIER MÉDECIN.

Il n'importe. Il me faut un malade, et je prendrai qui je pourrai.

ORONTE.

Prenez qui vous voudrez, mais ce ne sera pas moi. (Seul.) Voyez un peu la belle raison !

SCÈNE III.

ORONTE; SBRIGANI, en marchand flamand.

SBRIGANI.

Montsir, avec le vôtre permissione, je suisse un trancher marchand flamane, qui voudroit bienne vous temandair un petit nouvel.

ORONTE.

Quoi, monsieur?

SBRIGANI.

Mettez le vôtre chapeau sur le tête, montsir, si ve plaît.

ORONTE.

Dites-moi, monsieur, ce que vous voulez.

SBRIGANI.

Moi le dire rien, montsir, si fous le mettre pas le chapeau sur le tête.

ORONTE.

Soit. Qu'y a-t-il, monsieur ?

SBRIGANI.

Fous connoître point en sti file un certe montsir Oronte?

ORONTE.

Oui, je le connois.

SBRIGANI.

Et quel homme est-il, montsir, si ve plaît?

ORONTE.

C'est un homme comme les autres.

SBRIGANI.

Je vous temande, montsir, s'il est un homme riche qui a du bienne?

ORONTE.

Oui.

SBRIGANI.

Mais riche beaucoup grandement, montsir?

ORONTE.

Oui.

SBRIGANI.

J'en suis aise beaucoup, montsir.

ORONTE.

Mais pourquoi cela?

SBRIGANI.

L'est, montsir, pour un petit raisonne de conséquence pour nous.

ORONTE.

Mais encore, pourquoi?

SBRIGANI.

L'est, montsir, que sti montsir Oronte donne son fille en mariage à un certe montsir de Pourcegnac.

ORONTE.

Hé bien?

SBRIGANI.

Et sti montsir de Pourcegnac, montsir, l'est un homme que doivre beaucoup grandement à dix ou douze marchanes flamanes qui être venus ici.

ORONTE.

Ce monsieur de Pourceaugnac doit beaucoup à dix ou douze marchands?

ACTE II, SCÈNE III.

SBRIGANI.

Oui, montsir; et, depuis huit mois, nous avoir obtenir un petit sentence contre lui, et lui à remettre à payer tous ce créanciers de sti mariage[1] que sti montsir Oronte donne pour son fille.

ORONTE.

Hon! hon! il a remis là à payer ses créanciers?

SBRIGANI.

Oui, montsir, et avec un grant dévotion nous tous attendre sti mariage.

ORONTE, à part.

L'avis n'est pas mauvais. (Haut). Je vous donne le bonjour.

SBRIGANI.

Je remercie, montsir, de la faveur grande.

ORONTE.

Votre très humble valet.

SBRIGANI.

Je le suis, montsir, obliger plus que beaucoup du bon nouvel que montsir m'avoir donné.[*] (Resté seul, il ôte sa barbe et dépouille l'habit de Flamand qu'il a par-dessus le sien.) Cela ne va pas mal. Quittons notre ajustement de Flamand, pour songer à d'autres machines; et tâchons de semer tant de

---

[*] Var. *M'avoit donné* (1682).

L'orthographe de cette scène est un peu différente dans l'édition de 1682. Les f, par exemple, au lieu des v, y sont multipliés. Les éditeurs modernes se sont attachés à donner à ce baragouin une régularité encore plus systématique. Nous avons copié fidèlement l'édition originale, parce qu'il n'y a pas lieu de caractériser ce prétendu dialecte plus fortement que l'auteur n'a jugé à propos de le faire.

Il est certain que le jargon de Sbrigani dans cette scène n'a aucun rapport avec le jargon des Flamands que nous pouvons connaître, mais Sbrigani est Napolitain, et il s'est forgé un langage de pure fantaisie.

1. *Mariage,* dans le sens de dot.

soupçons et de divisions entre le beau-père et le gendre que cela rompe le mariage prétendu. Tous deux également sont propres à gober les hameçons qu'on leur veut tendre ; et, entre nous autres fourbes de la première classe, nous ne faisons que nous jouer, lorsque nous trouvons un gibier aussi facile que celui-là.

SCÈNE IV.

MONSIEUR DE POURCEAUGNAC, SBRIGANI.

MONSIEUR DE POURCEAUGNAC, se croyant seul.

Piglialo sù, piglialo sù, signor monsu. Que diable est-ce là? (Apercevant Sbrigani.) Ah !

SBRIGANI.

Qu'est-ce, monsieur ? Qu'avez-vous ?

MONSIEUR DE POURCEAUGNAC.

Tout ce que je vois me semble lavement.

SBRIGANI.

Comment ?

MONSIEUR DE POURCEAUGNAC.

Vous ne savez pas ce qui m'est arrivé dans ce logis à la porte duquel vous m'avez conduit?

SBRIGANI.

Non, vraiment, qu'est-ce que c'est?

MONSIEUR DE POURCEAUGNAC.

Je pensois y être régalé comme il faut.

SBRIGANI.

Hé bien ?

MONSIEUR DE POURCEAUGNAC.

Je vous laisse entre les mains de monsieur. Des médecins habillés de noir. Dans une chaise. Tâter le pouls.

Comme ainsi soit. Il est fou. Deux gros joufflus[1]. Grands chapeaux. *Buon dì, buon dì.* Six pantalons[2]. Ta, ra, ta, ta ; ta, ra, ta, ta. *Allegramente, monsu Pourceaugnac.* Apothicaire. Lavement. Prenez, monsieur ; prenez, prenez. Il est benin, benin, benin. C'est pour déterger, pour déterger, déterger. *Piglialo sù, signor monsu ; piglialo, piglialo, piglialo sù.* Jamais je n'ai été si soûl de sottises.

SBRIGANI.

Qu'est-ce que tout cela veut dire ?

MONSIEUR DE POURCEAUGNAC.

Cela veut dire que cet homme-là, avec ses grandes embrassades, est un fourbe qui m'a mis dans une maison pour se moquer de moi, et me faire une pièce.

SBRIGANI.

Cela est-il possible ?

MONSIEUR DE POURCEAUGNAC.

Sans doute. Ils étoient une douzaine de possédés après mes chausses, et j'ai eu toutes les peines du monde à m'échapper de leurs pattes.

SBRIGANI.

Voyez un peu ; les mines sont bien trompeuses ! Je l'aurois cru le plus affectionné de vos amis. Voilà un de mes étonnements, comme il est possible qu'il y ait des fourbes comme cela dans le monde.

MONSIEUR DE POURCEAUGNAC.

Ne sens-je point le lavement ? Voyez, je vous prie[3].

---

1. Les deux médecins représentés par des chanteurs masqués.
2. *Pantalons*, dans le sens de *danseurs extravagants*, d'où l'on a fait *pantalonnade*.
3. Molière s'est peut-être souvenu ici du passage suivant de Rabelais : « Il vint à Montpellier, où se cuida mettre à estudier en médecine ; mais il considéra que l'estat estoit fascheux par trop, et mélancolique, et que les médecins sentoient les clystères comme vieux diables. »

SBRIGANI.

Hé! il y a quelque petite chose qui approche de cela.

MONSIEUR DE POURCEAUGNAC.

J'ai l'odorat et l'imagination tout remplis de cela; et il me semble toujours que je vois une douzaine de lavements qui me couchent en joue.

SBRIGANI.

Voilà une méchanceté bien grande! et les hommes sont bien traîtres et scélérats!

MONSIEUR DE POURCEAUGNAC.

Enseignez-moi, de grâce, le logis de monsieur Oronte; je suis bien aise d'y aller tout à l'heure.

SBRIGANI.

Ah! ah! vous êtes donc de complexion amoureuse? et vous avez ouï parler que ce monsieur Oronte a une fille?...

MONSIEUR DE POURCEAUGNAC.

Oui, je viens l'épouser.

SBRIGANI.

L'é... l'épouser?

MONSIEUR DE POURCEAUGNAC.

Oui.

SBRIGANI.

En mariage?

MONSIEUR DE POURCEAUGNAC.

De quelle façon, donc?

SBRIGANI.

Ah! c'est une autre chose; et je vous demande pardon.

MONSIEUR DE POURCEAUGNAC.

Qu'est-ce que cela veut dire?

SBRIGANI.

Rien.

MONSIEUR DE POURCEAUGNAC.

Mais encore?

SBRIGANI.

Rien, vous dis-je. J'ai un peu parlé trop vite.

MONSIEUR DE POURCEAUGNAC.

Je vous prie de me dire ce qu'il y a là-dessous.

SBRIGANI.

Non : cela n'est pas nécessaire.

MONSIEUR DE POURCEAUGNAC.

De grâce!

SBRIGANI.

Point. Je vous prie de m'en dispenser.

MONSIEUR DE POURCEAUGNAC.

Est-ce que vous n'êtes pas de mes amis?

SBRIGANI.

Si fait. On ne peut pas l'être davantage.

MONSIEUR DE POURCEAUGNAC.

Vous devez donc ne me rien cacher.

SBRIGANI.

C'est une chose où il y va de l'intérêt du prochain.

MONSIEUR DE POURCEAUGNAC.

Afin de vous obliger à m'ouvrir votre cœur, voilà une petite bague que je vous prie de garder pour l'amour de moi.

SBRIGANI.

Laissez-moi consulter un peu si je le puis faire en conscience. (Après s'être un peu éloigné de monsieur de Pourceaugnac.) C'est un homme qui cherche son bien, qui tâche de pourvoir sa fille le plus avantageusement qu'il est possible ; et il ne faut nuire à personne. Ce sont des choses qui sont connues, à la vérité ; mais j'irai les découvrir à un homme qui les ignore ; et il est défendu de scandaliser son prochain[1]. Cela est vrai ; mais, d'autre part, voilà un étranger qu'on veut surprendre, et qui de bonne foi vient se marier avec une fille qu'il ne connoît pas et qu'il n'a jamais vue ; un gentilhomme plein de franchise, pour qui je me sens de l'inclination, qui me fait l'honneur de me tenir pour son ami, prend confiance en moi, et me donne une bague à garder pour l'amour de lui. (A monsieur de Pourceaugnac.) Oui, je trouve que je puis vous dire les choses sans blesser ma conscience ; mais tâchons de vous les dire le plus doucement qu'il nous sera possible, et d'épargner les gens le plus que nous pourrons. De vous dire que cette fille-là mène une vie déshonnête, cela seroit un peu trop fort. Cherchons, pour nous expliquer, quelques termes plus doux. Le mot de galante aussi n'est pas assez : celui de coquette achevée me semble propre à ce que nous voulons[2], et je m'en puis servir pour vous dire honnêtement ce qu'elle est.

MONSIEUR DE POURCEAUGNAC.

L'on me veut donc prendre pour dupe ?

SBRIGANI.

Peut-être, dans le fond, n'y a-t-il pas tant de mal que tout le monde croit ; et puis il y a des gens, après tout, qui se mettent au-dessus de ces sortes de choses, et qui ne croient pas que leur honneur dépende...

MONSIEUR DE POURCEAUGNAC.

Je suis votre serviteur ; je ne me veux point mettre sur la tête un chapeau comme celui-là ; et l'on aime à aller le front levé dans la famille des Pourceaugnacs.

1. Voyez tome IX, page 291, la note relative au mot *scandaliser*.
2. Le sens de ces mots a changé depuis Molière : l'épithète de *galante* disait moins alors que celle de *coquette*. C'est tout le contraire aujourd'hui.

ACTE II, SCÈNE V.

SBRIGANI.

Voilà le père.

MONSIEUR DE POURCEAUGNAC.

Ce vieillard-là ?

SBRIGANI.

Oui. Je me retire[1].

SCENE V.

ORONTE, MONSIEUR DE POURCEAUGNAC.

MONSIEUR DE POURCEAUGNAC.

Bonjour, monsieur, bonjour.

ORONTE.

Serviteur, monsieur, serviteur.

MONSIEUR DE POURCEAUGNAC.

Vous êtes monsieur Oronte, n'est-ce pas ?

ORONTE.

Oui.

MONSIEUR DE POURCEAUGNAC.

Et moi, monsieur de Pourceaugnac.

ORONTE.

A la bonne heure.

MONSIEUR DE POURCEAUGNAC.

Croyez-vous, monsieur Oronte, que les Limosins soient des sots?

ORONTE.

Croyez-vous, monsieur de Pourceaugnac, que les Parisiens soient des bêtes?

MONSIEUR DE POURCEAUGNAC.

Vous imaginez-vous, monsieur Oronte, qu'un homme comme moi soit si affamé de femme?*

---

* VAR. *Qu'un homme comme moi soit affamé de femme?* (1682).

1. Comparez cette dernière scène avec la scène VII du 3ᵐᵉ acte de l'*Inavvertito*, tome II, page 239.

ORONTE.

Vous imaginez-vous, monsieur de Pourceaugnac, qu'une fille comme la mienne soit si affamée de mari?*

SCÈNE VI.
MONSIEUR DE POURCEAUGNAC, JULIE, ORONTE.

JULIE.

On vient de me dire, mon père, que monsieur de Pourceaugnac est arrivé. Ah! le voilà sans doute, et mon cœur me le dit. Qu'il est bien fait! qu'il a bon air! et que je suis contente d'avoir un tel époux! Souffrez que je l'embrasse, et que je lui témoigne...

ORONTE.

Doucement, ma fille, doucement.

MONSIEUR DE POURCEAUGNAC, à part.

Tudieu! Quelle galante! Comme elle prend feu d'abord!

ORONTE.

Je voudrois bien savoir, monsieur de Pourceaugnac, par quelle raison vous venez...

JULIE s'approche de monsieur de Pourceaugnac, le regarde d'un air languissant, et lui veut prendre la main.

Que je suis aise de vous voir! et que je brûle d'impatience!...

ORONTE.

Ah! ma fille! Otez-vous de là, vous dis-je.

MONSIEUR DE POURCEAUGNAC, à part.

Oh! oh! quelle égrillarde!

ORONTE.

Je voudrois bien, dis-je, savoir par quelle raison, s'il vous plaît, vous avez la hardiesse de...

(Julie continue le même jeu.)

---

* VAR. *Qu'une fille comme la mienne soit affamée de mari?* (1682).

MONSIEUR DE POURCEAUGNAC, à part.

Vertu de ma vie !

ORONTE, à Julie.

Encore ! Qu'est-ce à dire, cela ?

JULIE.

Ne voulez-vous pas que je caresse l'époux que vous m'avez choisi ?

ORONTE.

Non. Rentrez là dedans.

JULIE.

Laissez-moi le regarder.

ORONTE.

Rentrez, vous dis-je.

JULIE.

Je veux demeurer là, s'il vous plaît.

ORONTE.

Je ne veux pas, moi ; et si tu ne rentres tout à l'heure, je...

JULIE.

Hé bien ! je rentre.

ORONTE.

Ma fille est une sotte qui ne sait pas les choses.

MONSIEUR DE POURCEAUGNAC, à part.

Comme nous lui plaisons !

ORONTE, à Julie, qui est restée après avoir fait quelques pas pour s'en aller.

Tu ne veux pas te retirer ?

JULIE.

Quand est-ce donc que vous me marierez avec monsieur ?

ORONTE.

Jamais ; et tu n'es pas pour lui.

JULIE.

Je le veux avoir, moi, puisque vous me l'avez promis.

ORONTE.

Si je te l'ai promis, je te le dépromets.

MONSIEUR DE POURCEAUGNAC, à part.

Elle voudroit bien me tenir.

JULIE.

Vous avez beau faire, nous serons mariés ensemble en dépit de tout le monde.

ORONTE.

Je vous en empêcherai bien tous deux, je vous assure. Voyez un peu quel *vertigo* lui prend.

SCÈNE VII.

ORONTE, MONSIEUR DE POURCEAUGNAC.

MONSIEUR DE POURCEAUGNAC.

Mon Dieu! notre beau-père prétendu, ne vous fatiguez point tant; on n'a pas envie de vous enlever votre fille, et vos grimaces n'attraperont rien.

ORONTE.

Toutes les vôtres n'auront pas grand effet.

MONSIEUR DE POURCEAUGNAC.

Vous êtes-vous mis dans la tête que Léonard de Pourceaugnac soit un homme à acheter chat en poche[1]? et qu'il n'ait pas là dedans quelque morceau de judiciaire pour se conduire, pour se faire informer de l'histoire du

---

1. Acheter un chat dans la poche ou dans le sac du marchand, acquérir un objet sans l'examiner.

« Elles (les filles qui se marient) *acheptent chat en sac.* » (MONTAIGNE, III, v.)

monde, et voir, en se mariant, si son honneur a bien toutes ses sûretés?

ORONTE.

Je ne sais pas ce que cela veut dire; mais vous êtes-vous mis dans la tête qu'un homme de soixante et trois ans ait si peu de cervelle, et considère si peu sa fille, que de la marier avec un homme qui a ce que vous savez, et qui a été mis chez un médecin pour être pansé?

MONSIEUR DE POURCEAUGNAC.

C'est une pièce que l'on m'a faite, et je n'ai aucun mal.

ORONTE.

Le médecin me l'a dit lui-même.

MONSIEUR DE POURCEAUGNAC.

Le médecin en a menti. Je suis gentilhomme, et je le veux voir l'épée à la main.

ORONTE.

Je sais ce que j'en dois croire; et vous ne m'abuserez pas là-dessus, non plus que sur les dettes que vous avez assignées sur le mariage de ma fille.

MONSIEUR DE POURCEAUGNAC.

Quelles dettes?

ORONTE.

La feinte ici est inutile; et j'ai vu le marchand flamand qui, avec les autres créanciers, a obtenu depuis huit mois sentence contre vous.

MONSIEUR DE POURCEAUGNAC.

Quel marchand flamand? Quels créanciers? Quelle sentence obtenue contre moi?

ORONTE.

Vous savez bien ce que je veux dire.

SCÈNE VIII.

MONSIEUR DE POURCEAUGNAC, ORONTE, LUCETTE.

LUCETTE, contrefaisant une Languedocienne.

Ah! tu es assi, et à la fi yeu te trobi après abé fait tant de passés. Podes-tu, scélérat, podes-tu sousteni ma bisto[1]?

MONSIEUR DE POURCEAUGNAC.

Qu'est-ce que veut cette femme-là?

LUCETTE.

Que te boli, infâme! Tu fas semblan de nou me pas connouisse, et nou rougisses pas, impudent que tu sios, tu ne rougisses pas de me beyre? (A Oronte.) Nou sabi pas, moussur, saquos bous[2] dont m'an dit que bouillo espousa la fillo ; may yeu bous déclari que yeu soun sa fenno, et que y a set ans, moussur, qu'en passan à Pézénas, el auguet l'adresse, dambé sas mignardisos, commo sap ta pla fayre, de me gaigna lou cor, et m'obligel pra quel mouyen à ly douna la man per l'espousa[3].

---

1. Quoique le langage que parle Lucette soit assez aisé à comprendre, nous le traduirons pour les lecteurs qui pourraient y rencontrer quelques difficultés.

« Ah! tu es ici, et à la fin je te trouve après avoir fait tant d'allées et de venues. Peux-tu, scélérat, peux-tu soutenir ma vue? »

2. *Saquos bous*. On doit écrire : *se aco es bous* (si cela est vous), suivant les scoliastes languedociens.

3. « Ce que je te veux, infâme! Tu fais semblant de ne me pas connaître, et tu ne rougis pas, impudent que tu es, tu ne rougis pas de me voir? (A Oronte.) J'ignore, monsieur, si c'est vous dont on m'a dit qu'il voulait épouser la fille ; mais je vous déclare que je suis sa femme, et qu'il y a sept ans qu'en passant à Pézénas, il eut l'adresse, par ses mignardises, comme il sait si bien faire, de me gagner le cœur, et m'obligea par ce moyen à lui donner la main pour l'épouser. »

Les scoliastes languedociens ont examiné et critiqué le langage que

ACTE II, SCÈNE VIII. 85

ORONTE.

Oh ! oh !

MONSIEUR DE POURCEAUGNAC.

Que diable est-ce ci ?

parle Lucette. M. Astruc, de Pézénas, s'est étudié à en établir correctement l'orthographe et surtout à l'accentuer conformément à la prononciation, suivant le modèle que voici : « Qué té boli, infâmé! tu fas sémblan dé nou mé pas counouïssé é rougissés pas, impudént qué tu sios ! rougissés pas dé mé béïré ? (A Oronte.) Nou sabi pas, moussu, s'aco's bous dount m'an dit qué bouillo éspousa la fillo ; may yéou bous déclari qué yéou soun sa fénno, é qué y a sèt ans, moussu, qu'én passan à Pézénas, él aouguèt l'adrésso, d'ambé sas mignardisos, coumo sap ta pla faïré, dé mé gagna lou cor; é m'ourligèt pr'aque mouyen à ly douna la man pér l'éspousa. »

A cela, M. Castil-Blaze, de Cavaillon, riposte : « Si vous n'aviez pas une idée bien juste de l'effet rebutant, odieux, insupportable, que produisent les accents français repiqués sur des mots languedociens, j'imiterais cette impertinence en écrivant, d'après votre système : *Dominè Déus, rèx célèstis.* Voyez et jugez. Pourriez-vous lire une page latine ainsi déshonorée ? Du reste, ces accents multipliés ne servent à rien, pas même à donner quelque idée de la prononciation, qui ne saurait s'enseigner que de vive voix. »

M. Castil-Blaze, de son côté, reproche à Molière de n'avoir pas fait parler à Lucette un languedocien assez pur, assez franc, assez coloré. Exemple : « *Infâme, traître, misérable, impudent, criminel, scélérat,* tels sont les mots que Lucette dit et redit en injuriant Pourceaugnac, et ces termes sont empruntés au vocabulaire parisien. Une Languedocienne pur sang, animée, énergique, et tout à fait à la hauteur de la situation, dirait, sans reprendre haleine : *gusas, capoun, arleri, pistachier, barulayre, viadaze, acabayre, marrias, rompu de Valença, beligas, bregan, patari, patarinas, melso, coucassare, jusiol, trinquamela.* »

Enfin, « les phrases de Lucette, on ne peut le dissimuler, ajoute M. Blaze, sont construites d'après la syntaxe française ».

Le but de Molière n'a pas été de mettre sur les lèvres de Lucette le dialecte le plus caractérisé, le plus propre à faire tressaillir d'aise les philologues méridionaux. Il a voulu, au contraire, que Lucette parlât un jargon assez languedocien pour tromper le limosin Pourceaugnac, assez français pour être compris du parisien Oronte et des spectateurs. C'est pour cela qu'il n'a pas dit que Lucette est une Languedocienne, mais qu'elle *contrefait* une Languedocienne. Il a pu de la sorte rapprocher ce dialecte des formes ordinaires de notre langue, suivant son procédé habituel qui consiste à dégrossir, à dépouiller un peu de leur barbarie les patois qu'il transporte sur la scène.

Fidèle à la méthode que nous avons toujours observée en pareil cas, nous reproduisons exactement le texte de l'édition originale, qui doit faire loi, et qui peut seul diriger toute interprétation intelligente.

LUCETTE.

Lou trayté me quitel trés ans aprés, suî préteste de qualques affayrés que l'apelabon dins soun païs, et despey noun ly resçau put quaso de noubelo; may dins lou tens qui soungeabi lou mens, m'an dounat abist que begnio dins aquesto bilo, per se remarida dambé un autro jouena fillo, que sous parens ly an proucurado, sensse saupré res de son prumié mariatge. Yeu ai tout quitat en diligensso, et me souy rendu dodins aqueste loc lou pu leu qu'ay pouscut, per m'oupousa en aquel criminel mariatge, et confondre as ely de tout le mounde lou plus méchant day hommes[1].

MONSIEUR DE POURCEAUGNAC.

Voilà une étrange effrontée!

LUCETTE.

Impudent! n'as pas honte de m'injuria, alloc d'être confus day reproches secrets que ta conssiensso te deu fayre[2]?

MONSIEUR DE POURCEAUGNAC.

Moi, je suis votre mari?

LUCETTE.

Infâme! gausos-tu dire lou contrari? Hé! tu sabes bé, per ma penno, que n'es que trop bertat; et plaguesso al Cel qu'aco non fougesso pas, et que m'auquessos layssado dins l'état d'innoussenço, et dins la tranquillitat oun moun

---

1. « Le traître me quitta trois ans après, sous le prétexte de quelque affaire qui l'appelait dans son pays, et depuis je n'en ai point eu de nouvelles; mais, dans le temps que j'y songeais le moins, on m'a donné avis qu'il venait dans cette ville pour se remarier avec une autre jeune fille que ses parents lui ont promise, sans savoir rien de son premier mariage. J'ai tout quitté aussitôt, et je me suis rendue dans ce lieu le plus promptement que j'ai pu, pour m'opposer à ce criminel mariage, et pour confondre aux yeux de tout le monde le plus méchant des hommes. »

2. « Impudent! n'as-tu pas honte de m'injurier, au lieu d'être confus des reproches secrets que ta conscience te doit faire? »

amo bibio daban que tous charmes et tas trounpariés nou m'en benguesson malhurousomen fayre sourty! Yeu nou serio pas réduito à fayré lou tristé perssounatgé qu' yeu fave présentomen; à beyre un marit cruel mespresa touto l'ardou que yeu ay pel el, et me laissa sensse cap de piétat abandounado à las mourtéles doulous que yeu ressenti de sas perfidos acciùs[1].

ORONTE.

Je ne saurois m'empêcher de pleurer. (A monsieur de Pourceaugnac.) Allez, vous êtes un méchant homme.

MONSIEUR DE POURCEAUGNAC.

Je ne connois rien à tout ceci.

SCÈNE IX.

MONSIEUR DE POURCEAUGNAC; NÉRINE, en Picarde; LUCETTE, ORONTE.

NÉRINE, contrefaisant la Picarde.

Ah! je n'en pis plus; je sis tout essoflée! Ah! finfaron, tu m'as bien fait courir : tu ne m'écaperas mie. Justice, justice! je boute empêchement au mariage. (A Oronte.) Chés mon méri, monsieur, et je veux faire pindre che bon pindard-là[2].

---

1. « Infâme! oses-tu dire le contraire? Ah! tu sais bien, pour mon malheur, que tout ce que je te dis n'est que trop vrai; et plût au Ciel que cela ne fût pas, et que tu m'eusses laissée dans l'état d'innocence et dans la tranquillité où mon âme vivait avant que tes charmes et tes tromperies m'en vinssent malheureusement faire sortir! Je ne serais point réduite à faire le triste personnage que je fais présentement, à voir un mari cruel mépriser toute l'ardeur que j'ai pour lui, et me laisser sans aucune pitié à la douleur mortelle que je ressentis de ses perfides actions. »

2. On peut faire, relativement au langage de la feinte Picarde, des observations analogues à celles que nous avons faites sur le langage de la feinte Languedocienne. Ici encore nous nous conformons à la leçon originale, sans chercher à accuser plus énergiquement les formes du dialecte.

MONSIEUR DE POURCEAUGNAC.

Encore!

ORONTE, à part.

Quel diable d'homme est-ce ci?

LUCETTE.

Et que boulez-bous dire, ambe bostre empachomen et bostro pendarié? Quaquel homo es bostre marit[1]?

NÉRINE.

Oui, medeme, et je sis sa femme.

LUCETTE.

Aquo es faus, aquos yeu que soun sa fenno, et se deu estre pendut, aquo sera yeu que lou farai penjat[2].

NÉRINE.

Je n'entains mie che baragoin-là.

LUCETTE.

Yeu bous disi que yeu soun sa fenno[3].

NÉRINE.

Sa femme?

LUCETTE.

Oy.

NÉRINE.

Je vous dis que chest mi, encore in coup, qui le sis.

LUCETTE.

Et yeu bous sousteni, yeu, qu'aquos yeu[4].

NÉRINE.

Il y a quetre ans qu'il m'a éposée.

---

1. « Et que voulez-vous dire avec votre empêchement et votre pendaison. Cet homme est votre mari ? »
2. « Cela est faux, et c'est moi qui suis sa femme; et s'il doit être pendu, ce sera moi qui le ferai pendre. »
3. « Je vous dis que je suis sa femme. »
4. « Et je vous soutiens, moi, que c'est moi. »

ACTE II, SCÈNE IX.

LUCETTE.

Et yeu set ans y a que m'a preso per fenno[1].

NÉRINE.

J'ai des gairants de tout cho que je di.

LUCETTE.

Tout mon pay lo sap[2].

NÉRINE.

No ville en est témoin.

LUCETTE.

Tout Pézénas a bist nostre mariatge[3].

NÉRINE.

Tout Chin-Quentin a assisté à no noche.

LUCETTE.

Nou y a res de tant béritable[4].

NÉRINE.

Il gn'y a rien de plus chertain.

LUCETTE, à monsieur de Pourceaugnac.

Gausos-tu dire lou contrari, valisquos[5]?

NÉRINE, à monsieur de Pourceaugnac.

Est-che que tu me démaintiras, méchant homme?

MONSIEUR DE POURCEAUGNAC.

Il est aussi vrai l'un que l'autre.

LUCETTE.

Quaingn impudensso! Et coussy, misérable, nou te

---

1. « Et moi, il y a sept ans qu'il m'a prise pour femme. »
2. « Tout mon pays le sait. »
3. « Tout Pézénas a vu notre mariage. »
4. « Il n'y a rien de plus véritable. »
5. « Oses-tu dire le contraire, vilain? » La ponctuation indique que Lucette donne ce sens au mot *valisquos*. M. Castil-Blaze nous apprend que *valisquo* est une interjection pouvant se traduire par *Fi! c'est honteux;* et que, pour être correcte, la phrase devrait s'écrire et se ponctuer ainsi : « Auses-ti dire lou contrari? valisquo! »

soubenes plus de la pauro Françon, et del paure Jeanet, que soun lous fruits de nostre mariatge¹?

NÉRINE.

Bayez un peu l'insolence! Quoi! tu ne te souviens mie de chette pauvre ainfain, no petite Madeleine, que tu m'as laichée pour gaige de ta foi?

MONSIEUR DE POURCEAUGNAC.

Voilà deux impudentes carognes!

LUCETTE.

Beni, Françon, beni Jeanet, beni toustou, beni toustoune, beny fayre beyre à un payre dénaturat la duretat qu'el a per nautres².

NÉRINE.

Venez, Madeleine, me n'ainfain, venez-ves-en ichi faire honte à vo père de l'impudainche qu'il a.

SCÈNE X.

MONSIEUR DE POURCEAUGNAC, ORONTE, LUCETTE, NÉRINE, PLUSIEURS ENFANTS³.

JEAN, FRANÇOIS, MADELEINE.

Ah! mon papa! mon papa! mon papa!

MONSIEUR DE POURCEAUGNAC.

Diantre soit des petits fils de putains!

---

1. « Quelle impudence! Comment, misérable, tu ne te souviens plus de la pauvre Françoise et du pauvre Jeannet, qui sont les fruits de notre mariage? » *La pauro Françon* semble bien indiquer une fille : la pauvre Françoise ou Fanchon. Et cependant quelques lignes plus bas l'édition originale nomme : Jean, *François,* Madeleine.

2. « Venez, Françoise, venez, Jean, venez tous, venez toutes, venez faire voir à un père dénaturé la dureté qu'il a pour nous. »

3. Plus ces enfants sont nombreux, plus on rit. Aussi en fait-on venir presque toujours une légion sur le théâtre.

ACTE II, SCÈNE XI.

LUCETTE.

Coussy, trayte, tu nou sios pas dins la darnière confusiu de ressaupre à tal tous enfants, et de ferma l'aureillo à la tendresso paternello? Tu nou m'escaperas pas, infàme! yeu te boly seguy pertout, et te reproucha ton crime jusquos à tant que me sio beniado, et que t'ayo fayt penja. Couquy, te boly fayré penja[1].

NÉRINE.

Ne rougis-tu mie de dire ches mots-là, et d'être insainsible aux cairesses de chette pauvre ainfaint? Tu ne te sauveras mie de mes pattes; et, en dépit de tes dains[2], je ferai bien voir que je sis ta femme, et je te ferai peindre.

LES ENFANTS, tous ensemble.

Mon papa! mon papa! mon papa!

MONSIEUR DE POURCEAUGNAC.

Au secours! au secours! Où fuirai-je? Je n'en puis plus.

ORONTE.

Allez, vous ferez bien de le faire punir; et il mérite d'être pendu.

SCÈNE XI.

SBRIGANI, seul.

Je conduis de l'œil toutes choses, et tout ceci ne va pas mal. Nous fatiguerons tant notre provincial qu'il faudra, ma foi, qu'il déguerpisse.

---

1. « Comment, traitre, tu n'es pas dans la dernière confusion de recevoir ainsi tes enfants, et de fermer l'oreille à la tendresse paternelle! Tu ne m'échapperas pas, infâme! je te veux suivre partout, et te reprocher ton crime jusqu'à tant que je me sois vengée, et que je t'aie fait pendre. Coquin, je te veux faire pendre. »

2. « En dépit de tes dents. » C'est le seul mot de Nérine que nous croyons devoir traduire, son picard n'offrant du reste aucune difficulté.

SCÈNE XII.

MONSIEUR DE POURCEAUGNAC, SBRIGANI.

MONSIEUR DE POURCEAUGNAC.

Ah! je suis assommé! Quelle peine! Quelle maudite ville! Assassiné de tous côtés!

SBRIGANI.

Qu'est-ce, monsieur? Est-il encore arrivé quelque chose?

MONSIEUR DE POURCEAUGNAC.

Oui. Il pleut en ce pays des femmes et des lavements.

SBRIGANI.

Comment donc?

MONSIEUR DE POURCEAUGNAC.

Deux carognes de baragouineuses me sont venues accuser de les avoir épousées toutes deux, et me menacent de la justice

SBRIGANI.

Voilà une méchante affaire; et la justice, en ce pays-ci, est rigoureuse en diable contre cette sorte de crime.

MONSIEUR DE POURCEAUGNAC.

Oui; mais, quand il y auroit information, ajournement, décret, et jugement obtenu par surprise, défaut et contumace, j'ai la voie de conflit de juridiction pour temporiser, et venir aux moyens de nullité qui seront dans les procédures[1].

---

1. Dans ce passage, Molière cite avec une exactitude rigoureuse les principaux moyens de la procédure criminelle en vigueur de son temps.

A cette époque, où la défense orale était interdite dans tous les cas et où les témoins n'étaient jamais entendus à l'audience, l'*information* était l'âme du procès.

L'*ajournement* était une des trois variétés du décret, qui se divisait en décret d'assigné pour être ouï, décret d'ajournement personnel, et décret de

SBRIGANI.

Voilà en parler dans tous les termes; et l'on voit bien, monsieur, que vous êtes du métier.

MONSIEUR DE POURCEAUGNAC.

Moi! point du tout, je suis gentilhomme.

SBRIGANI.

Il faut bien, pour parler ainsi, que vous ayez étudié la pratique.

MONSIEUR DE POURCEAUGNAC.

Point. Ce n'est que le sens commun qui me fait juger que je serai toujours reçu à mes faits justificatifs, et qu'on ne me sauroit condamner sur une simple accusation, sans un récolement et confrontation avec mes parties[1].

SBRIGANI.

En voilà du plus fin encore.

MONSIEUR DE POURCEAUGNAC.

Ces mots-là me viennent sans que je les sache.

SBRIGANI.

Il me semble que le sens commun d'un gentilhomme peut bien aller à concevoir ce qui est du droit et de l'ordre de la justice, mais non pas à savoir les vrais termes de la chicane.

prise de corps. Les deux premiers décrets avaient cet effet commun qu'ils maintenaient l'inculpé en état de liberté, à l'inverse du décret de prise de corps, qui était privatif de la liberté.

Les mots *défaut* et *contumace* étaient synonymes, et s'employaient indifféremment l'un pour l'autre, même en matière criminelle.

Le *conflit de juridiction* était une contestation de compétence entre officiers de diverses juridictions qui prétendaient que la connaissance d'une affaire leur appartenait. (E. PARINGAULT.)

1. Les *faits justificatifs* étaient les défenses ou exceptions propres à établir que l'accusé n'avait pas commis le crime qu'on lui imputait. Le *récolement* était le résultat de l'audition des témoins par le juge ou par quelque officier intermédiaire. La *confrontation* était la représentation du témoin à l'accusé, et suivait le récolement.

MONSIEUR DE POURCEAUGNAC.

Ce sont quelques mots que j'ai retenus en lisant les romans.

SBRIGANI.

Ah! fort bien.

MONSIEUR DE POURCEAUGNAC.

Pour vous montrer que je n'entends rien du tout à la chicane, je vous prie de me mener chez quelque avocat, pour consulter mon affaire.

SBRIGANI.

Je le veux, et vais vous conduire chez deux hommes fort habiles; mais j'ai auparavant à vous avertir de n'être point surpris de leur manière de parler; ils ont contracté du barreau certaine habitude de déclamation qui fait que l'on diroit qu'ils chantent; et vous prendrez pour musique tout ce qu'ils vous diront.

MONSIEUR DE POURCEAUGNAC.

Qu'importe comme ils parlent, pourvu qu'ils me disent ce que je veux savoir.

SCÈNE XIII.

MONSIEUR DE POURCEAUGNAC, SBRIGANI, DEUX AVOCATS, DEUX PROCUREURS, DEUX SERGENTS.

PREMIER AVOCAT, traînant ses paroles en chantant.

La polygamie est un cas.

Est un cas pendable.

SECOND AVOCAT, chantant fort vite, en bredouillant.

Votre fait

Est clair et net;

Et tout le droit,*
Sur cet endroit,
Conclut tout droit.
Si vous consultez nos auteurs,
Législateurs et glossateurs,
Justinian, Papinian,
Ulpian, et Tribonian,
Fernand, Rebuffe, Jean Imole,
Paul Castre, Julian, Barthole,
Jason, Alciat, et Cujas,
Ce grand homme si capable[1] ;
La polygamie est un cas,
Est un cas pendable.

ENTRÉE DE BALLET.

Danse de deux Procureurs et de deux Sergents.

Pendant que LE SECOND AVOCAT chante les paroles qui suivent :
Tous les peuples policés
Et bien sensés ;
Les François, Anglois, Hollandois,
Danois, Suédois, Polonois,
Portugais, Espagnols, Flamands,
Italiens, Allemands,

* L'édition de 1670 et celle de 1682 portent « Tout de droit ». « Tout le droit », qui est la bonne leçon, n'est donné que par le livre du ballet.

1. Les comiques et les satiriques ont souvent parlé des anciens jurisconsultes. *Rebuffe* est cité par Racine, dans *les Plaideurs*; *Alciat*, par Boileau, dans *le Lutrin*, et *Jason*, le moins connu de tous, par Corneille, dans *le Menteur*. Étudier *Barthole* ou *Cujas* était une périphrase qu signifiait *faire son droit*.

Sur ce fait tiennent loi semblable ;
Et l'affaire est sans embarras.
La polygamie est un cas,
   Est un cas pendable.

LE PREMIER AVOCAT chante celles-ci :

La polygamie est un cas,
   Est un cas pendable [1].

(Monsieur de Pourceaugnac les bat.)

1. L'adage des deux avocats, qui chantent à Pourceaugnac que « la polygamie est un cas pendable », était exact dans le droit d'alors. On cite un arrêt de Rennes, de 1567, qui condamne, pour avoir épousé deux femmes, un procureur de Rennes à être pendu. On lit, à la page 17 de l'ouvrage publié en 1619, par Lebrun de La Rochette, sous ce titre : *le Procès criminel* : « Nos parlements et toutes les justices royales de ce royaume punissent de mort le bigame qui a épousé deux femmes vivantes, pour l'adultère qui résulte de ce second mariage... et de ce il y a plusieurs arrêts. »

La même mésaventure pouvait donc arriver à l'avocat de Limoges. Ce n'est que plus tard qu'on commença à se relâcher de cette rigueur. On se contenta alors de mettre les polygames au carcan avec des quenouilles au bras ; puis on les envoyait aux galères, ou on les bannissait. Lors de l'exposition, on attachait aux bras des hommes en état de polygamie autant de quenouilles qu'ils avaient de femmes vivantes. (Voir le *Code pénal*, de L'Averdy, p. 73 et 217.) (E. PARINGAULT.)

ACTE TROISIÈME.

SCÈNE PREMIÈRE.
ÉRASTE, SBRIGANI.

SBRIGANI.

Oui, les choses s'acheminent où nous voulons; et comme ses lumières sont fort petites, et son sens le plus borné du monde, je lui ai fait prendre une frayeur si grande de la sévérité de la justice de ce pays, et des apprêts qu'on faisoit déjà pour sa mort, qu'il veut prendre la fuite; et, pour se dérober avec plus de facilité aux gens que je lui ai dit qu'on avoit mis pour l'arrêter aux portes de la ville, il s'est résolu à se déguiser; et le déguisement qu'il a pris est l'habit d'une femme.*

ÉRASTE.

Je voudrois bien le voir en cet équipage.

SBRIGANI.

Songez, de votre part, à achever la comédie; et tandis que je jouerai mes scènes avec lui, allez-vous-en... (Il lui parle bas à l'oreille.) Vous entendez bien?

ÉRASTE.

Oui.

* VAR. *Et le déguisement qu'il a pris est l'habit de femme* (1682).

SBRIGANI.

Et lorsque je l'aurai mis où je veux... (Il lui parle à l'oreille.)

ÉRASTE.

Fort bien.

SBRIGANI.

Et quand le père aura été averti par moi... (Il lui parle encore à l'oreille.)

ÉRASTE.

Cela va le mieux du monde.

SBRIGANI.

Voici notre demoiselle. Allez vite, qu'il ne nous voie ensemble.

SCÈNE II.

MONSIEUR DE POURCEAUGNAC, en femme;
SBRIGANI.

SBRIGANI.

Pour moi, je ne crois pas qu'en cet état on puisse jamais vous connoître; et vous avez la mine, comme cela, d'une femme de condition.

MONSIEUR DE POURCEAUGNAC.

Voilà qui m'étonne, qu'en ce pays-ci les formes de la justice ne soient point observées.

SBRIGANI.

Oui, je vous l'ai déjà dit, ils commencent par faire pendre un homme, et puis ils lui font son procès.

MONSIEUR DE POURCEAUGNAC.

Voilà une justice bien injuste!

SBRIGANI.

Elle est sévère comme tous les diables, particulièrement sur ces sortes de crimes.

MONSIEUR DE POURCEAUGNAC.

Mais quand on est innocent?

SBRIGANI.

N'importe, ils ne s'enquêtent point de cela; et puis, ils ont en cette ville une haine effroyable pour les gens de votre pays; et ils ne sont point plus ravis que de voir pendre un Limosin.

MONSIEUR DE POURCEAUGNAC.

Qu'est-ce que les Limosins leur ont fait?

SBRIGANI.

Ce sont des brutaux, ennemis de la gentillesse et du mérite des autres villes. Pour moi, je vous avoue que je suis pour vous dans une peur épouvantable; et je ne me consolerois de ma vie, si vous veniez à être pendu.

MONSIEUR DE POURCEAUGNAC.

Ce n'est pas tant la peur de la mort qui me fait fuir, que de ce qu'il est fâcheux à un gentilhomme d'être pendu, et qu'une preuve comme celle-là feroit tort à nos titres de noblesse[1].

SBRIGANI.

Vous avez raison; on vous contesteroit après cela le titre d'écuyer[2]. Au reste, étudiez-vous, quand je vous mènerai par la main, à bien marcher comme une femme, et prendre* le langage et toutes les manières d'une personne de qualité.

MONSIEUR DE POURCEAUGNAC.

Laissez-moi faire. J'ai vu les personnes du bel air. Tout ce qu'il y a, c'est que j'ai un peu de barbe.

* Var. *Et à prendre* (1682).

1. Le supplice des nobles était la décapitation par le glaive. La pendaison était le supplice des roturiers. Un gentilhomme n'était jamais condamné non plus à la peine du fouet.

2. Le titre d'écuyer était le plus bas des titres de noblesse.

SBRIGANI.

Votre barbe n'est rien; il y a des femmes qui en ont autant que vous. Çà, voyons un peu comme vous ferez. (Après que monsieur de Pourceaugnac a contrefait la dame de condition.) Bon.

MONSIEUR DE POURCEAUGNAC.

Allons donc, mon carrosse! Où est-ce qu'est mon carrosse? Mon Dieu! qu'on est misérable d'avoir des gens comme cela! Est-ce qu'on me fera attendre toute la journée sur le pavé, et qu'on ne me fera point venir mon carrosse?

SBRIGANI.

Fort bien.

MONSIEUR DE POURCEAUGNAC.

Holà! ho! cocher, petit laquais! Ah! petit fripon, que de coups de fouet je vous ferai donner tantôt! Petit laquais! petit laquais! Où est-ce donc qu'est ce petit laquais? Ce petit laquais ne se trouvera-t-il point? Ne me fera-t-on point venir ce petit laquais? Est-ce que je n'ai point un petit laquais dans le monde?

SBRIGANI.

Voilà qui va à merveille; mais je remarque une chose : cette coiffe est un peu trop déliée : j'en vais querir une un peu plus épaisse, pour vous mieux cacher le visage, en cas de quelque rencontre.

MONSIEUR DE POURCEAUGNAC.

Que deviendrai-je cependant?

SBRIGANI.

Attendez-moi là. Je suis à vous dans un moment; vous n'avez qu'à vous promener.

(Monsieur de Pourceaugnac fait plusieurs tours sur le théâtre, en continuant à contrefaire la femme de qualité.)

SCÈNE III.

MONSIEUR DE POURCEAUGNAC, DEUX SUISSES.

PREMIER SUISSE, sans voir monsieur de Pourceaugnac.

Allons, dépêchons, camerade; li faut allair tous deux nous à la Crève, pour regarter un peu chousticier sti monsiu de Pourcegnac, qui l'a été contané par ortonnance à l'être pendu par son cou.

SECOND SUISSE, sans voir monsieur de Pourceaugnac.

Li faut nous loër un fenêtre pour foir sti choustice.

PREMIER SUISSE.

Li disent que l'on fait téjà planter un grand potence tout neuve, pour l'y accrocher sti Porcegnac.

SECOND SUISSE.

Li sira, mon foi, un grand plaisir d'y regarter pendre sti Limosin.

PREMIER SUISSE.

Oui, de li foir gambiller les pieds en haut tevant tout le monde.

SECOND SUISSE.

Li est un plaiçant drôle, oui; li disent que c'être marié troy foie.

PREMIER SUISSE.

Sti diable li fouloir trois femmes à li tout seul! li est bien assez t'une.

SECOND SUISSE, en apercevant monsieur de Pourceaugnac.

Ah! pon chour, mameselle.

PREMIER SUISSE.

Que faire fous là tout seul?

MONSIEUR DE POURCEAUGNAC.

J'attends mes gens, messieurs.

SECOND SUISSE.

Li est belle, par mon foi!

MONSIEUR DE POURCEAUGNAC.

Doucement, messieurs.

PREMIER SUISSE.

Fous, mameselle, fouloir finir rechouir fous à la Crève? Nous faire foir à fous un petit pendement pien choli.

MONSIEUR DE POURCEAUGNAC.

Je vous rends grâce.

SECOND SUISSE.

L'est un gentilhomme limossin, qui sera pendu chentiment à un grand potence.

MONSIEUR DE POURCEAUGNAC.

Je n'ai pas de curiosité.

PREMIER SUISSE.

Li est là un petit teton qui l'est drôle.

MONSIEUR DE POURCEAUGNAC.

Tout beau!

PREMIER SUISSE.

Mon foi, moi couchair pien afec fous.

MONSIEUR DE POURCEAUGNAC.

Ah! c'en est trop! et ces sortes d'ordures-là ne se disent point à une femme de ma condition.

SECOND SUISSE.

Laisse, toi; l'est moi qui le veut couchair afec elle.*

PREMIER SUISSE.

Moi, ne vouloir pas laisser.

SECOND SUISSE.

Moi, ly vouloir, moi.

(Les deux Suisses tirent monsieur de Pourceaugnac avec violence.)

Var. *Couchair avec elle pour mon pistolle* (1682).

PREMIER SUISSE.
Moi, ne faire rien.
SECOND SUISSE.
Toi, l'avoir menti.
PREMIER SUISSE.
Toi, l'avoir menti toi-même.*
MONSIEUR DE POURCEAUGNAC.
Au secours! A la force!

SCÈNE IV.

MONSIEUR DE POURCEAUGNAC, UN EXEMPT,
DEUX ARCHERS, DEUX SUISSES.

L'EXEMPT.
Qu'est-ce? Quelle violence est-ce là? et que voulez-vous faire à madame? Allons, que l'on sorte de là, si vous ne voulez que je vous mette en prison.
PREMIER SUISSE.
Parti! pon, toi ne l'avoir point.
SECOND SUISSE.
Parti! pon aussi; toi ne l'avoir point encore.

SCÈNE V.

MONSIEUR DE POURCEAUGNAC, UN EXEMPT,
DEUX ARCHERS.

MONSIEUR DE POURCEAUGNAC.
Je vous suis bien obligée, monsieur, de m'avoir délivrée de ces insolents.

---

* VAR. *Parti! toi, l'afoir menti toi-même* (1682).

L'EXEMPT.

Ouais! voilà un visage qui ressemble bien à celui que l'on m'a dépeint.

MONSIEUR DE POURCEAUGNAC.

Ce n'est pas moi, je vous assure.

L'EXEMPT.

Ah! ah! qu'est-ce que je veux dire?*

MONSIEUR DE POURCEAUGNAC.

Je ne sais pas.

L'EXEMPT.

Pourquoi donc dites-vous cela?

MONSIEUR DE POURCEAUGNAC.

Pour rien.

L'EXEMPT.

Voilà un discours qui marque quelque chose; et je vous arrête prisonnier.

MONSIEUR DE POURCEAUGNAC.

Hé! monsieur, de grâce!

L'EXEMPT.

Non, non : à votre mine et à vos discours, il faut que vous soyez ce monsieur de Pourceaugnac, que nous cherchons, qui se soit déguisé de la sorte; et vous viendrez en prison tout à l'heure.

MONSIEUR DE POURCEAUGNAC.

Hélas!

* VAR. *Ah! ah! qu'est-ce que veut dire...?* (1682).

SCÈNE VI.

MONSIEUR DE POURCEAUGNAC, SBRIGANI, UN EXEMPT, DEUX ARCHERS.

SBRIGANI, à monsieur de Pourceaugnac.

Ah ciel! que veut dire cela?

MONSIEUR DE POURCEAUGNAC.

Ils m'ont reconnu.

L'EXEMPT.

Oui, oui; c'est de quoi je suis ravi.

SBRIGANI, à l'Exempt.

Hé! monsieur, pour l'amour de moi! vous savez que nous sommes amis, il y a longtemps; je vous conjure de ne le point mener en prison.

L'EXEMPT.

Non; il m'est impossible.

SBRIGANI.

Vous êtes homme d'accommodement. N'y a-t-il pas moyen d'ajuster cela avec quelques pistoles?

L'EXEMPT, à ses archers.

Retirez-vous un peu.

SCÈNE VII.

MONSIEUR DE POURCEAUGNAC, SBRIGANI, UN EXEMPT.

SBRIGANI, à monsieur de Pourceaugnac.

Il faut lui donner de l'argent pour vous laisser aller. Faites vite.

MONSIEUR DE POURCEAUGNAC, donnant de l'argent à Sbrigani.

Ah! maudite ville!

SBRIGANI.

Tenez, monsieur.

L'EXEMPT.

Combien y a-t-il?

SBRIGANI.

Un, deux, trois, quatre, cinq, six, sept, huit, neuf, dix.

L'EXEMPT.

Non; mon ordre est trop exprès.

SBRIGANI, à l'Exempt, qui veut s'en aller.

Mon Dieu! attendez. (A monsieur de Pourceaugnac.) Dépêchez; donnez-lui-en encore autant.

MONSIEUR DE POURCEAUGNAC.

Mais...

SBRIGANI.

Dépêchez-vous, vous dis-je, et ne perdez point de temps. Vous auriez un grand plaisir quand vous seriez pendu!

MONSIEUR DE POURCEAUGNAC.

Ah! (Il donne encore de l'argent à Sbrigani.)

SBRIGANI, à l'Exempt.

Tenez, monsieur.

L'EXEMPT, à Sbrigani.

Il faut donc que je m'enfuie avec lui : car il n'y auroit point ici de sûreté pour moi. Laissez-le-moi conduire, et ne bougez d'ici.

SBRIGANI.

Je vous prie donc d'en avoir un grand soin.

L'EXEMPT.

Je vous promets de ne le point quitter que je ne l'aie mis en lieu de sûreté.

MONSIEUR DE POURCEAUGNAC, à Sbrigani.

Adieu. Voilà le seul honnête homme que j'aie trouvé en cette ville.

SBRIGANI.

Ne perdez point de temps. Je vous aime tant que je voudrois que vous fussiez déjà bien loin. (Seul.) Que le ciel te conduise! Par ma foi, voilà une grande dupe! Mais voici...

SCÈNE VIII.

ORONTE, SBRIGANI.

SBRIGANI, feignant de ne point voir Oronte.

Ah! quelle étrange aventure! Quelle fâcheuse nouvelle pour un père! Pauvre Oronte, que je te plains! Que diras-tu? et de quelle façon pourras-tu supporter cette douleur mortelle?

ORONTE.

Qu'est-ce? Quel malheur me présages-tu?

SBRIGANI.

Ah! monsieur! ce perfide de Limosin, ce traître de monsieur de Pourceaugnac vous enlève votre fille!

ORONTE.

Il m'enlève ma fille!

SBRIGANI.

Oui. Elle en est devenue si folle qu'elle vous quitte pour le suivre; et l'on dit qu'il a un caractère[1] pour se faire aimer de toutes les femmes.

ORONTE.

Allons vite à la justice! Des archers après eux!

---

1. Un *caractère*, c'est-à-dire un talisman.

SCÈNE IX.

ORONTE, ÉRASTE, JULIE, SBRIGANI.

ÉRASTE, à Julie.

Allons, vous viendrez malgré vous, et je veux vous remettre entre les mains de votre père. Tenez, monsieur, voilà votre fille que j'ai tirée de force d'entre les mains de l'homme avec qui elle s'enfuyoit; non pas pour l'amour d'elle, mais pour votre seule considération. Car, après l'action qu'elle a faite, je dois la mépriser, et me guérir absolument de l'amour que j'avois pour elle.

ORONTE.

Ah! infâme que tu es!

ÉRASTE, à Julie.

Comment! me traiter de la sorte après toutes les marques d'amitié que je vous ai données! Je ne vous blâme point de vous être soumise aux volontés de monsieur votre père; il est sage et judicieux dans les choses qu'il fait; et je ne me plains point de lui, de m'avoir rejeté pour un autre. S'il a manqué à la parole qu'il m'avoit donnée, il a ses raisons pour cela. On lui a fait croire que cet autre est plus riche que moi de quatre ou cinq mille écus : et quatre ou cinq mille écus est un denier considérable[1], et qui vaut bien la peine qu'un homme manque à sa parole; mais oublier en un moment toute l'ardeur que je vous ai montrée! vous laisser d'abord enflammer d'amour pour un nouveau venu, et le suivre honteusement, sans le consentement de monsieur votre père, après les crimes qu'on lui impute! c'est une chose condamnée de tout le monde,

---

1. Dans cette phrase, nous trouvons encore une idée d'unité s'attachant à un pluriel, et gouvernant le verbe. Voyez *Mélicerte* (t. VIII, p. 119).

ACTE III, SCÈNE IX.

et dont mon cœur ne peut vous faire d'assez sanglants reproches.

JULIE.

Hé bien! oui. J'ai conçu de l'amour pour lui, et je l'ai voulu suivre, puisque mon père me l'avoit choisi pour époux. Quoi que vous me disiez, c'est un fort honnête homme: et tous les crimes dont on l'accuse sont faussetés épouvantables.

ORONTE.

Taisez-vous; vous êtes une impertinente, et je sais mieux que vous ce qui en est.

JULIE.

Ce sont, sans doute, des pièces qu'on lui fait, et (montrant Éraste) c'est peut-être lui qui a trouvé cet artifice pour vous en dégoûter.

ÉRASTE.

Moi! je serois capable de cela!

JULIE.

Oui, vous.

ORONTE.

Taisez-vous, vous dis-je. Vous êtes une sotte.

ÉRASTE.

Non, non; ne vous imaginez pas que j'aie aucune envie de détourner ce mariage, et que ce soit ma passion qui m'ait forcé à courir après vous. Je vous l'ai déjà dit, ce n'est que la seule considération que j'ai pour monsieur votre père; et je n'ai pu souffrir qu'un honnête homme comme lui fût exposé à la honte de tous les bruits qui pourroient suivre une action comme la vôtre.

ORONTE.

Je vous suis, seigneur Éraste, infiniment obligé.

ÉRASTE.

Adieu, monsieur. J'avois toutes les ardeurs du monde d'entrer dans votre alliance : j'ai fait tout ce que j'ai pu pour obtenir un tel honneur ; mais j'ai été malheureux, et vous ne m'avez pas jugé digne de cette grâce. Cela n'empêchera pas que je ne conserve pour vous les sentiments d'estime et de vénération où votre personne m'oblige ; et, si je n'ai pu être votre gendre, au moins serai-je éternellement votre serviteur.

ORONTE.

Arrêtez, seigneur Éraste. Votre procédé me touche l'âme, et je vous donne ma fille en mariage.

JULIE.

Je ne veux point d'autre mari que monsieur de Pourceaugnac.

ORONTE.

Et je veux, moi, tout à l'heure, que tu prennes le seigneur Éraste. Çà, la main.

JULIE.

Non, je n'en ferai rien.

ORONTE.

Je te donnerai sur les oreilles.

ÉRASTE.

Non, non, monsieur; ne lui faites point de violence, je vous en prie.

ORONTE.

C'est à elle à m'obéir, et je sais me montrer le maître.

ÉRASTE.

Ne voyez-vous pas l'amour qu'elle a pour cet homme-là ? et voulez-vous que je possède un corps dont un autre possédera le cœur ?*

---

* Var. *Dont un autre possède le cœur ?* (1682).

ORONTE.

C'est un sortilège qu'il lui a donné; et vous verrez qu'elle changera de sentiment avant qu'il soit peu. Donnez-moi votre main. Allons.

JULIE.

Je ne...

ORONTE.

Ah! que de bruit! Çà, votre main, vous dis-je. Ah! ah! ah!

ÉRASTE, à Julie.

Ne croyez pas que ce soit pour l'amour de vous que je vous donne la main : ce n'est que de monsieur votre père dont je suis amoureux, et c'est lui que j'épouse.

ORONTE.

Je vous suis beaucoup obligé; et j'augmente de dix mille écus le mariage de ma fille. Allons, qu'on fasse venir le notaire pour dresser le contrat[1].

ÉRASTE.

En attendant qu'il vienne, nous pouvons jouir du divertissement de la saison, et faire entrer les masques que le bruit des noces de monsieur de Pourceaugnac a attirés ici de tous les endroits de la ville.

---

1. L'usage au théâtre est de terminer ici la pièce. Seulement, pour égayer ce dénoûment, monsieur de Pourceaugnac paraît dans la salle, dans quelque loge de côté. Le fugitif a toujours son costume de femme de qualité; l'on veut feindre sans doute qu'il passe en coche ou en poste pour regagner sa ville natale. Il adresse de là un geste amical à Sbrigani, et lui recommande bien de le venir voir, s'il va jamais à Limoges. Cette apparition et cette saillie inattendues permettent au rideau de se baisser au milieu d'un dernier éclat de rire. Ce finale est de tradition à la Comédie française.

SCÈNE X.

TROUPE DE MASQUES CHANTANTS ET DANSANTS.

Les uns occupent des balcons, les autres sont dans la place, qui, par plusieurs chansons et diverses danses et jeux, cherchent à se donner des plaisirs innocents.

UN MASQUE, en Égyptienne.

Sortez, sortez de ces lieux,
Soucis, Chagrins et Tristesse ;
Venez, venez, Ris et Jeux,
Plaisir, Amour et Tendresse.
Ne songeons qu'à nous réjouir :
La grande affaire est le plaisir.

CHŒUR DE MASQUES CHANTANTS.

Ne songeons qu'à nous réjouir :
La grande affaire est le plaisir.

L'ÉGYPTIENNE.

A me suivre tous ici
Votre ardeur est non commune,
Et vous êtes en souci
De votre bonne fortune :
Soyez toujours amoureux,
C'est le moyen d'être heureux.

UN MASQUE, en Égyptien.

Aimons jusques au trépas,
La raison nous y convie.
Hélas ! si l'on n'aimoit pas,
Que seroit-ce de la vie ?
Ah ! perdons plutôt le jour
Que de perdre notre amour.

ACTE III, SCÈNE X.

(Tous deux en dialogue.)

L'ÉGYPTIEN.

Les biens,

L'ÉGYPTIENNE.

La gloire,

L'ÉGYPTIEN.

Les grandeurs,

L'ÉGYPTIENNE.

Les sceptres qui font tant d'envie,

L'ÉGYPTIEN.

Tout n'est rien, si l'amour n'y mêle ses ardeurs.

L'ÉGYPTIENNE.

Il n'est point, sans l'amour, de plaisir dans la vie.

TOUS DEUX ENSEMBLE.

Soyons toujours amoureux,
C'est le moyen d'être heureux.

LE PETIT CHOEUR chante, après, ces deux derniers vers.

Sus, sus, chantons tous ensemble;
Dansons, sautons, jouons-nous.

UN MASQUE, habillé en noble Vénitien[1].

Lorsque pour rire on s'assemble,
Les plus sages, ce me semble,
Sont ceux qui sont les plus fous.

TOUS ENSEMBLE.

Ne songeons qu'à nous réjouir :
La grande affaire est le plaisir.

---

1. Ce costume est indiqué par l'édition de 1682. L'éditeur de 1734 et tous ceux qui l'ont suivi ont attribué ces paroles à « un masque en pantalon ». L'édition de 1670 porte simplement : « un musicien, seul », et le livre du ballet : « M. Blondel, chantant seul. »

PREMIÈRE ENTRÉE DE BALLET.

Danse de deux Vieilles, deux Scaramouches, deux Pantalons, deux Docteurs et deux Paysans.*

DEUXIÈME ENTRÉE DE BALLET.

Danse de Sauvages.

TROISIÈME ENTRÉE DE BALLET.

Danse de Biscayens.

* *Deux paysans,* d'après le livre du ballet. *Deux arlequins,* d'après l'édition de 1682.

FIN DE MONSIEUR DE POURCEAUGNAC.

LE DIVERTISSEMENT

DE CHAMBORD

MÊLÉ DE COMÉDIE, DE MUSIQUE, ET D'ENTRÉES DE BALLET [1].

PREMIER INTERMÈDE.

L'ouverture se fait par un grand concert d'instruments.

Après, c'est une sérénade composée de chants, d'instruments, et de danses, dont les paroles, chantées par trois voix en manière de dialogue, sont faites sur le sujet de la comédie, et expriment les sentiments de deux amants qui, étant bien ensemble, sont traversés par le caprice des parents. La danse est composée de deux Maîtres à danser, de deux Pages et de quatre Curieux.

Première voix : Mlle HILAIRE.

Répands, charmante nuit, répands sur tous les yeux, etc.

Deuxième voix : M. GAYE.

Que soupirer d'amour, etc.

Troisième voix : M. LANGEZ.

Tout ce qu'à nos vœux on oppose, etc.

Les trois voix ensemble.

Aimons-nous donc d'une ardeur éternelle, etc.

. . . .
Tout le reste n'est rien.

Les deux Maîtres à danser : MM. LA PIERRE et FAVIER.

Les deux Pages : MM. BEAUCHAMP et CHICANEAU.

---

1. A Blois, chez Jules Hotot, imprimeur et libraire du roi, devant la grande fontaine ; 1669, petit in-4°.

LE DIVERTISSEMENT

Quatre Curieux de spectacles : Les sieurs NOBLET, JOUBERT, L'ESTANG et MAYEU.

Et quatre Flûtes : Les sieurs DESCOTTEAUX, PHILBERT, PIÈCHE fils et FOSSARD.

LE PREMIER ACTE DE LA COMÉDIE.

SECOND INTERMÈDE

est un mélange composé d'instruments, de deux musiciens italiens, et de six matassins, ordonné pour remède par un médecin à la guérison de la mélancolie hypocondriaque.

Les deux Musiciens italiens : Il signor CHIACCHIARONE [1] et M. GAYE.

   Bon dì, bon dì, bon dì, etc.
   . . . .
   Altro non è la pazzia, etc.
   . . . .
   Sù cantate, ballate, ridete, etc.
   . . . .
Alegramente, Monz.r Pouricaugnac (sic, contre la mesure).

Lorsqu'on apporte le lavement, les deux musiciens, accompagnés des matassins et des instruments, chantent :

   Piglialo sù, etc.
   . . . .
  Piglialo, piglialo, piglialo sù.

Les six Matassins : MM. BEAUCHAMP, LA PIERRE, FAVIER, NOBLET, CHICANEAU et L'ESTANG.

LE DEUXIÈME ACTE DE LA COMÉDIE.

---

1. Mot italien qui signifie babillard, jaseur, faiseur de caquets. C'était le sobriquet adopté par Lulli. Il y a *Chiacchiarone* dans l'original, mais c'est une faute.

TROISIÈME INTERMÈDE

est une consultation de deux avocats musiciens, dont l'un parle fort lentement, et l'autre fort vite, accompagnés de deux procureurs danseurs et de deux sergents.

L'Avocat traînant ses paroles : M. ESTIVAL.

La polygamie est un cas, etc.

L'Avocat bredouilleur : M. GAYE.

Votre fait, etc.
. . . .
Si vous consultez nos auteurs, etc.
. . . .
Tous les peuples policés, etc.
. . . .
Est un cas pendable.

Les deux Avocats chantants : MM. ESTIVAL et GAYE.
Les deux Procureurs : MM. BEAUCHAMP et CHICANEAU.
Les deux Sergents : MM. LA PIERRE et FAVIER.

LE TROISIÈME ACTE DE LA COMÉDIE.

QUATRIÈME INTERMÈDE

est une quantité de masques de toutes les manières, dont les uns occupent plusieurs balcons et les autres sont dans la place, qui, par plusieurs chansons et divers danses et jeux, cherchent à se donner des plaisirs innocents.

Mlle HILAIRE *en Égyptienne.*

Sortez, sortez de ces lieux, etc.

CHOEUR DES MUSICIENS.

Ne songeons qu'à nous réjouir, etc.

Mlle HILAIRE.
[1er couplet.]

A me suivre tous ici, etc.

M. Gaye en Égyptien.
[2ᵉ couplet.]

Aimons jusques au trépas, etc.

Tous deux en dialogue.

Les biens, — la gloire, — les grandeurs, etc.
. . . .

Tous deux ensemble.

Soyons toujours amoureux, etc.

Le petit chœur, etc.

Sus, sus, chantons tous ensemble, etc.

M. Blondel chantant seul.

Lorsque pour rire on s'assemble :
. . . .

Tous ensemble.

Ne songeons qu'à nous réjouir :
La grande affaire est le plaisir.

Deux Vieilles : Les sieurs Fernon cadet et Le Gros.
Deux Scaramouches : Les sieurs Estival et Gingan.
Deux Pantalons : Les sieurs Gingan cadet et Blondel.
Deux Docteurs : Les sieurs Rebel et Hédouin.
Deux Paysans : Les sieurs Langez et Deschamps.

HUIT DANSEURS.

Quatre Sauvages : Les sieurs Paysan, Noblet, Joubert, et l'Estang.

Quatre Biscayns (sic) : Les sieurs Beauchamp, Favier, Mayeu et Chicaneau.

FIN DU DIVERTISSEMENT DE CHAMBORD.

LE CARNAVAL

MASCARADE

Représentée par l'Académie royale de musique, l'an 1675.

LES PAROLES DE DIFFÉRENTS AUTEURS,
ET LA MUSIQUE DE M. DE LULLI[1].

TROISIÈME ENTRÉE.

Pourceaugnac, bourgeois italien, vient demander justice sur ce que deux femmes françoises lui veulent faire accroire qu'il les a épousées toutes deux, et chante :

1. Voyez la Notice préliminaire, page 6.
 Le Carnaval contient, selon les éditions, neuf ou dix entrées de ballet. Voici d'où elles sont tirées :
 L'*introduction,* avec chœurs, contenant l'air :

> Je reviens enfin à mon tour
> Dans cette illustre cour...

et le chœur :

> Profitons du temps
> Qu'il donne à nos chants...

est prise dans un autre *Carnaval,* dansé à la cour en 1668.
 La *première entrée :* Les *Espagnols* (trois Espagnols chantants, trois Espagnols et trois Espagnolettes dansants), avec les airs :

> Se que me muero, de amor...

et celui de :

> Dulce muerte es el amor...

vient du *Bourgeois gentilhomme.*
 La *2ᵉ entrée : Barbacola* (un maître d'école italien, nommé Barbacola, avec quatre enfants écoliers). On a supposé que cela pouvait être la traduction d'une ancienne

> Giustitia! ⎫
> Giustitia! ⎭ 4 fois.
>
> Non sara mai possibile,
> Ch' in caso si terribile
> Non trovi qualche giudice,

farce de Molière, *le Maître d'école*; mais c'est trop peu de chose pour que la supposition vaille la peine d'être discutée.

La *3e entrée* est le *Pourceaugnac*.

La *4e entrée* : *La Bergerie* (Philène, Tircis, troupe de bergers, de bergères et de paysans) avec l'air :

> Si du triste récit de mon inquiétude...

et celui de :

> Pauvres amants...

est tirée du concert donné dans *le Sicilien*. Cette entrée manque dans le *Recueil general des opéras* de 1703.

La *5e entrée* : *Les Italiens et les Égyptiens,* est tirée du *Bourgeois gentilhomme* pour les morceaux :

> Di rigori armata il seno...
> Ma si caro è il mio tormento...

et de *Pourceaugnac* pour le finale :

> Sortez de ces lieux,
> Soucis, chagrins et tristesse...
> Les biens, la gloire... les sceptres qu'on envie...

Ce finale n'est pas dans le même *Recueil*.

La *6e entrée* : *Le Muphti et la Cérémonie turque,* est prise dans le *Bourgeois gentilhomme*.

La *7e entrée* : *Les Nouveaux Mariés* (Philis, Idas, Lycas), avec le morceau :

> Répands, charmante nuit...

et les airs des musiciens, vient de la sérénade de *Pourceaugnac*.

Cette entrée n'est pas la même dans le Recueil de 1703, où elle est la 6e.

La *8e entrée* : *Les Bohémiennes* (un Égyptien, dansant et chantant, est accompagné de quatre Bohémiens jouant de la guitare, de quatre Basques jouant des castagnettes, et de quatre Égyptiens jouant des gnaccares) avec les airs suivants :

> D'un pauvre cœur
> Soulagez le martyre.
> . . . .
> Croyez-moi, hâtons-nous, ma Sylvie...

est tirée de la *Pastorale comique*.

La *9e entrée* : *La Galanterie* (la Galanterie est accompagnée de deux Basques et de cinq polichinelles qui dansent alternativement après son chant), avec les paroles :

> Soyez fidèle.
> Le soin d'un amant...

vient, comme l'introduction, du *Carnaval* de 1668.

La *10e entrée* (9e dans le Recueil) qui réunit le Carnaval et tous les peuples qui forment cette mascarade, vient aussi du *Carnaval* de l'hiver 1668.

On voit donc que, sauf trois morceaux de peu d'importance, toutes les entrées du *Carnaval* de 1675 sont empruntées à Molière. C'est ce que M. Ludovic Celler a constaté le premier, mais en y mêlant beaucoup d'hypothèses inadmissibles, dans un article de la *Revue contemporaine* du 30 juin 1868.

LE CARNAVAL.

>Che con le sue man' sudice,
>Mi scriva discolpevole;
>Che mi sia favorevole
>Contro si gran' malitia,
>   Giustitia! ⎫
>   Giustitia! ⎭ *4 fois.*

Pourceaugnac aperçoit un avocat, et le salue en chantant :

>O signor avocato,
>Che set' il ben trovato,
>Che sete sempre, sempre, il ben trovato!
>Vi voglio consultare
>Per un negotio grande,
>Degnate vi ascoltare.

Pourceaugnac expose le fait :

>Due donne indiavolate
>Mi fann' un processo atroce,
>Gridand' ad alta voce,
>Che con me son' maritate.
>Han mentito (*3 fois*) le scelerate;
>M' hanno menato tanti bambini
>   Tanti puttini
>   Picini, picini,
>M' hanno messo tutt' in bisbiglio
>Car' avocato mio, consiglio!

L'avocat lui répond en chantant fort lentement, et traînant ses paroles :

>La polygamie est un cas
>Est un cas pendable.

Pourceaugnac répond :

>Già so che chi due volte è maritato
>Dev' esser inpiccato!

L'avocat traînant ses paroles l'interrompt en chantant; Pourceaugnac chante en même temps :

L'AVOCAT.	POURCEAUGNAC.
La po-ly-ga-mie est un cas pen-da-ble.	Ma lo so, lo credo.
	Se non o mai spozato
	Non poss' esser condannato.
	Brutta bestia, furfantone!
	Brutto, brutto, gatto mammone!
	Viso di spia,
	Becco cornuto, va te ne via!

Pourceaugnac aperçoit un autre avocat, et lui fait la révérence en chantant :

> Facio la riverenza
> Alla grand' eccellenza,
> Del' huom' il più saputo
> E il più singulare
> Che si possa trovare !
> Date mi qualch' ajuto,
> Consigliate mi quanto lo potrete !
> Sentite
> La mia lite,
> Poi mi responderete.

Il expose le fait (comme ci-dessus) :

> Due donne indiavolate, etc.

L'avocat, parlant fort vite et bredouillant, lui répond :

> Votre fait
> Est clair et net,
> Et tout le droit...

[Toute cette tirade est la même que dans la pièce, elle se termine donc par ces derniers mots de l'avocat :]

> La polygamie est un cas,
> Est un cas pendable.

Pourceaugnac, au désespoir, répond à l'avocat bredouilleur :

> Tinque ! (*6 fois*) tin !
> Povero Pursognacco,
> Giur' al corpo di Bacco
> Che questi consultanti
> Sono tutt' ignoranti.

Il prend les deux avocats et leur dit :

> Vien' qua, animalacio,
> E tu, brutto mostaccio :
> Come puo esser ch' io sia condannato
> Poiche non ho peccato ?
> Come puo esser che si dia sentenza
> Contro l'innocenza ?
> Per gratia !
> Per pieta !
> Per amicitia !
> Date mi un modo per aver giustitia.

L'avocat traînant ses paroles dit : « La polygamie! »... pendant que l'avocat bredouilleur dit : « Tous les peuples...

L'AVOCAT BREDOUILLEUR.	L'AVOCAT TRAINANT.
Tous les peuples policés Et bien sensés...	La po-ly-ga-mie est un cas...

[Les paroles de l'avocat bredouilleur sont celles du deuxième couplet, qu'il chante dans la comédie, et se terminent comme le premier.]

Pourceaugnac leur dit :

> Non l'o mai conosciute.
> Sono due becche cornute,
> Le voglio far frustare,
> Le voglio far inppicare!
> Dite mi come lo posso fare,
> Vi voglio ben pagare;
> Dite mi come lo posso fare.

L'avocat traînant ses paroles chante, pendant que l'avocat bredouilleur chante, et Pourceaugnac chante en même temps :

L'AVOCAT BRED.	POURCEAUGNAC.	L'AVOCAT TRAINANT.
Tous les peuples policés Et sensés, Etc...	Non ne posso piu! Questo mai non fu, Non sara,	La po-ly-ga-mie est un cas..
	No (ter) la giustitia si fara.	
	Quest' è troppo crudelta.	
	Sete tutti forbi, questo non sara,	
	La giustitia (bis) si fara!	

Pourceaugnac seul se plaint à l'Amour :

> Amor, crudel amor,
> Che t' ho fatt' io?
> Dar mi due donne, Amor, o quest' è troppo!
> O quest' è troppo.
> Tu sei ch' il dio Vulcano
> Povero zoppo
> Sposo la dea
> Di Cipro
> Per sua mala fortuna.
> Egli fu becco
> E n'ebbe troppo d'una.
> Perchè due donne a me, Amor spietato?
> Tu mi voi disperato.

O cieli! o stelle! o fato rio!
Amor, crudel Amor!
Che t' ho fatt' io?

Il entre deux opérateurs italiens et six matassins dansants, qui viennent pour réjouir Pourceaugnac dans sa mélancolie, et chantent :

Bon dì! bon dì!...

[Les paroles des opérateurs sont celles des deux médecins des éditions ordinaires ; elles se terminent, au deuxième couplet, par :]

E qualche volta un poco di tabac.
Allegramente, monsu Pourceaugnac!

Les matassins dansent.

Les deux opérateurs viennent chacun avec une seringue, et vantent la bonté du remède qu'ils apportent à Pourceaugnac.

Non vi date più tedio,
Quest'é il vero remedio
Che va cercar d' a basso' al frontespizio.
Ralegr' e non fa male,
A tutti fa servitio :
Per questo lo chiamiamo
Servitiale.
L' abbiamo fatt a posta,
Poco denaro costa;
È bono,
È dolce, benigno,
O via (*bis*),
Metta la test' a basso
Vo signoria[1] !

Les deux opérateurs veulent forcer Pourceaugnac à prendre le remède, en chantant :

Pigliate lo presto,
Ciè un poco d' agresto
Che ralegr' il core,
Fa poco dolore,
Tien il corpo lesto.

---

1. Ce couplet, on peut le remarquer, remplace complètement la scène xv du premier acte, celle de l'apothicaire présentant le clystère, qu'il déclare : « Benin, benin. »

L' è buon' e benigno (*ter*),
Vel giur' e protesto,
Pigliate lo presto,
Pigliate lo presto.

Pourceaugnac répond qu'il ne le veut pas prendre, et chante :

Non lo voglio pigliare,
No (*4 fois*).
Non lo voglio pigliare ;
Lasciate mi andare.
Volete sforzare?
Vi mandero fare
Squartare, squartare.
Lasciate mi andare.
No (*4 fois*),
Non lo voglio pigliare !

Les opérateurs et les matassins veulent à toute force qu'il le prenne.

Piglialo sù,
Signor monsu.
Che non ti fara male,
Piglialo sù questo servitiale,
Signor monsu.
Piglialo, piglialo, piglialo sù !

Les opérateurs et les matassins le poursuivent, et il se sauve.

FIN DE LA TROISIÈME ENTRÉE DU CARNAVAL.

LES
AMANTS MAGNIFIQUES

COMÉDIE—BALLET EN CINQ ACTES

Représentée à Saint-Germain-en-Laye, le 4 février 1670

SOUS LE TITRE DE

LE DIVERTISSEMENT ROYAL

NOTICE PRÉLIMINAIRE

« Louis XIV avait trente et un ans, dit M. P. Chasles ; la plus belle et la plus spirituelle personne de la cour était sa favorite avouée. Les plus sévères parmi les évêques ne protestaient que par le silence contre cette grandeur excessive et orientale, qui s'élevait comme un astre radieux au milieu de l'adoration universelle. La divinité symbolique de ce représentant majestueux et royal de la France au xviie siècle était un fait convenu que personne n'osait récuser. Molière, pour se maintenir à force d'adresse dans cette faveur qui lui permettait de disposer de sa troupe, directeur, acteur, auteur, maître de ballet, était contraint au sacrifice à peu près complet de cette indépendance qui nous semble aujourd'hui inséparable du génie. » Louis XIV ne se borna plus à lui commander une pièce pour le carnaval de cette année 1670, il lui en indiqua le sujet : « Deux princes rivaux qui, dans le champêtre séjour de la vallée de Tempé, où l'on doit célébrer la fête des Jeux Pythiens, régalent à l'envi une jeune princesse et sa mère de toutes les galanteries dont ils se peuvent aviser. » Il fallut broder sur ce texte des scènes qui amenaient des danses, des chants, des bergeries, des apothéoses ; créer une intrigue non indigne de la collaboration royale, facile à interrompre et facile à dénouer. Il fallut fournir des prétextes aux décorateurs et aux machinistes, des couplets aux musiciens, des madrigaux aux illustres danseurs. Molière composa *les Amants magnifiques*.

L'idée de comédie qu'il mit en œuvre est à peu près la même que celle que Corneille avait employée dans sa tragédie de *Don Sanche d'Aragon*. Dans les deux comédies, une grande princesse, dont la main est disputée par des rivaux à qui leur naissance permet d'y aspirer, et dont le cœur est en secret épris d'un jeune guerrier couvert de gloire, mais d'une condition obscure, qui l'adore en secret lui-même, s'en remet à cet amant du soin de choisir pour elle entre ses prétendants. De cette idée dramatique commune aux deux pièces, sort un dénoûment commun, mais dont les moyens et les circonstances diffèrent. Don Sanche et Sostrate voient tous deux couronner leur flamme par un auguste hymen ; mais avant d'obtenir ce prix, Don Sanche, cru fils d'un pêcheur, venait d'être reconnu pour fils d'un roi ; tandis que Sostrate, d'amant devient époux sans changer d'état, et demeure ce qu'il était, le premier de sa race et le fils de ses propres œuvres.

Molière ne s'était pas borné à imiter Corneille ; il s'était aussi imité lui-même. *Les Amants magnifiques* rappellent, en plusieurs points, *la Princesse d'Élide,* comédie faite également par ordre du roi, et destinée de même à servir de cadre pour des divertissements. Le principal rapport des deux pièces consiste dans l'intervention d'un personnage subalterne, mais assez bien venu à la cour, ici à titre de fou, là en qualité de bouffon, et qui, prenant en main les intérêts d'un amant timide, emploie tout ce que les prérogatives de son office lui donnent d'accès et de privauté auprès d'une princesse pour sonder son cœur ; s'assurer s'il ne renferme pas le germe d'une passion réciproque ; l'y déposer, s'il est nécessaire ; le développer par ses soins, et forcer enfin le double orgueil du rang et du sexe à confesser sa défaite. Le Moron de *la Princesse d'Élide* et le Clitidas des *Amants magnifiques* sont deux personnages dont l'humeur est semblable, dont le rôle est pareil, et dont le costume seul diffère quelque peu. Tous deux avaient eu naguère leurs modèles dans le lieu même où on les voyait figurer : l'un rappelait ce fameux l'Angéli, dont le grand Condé avait fait présent à Louis XIV ; l'autre faisait souvenir de ce non moins fameux Bautru, dont les bons mots facétieux avaient souvent égayé l'enfance du monarque à la cour de sa mère.

Comme il ne se pouvait pas que Molière écrivît l'œuvre la plus fugitive sans y introduire quelque satire philosophique, il donna place dans sa comédie-ballet à un astrologue, aux dépens duquel s'exerce la verve de Clitidas. L'art chimérique qui prétend lire nos destinées dans les aspects et dans les positions des corps célestes, remonte à la plus haute antiquité, et c'est surtout parmi les puissants de la terre que les promesses ou les menaces de cet art ont trouvé des esprits disposés à y croire. Comment penser, en effet, quand tout relève de vous, aboutit à vous ici-bas, que les astres se lèvent nonchalamment sur votre tête, et continuent d'y rouler comme sur celle d'un obscur artisan, sans daigner régler ou du moins pronostiquer votre sort? Un homme d'esprit, qui n'avait pas d'autre titre, se moquait un jour devant un grand seigneur de l'effroi qu'inspirent les comètes, considérées comme présages de quelque grand et funeste événement : « Vous en parlez à votre aise, lui dit le grand seigneur; on voit bien que cela ne vous regarde pas, vous autres. »

En attaquant l'astrologie judiciaire, Molière ne combattait pas une chimère tombée en désuétude, une folie passée de mode. Elle avait, pour ainsi dire, présidé à la naissance de Louis XIV : un astrologue avait été placé, pour tirer son horoscope, dans un cabinet voisin de la chambre où Anne d'Autriche le mettait au monde. Vingt ans avant la représentation des *Amants magnifiques,* un nommé Morin, qui, ne trouvant pas apparemment la médecine assez conjecturale, l'avait quittée pour l'astrologie, s'avisa de prédire l'année et le jour où mourrait Gassendi, le maître même de Molière. Le philosophe, que son extrême affaiblissement condamnait au moins à une mort peu éloignée, la différa de cinq années, comme pour fournir un argument de plus contre une science dont il avait été longtemps l'antagoniste.

Le Divertissement royal, qui comprenait la comédie des *Amants magnifiques,* eut lieu à Saint-Germain-en-Laye le 4 février 1670. On écrit de Saint-Germain-en-Laye à la Gazette, sous la date du 7 février 1670 :

« Le 4, Leurs Majestés prirent pour la première fois un Divertissement justement appelé royal, puisque les belles choses dont il est composé sont accompagnées de toute la magnificence imaginable, et qu'il a pour sujet deux princes rivaux qui appliquent tous leurs soins à bien régaler une princesse. L'ouverture de la scène se fait avec une agréable symphonie, par le spectacle d'une mer bordée de rochers, avec des Tritons et des Amours sur des Dauphins. Et, comme ce divertissement est mêlé d'entrées de ballet et de comédie, huit pêcheurs y font, dans le premier intermède, une danse qui est suivie de celle du dieu Neptune, représenté par le Roi avec cette grâce et cette majesté qui brillent dans toutes ses actions, étant assisté de six dieux marins deux desquels sont désignés par le comte d'Armagnac et le marquis de Villeroi. Les autres intermèdes ont leurs diverses beautés, tant par les danses et les récits que par les changements de théâtre en grottes et amphithéâtres très superbes. Et dans le dernier, Apollon, encore représenté par le Roi, paroît au bruit des trompettes et des violons, précédé de six personnes qui portent des lauriers entrelacés avec un soleil d'or et la devise royale en façon de trophée : tellement que ce spectacle, qui est la fête des Jeux Pythiens, fut jugé des mieux concertés qui aient encore paru dans une cour à qui toutes les autres le cèdent en matière de magnificence et de galanterie. »

Des représentations du Divertissement royal sont encore signalées par la Gazette, sous la date du 14 février avec cette rectification : « Le comte d'Armagnac et le marquis de Villeroi représentent Neptune et Apollon, en la place du Roi, qui n'y danse pas[1]. » Puis, de nouveau, le 17 février et le 4 mars, « Monseigneur le Dauphin, Leurs Altesses royales Mademoiselle, mademoiselle d'Orléans et le prince de Condé, y assistant avec Leurs Majestés ». Enfin, le 8 mars, pour la dernière fois.

Ce Divertissement royal eut, dans cette même Gazette, les honneurs de ce qu'on appelait *un extraordinaire*, que nous reproduisons après la pièce.

---

1. Il ne semble pas que Louis XIV ait dansé, autrement que par procuration, dans les intermèdes du Divertissement royal. Robinet revient aussi sur l'assertion qu'il avait émise d'abord dans sa lettre du 8 février (voyez ci-après, page 135), et il écrit le 15 du même mois :

> . . . . . . Notre auguste sire
> Fait danser et n'y danse point,
> M'étant trompé dessus ce point
> Quand, sur un livre, j'allai mettre
> Le contraire en mon autre lettre.

La Grange a simplement inscrit sur son registre : « Jeudi 30 janvier, la troupe est allée à Saint-Germain pour le Roi. Le retour a été le mardi 18 février. Pour lequel voyage et celui de Chambord le Roi l'a gratifiée de la somme de douze mille livres, qui ont été partagés en douze parts, en comptant une part pour l'auteur. »

Deux événements de cour d'importance inégale se rattachent à la représentation des *Amants magnifiques*. L'un a pu seulement fournir une petite anecdote à la chronique contemporaine. Benserade était en possession de faire les paroles pour les ballets dansés par le roi, et avait gagné, à ce métier, fortune, faveur et célébrité. Il excellait, à la vérité, dans l'art de faire des allusions délicatement hardies aux intrigues politiques ou galantes de la cour; et, comme dit le privilège pour l'impression de ses œuvres (car la grave chancellerie elle-même ne crut pas se commettre en libellant l'éloge des petits vers de Benserade) : « La manière dont il confondoit le caractère des personnages qui dansoient avec le caractère des personnages qu'ils représentoient, étoit une espèce de secret personnel qu'il n'avoit imité de personne, et que personne n'imitera peut-être jamais de lui. » Benserade avait abdiqué ses fonctions, en février 1669, par un rondeau adressé aux dames dans le ballet de *Flore*[1] :

> Je suis trop las de jouer ce rôlet.
> Depuis longtemps je travaille au ballet;
> L'office n'est envié de personne;
> Et ce n'est pas office de couronne,
> Quelque talent que pour couronne il ait.
> Je ne suis plus si gai ni si follet;
> Un noir chagrin me saisit au collet,
> Et je n'ai plus que ma volonté bonne;
>   Je suis trop las.
> De vous promettre à chacune un couplet,
> C'en est beaucoup pour un homme replet;
> Je ne le puis, troupe aimable et mignonne.
> A tout le sexe en gros je m'abandonne,
> Mais en détail... Ma foi! votre valet,
>   Je suis trop las.

---

1. Voyez *OEuvres de Benserade*, édition de 1697, tome II, page 362.

Malgré cette abdication volontaire, Benserade ne se voyait pas, sans quelque jalousie, remplacé par Molière dans son emploi habituel. Il trahit son humeur en cette occasion ; tandis que Molière travaillait au Divertissement royal, Benserade, qui eut connaissance de ces deux vers du troisième intermède :

> Et tracez sur les herbettes
> L'image de nos chansons,

dit tout haut qu'il fallait les changer ainsi :

> Et tracez sur les herbettes
> L'image de vos chaussons.

Le petit distique ne valait rien ; mais la turlupinade ne valait pas grand'chose. Molière n'eut pas de peine à prendre sa revanche. Il lui suffit pour cela de s'en remettre à la vanité du poète de cour. On crut d'abord dans Paris que Benserade avait rempli ses fonctions ordinaires ; et Robinet lui-même partagea d'abord cette erreur. On lit dans sa lettre du 8 février :

> Comme voici le carnaval,
> Un Divertissement royal
> A présent notre cour occupe,
> Dont, sans que rien me préoccupe,
> Je puis dire, après l'imprimé,
> Demi-prosé, demi-rimé,
> Qu'en a dressé ce chantre illustre,
> Benserade, homme du balustre[1],
> Qu'il passe tout ce qu'on a vu
> De plus grand, de mieux entendu,
> De plus galant, plus magnifique,
> De plus mignon, plus héroïque,
> Pour divertir, en ce temps-ci
> Où l'on met à part tout souci,
> La cour du plus grand roi du monde.
> Il y paroît le dieu de l'onde
> Et le dieu du mont Parnassus
> Avec tant d'éclat que rien plus,
> Qui fait que tout chacun admire
> Ce redoutable et charmant sire
> Qui, sans contrefaire ces dieux,
> Est, par ma foi ! bien plus dieu qu'eux.

---

1. Le balustre, la balustrade qui entourait le lit ou la table du roi.

NOTICE PRÉLIMINAIRE.

On prétend que Benserade ne démentit que faiblement ce bruit, surtout en ce qui concernait les vers composés pour le roi représentant Neptune et Apollon, et qui étaient tout à fait écrits dans le genre qu'il avait mis à la mode. Le véritable auteur ne tarda pas à être connu. Robinet fut même obligé à la rectification suivante, qu'on trouve dans sa lettre du 22 février :

> Lundi, veille du mardi gras...
> Le Divertissement royal
> Fut encor le digne régal
> De notre belle cour françoise.

Et, après une description qui ne nous apprendrait rien de nouveau, il ajoute :

> Or, parmi ce ballet charmant,
> Se jouoit encor galamment
> Petite et grande comédie,
> Dont l'une étoit en mélodie,
> Toutes deux ayant pour auteur
> Le comique et célèbre acteur
> Appelé Baptiste Molière,
> Dont la muse est si singulière,
> Et qui le livre a composé
> Demi-rimé, demi-prosé
> Qu'à l'illustre de Benserade
> Près d'Apollon dans un haut grade
> J'ai bonnement attribué,
> Sur ce que ce grand gradué
> Fait ces livres-là d'ordinaire,
> Étant du Roi pensionnaire.
> Il approuvera, je crois bien,
> Qu'en véridique historien
> La chose comme elle est je die
> En chantant la palinodie.
> Et puis, j'ai maint et maint témoin
> Qu'il n'a vraiment aucun besoin
> Que les autres l'on appauvrisse
> Afin du leur qu'on l'enrichisse.

Molière, ajoute-t-on, ne laissa pas même son critique malavisé jouir paisiblement des deux madrigaux qui lui avaient valu les félicitations des courtisans ; il le dépouilla complètement de cette parure d'emprunt, voulant sans doute prouver la vérité du compliment que Benserade lui-même lui avait naguère adressé :

Qu'il étoit dangereux avec lui d'être un fat[1].

Pour nous, malgré tout ce que l'on raconte, il reste douteux de savoir si Benserade vit avec chagrin dissiper la méprise à laquelle donna lieu le Divertissement royal, ou s'il n'eut pas plutôt le mauvais goût de n'être point flatté de cette méprise. (Voyez ci-après, page 143.)

Il est un autre événement un peu plus grave, que cette pièce des *Amants magnifiques* rappelle inévitablement. Tandis que la scène offrait en spectacle l'union d'une grande princesse de l'antique Thessalie avec un simple officier de fortune, une grande princesse du sang royal de France, Mademoiselle de Montpensier, parvenue à l'âge de quarante ans, songeait en secret à réaliser cette fable, en donnant sa main et ses riches apanages à un cadet de Gascogne, à Péguillin, comte de Lauzun, qui comptait moins d'exploits guerriers que Sostrate, mais beaucoup plus de bonnes fortunes. Cette irrésistible passion était née en 1669. A la fin de 1670, Mademoiselle fit confidence au roi de son projet, et obtint de lui un consentement qui fut révoqué presque aussitôt : le roi retira brusquement le 18 décembre la permission accordée le 15. La coïncidence de ces deux aventures, l'une imaginaire, l'autre réelle, mais toutes deux semblables, au dénoûment près, méritait d'être remarquée par l'histoire littéraire. Elle est assez extraordinaire pour qu'on ait quelquefois soupçonné l'auteur comique d'avoir été dans le secret de la moderne Ériphile, et même d'avoir cherché à disposer les esprits en faveur de sa résolution. Qu'on remarque bien, toutefois, qu'il y a tout près d'une année entre la représentation de la pièce de Molière et le dénoûment de la tragi-comédie historique. Ne faudrait-il donc pas modifier totalement les termes de ce rapprochement tel qu'on le fait d'habitude ? et, au lieu de supposer que Molière ait été faire allusion à des sentiments encore indécis et voilés de tant de mystère, ne faudrait-il pas dire que son ouvrage put suggérer à Mademoiselle l'idée d'épouser, comme Ériphile, son héros, ou du moins l'encourager dans son rêve? Mademoiselle, qui, dans ses Mémoires, cite, pour justifier son amour, les vers de Corneille sur le pouvoir de la sympa-

1. Voyez tome VIII, page 146.

NOTICE PRÉLIMINAIRE.

thie (voyez tome VII, page 470, note 1), n'a pas allégué, il est vrai, à l'appui de la même cause, la comédie des *Amants magnifiques*. Mais ce silence ne prouve rien contre l'influence que cette comédie a pu exercer sur son esprit; bien au contraire.

Molière ne fit pas jouer à Paris la comédie des *Amants magnifiques*, et ne la fit pas non plus imprimer. Le livre du ballet fut seul publié sous ce titre : « *Le Divertissement royal,* mêlé de comédie, de musique et d'entrées de ballet. A Paris, chez Robert Ballard, seul imprimeur du roi pour la musique. 1670. Avec privilège de Sa Majesté. » In-4°.

La pièce parut pour la première fois dans le huitième volume de l'édition de 1682. On essaya de la mettre au théâtre le 15 octobre 1688; elle n'eut que neuf représentations. Au commencement du siècle suivant, le 21 juin 1704, Dancourt la fit reparaître avec un prologue et des intermèdes nouveaux; mais elle ne réussit pas beaucoup mieux.

Nous suivons, pour la comédie, le texte de 1682; pour les intermèdes et les vers, celui du Livre du ballet, en donnant les variantes de l'édition de 1682.

L. M.

LE DIVERTISSEMENT

ROYAL

AVANT-PROPOS.

Le roi, qui ne veut que des choses extraordinaires dans tout ce qu'il entreprend, s'est proposé de donner à sa cour un divertissement qui fût composé de tous ceux que le théâtre peut fournir; et, pour embrasser cette vaste idée, et enchaîner ensemble tant de choses diverses, Sa Majesté a choisi pour sujet deux princes rivaux, qui, dans le champêtre séjour de la vallée de Tempé, où l'on doit célébrer la fête des Jeux Pythiens, régalent à l'envi une jeune princesse et sa mère de toutes les galanteries dont ils se peuvent aviser.

PREMIER INTERMÈDE.

Le théâtre s'ouvre à l'agréable bruit de quantité d'instruments; et d'abord il offre aux yeux une vaste mer bordée de chaque côté de quatre grands rochers, dont le sommet porte chacun un Fleuve accoudé sur les marques de ces sortes de déités. Au pied de ces rochers sont douze Tritons de chaque côté; et dans le milieu de la mer, quatre Amours montés sur des dauphins, et derrière eux le dieu Éole, élevé au-dessus des ondes sur un petit nuage. Éole commande aux vents de se retirer; et tandis que les Amours, les Tritons et les Fleuves lui répondent,[*] la mer se calme, et du milieu des ondes on voit s'élever une île. Huit Pêcheurs sortent du fond de la mer, avec des nacres de perles et des branches de corail, et, après une danse agréable, vont se placer chacun sur un rocher au-dessous d'un Fleuve. Le chœur de la musique annonce la venue de Neptune, et, tandis que ce dieu danse avec sa suite, les Pêcheurs, les Tritons et les Fleuves accompagnent ses pas de gestes différents et de bruit de conques de perles. Tout ce spectacle est une magnifique galanterie, dont l'un des princes régale sur la mer la promenade des princesses.

PREMIÈRE ENTRÉE DE BALLET.

HUIT PÊCHEURS DE CORAIL.

---

[*] Var. *Tandis que quatre Amours, douze Tritons et huit Fleuves lui répondent* (1682).

DEUXIÈME ENTRÉE DE BALLET.

NEPTUNE, et SIX DIEUX MARINS.

NOMS DES PERSONNES QUI ONT CHANTÉ ET DANSÉ
DANS LE PREMIER INTERMÈDE.

Neptune : LE ROI.

Six Dieux marins : Monsieur le Grand[1], le marquis de Villeroi, le marquis de Rassent; M. Beauchamp, les sieurs Favier et La Pierre.

Huit Fleuves : Messieurs Beaumont, Fernon l'aîné, Noblet, Sérignan, David, Aurat, Devellois et Gillet.

Douze Tritons : Messieurs Le Gros, Hédouin, Don, Gingan l'aîné, Gingan le cadet, Fernon le cadet, Rebel, Langeais, Deschamps, Morel, et deux Pages de la musique de la Chapelle.

Quatre Amours : Quatre Pages de la musique de la Chambre.

Éole : Monsieur Estival.

Huit Pécheurs : Messieurs Jouan, Chicanneau, Pezan l'aîné, Magny, Joubert, Mayeu, La Montagne et Lestang.

VERS CHANTÉS.

RÉCIT D'ÉOLE.

Vents, qui troublez les plus beaux jours,
Rentrez dans vos grottes profondes,
Et laissez régner sur les ondes
Les Zéphires et les Amours.

UN TRITON.

Quels beaux yeux ont percé nos demeures humides !
Venez, venez, Tritons; cachez-vous, Néréides.

---

1. On appelait, par abréviation, le grand écuyer *monsieur le Grand*. Nous avons vu déjà ce personnage jouer un rôle actif dans le ballet des Muses. Voyez tome VIII, page 145.

TOUS LES TRITONS.

Allons tous au-devant de ces divinités ;
Et rendons par nos chants hommage à leurs beautés.

UN AMOUR.

Ah! que ces princesses sont belles!

UN AUTRE AMOUR.

Quels sont les cœurs qui ne s'y rendroient pas!

UN AUTRE AMOUR.

La plus belle des immortelles,
Notre mère, a bien moins d'appas.

CHOEUR.

Allons tous au-devant de ces divinités ;
Et rendons par nos chants hommage à leurs beautés.

UN TRITON.

Quel noble spectacle s'avance?
Neptune le grand dieu, Neptune avec sa cour,
Vient honorer ce beau jour[*]
De son auguste présence.

CHOEUR.

Redoublons nos concerts,
Et faisons retentir dans le vague des airs
Notre réjouissance.

VERS.

Pour LE ROI, *représentant Neptune.*

Le ciel entre les dieux les plus considérés
Me donne pour partage un rang considérable,
Et, me faisant régner sur les flots azurés,
Rend à tout l'univers mon pouvoir redoutable.

---

[*] VAR. *Vient honorer ce beau séjour.* Cette variante est de l'éditeur de 1734, et a été généralement adoptée.

PREMIER INTERMÈDE.

Il n'est aucune terre, à me bien regarder,
Qui ne doive trembler que je ne m'y répande;
Point d'États qu'à l'instant je ne pusse inonder
Des flots impétueux que mon pouvoir commande.

Rien n'en peut arrêter le fier débordement;
Et d'une triple digue à leur force opposée
On les verroit forcer le ferme empêchement,
Et se faire en tous lieux une ouverture aisée.

Mais je sais retenir la fureur de ces flots
Par la sage équité du pouvoir que j'exerce,
Et laisser en tous lieux, au gré des matelots,
La douce liberté d'un paisible commerce.

On trouve des écueils parfois dans mes États;
On voit quelques vaisseaux y périr par l'orage;
Mais contre ma puissance on n'en murmure pas,
Et chez moi la vertu ne fait jamais naufrage[1].

Pour M. LE GRAND, *représentant un dieu marin.*

L'empire où nous vivons est fertile en trésors,
Tous les mortels en foule accourent sur ses bords :
Et, pour faire bientôt une haute fortune,
Il ne faut rien qu'avoir la faveur de NEPTUNE.

---

1. « Molière, dit M. Bazin, parodia dans les vers faits pour le roi la manière dont son prédécesseur tournait la louange. Les courtisans, comme à l'ordinaire, rirent beaucoup en voyant contrefaire ce qu'ils avaient coutume d'applaudir; et Benserade se trouva joué sur son propre terrain. » Le fait est ainsi raconté par l'abbé Tallemant, dans la Vie de Benserade qu'il mit en tête des œuvres de ce poète, publiées en 1697. Malgré cet important témoignage, on peut douter que Molière eût osé prendre la liberté qu'on lui attribue ici; et les vers qu'on vient de lire ne nous paraissent pas d'ailleurs justifier suffisamment cette manière de présenter le petit événement dont il a été parlé dans la Notice préliminaire. On appréciera.

Pour LE MARQUIS DE VILLEROI, *représentant un dieu marin.*

Sur la foi de ce dieu de l'empire flottant,
On peut bien s'embarquer avec toute assurance :
    Les flots ont de l'inconstance,
    Mais le NEPTUNE est constant.

Pour LE MARQUIS DE RASSENT, *représentant un dieu marin.*

Voguez sur cette mer d'un zèle inébranlable :
C'est le moyen d'avoir NEPTUNE favorable[1].

---

1. Ces *vers* étaient faits pour figurer dans le programme du Divertissement, non pour être récités sur la scène.

LES
AMANTS MAGNIFIQUES

PERSONNAGES.	ACTEURS[1].
ARISTIONE, princesse, mère d'Ériphile	Mlle HERVÉ.
ÉRIPHILE, fille de la princesse.	Mlle MOLIÈRE.
IPHICRATE, prince, amant d'Ériphile	LA GRANGE.
TIMOCLÈS, prince, amant d'Ériphile.	DU CROISY.
SOSTRATE, général d'armée, amant d'Ériphile.	***
CLÉONICE, confidente d'Ériphile	MADEL. BÉJART.
ANAXARQUE, astrologue	HUBERT.
CLÉON, fils d'Anaxarque.	***
CHORÈBE, de la suite d'Aristione	***
CLITIDAS, plaisant de cour, de la suite d'Ériphile.	MOLIÈRE[2].
UNE FAUSSE VÉNUS, d'intelligence avec Anaxarque.	

La scène est en Thessalie, dans la délicieuse vallée de Tempé.

1. Sauf pour le nom de Molière, cette liste d'acteurs est conjecturale.
2. Voici le costume de Molière, d'après l'inventaire après décès : « Un habit de Clitidas consistant en un tonnelet, chemisette, un jupon, un caleçon et cuissards ; ledit tonnelet de moire verte, garni de deux dentelles or et argent ; la chemisette de velours à fond d'or ; les souliers, jarretières, bas, festons, fraise et manchettes, le tout garni d'argent fin. »

LES
AMANTS MAGNIFIQUES

COMÉDIE-BALLET

ACTE PREMIER.

SCÈNE PREMIÈRE.

SOSTRATE, CLITIDAS.

CLITIDAS, à part.

Il est attaché à ses pensées?

SOSTRATE, se croyant seul.

Non, Sostrate, je ne vois rien où tu puisses avoir recours; et tes maux sont d'une nature à ne te laisser nulle espérance d'en sortir.

CLITIDAS, à part.

Il raisonne tout seul.

SOSTRATE, se croyant seul.

Hélas!

CLITIDAS, à part.

Voilà des soupirs qui veulent dire quelque chose; et ma conjecture se trouvera véritable.

SOSTRATE, se croyant seul.

Sur quelles chimères, dis-moi, pourrois-tu bâtir quelque espoir? et que peux-tu envisager, que l'affreuse longueur d'une vie malheureuse, et des ennuis à ne finir que par la mort?

CLITIDAS, à part.

Cette tête-là est plus embarrassée que la mienne?

SOSTRATE, se croyant seul.

Ah! mon cœur! ah! mon cœur! où m'avez-vous jeté?

CLITIDAS.

Serviteur, seigneur Sostrate.

SOSTRATE.

Où vas-tu, Clitidas?

CLITIDAS.

Mais vous, plutôt, que faites-vous ici? et quelle secrète mélancolie, quelle humeur sombre, s'il vous plaît, vous peut retenir dans ces bois, tandis que tout le monde a couru en foule à la magnificence de la fête dont l'amour du prince Iphicrate vient de régaler sur la mer la promenade des princesses; tandis qu'elles y ont reçu des cadeaux merveilleux de musique et de danse[1], et qu'on a vu les rochers et les ondes se parer de divinités pour faire honneur à leurs attraits?

SOSTRATE.

Je me figure assez, sans la voir, cette magnificence; et tant de gens, d'ordinaire, s'empressent à porter de la confusion dans ces sortes de fêtes que j'ai cru à propos de ne pas augmenter le nombre des importuns.

CLITIDAS.

Vous savez que votre présence ne gâte jamais rien, et

1. Pour la signification de ce mot *cadeaux,* on se reportera au tome III, page 199, note 2.

que vous n'êtes point de trop en quelque lieu que vous soyez. Votre visage est bien venu partout, et il n'a garde d'être de ces visages disgraciés qui ne sont jamais bien reçus des regards souverains. Vous êtes également bien auprès des deux princesses ; et la mère et la fille vous font assez connoître l'estime qu'elles font de vous, pour n'appréhender pas de fatiguer leurs yeux; et ce n'est pas cette crainte, enfin, qui vous a retenu.

SOSTRATE.

J'avoue que je n'ai pas naturellement grande curiosité pour ces sortes de choses.

CLITIDAS.

Mon Dieu! quand on n'auroit nulle curiosité pour les choses, on en a toujours pour aller où l'on trouve tout le monde; et, quoi que vous puissiez dire, on ne demeure point tout seul, pendant une fête, à rêver parmi les arbres, comme vous faites, à moins d'avoir en tête quelque chose qui embarrasse.

SOSTRATE.

Que voudrois-tu que j'y pusse avoir?

CLITIDAS.

Ouais! je ne sais d'où cela vient; mais il sent ici l'amour. Ce n'est pas moi. Ah! par ma foi, c'est vous.

SOSTRATE.

Que tu es fou, Clitidas!

CLITIDAS.

Je ne suis point fou. Vous êtes amoureux; j'ai le nez délicat, et j'ai senti cela d'abord.

SOSTRATE.

Sur quoi prends-tu cette pensée?

CLITIDAS.

Sur quoi? Vous seriez bien étonné si je vous disois encore de qui vous êtes amoureux.

SOSTRATE.

Moi?

CLITIDAS.

Oui. Je gage que je vais deviner tout à l'heure celle que vous aimez. J'ai mes secrets, aussi bien que notre astrologue dont la princesse Aristione est entêtée; et, s'il a la science de lire dans les astres la fortune des hommes, j'ai celle de lire dans les yeux le nom des personnes qu'on aime. Tenez-vous un peu, et ouvrez les yeux. É, par soi, é[1]; r, i, éri; p, h, i, phi, ériphi; l, e, le : Ériphile. Vous êtes amoureux de la princesse Ériphile.

SOSTRATE.

Ah! Clitidas, j'avoue que je ne puis cacher mon trouble, et tu me frappes d'un coup de foudre.

CLITIDAS.

Vous voyez que je suis savant!

SOSTRATE.

Hélas! si, par quelque aventure, tu as pu découvrir le secret de mon cœur, je te conjure au moins de ne le révéler à qui que ce soit, et surtout de le tenir caché à la belle princesse dont tu viens de dire le nom.

CLITIDAS.

Et, sérieusement parlant, si dans vos actions j'ai bien pu connoître depuis un temps la passion que vous voulez tenir secrète, pensez-vous que la princesse Ériphile puisse avoir manqué de lumières pour s'en apercevoir? Les

---

1. *É, par soi, é.* — *Par soi* signifie *faisant à lui seul une syllabe.* Il paraît que, dans l'épellation ancienne, on se servait de cette formule.

belles, croyez-moi, sont toujours les plus clairvoyantes à découvrir les ardeurs qu'elles causent; et le langage des yeux et des soupirs se fait entendre, mieux qu'à tout autre, à celle à qui il s'adresse.

SOSTRATE.

Laissons-la, Clitidas, laissons-la voir, si elle peut, dans mes soupirs et mes regards, l'amour que ses charmes m'inspirent; mais gardons bien que par nulle autre voie elle en apprenne jamais rien.

CLITIDAS.

Et qu'appréhendez-vous? Est-il possible que ce même Sostrate qui n'a pas craint ni Brennus ni tous les Gaulois, et dont le bras a si glorieusement contribué à nous défaire de ce déluge de barbares qui ravageoient la Grèce; est-il possible, dis-je, qu'un homme si assuré dans la guerre soit si timide en amour, et que je le voie trembler à dire seulement qu'il aime?

SOSTRATE.

Ah! Clitidas, je tremble avec raison; et tous les Gaulois du monde ensemble sont bien moins redoutables que deux beaux yeux pleins de charmes.

CLITIDAS.

Je ne suis pas de cet avis; et je sais bien, pour moi, qu'un seul Gaulois, l'épée à la main, me feroit beaucoup plus trembler que cinquante beaux yeux ensemble les plus charmants du monde. Mais, dites-moi un peu, qu'espérez-vous faire?

SOSTRATE.

Mourir sans déclarer ma passion.

CLITIDAS.

L'espérance est belle! Allez, allez, vous vous moquez; un peu de hardiesse réussit toujours aux amants : il n'y a en amour que les honteux qui perdent; et je dirois ma passion à une déesse, moi, si j'en devenois amoureux.

SOSTRATE.

Trop de choses, hélas! condamnent mes feux à un éternel silence.

CLITIDAS.

Hé! quoi?

SOSTRATE.

La bassesse de ma fortune, dont il plaît au ciel de rabattre l'ambition de mon amour; le rang de la princesse, qui met entre elle et mes désirs une distance si fâcheuse; la concurrence de deux princes appuyés de tous les grands titres qui peuvent soutenir les prétentions de leurs flammes; de deux princes qui, par mille et mille magnificences, se disputent à tous moments la gloire de sa conquête, et sur l'amour de qui on attend tous les jours de voir son choix se déclarer; mais plus que tout, Clitidas, le respect inviolable où ses beaux yeux assujettissent toute la violence de mon ardeur.

CLITIDAS.

Le respect bien souvent n'oblige pas tant que l'amour; et je me trompe fort, ou la jeune princesse a connu votre flamme, et n'y est pas insensible.

SOSTRATE.

Ah! ne t'avise point de vouloir flatter par pitié le cœur d'un misérable.

CLITIDAS.

Ma conjecture est fondée. Je lui vois reculer beaucoup le choix de son époux, et je veux éclaircir un peu cette petite affaire-là. Vous savez que je suis auprès d'elle en quelque espèce de faveur, que j'y ai les accès ouverts, et qu'à force de me tourmenter[1] je me suis acquis le privilège de me mêler à la conversation, et parler à tort et à travers de toutes choses. Quelquefois cela ne me réussit pas, mais quelquefois aussi cela me réussit. Laissez-moi faire, je suis de vos amis, les gens de mérite me touchent, et je veux prendre mon temps pour entretenir la princesse de...

SOSTRATE.

Ah! de grâce, quelque bonté que mon malheur t'inspire, garde-toi bien de lui rien dire de ma flamme. J'aimerois mieux mourir que de pouvoir être accusé par elle de la moindre témérité; et ce profond respect où ses charmes divins...

CLITIDAS.

Taisons-nous, voici tout le monde.

SCÈNE II.

ARISTIONE, IPHICRATE, TIMOCLÈS, SOSTRATE, ANAXARQUE, CLÉON, CLITIDAS.

ARISTIONE, à Iphicrate.

Prince, je ne puis me lasser de le dire, il n'est point de spectacle au monde qui puisse le disputer en magnificence à celui que vous venez de nous donner. Cette fête a eu des ornements qui l'emportent sans doute sur tout ce que l'on sauroit voir; et elle vient de produire à nos yeux quelque chose de si noble, de si grand et de si majestueux, que le ciel même ne sauroit aller au delà; et je puis dire assurément qu'il n'y a rien dans l'univers qui s'y puisse égaler.

1. De m'évertuer, de me donner des peines.

TIMOCLÈS.

Ce sont des ornements dont on ne peut pas espérer que toutes les fêtes soient embellies; et je dois fort trembler, madame, pour la simplicité du petit divertissement que je m'apprête à vous donner dans le bois de Diane.

ARISTIONE.

Je crois que nous n'y verrons rien que de fort agréable; et, certes, il faut avouer que la campagne a lieu de nous paroître belle, et que nous n'avons pas le temps de nous ennuyer dans cet agréable séjour qu'ont célébré tous les poètes sous le nom de Tempé. Car enfin, sans parler des plaisirs de la chasse que nous y prenons à toute heure, et de la solennité des Jeux Pythiens que l'on y célèbre tantôt, vous prenez soin l'un et l'autre de nous y combler de tous les divertissements qui peuvent charmer les chagrins des plus mélancoliques. D'où vient, Sostrate, qu'on ne vous a point vu dans notre promenade?

SOSTRATE.

Une petite indisposition, madame, m'a empêché de m'y trouver.

IPHICRATE.

Sostrate est de ces gens, madame, qui croient qu'il ne sied pas bien d'être curieux comme les autres; et il est beau d'affecter de ne pas courir où tout le monde court.

SOSTRATE.

Seigneur, l'affectation n'a guère de part à tout ce que je fais; et, sans vous faire compliment, il y avoit des choses à voir dans cette fête qui pouvoient m'attirer, si quelque autre motif ne m'avoit retenu.

ARISTIONE.

Et Clitidas a-t-il vu cela?

CLITIDAS.

Oui, madame; mais du rivage.

ARISTIONE.

Et pourquoi du rivage?

CLITIDAS.

Ma foi, madame, j'ai craint quelqu'un des accidents qui arrivent d'ordinaire dans ces confusions. Cette nuit j'ai songé de poisson mort et d'œufs cassés; et j'ai appris du seigneur Anaxarque que les œufs cassés et le poisson mort signifient malencontre [1].

ANAXARQUE.

Je remarque une chose : que Clitidas n'auroit rien à dire, s'il ne parloit de moi.

CLITIDAS.

C'est qu'il y a tant de choses à dire de vous, qu'on n'en sauroit parler assez.

ANAXARQUE.

Vous pourriez prendre d'autres matières, puisque je vous en ai prié.

CLITIDAS.

Le moyen? ne dites-vous pas que l'ascendant est plus fort que tout? et s'il est écrit dans les astres que je sois enclin à parler de vous, comment voulez-vous que je résiste à ma destinée?

ANAXARQUE.

Avec tout le respect, madame, que je vous dois, il y a une chose qui est fâcheuse dans votre cour, que tout le monde y prenne liberté de parler, et que le plus honnête homme y soit exposé aux railleries du premier méchant plaisant.

CLITIDAS.

Je vous rends grâce de l'honneur.

1. Mascarille, dans *le Dépit amoureux*, dit aussi :

J'ai songé cette nuit de perles défilées,
Et d'œufs cassés : monsieur, un tel songe m'abat.

ARISTIONE, à Anaxarque.

Que vous êtes fou de vous chagriner de ce qu'il dit!

CLITIDAS.

Avec tout le respect que je dois à madame, il y a une chose qui m'étonne dans l'astrologie : comment des gens qui savent tous les secrets des dieux, et qui possèdent des connoissances à se mettre au-dessus de tous les hommes, aient besoin de faire leur cour, et de demander quelque chose.

ANAXARQUE.

Vous devriez gagner un peu mieux votre argent, et donner à madame de meilleures plaisanteries.

CLITIDAS.

Ma foi, on les donne telles qu'on peut. Vous en parlez fort à votre aise ; et le métier de plaisant n'est pas comme celui d'astrologue : bien mentir et bien plaisanter sont deux choses fort différentes, et il est bien plus facile de tromper les gens que de les faire rire.

ARISTIONE.

Hé! qu'est-ce donc que cela veut dire?

CLITIDAS, se parlant à lui-même.

Paix, impertinent que vous êtes! ne savez-vous pas bien que l'astrologie est une affaire d'État, et qu'il ne faut point toucher à cette corde-là? Je vous l'ai dit plusieurs fois, vous vous émancipez trop, et vous prenez de certaines libertés qui vous joueront un mauvais tour, je vous en avertis. Vous verrez qu'un de ces jours on vous donnera du pied au cul, et qu'on vous chassera comme un faquin. Taisez-vous, si vous êtes sage.

ARISTIONE.

Où est ma fille?

TIMOCLÈS.

Madame, elle s'est écartée; et je lui ai présenté une main qu'elle a refusé d'accepter.

ARISTIONE.

Princes, puisque l'amour que vous avez pour Ériphile a bien voulu se soumettre aux lois que j'ai voulu vous imposer; puisque j'ai su obtenir de vous que vous fussiez rivaux sans devenir ennemis, et qu'avec pleine soumission aux sentiments de ma fille vous attendez un choix dont je l'ai faite seule maîtresse, ouvrez-moi tous deux le fond de votre âme, et me dites sincèrement quel progrès vous croyez l'un et l'autre avoir fait sur son cœur.

TIMOCLÈS.

Madame, je ne suis point pour me flatter; j'ai fait ce que j'ai pu pour toucher le cœur de la princesse Ériphile, et je m'y suis pris, que je crois, de toutes les tendres manières dont un amant se peut servir : je lui ai fait des hommages soumis de tous mes vœux; j'ai montré des assiduités, j'ai rendu des soins chaque jour; j'ai fait chanter ma passion aux voix les plus touchantes, et l'ai fait exprimer en vers aux plumes les plus délicates[1]; je me suis plaint de mon martyre en des termes passionnés; j'ai fait dire à mes yeux, aussi bien qu'à ma bouche, le désespoir de mon amour; j'ai poussé à ses pieds des soupirs languissants; j'ai même répandu des larmes; mais tout cela inutilement,

---

1. C'était assez l'usage alors (je veux dire au temps où écrivait Molière) que les grands seigneurs, en pareille occasion, empruntassent la plume des poètes de profession, et n'en fissent pas mystère. C'est un fait connu que Louis XIV envoyait à mademoiselle de La Vallière des vers composés par Benserade, qui composait aussi les réponses; et ni le roi ni sa maîtresse ne cherchaient à se tromper là-dessus. Tout le monde ne se piquait point alors de bel esprit; les poètes étaient une classe d'hommes à part, et on leur demandait des vers comme on demande aujourd'hui des fleurs à une bouquetière. (AUGER.)

et je n'ai point connu qu'elle ait dans l'âme aucun ressentiment de mon ardeur.

ARISTIONE.

Et vous, prince?

IPHICRATE.

Pour moi, madame, connoissant son indifférence, et le peu de cas qu'elle fait des devoirs qu'on lui rend, je n'ai voulu perdre auprès d'elle ni plaintes, ni soupirs, ni larmes. Je sais qu'elle est toute soumise à vos volontés, et que ce n'est que de votre main seule qu'elle voudra prendre un époux; aussi n'est-ce qu'à vous que je m'adresse pour l'obtenir, à vous plutôt qu'à elle que je rends tous mes soins et tous mes hommages. Et plût au ciel, madame, que vous eussiez pu vous résoudre à tenir sa place; que vous eussiez voulu jouir des conquêtes que vous lui faites, et recevoir pour vous les vœux que vous lui renvoyez!

ARISTIONE.

Prince, le compliment est d'un amant adroit, et vous avez entendu dire qu'il falloit cajoler les mères pour obtenir les filles; mais ici, par malheur, tout cela devient inutile, et je me suis engagée à laisser le choix tout entier à l'inclination de ma fille.

IPHICRATE.

Quelque pouvoir que vous lui donniez pour ce choix, ce n'est point compliment, madame, que ce que je vous dis. Je ne recherche la princesse Ériphile que parce qu'elle est votre sang; je la trouve charmante par tout ce qu'elle tient de vous, et c'est vous que j'adore en elle.

ARISTIONE.

Voilà qui est fort bien.

IPHICRATE.

Oui, madame, toute la terre voit en vous des attraits et des charmes que je...

ARISTIONE.

De grâce, prince, ôtons ces charmes et ces attraits : vous savez que ce sont des mots que je retranche des compliments qu'on me veut faire. Je souffre qu'on me loue de ma sincérité; qu'on dise que je suis une bonne princesse, que j'ai de la parole pour tout le monde, de la chaleur pour mes amis, et de l'estime pour le mérite et la vertu : je puis tâter de tout cela; mais pour les douceurs de charmes et d'attraits, je suis bien aise qu'on ne m'en serve point; et, quelque vérité qui s'y pût rencontrer, on doit faire quelque scrupule d'en goûter la louange, quand on est mère d'une fille comme la mienne.

IPHICRATE.

Ah! madame, c'est vous qui voulez être mère malgré tout le monde; il n'est point d'yeux qui ne s'y opposent; et, si vous le vouliez, la princesse Ériphile ne seroit que votre sœur.

ARISTIONE.

Mon Dieu! prince, je ne donne point dans tous ces galimatias où donnent la plupart des femmes : je veux être mère parce que je la suis, et ce seroit en vain que je ne la voudrois pas être [1]. Ce titre n'a rien qui me

---

1. Cette manière de parler était alors autorisée par le commun usage, et l'on sait que madame de Sévigné disait à Ménage que si à cette question : « Êtes-vous malade? » elle avait été obligée de répondre : « Je *le* « suis » ou « je ne *le* suis pas, » elle aurait cru qu'il lui était poussé de la barbe au menton.

Vous êtes satisfaite et je ne *la* suis pas.
(CORNEILLE, *Pompée*, acte V, sc. II.)

Tout le XVIIe siècle a parlé comme Corneille, Molière et madame de Sévigné.

choque, puisque, de mon consentement, je me suis exposée à le recevoir. C'est un foible de notre sexe, dont, grâce au ciel, je suis exempte ; et je ne m'embarrasse point de ces grandes disputes d'âge sur quoi nous voyons tant de folles. Revenons à notre discours. Est-il possible que jusqu'ici vous n'ayez pu connoître où penche l'inclination d'Ériphile ?

IPHICRATE.

Ce sont obscurités pour moi.

TIMOCLÈS.

C'est pour moi un mystère impénétrable.

ARISTIONE.

La pudeur peut-être l'empêche de s'expliquer à vous et à moi. Servons-nous de quelque autre pour découvrir le secret de son cœur. Sostrate, prenez de ma part cette commission, et rendez cet office à ces princes, de savoir adroitement de ma fille vers qui des deux ses sentiments peuvent tourner.

SOSTRATE.

Madame, vous avez cent personnes dans votre cour sur qui vous pourriez mieux verser l'honneur d'un tel emploi, et je me sens mal propre à bien exécuter ce que vous souhaitez de moi.

ARISTIONE.

Votre mérite, Sostrate, n'est point borné aux seuls emplois de la guerre. Vous avez de l'esprit, de la conduite, de l'adresse ; et ma fille fait cas de vous.

SOSTRATE.

Quelque autre mieux que moi, madame...

ARISTIONE.

Non, non ; en vain vous vous en défendez.

SOSTRATE.

Puisque vous le voulez, madame, il vous faut obéir ; mais je vous jure que, dans toute votre cour, vous ne pouviez choisir personne qui ne fût en état de s'acquitter beaucoup mieux que moi d'une telle commission.

ARISTIONE.

C'est trop de modestie ; et vous vous acquitterez toujours bien de toutes les choses dont on vous chargera. Découvrez doucement les sentiments d'Ériphile, et faites-la ressouvenir qu'il faut se rendre de bonne heure dans le bois de Diane.

SCÈNE III.

IPHICRATE, TIMOCLÈS, SOSTRATE, CLITIDAS.

IPHICRATE, à Sostrate.

Vous pouvez croire que je prends part à l'estime que la princesse vous témoigne.

TIMOCLÈS, à Sostrate.

Vous pouvez croire que je suis ravi du choix que l'on a fait de vous.

IPHICRATE.

Vous voilà en état de servir vos amis.

TIMOCLÈS.

Vous avez de quoi rendre de bons offices aux gens qu'il vous plaira.

IPHICRATE.

Je ne vous recommande point mes intérêts.

TIMOCLÈS.

Je ne vous dis point de parler pour moi.

SOSTRATE.

Seigneurs, il seroit inutile. J'aurois tort de passer les

ordres de ma commission; et vous trouverez bon que je ne parle ni pour l'un ni pour l'autre.

IPHICRATE.

Je vous laisse agir comme il vous plaira.

TIMOCLÈS.

Vous en userez comme vous voudrez.

SCÈNE IV.

IPHICRATE, TIMOCLÈS, CLITIDAS.

IPHICRATE, bas, à Clitidas.

Clitidas se ressouvient bien qu'il est de mes amis; je lui recommande toujours de prendre mes intérêts auprès de sa maîtresse contre ceux de mon rival.

CLITIDAS, bas, à Iphicrate.

Laissez-moi faire. Il y a bien de la comparaison de lui à vous ! et c'est un prince bien bâti pour vous le disputer !

IPHICRATE, bas, à Clitidas.

Je reconnoîtrai ce service.

SCÈNE V.

TIMOCLÈS, CLITIDAS.

TIMOCLÈS.

Mon rival fait sa cour à Clitidas; mais Clitidas sait bien qu'il m'a promis d'appuyer contre lui les prétentions de mon amour.

CLITIDAS.

Assurément; et il se moque, de croire l'emporter sur vous. Voilà, auprès de vous, un beau petit morveux de prince !

TIMOCLÈS.

Il n'y a rien que je ne fasse pour Clitidas.

CLITIDAS, seul.

Belles paroles de tous côtés! Voici la princesse; prenons mon temps pour l'aborder.

SCÈNE VI.

ÉRIPHILE, CLÉONICE.

CLÉONICE.

On trouvera étrange, madame, que vous vous soyez ainsi écartée de tout le monde.

ÉRIPHILE.

Ah! qu'aux personnes comme nous, qui sommes toujours accablées de tant de gens, un peu de solitude est parfois agréable! et qu'après mille impertinents entretiens il est doux de s'entretenir avec ses pensées! Qu'on me laisse ici promener toute seule.

CLÉONICE.

Ne voudriez-vous pas, madame, voir un petit essai de la disposition [1] de ces gens admirables qui veulent se donner à vous? Ce sont des personnes qui, par leurs pas, leurs gestes et leurs mouvements, expriment aux yeux toutes choses; et on appelle cela pantomimes [2]. J'ai tremblé à vous dire ce mot, et il y a des gens dans votre cour qui ne me le pardonneroient pas.

---

1. *Disposition* dans le sens d'*agilité,* où nous avons déjà vu ce mot employé plusieurs fois.

2. On voit, par ce passage, qu'à l'époque où fut jouée la pièce, la pantomime était un art nouveau en France, ainsi que le nom de ceux qui l'exerçaient, et que même ce nom était repoussé par un certain nombre de personnes. Le Dictionnaire de l'Académie de 1694 l'admet; quant à *pantomime,* substantif féminin, signifiant l'art même, il n'a été introduit que plus tard dans la langue.

ÉRIPHILE.

Vous avez bien la mine, Cléonice, de me venir ici régaler d'un mauvais divertissement : car, grâce au ciel, vous ne manquez pas de vouloir produire indifféremment tout ce qui se présente à vous ; et vous avez une affabilité qui ne rejette rien ; aussi est-ce à vous seule qu'on voit avoir recours toutes les muses nécessitantes [1] ; vous êtes la grande protectrice du mérite incommodé [2] ; et tout ce qu'il y a de vertueux indigents au monde va débarquer chez vous.

CLÉONICE.

Si vous n'avez pas envie de les voir, madame, il ne faut que les laisser là.

ÉRIPHILE.

Non, non ; voyons-les : faites-les venir.

CLÉONICE.

Mais peut-être, madame, que leur danse sera méchante.

ÉRIPHILE.

Méchante ou non, il la faut voir. Ce ne seroit, avec vous, que reculer la chose, et il vaut mieux en être quitte.

CLÉONICE.

Ce ne sera ici, madame, qu'une danse ordinaire ; une autre fois...

ÉRIPHILE.

Point de préambule, Cléonice ; qu'ils dansent.

---

1. *Nécessitantes* a ici le même sens que *nécessiteuses*. Ce mot, peu usité, exprime ordinairement une idée différente et signifie, non pas « qui est dans la nécessité, dans le besoin », mais « qui nécessite, qui oblige à agir ».
2. Le cardinal de Richelieu appelait l'abbé de Boisrobert *ardent solliciteur des muses incommodées :* Molière semble s'être souvenu de cette expression.

DEUXIÈME INTERMÈDE.

La confidente de la jeune princesse lui produit trois danseurs, sous le nom de Pantomimes; c'est-à-dire qui expriment par leurs gestes toutes sortes de choses. La princesse les voit danser, et les reçoit à son service.

ENTRÉE DE BALLET

DE TROIS PANTOMIMES.

Pantomimes : Messieurs Beauchamp, Saint-André et Favier [1].

1. C'est à la duchesse du Maine que l'Europe doit la première idée du ballet-pantomime, qui triomphe aujourd'hui sur tous les théâtres.
Aux charmes de son esprit naturel, cette aimable princesse joignait beaucoup de lumières acquises, du savoir, de l'érudition même, et surtout une grande passion pour les spectacles. Elle désira voir de ses propres yeux un essai de l'art des pantomimes de l'antiquité, des Bathyle, des Hylas, des Pylade, qui pût lui montrer une image réelle de leurs représentations, de leurs exercices, dont elle n'avait conçu qu'une idée imparfaite en lisant les historiens. Elle choisit la scène du quatrième acte d'*Horace,* tragédie de Corneille, et la fit mettre en musique par Mouret, comme si l'on avait dû la chanter. Cette musique fut ensuite exécutée, sans paroles, par l'orchestre, tandis que Balon et Mlle Prévost, danseurs de l'Opéra, mimaient sur le théâtre de Sceaux l'action et les sentiments des personnages de Corneille devenus muets. Nos deux virtuoses, danseurs habiles, intelligents, pleins d'âme et de chaleur, mais novices en pantomime, s'animèrent si bien réciproquement par leurs gestes, leur jeu de physionomie, d'une vérité parfaite, qu'ils en vinrent jusqu'à verser des larmes. On ne demandera point s'ils parvinrent à toucher, à émouvoir les spectateurs. Cet heureux essai, fait en 1708, dut sans doute engager Mlle Sallé, poète et danseuse, à tenter la fortune avec un ballet d'action complet, en exécutant ses drames de *Pygmalion, d'Ariane,* qu'elle mit en scène à Londres vingt-six ans plus tard.
(Castil-Blaze.)

ACTE DEUXIÈME.

SCÈNE PREMIÈRE.

ERIPHILE, CLÉONICE.

ÉRIPHILE.

Voilà qui est admirable. Je ne crois pas qu'on puisse mieux danser qu'ils dansent, et je suis bien aise de les avoir à moi.

CLÉONICE.

Et moi, madame, je suis bien aise que vous ayez vu que je n'ai pas si méchant goût que vous avez pensé.

ÉRIPHILE.

Ne triomphez point tant; vous ne tarderez guère à me faire avoir ma revanche. Qu'on me laisse ici.

SCÈNE II

ÉRIPHILE, CLÉONICE, CLITIDAS.

CLÉONICE, allant au-devant de Clitidas.

Je vous avertis, Clitidas, que la princesse veut être seule.

CLITIDAS.

Laissez-moi faire; je suis homme qui sais ma cour.

SCÈNE III.

ÉRIPHILE, CLITIDAS.

CLITIDAS, en chantant.

La, la, la, la. (Faisant l'étonné en voyant Ériphile.) Ah!

ÉRIPHILE, à Clitidas, qui feint de vouloir s'éloigner.

Clitidas.

CLITIDAS.

Je ne vous avois pas vue là, madame.

ÉRIPHILE.

Approche. D'où viens-tu?

CLITIDAS.

De laisser la princesse votre mère, qui s'en alloit vers le temple d'Apollon, accompagnée de beaucoup de gens.

ÉRIPHILE.

Ne trouves-tu pas ces lieux les plus charmants du monde?

CLITIDAS.

Assurément. Les princes vos amants y étoient.

ÉRIPHILE.

Le fleuve Pénée fait ici d'agréables détours.

CLITIDAS.

Fort agréables. Sostrate y étoit aussi.

ÉRIPHILE.

D'où vient qu'il n'est pas venu à la promenade?

CLITIDAS.

Il a quelque chose dans la tête qui l'empêche de prendre plaisir à tous ces beaux régales[1]. Il m'a voulu entretenir; mais vous m'avez défendu si expressément de me charger d'aucune affaire auprès de vous que je n'ai

---

1. Ainsi dans le texte de 1682.

point voulu lui prêter l'oreille, et je lui ai dit nettement que je n'avois pas le loisir de l'entendre.

ÉRIPHILE.

Tu as eu tort de lui dire cela, et tu devois l'écouter.

CLITIDAS.

Je lui ai dit d'abord que je n'avois pas le loisir de l'entendre, mais après je lui ai donné audience.

ÉRIPHILE.

Tu as bien fait.

CLITIDAS.

En vérité, c'est un homme qui me revient, un homme fait comme je veux que les hommes soient faits, ne prenant point des manières bruyantes et des tons de voix assommants; sage et posé en toutes choses, ne parlant jamais que bien à propos, point prompt à décider, point du tout exagérateur incommode; et, quelques beaux vers que nos poètes lui aient récités, je ne lui ai jamais ouï dire : Voilà qui est plus beau que tout ce qu'a jamais fait Homère. Enfin, c'est un homme pour qui je me sens de l'inclination ; et si j'étois princesse, il ne seroit pas malheureux.

ÉRIPHILE.

C'est un homme d'un grand mérite, assurément. Mais de quoi t'a-t-il parlé?

CLITIDAS.

Il m'a demandé si vous aviez témoigné grande joie au magnifique régale que l'on vous a donné, m'a parlé de votre personne avec des transports les plus grands du monde, vous a mise au-dessus du ciel, et vous a donné toutes les louanges qu'on peut donner à la princesse la plus accomplie de la terre, entremêlant tout cela de plusieurs soupirs qui disoient plus qu'il ne vouloit. Enfin, à force de le tourner de tous côtés, et de le presser sur la cause de cette profonde mélancolie dont toute la cour s'aperçoit, il a été contraint de m'avouer qu'il étoit amoureux.

ÉRIPHILE.

Comment, amoureux! quelle témérité est la sienne? c'est un extravagant que je ne verrai de ma vie.

CLITIDAS.

De quoi vous plaignez-vous, madame?

ÉRIPHILE.

Avoir l'audace de m'aimer! et, de plus, avoir l'audace de le dire!

CLITIDAS.

Ce n'est pas vous, madame, dont il est amoureux.

ÉRIPHILE.

Ce n'est pas moi?

CLITIDAS.

Non, madame; il vous respecte trop pour cela, et est trop sage pour y penser.

ÉRIPHILE.

Et de qui donc, Clitidas?

CLITIDAS.

D'une de vos filles[1], la jeune Arsinoé.

ÉRIPHILE.

A-t-elle tant d'appas qu'il n'ait trouvé qu'elle digne de son amour?

CLITIDAS.

Il l'aime éperdument, et vous conjure d'honorer sa flamme de votre protection.

ÉRIPHILE.

Moi?

1. Filles d'honneur ou suivantes.

CLITIDAS.

Non, non, madame. Je vois que la chose ne vous plaît pas. Votre colère m'a obligé à prendre ce détour ; et, pour vous dire la vérité, c'est vous qu'il aime éperdument.

ÉRIPHILE.

Vous êtes un insolent de venir ainsi surprendre mes sentiments. Allons, sortez d'ici ; vous vous mêlez de vouloir lire dans les âmes, de vouloir pénétrer dans les secrets du cœur d'une princesse ! Otez-vous de mes yeux, et que je ne vous voie jamais, Clitidas.*

CLITIDAS.

Madame.

ÉRIPHILE.

Venez ici. Je vous pardonne cette affaire-là.

CLITIDAS.

Trop de bonté, madame.

ÉRIPHILE.

Mais à condition, prenez bien garde à ce que je vous dis, que vous n'en ouvrirez la bouche à personne du monde, sur peine de la vie.

CLITIDAS.

Il suffit.

ÉRIPHILE.

Sostrate t'a donc dit qu'il m'aimoit ?

CLITIDAS.

Non, madame. Il vous faut dire la vérité. J'ai tiré de son cœur, par surprise, un secret qu'il veut cacher à tout le monde, et avec lequel il est, dit-il, résolu de mourir.

---

* La ponctuation indiquée par le sens semble être celle-ci : « et que je ne vous voie jamais. Clitidas... »

Il a été au désespoir du vol subtil que je lui en ai fait; et, bien loin de me charger de vous le découvrir, il m'a conjuré, avec toutes les instantes prières qu'on sauroit faire, de ne vous en rien révéler; et c'est trahison contre lui que ce que je viens de vous dire.

ÉRIPHILE.

Tant mieux! c'est par son seul respect qu'il peut me plaire; et s'il étoit si hardi de me déclarer son amour, il perdroit pour jamais et ma présence et mon estime.

CLITIDAS.

Ne craignez point, madame...

ÉRIPHILE.

Le voici. Souvenez-vous, au moins, si vous êtes sage, de la défense que je vous ai faite.

CLITIDAS.

Cela est fait, madame. Il ne faut pas être courtisan indiscret.

SCÈNE IV.

ERIPHILE, SOSTRATE.

SOSTRATE.

J'ai une excuse, madame, pour oser interrompre votre solitude; et j'ai reçu de la princesse votre mère une commission qui autorise la hardiesse que je prends maintenant.

ÉRIPHILE.

Quelle commission, Sostrate?

SOSTRATE.

Celle, madame, de tâcher d'apprendre de vous vers lequel des deux princes peut incliner votre cœur.

ÉRIPHILE.

La princesse ma mère montre un esprit judicieux dans

le choix qu'elle a fait de vous pour un pareil emploi. Cette commission, Sostrate, vous a été agréable sans doute, et vous l'avez acceptée avec beaucoup de joie?

SOSTRATE.

Je l'ai acceptée, madame, par la nécessité que mon devoir m'impose d'obéir; et si la princesse avoit voulu recevoir mes excuses, elle auroit honoré quelque autre de cet emploi.

ÉRIPHILE.

Quelle cause, Sostrate, vous obligeoit à le refuser?

SOSTRATE.

La crainte, madame, de m'en acquitter mal.

ÉRIPHILE.

Croyez-vous que je ne vous estime pas assez pour vous ouvrir mon cœur, et vous donner toutes les lumières que vous pourrez désirer de moi sur le sujet de ces deux princes?

SOSTRATE.

Je ne désire rien pour moi là-dessus, madame; et je ne vous demande que ce que vous croirez devoir donner aux ordres qui m'amènent.

ÉRIPHILE.

Jusques ici je me suis défendue de m'expliquer, et la princesse ma mère a eu la bonté de souffrir que j'aie reculé toujours ce choix qui me doit engager; mais je serai bien aise de témoigner à tout le monde que je veux faire quelque chose pour l'amour de vous; et si vous m'en pressez, je rendrai cet arrêt qu'on attend depuis si longtemps.

SOSTRATE.

C'est une chose, madame, dont vous ne serez point importunée par moi; et je ne saurois me résoudre à presser une princesse qui sait trop ce qu'elle a à faire.

ACTE II, SCÈNE IV.

ÉRIPHILE.

Mais c'est ce que la princesse ma mère attend de vous.

SOSTRATE.

Ne lui ai-je pas dit aussi que je m'acquitterois mal de cette commission?

ÉRIPHILE.

Oh çà, Sostrate, les gens comme vous ont toujours les yeux pénétrants; et je pense qu'il ne doit y avoir guère de choses qui échappent aux vôtres. N'ont-ils pu découvrir, vos yeux, ce dont tout le monde est en peine? et ne vous ont-ils point donné quelques petites lumières du penchant de mon cœur? Vous voyez les soins qu'on me rend, l'empressement qu'on me témoigne. Quel est celui de ces deux princes que vous croyez que je regarde d'un œil plus doux?

SOSTRATE.

Les doutes[1] que l'on forme sur ces sortes de choses ne sont réglés d'ordinaire que par les intérêts qu'on prend.

ÉRIPHILE.

Pour qui, Sostrate, pencheriez-vous des deux? Quel est celui, dites-moi, que vous souhaiteriez que j'épousasse?

SOSTRATE.

Ah! madame, ce ne seront pas mes souhaits, mais votre inclination qui décidera de la chose.

ÉRIPHILE.

Mais si je me conseillois à vous pour ce choix?

SOSTRATE.

Si vous vous conseilliez à moi, je serois fort embarrassé.

---

1. Les conjectures.

ÉRIPHILE.

Vous ne pourriez pas dire qui des deux vous semble plus digne de cette préférence?

SOSTRATE.

Si l'on s'en rapporte à mes yeux, il n'y aura personne qui soit digne de cet honneur. Tous les princes du monde seront trop peu de chose pour aspirer à vous; les dieux seuls y pourront prétendre, et vous ne souffrirez des hommes que l'encens et les sacrifices.

ÉRIPHILE.

Cela est obligeant, et vous êtes de mes amis. Mais je veux que vous me disiez pour qui des deux vous vous sentez plus d'inclination, quel est celui que vous mettez le plus au rang de vos amis.

SCÈNE V.

ÉRIPHILE, SOSTRATE, CHORÈBE.

CHORÈBE.

Madame, voilà la princesse qui vient vous prendre ici pour aller au bois de Diane.

SOSTRATE, à part.

Hélas! petit garçon, que tu es venu à propos[1]!

---

1. On a remarqué « qu'en amitié ainsi qu'en amour les princesses sont condamnées à faire tous les premiers frais, et que le respect qui les entoure oblige souvent la plus sage et la plus fière à des avances que d'autres femmes n'oseroient se permettre ». Mademoiselle de Montpensier ainsi fut obligée de faire tous les pas. La rouerie de Lauzun avec elle consista à augmenter, à élever encore ces barrières de respect déjà si hautes, à s'y retrancher, à s'y dérober avec ruse. C'étaient des révérences profondes, des assurances de soumission à n'en pas finir; mais il faisait la sourde oreille à toute parole tendre... Elle faisait semblant de le consulter sur des mariages qu'on lui proposait, espérant toujours qu'il se déclarerait et qu'il lui fournirait occasion de lui répondre par son propre aveu... Elle l'avait établi, comme

SCÈNE VI.

ARISTIONE, ÉRIPHILE, IPHICRATE, TIMOCLÈS, SOSTRATE, ANAXARQUE, CLITIDAS.

ARISTIONE.

On vous a demandée, ma fille; et il y a des gens que votre absence chagrine fort.

ÉRIPHILE.

Je pense, madame, qu'on m'a demandée par compliment; et on ne s'inquiète pas tant qu'on vous dit.

ARISTIONE.

On enchaîne pour nous ici tant de divertissements les uns aux autres que toutes nos heures sont retenues; et nous n'avons aucun moment à perdre, si nous voulons les goûter tous. Entrons vite dans le bois, et voyons ce qui nous y attend. Ce lieu est le plus beau du monde : prenons vite nos places.

malgré lui, son conseiller, son confident; elle voulait se marier, lui disait-elle, se marier décidément en France, faire la fortune de quelqu'un qui le méritât, et vivre avec cet honnête homme et ami dans une estime parfaite, avec douceur et tranquillité. Il ne s'agissait plus que de trouver un sujet digne du choix. Lauzun en causait longuement avec elle; il balançait les avantages et les inconvénients de ce parti, se gardant bien de paraître deviner qu'il s'agissait de lui. Il y avait des jours pourtant où l'on aurait dit qu'il commençait à entendre; mais il s'échappait toujours à temps « par des manières respectueuses qui étoient pleines d'esprit », et qui achevaient d'enflammer l'innocente princesse. (SAINTE-BEUVE.)

TROISIÈME INTERMÈDE.

Le théâtre est une forêt où la princesse est invitée d'aller. Une Nymphe lui en fait les honneurs, en chantant; et, pour la divertir, on lui joue une petite comédie en musique, dont voici le sujet : un berger se plaint à deux bergers, ses amis, des froideurs de celle qu'il aime; les deux amis le consolent; et, comme la bergère aimée arrive, tous trois se retirent pour l'observer. Après quelque plainte amoureuse, elle se repose sur un gazon, et s'abandonne aux douceurs du sommeil. L'amant fait approcher ses amis, pour contempler les grâces de sa bergère, et invite toutes choses à contribuer à son repos. La bergère, en s'éveillant, voit son berger à ses pieds, se plaint de sa poursuite; mais, considérant sa constance, elle lui accorde sa demande, consent d'en être aimée, en présence des deux bergers amis. Deux Satyres arrivant se plaignent de son changement, et, étant touchés de cette disgrâce, cherchent leur consolation dans le vin.

LES PERSONNAGES DE LA PASTORALE.

LA NYMPHE DE LA VALLÉE DE TEMPÉ . . Mlle DES FRONTEAUX.
TYRCIS . . . . M. GAYE.
LYCASTE . . . . M. LANGEAIS.
MÉNANDRE . . . . M. FERNON LE CADET.
CALISTE . . . . Mlle HILAIRE.
DEUX SATYRES . . . . MM. ESTIVAL et MOREL

PROLOGUE.

LA NYMPHE DE TEMPÉ, seule.

Venez, grande princesse, avec tous vos appas,
Venez prêter vos yeux aux innocents ébats
    Que notre désert vous présente :
N'y cherchez point l'éclat des fêtes de la cour ;
      On ne sent ici que l'amour,
    Ce n'est que d'amour qu'on y chante.

SCÈNE PREMIÈRE.

TYRCIS, seul.

    Vous chantez sous ces feuillages,
    Doux rossignols pleins d'amour ;
    Et de vos tendres ramages
    Vous réveillez tour à tour
    Les échos de ces bocages :
    Hélas ! petits oiseaux, hélas !
Si vous aviez mes maux, vous ne chanteriez pas.

SCÈNE II.

LYCASTE, MÉNANDRE, TYRCIS.

LYCASTE.
Hé quoi ! toujours languissant, sombre et triste
MÉNANDRE.
Hé quoi ! toujours aux pleurs abandonné ?
TYRCIS.
    Toujours adorant Caliste,
    Et toujours infortuné.

LYCASTE.

Dompte, dompte, berger, l'ennui[1] qui te possède.

TYRCIS.

Hé! le moyen, hélas!

MÉNANDRE.

Fais, fais-toi quelque effort.

TYRCIS.

Hé! le moyen, hélas! quand le mal est trop fort?

LYCASTE.

Ce mal trouvera son remède.

TYRCIS.

Je ne guérirai qu'à ma mort.

LYCASTE ET MÉNANDRE.

Ah! Tyrcis!

TYRCIS.

Ah! bergers!

LYCASTE ET MÉNANDRE.

Prends sur toi plus d'empire.

TYRCIS.

Rien ne me peut plus secourir. *

LYCASTE ET MÉNANDRE.

C'est trop, c'est trop céder.

TYRCIS.

C'est trop, c'est trop souffrir.

LYCASTE ET MÉNANDRE.

Quelle foiblesse!

TYRCIS.

Quel martyre!

LYCASTE ET MÉNANDRE.

Il faut prendre courage.

---

* Var. *Rien ne me peut secourir* (1682).

1. Le violent chagrin.

TROISIÈME INTERMÈDE.

TYRCIS.
Il faut plutôt mourir.
LYCASTE.
Il n'est point de bergère,
Si froide et si sévère,
Dont la pressante ardeur
D'un cœur qui persévère
Ne vainque la froideur.
MÉNANDRE.
Il est, dans les affaires
Des amoureux mystères,
Certains petits moments
Qui changent les plus fières,
Et font d'heureux amants.
TYRCIS.
Je la vois, la cruelle,
Qui porte ici ses pas ;
Gardons d'être vu d'elle :
L'ingrate, hélas !
N'y viendroit pas.

SCÈNE III.

CALISTE, seule.

Ah ! que sur notre cœur
La sévère loi de l'honneur
Prend un cruel empire !
Je ne fais voir que rigueurs pour Tyrcis ;
Et cependant, sensible à ses cuisants soucis,
De sa langueur en secret je soupire,
Et voudrois bien soulager son martyre.
C'est à vous seuls que je le dis,

Arbres, n'allez pas le redire.
Puisque le ciel a voulu nous former
Avec un cœur qu'Amour peut enflammer,
Quelle rigueur impitoyable
Contre des traits si doux nous force à nous armer?
Et pourquoi, sans être blâmable,
Ne peut-on pas aimer
Ce que l'on trouve aimable?
Hélas! que vous êtes heureux,
Innocents animaux, de vivre sans contrainte,
Et de pouvoir suivre sans crainte
Les doux emportements de vos cœurs amoureux!
Hélas! petits oiseaux, que vous êtes heureux
De ne sentir nulle contrainte,
Et de pouvoir suivre sans crainte
Les doux emportements de vos cœurs amoureux [1] !
Mais le sommeil sur ma paupière
Verse de ses pavots l'agréable fraîcheur:
Donnons-nous à lui tout entière;
Nous n'avons pas de loi sévère
Qui défende à nos sens d'en goûter la douceur.

---

1. Ces regrets sur notre sort en amour, comparé au sort des animaux, se trouvent exprimés dans un poème intitulé *Diræ in Battarum* (Imprécations contre Battarus), ouvrage de Valerius Caro, poète et grammairien du temps de Sylla :

> Felix taure, pater magni gregis et decus, a te
> Vaccula non unquam, secreta cubilia captans,
> Frustra te patitur silvis mugire dolorem!
> Et pater hædorum felix..............
> Cur non et facilis nobis, Natura, fuisti?

« Heureux taureau, chef et ornement d'un bon troupeau, jamais la vache, cherchant un asile écarté, ne te laisse en vain remplir les forêts de tes mugissements douloureux! Et toi, heureux père des chevreaux... Nature, pourquoi ne te montres-tu pas facile pour nous comme pour eux? »

Le même sentiment, la même idée a été souvent exprimée par les poètes modernes.

SCÈNE IV.

CALISTE, endormie; TYRCIS, LYCASTE, MÉNANDRE.

TYRCIS.

Vers ma belle ennemie,
Portons sans bruit nos pas,
Et ne réveillons pas
Sa rigueur endormie.

TOUS TROIS.

Dormez, dormez, beaux yeux, adorables vainqueurs ;
Et goûtez le repos que vous ôtez aux cœurs.
Dormez, dormez, beaux yeux.

TYRCIS.

Silence, petits oiseaux;
Vents, n'agitez nulle chose;
Coulez doucement, ruisseaux.
C'est Caliste qui repose.

TOUS TROIS.

Dormez, dormez, beaux yeux, adorables vainqueurs ;
Et goûtez le repos que vous ôtez aux cœurs.
Dormez, dormez, beaux yeux.

CALISTE, en se réveillant, à Tyrcis.

Ah ! quelle peine extrême !
Suivre partout mes pas !

TYRCIS.

Que voulez-vous qu'on suive, hélas !
Que ce qu'on aime ?

CALISTE.

Berger, que voulez-vous ?

TYRCIS.

Mourir, belle bergère,
Mourir à vos genoux,
Et finir ma misère.
Puisque en vain à vos pieds on me voit soupirer,
Il y faut expirer.

CALISTE.

Ah! Tyrcis, ôtez-vous : j'ai peur que dans ce jour
La pitié dans mon cœur n'introduise l'amour.

LYCASTE ET MÉNANDRE, l'un après l'autre.

Soit amour, soit pitié,
Il sied bien d'être tendre.
C'est par trop vous défendre ;
Bergère, il faut se rendre
A sa longue amitié.
Soit amour, soit pitié,
Il sied bien d'être tendre.

CALISTE, à Tyrcis.

C'est trop, c'est trop de rigueur.
J'ai maltraité votre ardeur,
Chérissant votre personne ;
Vengez-vous de mon cœur,
Tyrcis, je vous le donne.

TYRCIS.

O ciel! bergers! Caliste! Ah! je suis hors de moi.
Si l'on meurt de plaisir, je dois perdre la vie.

LYCASTE.

Digne prix de ta foi!

MÉNANDRE.

O sort digne d'envie!

SCÈNE V.

DEUX SATYRES, CALISTE, TYRCIS, LYCASTE, MÉNANDRE.

PREMIER SATYRE, à Caliste.

Quoi ! tu me fuis, ingrate ; et je te vois ici
De ce berger à moi faire une préférence !

SECOND SATYRE.

Quoi ! mes soins n'ont rien pu sur ton indifférence,
Et pour ce langoureux ton cœur s'est adouci ?

CALISTE.

Le destin le veut ainsi ;
Prenez tous deux patience.

PREMIER SATYRE.

Aux amants qu'on pousse à bout
L'amour fait verser des larmes ;
Mais ce n'est pas notre goût,
Et la bouteille a des charmes
Qui nous consolent de tout.

SECOND SATYRE.

Notre amour n'a pas toujours
Tout le bonheur qu'il désire ;
Mais nous avons un secours,
Et le bon vin nous fait rire
Quand on rit de nos amours.

TOUS.

Champêtres divinités,
Faunes, dryades, sortez
De vos paisibles retraites ;
Mêlez vos pas à nos sons,

Et tracez sur les herbettes
L'image de nos chansons[1].

PREMIÈRE ENTRÉE DE BALLET.

En même temps six Dryades et six Faunes sortent de leurs demeures, et font ensemble une danse agréable, qui, s'ouvrant tout d'un coup, laisse voir un berger et une bergère qui font en musique une petite scène d'un dépit amoureux.

DÉPIT AMOUREUX.

CLIMÈNE, PHILINTE.

PHILINTE.

Quand je plaisois à tes yeux,
J'étois content de ma vie,
Et ne voyois roi ni dieux
Dont le sort me fît envie.

CLIMÈNE.

Lorsqu'à toute autre personne
Me préféroit ton ardeur,
J'aurois quitté la couronne
Pour régner dessus ton cœur.

PHILINTE.

Une autre a guéri mon âme
Des feux que j'avois pour toi.

CLIMÈNE.

Un autre a vengé ma flamme
Des foiblesses de ta foi.

---

1. Voir, dans la Notice, l'anecdote relative à ces deux derniers vers.

PHILINTE.

Chloris, qu'on vante si fort,
M'aime d'une ardeur fidèle ;
Si ses yeux vouloient ma mort,
Je mourrois content pour elle.

CLIMÈNE.

Myrtil, si digne d'envie,
Me chérit plus que le jour ;
Et, moi, je perdrois la vie
Pour lui montrer mon amour.

PHILINTE.

Mais si d'une douce ardeur
Quelque renaissante trace
Chassoit Chloris de mon cœur,
Pour te remettre en sa place?

CLIMÈNE.

Bien qu'avec pleine tendresse
Myrtil me puisse chérir,
Avec toi, je le confesse,
Je voudrois vivre et mourir[1].

TOUS DEUX ENSEMBLE.

Ah! plus que jamais aimons-nous,
Et vivons et mourons en des liens si doux.

TOUS LES ACTEURS DE LA PASTORALE.

Amants, que vos querelles

---

1. Il n'est pas étonnant de trouver Molière parmi les innombrables traducteurs de la charmante ode d'Horace : *Donec gratus eram tibi.* Elle l'avait frappé et inspiré de bonne heure. Il y avait découvert le germe de cette délicieuse scène de brouillerie et de raccommodement, d'où la comédie du *Dépit amoureux* tire son nom et son principal mérite, et qu'il a répétée, avec une admirable variété, dans *le Tartuffe* et dans *le Bourgeois gentilhomme*. Il est à noter que la traduction qu'on vient de lire porte le même titre que la pièce de Molière où cette scène fut développée pour la première fois.

Sont aimables et belles!
Qu'on y voit succéder
De plaisirs, de tendresse!
Querellez-vous sans cesse
Pour vous raccommoder.

Amants, que vos querelles
Sont aimables et belles! etc.

SECONDE ENTRÉE DE BALLET.

Les Faunes et les Dryades recommencent leurs danses, que les bergères et bergers musiciens entremêlent de leurs chansons, tandis que trois petites Dryades et trois petits Faunes font paroître dans l'enfoncement du théâtre tout ce qui se passe sur le devant.

LES BERGERS ET LES BERGÈRES.

Jouissons, jouissons des plaisirs innocents
Dont les feux de l'amour savent charmer nos sens.
Des grandeurs qui voudra se soucie ;
Tous ces honneurs dont on a tant d'envie
Ont des chagrins qui sont trop cuisants.
Jouissons, jouissons des plaisirs innocents
Dont les feux de l'amour savent charmer nos sens.

En aimant, tout nous plaît dans la vie ;
Deux cœurs unis de leur sort sont contents :
Cette ardeur, de plaisirs suivie,
De tous nos jours fait d'éternels printemps.
Jouissons, jouissons des plaisirs innocents
Dont les feux de l'amour savent charmer nos sens.

TROISIÈME INTERMÈDE.

NOMS DES PERSONNES QUI ONT CHANTÉ ET DANSÉ
DANS LE TROISIÈME INTERMÈDE.

Six Dryades : les sieurs Arnald, Noblet, Lestang, Favier le cadet, Foignard l'aîné, et Isaac.

Six Faunes : Messieurs Beauchamp, Saint-André, Magny, Joubert, Favier l'aîné, et Mayeu.

Philinte : Monsieur Blondel.

Climène : Mademoiselle de Saint-Christophe.

Trois petites Dryades : les sieurs Bouilland, Vaignard, et Thibaud.

Trois petits Faunes : les sieurs La Montagne, Daluseau, et Foignard.

ACTE TROISIÈME.

SCÈNE PREMIÈRE.
ARISTIONE, IPHICRATE, TIMOCLÈS, ÉRIPHILE, ANAXARQUE, SOSTRATE, CLITIDAS.

ARISTIONE.

Les mêmes paroles toujours se présentent à dire; il faut toujours s'écrier: Voilà qui est admirable! il ne se peut rien de plus beau! cela passe tout ce qu'on a jamais vu!

TIMOCLÈS.

C'est donner de trop grandes paroles, madame, à de petites bagatelles.

ARISTIONE.

Des bagatelles comme celles-là peuvent occuper agréablement les plus sérieuses personnes. En vérité, ma fille, vous êtes bien obligée à ces princes, et vous ne sauriez assez reconnoître tous les soins qu'ils prennent pour vous.

ÉRIPHILE.

J'en ai, madame, tout le ressentiment[1] qu'il est possible.

ARISTIONE.

Cependant vous les faites longtemps languir sur ce

---

1. Sur ce mot pris ainsi en bonne part, voyez tome III, page 427.

qu'ils attendent de vous. J'ai promis de ne vous point contraindre ; mais leur amour vous presse de vous déclarer, et de ne plus traîner en longueur la récompense de leurs services. J'ai chargé Sostrate d'apprendre doucement de vous les sentiments de votre cœur, et je ne sais pas s'il a commencé à s'acquitter de cette commission.

ÉRIPHILE.

Oui, madame ; mais il me semble que je ne puis assez reculer ce choix dont on me presse, et que je ne saurois le faire sans mériter quelque blâme. Je me sens également obligée à l'amour, aux empressements, aux services de ces deux princes ; et je trouve une espèce d'injustice bien grande à me montrer ingrate, ou vers l'un, ou vers l'autre[1], par le refus qu'il m'en faudra faire dans la préférence de son rival.

IPHICRATE.

Cela s'appelle, madame, un fort honnête compliment pour nous refuser tous deux.

ARISTIONE.

Ce scrupule, ma fille, ne doit point vous inquiéter ; et ces princes tous deux se sont soumis, il y a longtemps, à la préférence que pourra faire votre inclination.

ÉRIPHILE.

L'inclination, madame, est fort sujette à se tromper ; et des yeux désintéressés sont beaucoup plus capables de faire un juste choix.

ARISTIONE.

Vous savez que je suis engagée de parole à ne rien prononcer là-dessus ; et, parmi ces deux princes, votre

---

1. Pour cet emploi du mot *vers,* consultez le *Lexique de la Langue de Molière,* par F. Génin, page 410, et le *Lexique de la Langue de Corneille,* par F. Godefroy, tome II, page 391.

inclination ne peut point se tromper, et faire un choix qui soit mauvais.

ÉRIPHILE.

Pour ne point violenter votre parole ni mon scrupule, agréez, madame, un moyen que j'ose proposer.

ARISTIONE.

Quoi, ma fille?

ÉRIPHILE.

Que Sostrate décide de cette préférence. Vous l'avez pris pour découvrir le secret de mon cœur, souffrez que je le prenne pour me tirer de l'embarras où je me trouve.

ARISTIONE.

J'estime tant Sostrate que, soit que vous vouliez vous servir de lui pour expliquer vos sentiments, ou soit que vous vous en remettiez absolument à sa conduite ; je fais, dis-je, tant d'estime de sa vertu et de son jugement que je consens de tout mon cœur à la proposition que vous me faites.

IPHICRATE.

C'est-à-dire, madame, qu'il nous faut faire notre cour à Sostrate[1]?

SOSTRATE.

Non, seigneur, vous n'aurez point de cour à me faire ; et, avec tout le respect que je dois aux princesses, je renonce à la gloire où elles veulent m'élever.

ARISTIONE.

D'où vient cela, Sostrate?

SOSTRATE.

J'ai des raisons, madame, qui ne permettent pas que je reçoive l'honneur que vous me présentez.

---

1. Dans *Don Sanche d'Aragon*, de Corneille, les trois grands de Castille qui font la cour à Done Isabelle, entendent ainsi la reine remettre à Don Carlos la décision du choix qu'elle doit faire entre eux et leur dire :

Rivaux ambitieux, faites-lui votre cour.

(Acte I, scène III.)

ACTE III, SCÈNE I.

IPHICRATE.

Craignez-vous, Sostrate, de vous faire un ennemi?

SOSTRATE.

Je craindrois peu, seigneur, les ennemis que je pourrois me faire en obéissant à mes souveraines.

TIMOCLÈS.

Par quelle raison donc refusez-vous d'accepter le pouvoir qu'on vous donne, et de vous acquérir l'amitié d'un prince qui vous devroit tout son bonheur?

SOSTRATE.

Par la raison que je ne suis pas en état d'accorder à ce prince ce qu'il souhaiteroit de moi.

IPHICRATE.

Quelle pourroit être cette raison?

SOSTRATE.

Pourquoi me tant presser là-dessus? Peut-être ai-je, seigneur, quelque intérêt secret qui s'oppose aux prétentions de votre amour. Peut-être ai-je un ami qui brûle, sans oser le dire, d'une flamme respectueuse pour les charmes divins dont vous êtes épris. Peut-être cet ami me fait-il tous les jours confidence de son martyre, qu'il se plaint à moi tous les jours des rigueurs de sa destinée, et regarde l'hymen de la princesse ainsi que l'arrêt redoutable qui le doit pousser au tombeau; et si cela étoit, seigneur, seroit-il raisonnable que ce fût de ma main qu'il reçût le coup de sa mort?

IPHICRATE.

Vous auriez bien la mine, Sostrate, d'être vous-même cet ami dont vous prenez les intérêts.

SOSTRATE.

Ne cherchez point, de grâce, à me rendre odieux aux personnes qui vous écoutent. Je sais me connoître, seigneur ; et les malheureux comme moi n'ignorent pas jusqu'où leur fortune leur permet d'aspirer.

ARISTIONE.

Laissons cela ; nous trouverons moyen de terminer l'irrésolution de ma fille.

ANAXARQUE.

En est-il un meilleur, madame, pour terminer les choses au contentement de tout le monde, que les lumières que le ciel peut donner sur ce mariage? J'ai commencé, comme je vous ai dit, à jeter pour cela les figures mystérieuses que notre art nous enseigne ; et j'espère vous faire voir tantôt ce que l'avenir garde à cette union souhaitée. Après cela, pourra-t-on balancer encore? La gloire et les prospérités que le ciel promettra ou à l'un ou à l'autre choix ne seront-elles pas suffisantes pour le déterminer ; et celui qui sera exclu pourra-t-il s'offenser, quand ce sera le ciel qui décidera cette préférence?

IPHICRATE.

Pour moi, je m'y soumets entièrement ; et je déclare que cette voie me semble la plus raisonnable.

TIMOCLÈS.

Je suis de même avis, et le ciel ne sauroit rien faire où je ne souscrive sans répugnance [1].

ÉRIPHILE.

Mais, seigneur Anaxarque, voyez-vous si clair dans les destinées que vous ne vous trompiez jamais? et ces prospérités et cette gloire que vous dites que le ciel nous promet, qui en sera caution, je vous prie?

---

1. Il n'est pas sûr que les deux princes croient à l'astrologie aussi fermement qu'ils le disent ; mais, comme l'astrologue, ainsi qu'on l'apprendra tout à l'heure, a promis séparément à chacun d'eux de lui être favorable, tous deux doivent souscrire au moyen qu'il propose, et paraître convaincus de l'infaillibilité de sa science.

ARISTIONE.

Ma fille, vous avez une petite incrédulité qui ne vous quitte point.

ANAXARQUE.

Les épreuves, madame, que tout le monde a vues de l'infaillibilité de mes prédictions sont les cautions suffisantes des promesses que je puis faire. Mais enfin, quand je vous aurai fait voir ce que le ciel vous marque, vous vous règlerez là-dessus à votre fantaisie; et ce sera à vous à prendre la fortune de l'un ou de l'autre choix.

ÉRIPHILE.

Le ciel, Anaxarque, me marquera les deux fortunes qui m'attendent?

ANAXARQUE.

Oui, madame; les félicités qui vous suivront, si vous épousez l'un, et les disgrâces qui vous accompagneront, si vous épousez l'autre.

ÉRIPHILE.

Mais comme il est impossible que je les épouse tous deux, il faut donc qu'on trouve écrit dans le ciel non-seulement ce qui doit arriver, mais aussi ce qui ne doit pas arriver[1].

CLITIDAS, à part.

Voilà mon astrologue embarrassé.

ANAXARQUE.

Il faudroit vous faire, madame, une longue discussion des principes de l'astrologie, pour vous faire comprendre cela.

---

1. L'astrologue s'est trop avancé, et Ériphile profite très habilement de l'avantage qu'il lui donne. L'argument qu'elle pousse au charlatan est sans réplique : aussi n'y répondra-t-il pas.

CLITIDAS.

Bien répondu. Madame, je ne dis point de mal de l'astrologie : l'astrologie est une belle chose, et le seigneur Anaxarque est un grand homme.

IPHICRATE.

La vérité de l'astrologie est une chose incontestable ; et il n'y a personne qui puisse disputer contre la certitude de ses prédictions.

CLITIDAS.

Assurément.

TIMOCLÈS.

Je suis assez incrédule pour quantité de choses ; mais pour ce qui est de l'astrologie, il n'y a rien de plus sûr et de plus constant que le succès des horoscopes qu'elle tire.

CLITIDAS.

Ce sont des choses les plus claires du monde.

IPHICRATE.

Cent aventures prédites arrivent tous les jours, qui convainquent les plus opiniâtres.

CLITIDAS.

Il est vrai.

TIMOCLÈS.

Peut-on contester, sur cette matière, les incidents célèbres dont les histoires nous font foi?

CLITIDAS.

Il faut n'avoir pas le sens commun. Le moyen de contester ce qui est moulé[1]?

ARISTIONE.

Sostrate n'en dit mot. Quel est son sentiment là-dessus?

---

1. Ce qui est *imprimé*. Molière a peut-être évité ce dernier mot pour rendre moins sensible l'anachronisme.

SOSTRATE.

Madame, tous les esprits ne sont pas nés avec les qualités qu'il faut pour la délicatesse de ces belles sciences, qu'on nomme curieuses; et il y en a de si matériels, qu'ils ne peuvent aucunement comprendre ce que d'autres conçoivent le plus facilement du monde. Il n'est rien de plus agréable, madame, que toutes les grandes promesses de ces connoissances sublimes. Transformer tout en or; faire vivre éternellement; guérir par des paroles; se faire aimer de qui l'on veut; savoir tous les secrets de l'avenir; faire descendre comme on veut du ciel, sur des métaux, des impressions de bonheur; commander aux démons; se faire des armées invisibles, et des soldats invulnérables; tout cela est charmant, sans doute, et il y a des gens qui n'ont aucune peine à en comprendre la possibilité, cela leur est le plus aisé du monde à concevoir. Mais, pour moi, je vous avoue que mon esprit grossier a quelque peine à le comprendre et à le croire; et j'ai toujours trouvé cela trop beau pour être véritable. Toutes ces belles raisons de sympathie, de force magnétique, et de vertu occulte, sont si subtiles et délicates qu'elles échappent à mon sens matériel; et sans parler du reste, jamais il n'a été en ma puissance de concevoir comme on trouve écrit dans le ciel jusqu'aux plus petites particularités de la fortune du moindre homme. Quel rapport, quel commerce, quelle correspondance peut-il y avoir entre nous et des globes éloignés de notre terre d'une distance si effroyable? et d'où cette belle science, enfin, peut-elle être venue aux hommes? Quel dieu l'a révélée? ou quelle expérience l'a pu former de l'observation de ce grand nombre d'astres qu'on n'a pu voir encore deux fois dans la même disposition?

ANAXARQUE.

Il ne sera pas difficile de vous le faire concevoir.

SOSTRATE.

Vous serez plus habile que tous les autres.

CLITIDAS, à Sostrate.

Il vous fera une discussion de tout cela, quand vous voudrez.

IPHICRATE, à Sostrate.

Si vous ne comprenez pas les choses, au moins les pouvez-vous croire sur ce que l'on voit tous les jours.

SOSTRATE.

Comme mon sens est si grossier qu'il n'a pu rien comprendre, mes yeux aussi sont si malheureux qu'ils n'ont jamais rien vu.

IPHICRATE.

Pour moi, j'ai vu, et des choses tout à fait convaincantes.

TIMOCLÈS.

Et moi aussi.

SOSTRATE.

Comme vous avez vu, vous faites bien de croire; et il faut que vos yeux soient faits autrement que les miens.

IPHICRATE.

Mais enfin la princesse croit à l'astrologie, et il me semble qu'on y peut bien croire après elle. Est-ce que madame, Sostrate, n'a pas de l'esprit et du sens?

SOSTRATE.

Seigneur, la question est un peu violente. L'esprit de la princesse n'est pas une règle pour le mien; et son intelligence peut l'élever à des lumières où mon sens ne peut pas atteindre.

ARISTIONE.

Non, Sostrate, je ne vous dirai rien sur quantité de choses auxquelles je ne donne guère plus de créance que vous; mais, pour l'astrologie, on m'a dit et fait voir des choses si positives que je ne la puis mettre en doute.

SOSTRATE.

Madame, je n'ai rien à répondre à cela.

ARISTIONE.

Quittons ce discours, et qu'on nous laisse un moment. Dressons notre promenade[1], ma fille, vers cette belle grotte où j'ai promis d'aller. Des galanteries à chaque pas!

---

1. « Elle dressa donc ses pas vers le lieu où elle avoit vu cette fumée. » (La Fontaine, *Psyché,* liv. II.)

QUATRIÈME INTERMÈDE.

Le théâtre représente une grotte où les princesses vont se promener ; et, dans le temps qu'elles y entrent, huit Statues, portant chacune un flambeau à la main,* [sortent de leurs niches, et] font une danse variée de [plusieurs figures et de]** plusieurs belles attitudes, où elles demeurent par intervalles.

ENTRÉE DE BALLET

DE HUIT STATUES.

Huit Statues dansantes : Messieurs Dolivet, Le Chantre, Saint-André, Magny, Lestang, Foignard l'aîné, Dolivet fils, et Foignard le cadet.

* VAR. *Portant chacune deux flambeaux à leurs mains* (1682).
** Ce qui est entre crochets ne se trouve pas dans le livre du ballet, et n'est donné que par l'édition de 1682.

ACTE QUATRIÈME.

SCÈNE PREMIÈRE.
ARISTIONE, ÉRIPHILE.

ARISTIONE.

De qui que cela soit, on ne peut rien de plus galant et de mieux entendu. Ma fille, j'ai voulu me séparer de tout le monde pour vous entretenir; et je veux que vous ne me cachiez rien de la vérité. N'auriez-vous point dans l'âme quelque inclination secrète que vous ne voulez pas nous dire?

ÉRIPHILE.

Moi, madame?

ARISTIONE.

Parlez à cœur ouvert, ma fille. Ce que j'ai fait pour vous mérite bien que vous usiez avec moi de franchise. Tourner vers vous toutes mes pensées, vous préférer à toutes choses, et fermer l'oreille, en l'état où je suis, à toutes les propositions que cent princesses en ma place écouteroient avec bienséance : tout cela vous doit assez persuader que je suis une bonne mère, et que je ne suis pas pour recevoir avec sévérité les ouvertures que vous pourriez me faire de votre cœur.

ÉRIPHILE.

Si j'avois si mal suivi votre exemple, que de m'être laissée aller à quelques sentiments d'inclination que j'eusse raison de cacher, j'aurois, madame, assez de pouvoir sur moi-même pour imposer silence à cette passion, et me mettre en état de ne rien faire voir qui fût indigne de votre sang.

ARISTIONE.

Non, non, ma fille; vous pouvez, sans scrupule, m'ouvrir vos sentiments. Je n'ai point renfermé votre inclination dans le choix de deux princes : vous pouvez l'étendre où vous voudrez; et le mérite, auprès de moi, tient un rang si considérable que je l'égale à tout; et si vous m'avouez franchement les choses, vous me verrez souscrire sans répugnance au choix qu'aura fait votre cœur.

ÉRIPHILE.

Vous avez des bontés pour moi, madame, dont je ne puis assez me louer; mais je ne les mettrai point à l'épreuve sur le sujet dont vous me parlez; et tout ce que je leur demande, c'est de ne point presser un mariage où je ne me sens pas encore bien résolue.

ARISTIONE.

Jusqu'ici je vous ai laissée assez maîtresse de tout; et l'impatience des princes vos amants... Mais quel bruit est-ce que j'entends? Ah! ma fille, quel spectacle s'offre à nos yeux! Quelque divinité descend ici, et c'est la déesse Vénus qui semble nous vouloir parler.

SCÈNE II.

VÉNUS, accompagnée de QUATRE PETITS AMOURS, dans une machine; ARISTIONE, ÉRIPHILE.

VÉNUS, à Aristione.

Princesse, dans tes soins brille un zèle exemplaire
Qui par les Immortels doit être couronné;

LES AMANTS MAGNIFIQUES.

ACTE IV — SCÈNE II

Garnier frères Editeurs

Et, pour te voir un gendre illustre et fortuné,
Leur main te veut marquer le choix que tu dois faire.
Ils t'annoncent tous par ma voix
La gloire et les grandeurs que, par ce digne choix,
Ils feront pour jamais entrer dans ta famille.
De tes difficultés termine donc le cours;
Et pense à donner ta fille
A qui sauvera tes jours.

SCÈNE III.

ARISTIONE, ÉRIPHILE.

ARISTIONE.

Ma fille, les dieux imposent silence à tous nos raisonnements. Après cela, nous n'avons plus rien à faire qu'à recevoir ce qu'ils s'apprêtent à nous donner, et vous venez d'entendre distinctement leur volonté. Allons dans le premier temple les assurer de notre obéissance, et leur rendre grâces de leurs bontés.

SCÈNE IV.

ANAXARQUE, CLÉON.

CLÉON.

Voilà la princesse qui s'en va; ne voulez-vous pas lui parler?

ANAXARQUE.

Attendons que sa fille soit séparée d'elle. C'est un esprit que je redoute, et qui n'est pas de trempe à se laisser mener ainsi que celui de sa mère. Enfin, mon fils, comme nous venons de voir par cette ouverture, le stratagème a réussi. Notre Vénus a fait des merveilles, et l'admirable ingénieur qui s'est employé à cet artifice a si bien disposé tout, a coupé avec tant d'adresse le plancher de cette grotte, si bien caché ses fils de fer et tous ses ressorts, si bien ajusté ses lumières et habillé ses personnages, qu'il y a peu de gens qui n'y eussent été trompés; et, comme la princesse Aristione est fort superstitieuse, il ne faut point douter qu'elle ne donne à pleine tête dans cette tromperie. Il y a longtemps, mon fils, que je prépare cette machine, et me voilà tantôt au but de mes prétentions.

CLÉON.

Mais pour lequel des deux princes, au moins, dressez-vous tout cet artifice?

ANAXARQUE.

Tous deux ont recherché mon assistance, et je leur promets à tous deux la faveur de mon art. Mais les présents du prince Iphicrate et les promesses qu'il m'a faites l'emportent de beaucoup sur tout ce qu'a pu faire l'autre. Ainsi ce sera lui qui recevra les effets favorables de tous les ressorts que je fais jouer; et, comme son ambition me devra toute chose, voilà, mon fils, notre fortune faite. Je vais prendre mon temps pour affermir dans son erreur l'esprit de la princesse, pour la mieux prévenir encore par le rapport que je lui ferai voir adroitement des paroles de Vénus avec les prédictions des figures célestes que je lui dis que j'ai jetées. Va-t'en tenir la main au reste de l'ouvrage, préparer nos six hommes à se bien cacher dans leur barque derrière le rocher, à posément attendre le temps que la princesse Aristione vient tous les soirs se promener seule sur le rivage, à se jeter bien à propos sur elle ainsi que des corsaires, et donner lieu au prince Iphicrate de lui apporter ce secours qui, sur les paroles du ciel, doit mettre entre ses mains la princesse Ériphile. Ce prince est averti par moi; et, sur la foi de ma prédiction, il doit se tenir dans ce petit bois qui borde le rivage. Mais sortons de cette grotte; je te dirai, en marchant, toutes les choses qu'il faut bien observer. Voilà la princesse Ériphile : évitons sa rencontre.

SCÈNE V.

ÉRIPHILE, seule.

Hélas! quelle est ma destinée! et qu'ai-je fait aux dieux pour mériter les soins qu'ils veulent prendre de moi?

SCÈNE VI.

ÉRIPHILE, CLÉONICE.

CLÉONICE.

Le voici, madame, que j'ai trouvé; et, à vos premiers ordres, il n'a pas manqué de me suivre.

ÉRIPHILE.

Qu'il approche, Cléonice; et qu'on nous laisse seuls un moment.

SCÈNE VII.

ÉRIPHILE, SOSTRATE.

ÉRIPHILE.

Sostrate, vous m'aimez.

SOSTRATE.

Moi, madame?

ÉRIPHILE.

Laissons cela, Sostrate; je le sais, je l'approuve, et vous permets de me le dire. Votre passion a paru à mes yeux accompagnée de tout le mérite qui me la pouvoit rendre agréable. Si ce n'étoit le rang où le ciel m'a fait naître, je puis vous dire que cette passion n'auroit pas été malheureuse, et que cent fois je lui ai souhaité l'appui d'une fortune qui pût mettre pour elle en pleine liberté les secrets sentiments de mon âme. Ce n'est pas, Sostrate, que le mérite seul n'ait à mes yeux tout le prix qu'il doit avoir, et que, dans mon cœur, je ne préfère les vertus qui sont en vous à tous les titres magnifiques dont les autres sont revêtus. Ce n'est pas même que la princesse ma mère ne m'ait assez laissé la disposition de mes vœux; et je ne doute point, je vous l'avoue, que mes prières n'eussent pu tourner son consentement du côté que j'aurois voulu. Mais il est des états, Sostrate, où il n'est pas honnête de vouloir tout ce qu'on peut faire. Il y a des chagrins à se mettre au-dessus de toutes choses; et les bruits fâcheux de la renommée vous font trop acheter le plaisir que l'on trouve à contenter son inclination. C'est à quoi, Sostrate, je ne me serois jamais résolue; et j'ai cru faire assez de fuir l'engagement dont j'étois sollicitée. Mais, enfin, les dieux veulent prendre le soin eux-mêmes de me donner un époux; et tous ces longs délais avec lesquels j'ai reculé mon mariage, et que les bontés de la princesse ma mère ont accordés à mes désirs; ces délais, dis-je, ne me sont plus permis, et il me faut résoudre à subir cet arrêt du ciel. Soyez sûr, Sostrate, que c'est avec toutes les répugnances du monde que je m'abandonne à cet hyménée; et que, si j'avois pu être maîtresse de moi, ou j'aurois été à vous, ou je n'aurois été à personne. Voilà, Sostrate, ce que j'avois à vous dire; voilà ce que j'ai cru devoir à votre mérite, et la consolation que toute ma tendresse peut donner à votre flamme.

ACTE IV, SCÈNE VII.

SOSTRATE.

Ah! madame, c'en est trop pour un malheureux! Je ne m'étois pas préparé à mourir avec tant de gloire; et je cesse, dans ce moment, de me plaindre des destinées. Si elles m'ont fait naître dans un rang beaucoup moins élevé que mes désirs, elles m'ont fait naître assez heureux pour attirer quelque pitié du cœur d'une grande princesse; et cette pitié glorieuse vaut des sceptres et des couronnes, vaut la fortune des plus grands princes de la terre. Oui, madame, dès que j'ai osé vous aimer (c'est vous, madame, qui voulez bien que je me serve de ce mot téméraire), dès que j'ai, dis-je, osé vous aimer, j'ai condamné d'abord l'orgueil de mes désirs; je me suis fait moi-même la destinée que je devois attendre. Le coup de mon trépas, madame, n'aura rien qui me surprenne, puisque je m'y étois préparé; mais vos bontés le comblent d'un honneur que mon amour jamais n'eût osé espérer; et je m'en vais mourir, après cela, le plus content et le plus glorieux de tous les hommes. Si je puis encore souhaiter quelque chose, ce sont deux grâces, madame, que je prends la hardiesse de vous demander à genoux : de vouloir souffrir ma présence jusqu'à cet heureux hyménée qui doit mettre fin à ma vie; et, parmi cette grande gloire et ces longues prospérités que le ciel promet à votre union, de vous souvenir quelquefois de l'amoureux Sostrate. Puis-je, divine princesse, me promettre de vous cette précieuse faveur?

ÉRIPHILE.

Allez, Sostrate, sortez d'ici. Ce n'est pas aimer mon repos que de me demander que je me souvienne de vous.

SOSTRATE.

Ah! madame, si votre repos...

ÉRIPHILE.

Otez-vous, vous dis-je, Sostrate; épargnez ma foiblesse, et ne m'exposez point à plus que je n'ai résolu[1].

SCÈNE VIII.
ÉRIPHILE, CLÉONICE.

CLÉONICE.

Madame, je vous vois l'esprit tout chagrin : vous plaît-il que vos danseurs, qui expriment si bien toutes les passions, vous donnent maintenant quelque épreuve de leur adresse ?

ÉRIPHILE.

Oui, Cléonice ; qu'ils fassent tout ce qu'ils voudront, pourvu qu'ils me laissent à mes pensées.

---

1. C'est Molière qui a engendré Marivaux. Sans doute, aucune procréation, dans l'ordre moral, comme dans l'ordre physique, n'a droit de surprendre davantage. Quelle est l'explication de cet étrange phénomène? Je vais essayer de la donner. Molière, jeté deux fois hors des voies de la bonne comédie, et transporté, comme de force, dans le domaine de la galanterie romanesque, essaya de parler la langue du pays, et eut le triste avantage d'y réussir. En l'absence de l'amour naïf et des sentiments naturels, il développa la théorie subtile et quintessenciée de l'amour métaphysique ; à la place des discours énergiquement passionnés il mit les entretiens fadement polis et spirituels; aux mots de caractère et de situation, il substitua les phrases fines et recherchées; aux saillies d'une gaieté vive et franche, les traits d'une plaisanterie froide et contrainte. Toutefois, si sa gloire en pouvait tirer quelque lustre, si plutôt elle n'avait besoin de s'en excuser, je dirais qu'il fit mieux que personne dans un genre où il est impossible de faire bien. Qu'est-il arrivé cependant? Marivaux, porté par son instinct vers ce même genre que Molière n'avait traité qu'involontairement, Marivaux, parmi toutes les productions de l'auteur du *Misanthrope*, du *Tartuffe* et des *Femmes savantes*, n'a vu que *la Princesse d'Élide* et *les Amants magnifiques* qui méritassent d'être imités par lui. Faisant descendre le sujet uniforme de ces deux comédies de la hauteur héroïque où l'avait élevé Molière, et le ramenant à l'époque où nous vivons, mais conservant soigneusement les moyens de l'action, le caractère et le style des personnages, il en a fait plusieurs de

CINQUIÈME INTERMÈDE.

Quatre Pantomimes, pour épreuve de leur adresse, ajustent leurs gestes et leurs pas aux inquiétudes de la jeune princesse [Ériphile].

ENTRÉE DE BALLET

DE QUATRE PANTOMIMES.

Quatre Pantomimes dansants : Messieurs Dolivet, Le Chantre, Saint-André, et Magny.

---

ses pièces les plus vantées; ce n'est pas assez dire : il en a fait toutes les pièces de son théâtre, car cet écrivain n'a guère traité qu'un même sujet, comme il n'a eu qu'une seule manière; et l'on sait que le titre de deux de ses comédies, *la Surprise de l'amour,* a paru propre à les dénommer toutes plus exactement qu'il n'avait fait lui-même. (AUGER.)

ACTE CINQUIÈME.

SCÈNE PREMIÈRE
ÉRIPHILE, CLITIDAS.

CLITIDAS.

De quel côté porter mes pas? où m'aviserai-je d'aller? et en quel lieu puis-je croire que je trouverai maintenant la princesse Ériphile? Ce n'est pas un petit avantage que d'être le premier à porter une nouvelle. Ah! la voilà! Madame, je vous annonce que le ciel vient de vous donner l'époux qu'il vous destinoit.

ÉRIPHILE.

Eh! laisse-moi, Clitidas, dans ma sombre mélancolie.

CLITIDAS.

Madame, je vous demande pardon. Je pensois faire bien de vous venir dire que le ciel vient de vous donner Sostrate pour époux; mais, puisque cela vous incommode, je rengaine ma nouvelle, et m'en retourne droit comme je suis venu.

ÉRIPHILE.

Clitidas! holà, Clitidas!

CLITIDAS.

Je vous laisse, madame, dans votre sombre mélancolie.

ÉRIPHILE.

Arrête, te dis-je; approche. Que viens-tu me dire?

CLITIDAS.

Rien, madame. On a parfois des empressements de venir dire aux grands de certaines choses dont ils ne se soucient pas ; et je vous prie de m'excuser.

ÉRIPHILE.

Que tu es cruel!

CLITIDAS.

Une autre fois, j'aurai la discrétion de ne vous pas venir interrompre.

ÉRIPHILE.

Ne me tiens point dans l'inquiétude. Qu'est-ce que tu viens m'annoncer?

CLITIDAS.

C'est une bagatelle de Sostrate, madame, que je vous dirai une autre fois, quand vous ne serez point embarrassée.

ÉRIPHILE.

Ne me fais point languir davantage, te dis-je, et m'apprends cette nouvelle.

CLITIDAS.

Vous la voulez savoir, madame?

ÉRIPHILE.

Oui ; dépêche. Qu'as-tu à me dire de Sostrate?

CLITIDAS.

Une aventure merveilleuse, où personne ne s'attendoit.

ÉRIPHILE.

Dis-moi vite ce que c'est.

CLITIDAS.

Cela ne troublera-t-il point, madame, votre sombre mélancolie?

ÉRIPHILE.

Ah! parle promptement.

CLITIDAS.

J'ai donc à vous dire, madame, que la princesse votre mère passoit presque seule dans la forêt, par ces petites routes qui sont si agréables, lorsqu'un sanglier hideux (ces vilains sangliers-là font toujours du désordre, et l'on devroit les bannir des forêts bien policées), lors, dis-je, qu'un sanglier hideux, poussé, je crois, par des chasseurs, est venu traverser la route où nous étions. Je devrois vous faire peut-être, pour orner mon récit, une description étendue du sanglier dont je parle; mais vous vous en passerez, s'il vous plaît, et je me contenterai de vous dire que c'étoit un fort vilain animal. Il passoit son chemin, et il étoit bon de ne lui rien dire, de ne point chercher de noise avec lui; mais la princesse a voulu égayer sa dextérité, et de son dard, qu'elle lui a lancé un peu mal à propos, ne lui en déplaise, lui a fait au-dessus de l'oreille une assez petite blessure. Le sanglier, mal moriginé [1], s'est impertinemment détourné contre nous : nous étions là deux ou trois misérables qui avons pâli de frayeur; chacun gagnoit son arbre, et la princesse, sans défense, demeuroit exposée à la furie de la bête, lorsque Sostrate a paru, comme si les dieux l'eussent envoyé.

ÉRIPHILE.

Hé bien! Clitidas?

CLITIDAS.

Si mon récit vous ennuie, madame, je remettrai le reste à une autre fois.

ÉRIPHILE.

Achève promptement.

---

1. *Moriginé* est l'orthographe de l'édition de 1682. — On écrit ordinairement *morigéné*.

CLITIDAS.

Ma foi, c'est promptement de vrai que j'achèverai : car un peu de poltronnerie m'a empêché de voir tout le détail de ce combat; et tout ce que je puis vous dire, c'est que, retournant sur la place, nous avons vu le sanglier mort, tout vautré dans son sang ; et la princesse pleine de joie, nommant Sostrate son libérateur, et l'époux digne et fortuné que les dieux lui marquoient pour vous. A ces paroles, j'ai cru que j'en avois assez entendu, et je me suis hâté de vous en venir, avant tous, apporter la nouvelle.

ÉRIPHILE.

Ah! Clitidas, pouvois-tu m'en donner une qui me pût être plus agréable?

CLITIDAS.

Voilà qu'on vient vous trouver.

SCÈNE II.

ARISTIONE, SOSTRATE, ÉRIPHILE, CLITIDAS.

ARISTIONE.

Je vois, ma fille, que vous savez déjà tout ce que nous pourrions vous dire. Vous voyez que les dieux se sont expliqués bien plus tôt que nous n'eussions pensé : mon péril n'a guère tardé à nous marquer leurs volontés, et l'on connoît assez que ce sont eux qui se sont mêlés de ce choix, puisque le mérite tout seul brille dans cette préférence. Aurez-vous quelque répugnance à récompenser de votre cœur celui à qui je dois la vie? et refuserez-vous Sostrate pour époux?

ÉRIPHILE.

Et de la main des dieux, et de la vôtre, madame, je ne puis rien recevoir qui ne me soit fort agréable.

SOSTRATE.

Ciel! n'est-ce point ici quelque songe tout plein de gloire dont les dieux me veuillent flatter? et quelque réveil malheureux ne me replongera-t-il point dans la bassesse de ma fortune?

SCÈNE III.
ARISTIONE, ÉRIPHILE, SOSTRATE, CLÉONICE, CLITIDAS.

CLÉONICE.

Madame, je viens vous dire qu'Anaxarque a jusqu'ici abusé l'un et l'autre prince par l'espérance de ce choix qu'ils poursuivent depuis longtemps, et qu'au bruit qui s'est répandu de votre aventure, ils ont fait éclater tous deux leur ressentiment contre lui jusque-là que, de paroles en paroles, les choses se sont échauffées, et il en a reçu quelques blessures dont on ne sait pas bien ce qui arrivera. Mais les voici.

SCÈNE IV.
ARISTIONE, ÉRIPHILE, IPHICRATE, TIMOCLÈS, SOSTRATE, CLÉONICE, CLITIDAS.

ARISTIONE.

Princes, vous agissez tous deux avec une violence bien grande! et si Anaxarque a pu vous offenser, j'étois pour vous en faire justice moi-même.

IPHICRATE.

Et quelle justice, madame, auriez-vous pu nous faire de lui, si vous la faites si peu à notre rang dans le choix que vous embrassez?

ARISTIONE.

Ne vous êtes-vous pas soumis l'un et l'autre à ce que

pourroient décider, ou les ordres du ciel, ou l'inclination de ma fille?

TIMOCLÈS.

Oui, madame, nous nous sommes soumis à ce qu'ils pourroient décider entre le prince Iphicrate et moi, mais non pas à nous voir rebutés tous deux.

ARISTIONE.

Et si chacun de vous a bien pu se résoudre à souffrir une préférence, que vous arrive-t-il à tous deux où vous ne soyez préparés? et que peuvent importer à l'un et à l'autre les intérêts de son rival?

IPHICRATE.

Oui, madame, il importe. C'est quelque consolation de se voir préférer un homme qui vous est égal; et votre aveuglement est une chose épouvantable.

ARISTIONE.

Prince, je ne veux pas me brouiller avec une personne qui m'a fait tant de grâce que de me dire des douceurs; et je vous prie, avec toute l'honnêteté qu'il m'est possible, de donner à votre chagrin un fondement plus raisonnable; de vous souvenir, s'il vous plaît, que Sostrate est revêtu d'un mérite qui s'est fait connoître à toute la Grèce, et que le rang où le ciel l'élève aujourd'hui va remplir toute la distance qui étoit entre lui et vous.

IPHICRATE.

Oui, oui, madame, nous nous en souviendrons. Mais peut-être aussi vous souviendrez-vous que deux princes outragés ne sont pas deux ennemis peu redoutables.

TIMOCLÈS.

Peut-être, madame, qu'on ne goûtera pas longtemps la joie du mépris que l'on fait de nous.

ARISTIONE.

Je pardonne toutes ces menaces aux chagrins d'un amour qui se croit offensé; et nous n'en verrons pas avec moins de tranquillité la fête des Jeux Pythiens. Allons-y de ce pas, et couronnons, par ce pompeux spectacle, cette merveilleuse journée.

SIXIÈME INTERMÈDE

QUI EST LA SOLENNITÉ DES JEUX PYTHIENS.

Le théâtre est une grande salle, en manière d'amphithéâtre ouvert d'une grande arcade dans le fond, au-dessus de laquelle est une tribune fermée d'un rideau, et dans l'éloignement paroît un autel pour le sacrifice. Six hommes [habillés comme s'ils étoient]* presque nus, portant chacun une hache sur l'épaule, comme ministres du sacrifice, entrent par le portique, au son des violons, et sont suivis de deux sacrificateurs musiciens et d'une prêtresse musicienne [et leur suite].

La Prêtresse : Mlle Hilaire.
Deux Sacrificateurs : MM. Gaye et Langez.

LA PRÊTRESSE.

Chantez, peuples, chantez, en mille et mille lieux,
Du dieu que nous servons les brillantes merveilles;
 Parcourez la terre et les cieux :
Vous ne sauriez chanter rien de plus précieux,
 Rien de plus doux pour les oreilles.

UNE GRECQUE.

A ce dieu plein de force, à ce dieu plein d'appas,
 Il n'est rien qui résiste.

AUTRE GRECQUE.

 Il n'est rien ici-bas
 Qui par ses bienfaits ne subsiste.

---

* Ce qui est entre crochets n'existe que dans l'édition de 1682.

AUTRE GRECQUE.
Toute la terre est triste
Quand on ne le voit pas.
LE CHŒUR.
Poussons à sa mémoire
Des concerts si touchants
Que, du haut de sa gloire,
Il écoute nos chants.

PREMIÈRE ENTRÉE DE BALLET.

Les six hommes portant les haches font entre eux une danse ornée de toutes les attitudes que peuvent exprimer des gens qui étudient leurs forces; puis ils se retirent aux deux côtés du théâtre, pour faire place à six voltigeurs.

DEUXIÈME ENTRÉE DE BALLET.

Six voltigeurs font paroître, en cadence, leur adresse sur des chevaux de bois, qui sont apportés par des esclaves.

TROISIÈME ENTRÉE DE BALLET.

[Quatre conducteurs d'esclaves amènent, en cadence, douze esclaves qui dansent en marquant la joie qu'ils ont d'avoir recouvré leur liberté.]*

Six Hommes portant des haches : Messieurs Dolivet, Le Chantre, Saint-André, Magny, Foignard l'aîné et Foignard le cadet.

Six Voltigeurs : Messieurs Joly, Doyat, de Launoy, Beaumont, du Gard l'aîné et du Gard le cadet.

Quatre Conducteurs d'esclaves : Messieurs Le Prêtre et Jouan, et les sieurs Pezan l'aîné et Joubert.

Huit Esclaves : Les sieurs Paysan, La Vallée, Pezan le cadet, Favre, Vaignard, Dolivet fils, Girard et Charpentier.

* Ce paragraphe ne se trouve pas dans le Divertissement royal imprimé en 1670, et n'est donné que par l'édition de 1682.

SIXIÈME INTERMÈDE.

QUATRIÈME ENTRÉE DE BALLET.

Quatre femmes et quatre hommes, armés à la grecque, font ensemble une manière de jeu pour les armes.

Quatre Hommes armés à la grecque : Les sieurs Noblet, Chicanneau, Mayeu et Desgranges.

Quatre Femmes armées à la grecque : Les sieurs La Montagne, Lestang, Favier le cadet et Arnald.

La tribune s'ouvre. Un héraut, six trompettes, et un timbalier, se mêlant à tous les instruments, annoncent avec grand bruit la venue d'Apollon.

Un Héraut : Monsieur Rebel.
Six Trompettes: Les sieurs La Plaine, Lorange, du Clos, Beaupré, Cardonnet et Férier.
Un Timbalier: Le sieur Daicre.

LE CHOEUR.

Ouvrons tous nos yeux
A l'éclat suprême
Qui brille en ces lieux.
Quelle grâce extrême !
Quel port glorieux !
Où voit-on des dieux
Qui soient faits de même ?

Apollon, au bruit des trompettes et des violons, entre par le portique, précédé de six jeunes gens qui portent des lauriers entrelacés autour d'un bâton, et d'un soleil d'or au-dessus, avec la devise royale, en manière de trophée. Les six jeunes gens, pour danser avec Apollon, donnent leur trophée à tenir aux six hommes qui portent les haches, et commencent avec Apollon une danse héroïque, à laquelle se joignent en diverses manières les six hommes portant les trophées, les quatre femmes armées avec leurs timbres, et les quatre hommes armés avec leurs tambours, tandis que les six trompettes, le timbalier, les sacrificateurs, la prêtresse et le chœur de musique, accompagnent tout cela en s'y mêlant par diverses reprises : ce qui finit la fête des Jeux Pythiens, et tout le divertissement.

CINQUIÈME ENTRÉE DE BALLET.

APOLLON et SIX JEUNES GENS de sa suite;
CHŒUR DE MUSIQUE.

Apollon : LE ROI.
Six suivants d'Apollon : Monsieur le Grand, le marquis de Villeroi, le marquis de Rassent; Messieurs Beauchamp, Raynal et Favier.
Chœur de musique : Messieurs Le Gros, Hédouin, Estival, Don, Beaumont, Bony, Gingan l'aîné, Fernon l'aîné, Fernon le cadet, Rebel, Gingan le cadet, Deschamps, Morel, Aurat, David, Devellois, Serignan, quatre Pages de la musique de la Chapelle, et deux de la Chambre.

VERS

Pour LE ROI, *représentant le Soleil.*

Je suis la source des clartés ;
Et les astres les plus vantés,
Dont le beau cercle m'environne,
Ne sont brillants et respectés
Que par l'éclat que je leur donne.

Du char où je me puis asseoir,
Je vois le désir de me voir
Posséder la nature entière;
Et le monde n'a son espoir
Qu'aux seuls bienfaits de ma lumière.

SIXIÈME INTERMÈDE.

Bienheureuses de toutes parts,
Et pleines d'exquises richesses,
Les terres où de mes regards
J'arrête les douces caresses!

Pour M. LE GRAND, [*suivant d'Apollon.*]

Bien qu'auprès du soleil tout autre éclat s'efface,
S'en éloigner pourtant n'est pas ce que l'on veut;
Et vous voyez bien, quoi qu'il fasse,
Que l'on s'en tient toujours le plus près que l'on peut.

Pour LE MARQUIS DE VILLEROI, [*suivant d'Apollon.*]

De notre maître incomparable
Vous me voyez inséparable;
Et le zèle puissant qui m'attache à ses vœux
Le suit parmi les eaux, le suit parmi les feux.

Pour LE MARQUIS DE RASSENT, [*suivant d'Apollon.*]

Je ne serai pas vain, quand je ne croirai pas
Qu'un autre, mieux que moi, suive partout ses pas.

FIN DES AMANTS MAGNIFIQUES.

LES MAGNIFICENCES

DU DIVERTISSEMENT QUI A ÉTÉ PRIS PAR LEURS MAJESTÉS PENDANT LE CARNAVAL[1].

Qu'on ne nous vante plus les Jeux Olympiques et les autres divertissements des Grecs, ni les Cirques et les autres spectacles des Romains. Ceux qui ont été les mieux réglés et les plus éclatants doivent perdre toute la réputation que l'histoire leur donne, auprès des fêtes de la première cour du monde. Si elle l'établit sur l'étendue des lieux où ils se passoient, dont quelques-uns pouvoient contenir jusqu'à soixante mille personnes, ou sur la pompe qui alloit jusqu'à employer le marbre dans la construction des loges des animaux destinés à ces spectacles, et à couvrir les arènes de poudre d'or et d'argent, la plupart avoient des circonstances qui les rendoient plus terribles qu'agréables. Le plaisir y étoit toujours mêlé de crainte ou même d'horreur; et bien souvent ce n'étoient que des sacrifices pompeux ou des supplices magnifiques. Toute la grâce et la galanterie étoit réservée aux réjouissances d'un monarque qui sert en cela d'exemple même à tous les princes les plus polis de son siècle, et qui est le premier dans la belle manière de ces divertissements, comme il est le plus grand en puissance et en gloire; et qui enfin ne s'entend pas moins à honorer les jours de la paix qu'il a si généreusement donnée à l'Europe, par des magnificences et des allégresses surprenantes, qu'à signaler les jours de la guerre par des victoires et des conquêtes toutes merveilleuses. C'est ce qu'ont prouvé tant de fêtes qu'il a déjà données à sa cour, où l'on n'a rien vu que d'extraordinaire et digne d'être consacré à la postérité; et c'est ce qu'a confirmé ce dernier divertissement dont

---

1. Extraordinaire de la *Gazette de France* du 21 février 1670. — Voyez la Notice préliminaire, page 132.

Sa Majesté l'a voulu encore régaler à ce carnaval, dans le relâche des grands soins qu'elle prend incessamment pour le bonheur de ses peuples et pour la gloire de son État.

Le sujet qui avoit été choisi pour celui-ci étoit de deux princes rivaux qui, par une belle émulation, régaloient une princesse de tout ce que l'imagination pouvoit leur fournir de plus galant : et qui s'exécutoit avec une pompe qui épuisoit aussi ce qu'on peut imaginer de plus superbe.

Elle paroissoit jusque dans le rideau qui fermoit le théâtre, lequel représentoit, dans un tableau bordé d'une grande frise de trophées, un soleil au milieu, avec le mot d'Horace : *Aliusque, et idem*. Du côté droit de ce soleil on découvroit Apollon dans les airs sur un nuage en la manière qu'il est dépeint après avoir terrassé à coups de flèches les Cyclopes et le serpent Python, que l'on voyoit aussi renversés sur les croupes de plusieurs montagnes qui se tournoient vers l'éloignement. A gauche, le même dieu paroissoit au sommet du Parnasse, environné des Muses et répandant des fleurs sur tous les Arts, qui étoient au pied de cette célèbre montagne; l'auteur ayant cru pouvoir, heureusement, attribuer l'inscription ci-dessus tant au soleil qu'à Apollon, qui a été différemment adoré parmi les gentils comme guerrier et comme protecteur des sciences et des arts, et toujours le même en grandeur de courage et de génie. Il est aisé d'appliquer toute cette belle allégorie, en considérant les grandes qualités de notre potentat, qui a si justement choisi pour sa devise le soleil, et qui étoit aussi représenté en cette fête sous l'équipage du même Apollon : son caractère étant trop éclatant pour ne pas reconnoître qu'il n'y a que lui qui puisse y être désigné.

Cette magnifique et mystérieuse toile se levant, les spectateurs étoient agréablement surpris de se trouver proche une mer si naturellement représentée qu'on se persuadoit presque qu'on avoit été transporté par quelque enchantement sur le rivage d'une mer véritable : celle-ci s'ouvrant dans l'horizon à perte de vue, avec des rochers des deux côtés, où l'art avoit si bien imité la nature qu'il sembloit qu'elle eût travaillé avec lui pour la perfection de son ouvrage. Les dieux de plusieurs fleuves étoient élevés à la cime de ces rochers, appuyés sur leurs urnes, ainsi qu'on les dépeint d'ordinaire : et on voyoit aussi des Tritons rangés aux deux côtés avec des Amours montés sur des dauphins. Au milieu paroissoit Éole sur des nuages, commandant à tous les Vents de se retirer en leurs cavernes, à la réserve des Zéphirs, qui seuls devoient avoir le privilège d'être de cette belle fête ; et cette décoration produisoit un effet d'autant plus surprenant que cette mer occupoit tout le théâtre et qu'on n'en avoit point vu jusqu'alors de si bien représentée.

Les flots du devant ayant disparu en un instant faisoient place à une île des plus agréables où se découvroient des pêcheurs sortis avec elle du sein des ondes, chargés de nacres et de branches de corail, et qui dansoient dans la première entrée d'un ballet qui faisoit partie du Divertissement. Ensuite Neptune, dont la venue avoit été annoncée par une excellente musique, paroissoit sur une coquille portée par quatre chevaux marins, accompagné de plusieurs divinités de son empire avec lesquelles il faisoit aussi une danse très bien concertée, étant représenté par le comte d'Armagnac en la place du Roi : et toutes ces choses, entremêlées de récits, étoient une des galanteries dont l'un des princes régaloit la princesse dans sa promenade sur la mer.

Alors, le théâtre se changeoit en un verdoyant paysage de la délicieuse vallée de Tempé, en vue du fleuve Pénée ; et, dans cette décoration, se commençoit une comédie qui faisoit l'autre partie du spectacle, représentée par la troupe du Roi, avec tous les ornements et tous les agréments imaginables.

Au troisième intermède, on apercevoit dans le fond de ce paysage un charmant berceau de vigne soutenu par des statues représentant toutes les Nations, rehaussées d'or et debout sur des piédestaux enrichis de plusieurs ornements, avec de grands festons de fruits et de fleurs par-dessus, le tout à perte de vue. Une petite comédie en musique des plus belles et des plus galantes, pour régaler encore la princesse, étoit représentée sur cette fleurissante scène, dont le sujet étoit les amours d'un berger et d'une bergère : ce qui commençoit par un prologue que faisoit la Nymphe de Tempé et finissoit par la danse de plusieurs Faunes et Dryades, lesquels sortoient de vases d'orangers et de grenadiers qui bordoient le théâtre des deux côtés ; ensuite de quoi rentroient dans leurs arbres, qui se refermoient, et disparoissoient en même temps.

Au quatrième intermède, cette décoration se changeoit soudainement en une grotte, d'architecture très-magnifique, aboutissant à une grande perspective de cascades, dans un jardin qui avoit tous les embellissements des plus délicieux. Et la princesse y allant à la promenade y rencontroit huit statues assises, chacune avec un flambeau, et qui faisoient à leur tour une entrée. Ensuite, le fond de la voûte s'ouvrant avec la promptitude que se faisoient tous ces admirables changements, une divinité se montroit au milieu des nuages extraordinairement éclatants, accompagnée à ses côtés de quatre autres, avec autant de petits Amours: et cette merveilleuse machine, en descendant, s'avançoit jusques au milieu de la scène, où cette principale divinité faisoit un très beau récit. A peine l'avoit-elle achevé qu'elle étoit emportée dans une petite nue par-dessus l'ouverture du théâtre; que deux des Amours s'envoloient aux deux coins de la même ouverture; et que les deux autres, après quelques tours en l'air, se cachoient aussi dans la nue; la machine se retirant cependant avec une vitesse surprenante au fond de ladite voûte, dont le plafond se refermoit en son premier état : par où l'on peut juger des beautés qu'avoient ces galantes choses et tous ces mouvements si prompts.

Après tant de changements, le théâtre prenoit encore la figure d'une verte forêt, qui n'étoit pas moins bien représentée ni moins agréable que ce qui l'avoit devancée; et la grande comédie s'y terminoit avec tout le plaisir qu'il est facile d'imaginer.

La dernière décoration étoit une vaste salle disposée en manière d'amphithéâtre, enrichie d'une fort belle architecture, avec un plafond de même, et une grande arcade dans le fond, au-dessus de laquelle étoit une tribune, et, dans l'éloignement, un autel. Cette salle étoit remplie de spectateurs peints, vêtus à la grecque, de diverses manières, lesquels étoient là assemblés pour voir la fête des Jeux Pythiens, qui s'y devoient célébrer en l'honneur d'Apollon. Et six hommes demi-nus, portant des haches, comme les ministres du sacrifice, entroient par le portique, suivis de deux sacrificateurs, musiciens, et d'une prêtresse, musicienne, tous pareillement vêtus à la grecque avec de riches habits. Ces trois derniers chantoient un air sur les louanges de ce dieu ; après lequel les hommes portant des haches formoient une danse en laquelle ils témoignoient faire l'essai de leurs forces. Puis, six voltigeurs faisoient paroître leur adresse sur des chevaux de bois apportés par des esclaves ; et quatre femmes avec autant d'hommes, armés à la grecque, faisoient aussi ensemble une cadence guerrière. Tout cela si bien concerté et si bien exécuté qu'il ne se pouvoit rien voir de plus divertissant et de plus agréable que ces entrées.

A la dernière, qui se faisoit dans le fond du théâtre, la tribune s'ouvroit, et il paroissoit un héraut avec six trompettes et un timbalier qui, par le bruit de leurs instruments, annonçoient la venue d'Apollon, ainsi qu'un chœur, par un air encore des plus charmants et qui réveilloit agréablement l'attention des spectateurs. Ce dieu, représenté par le marquis de Villeroi, aussi en la place de Sa Majesté, entroit en même temps par un portique de dessous, aux fanfares des trompettes et au son des violons, devancé par une belle jeunesse portant des trophées de lauriers avec un soleil d'or et la devise royale. Rien ne manquoit à la troupe pour bien représenter ce dieu de la clarté et des sciences, et sous sa figure le grand monarque partout désigné dans cette allégorie : tellement que cette entrée, qui étoit la plus considérable, comme la dernière, faisoit avouer à la compagnie que rien ne pouvoit mieux sentir le caractère magnifique du premier potentat de l'Europe. Cette jeunesse, ayant donné les trophées à ceux qui portoient les haches, commençoit avec Apollon une danse héroïque, à laquelle se mêloient aussi les hommes qui tenoient les trophées, avec les femmes et les hommes armés : les premiers ayant leurs timbres, et les autres des tambours. Les trompettes, le timbalier, les sacrificateurs, la prêtresse et le chœur de musique les accompagnoient, se mêlant par reprises dans leur danse ; et de cette sorte se terminoit la solennité des Jeux Pythiens, ainsi que tout le divertissement, appelé royal avec beaucoup de raison puisque, outre qu'il étoit destiné pour Nos Majestés, il n'y avoit rien qui ne fût d'une magnificence extraordinaire et propre seulement à l'illustre monarque qui le donnoit.

On ne peut oublier, en faisant part aux nations étrangères d'un si merveilleux spectacle, de leur marquer aussi que tant de machines et de mouvements étoient conduits par le sieur Vigarani, gentilhomme modénois, ingénieur du roi, qui, en ayant donné le dessin, le fit exécuter avec son succès ordinaire dans tous les spectacles de notre cour.

A Paris, du Bureau d'adresse, aux galeries du Louvre, devant la rue Saint-Thomas, le 21 février 1670.

FIN DES MAGNIFICENCES DU DIVERTISSEMENT ROYAL.

LE

BOURGEOIS GENTILHOMME

COMÉDIE-BALLET EN CINQ ACTES

13 octobre 1670.

NOTICE PRÉLIMINAIRE.

On écrit de Chambord à la Gazette, sous la date du 14 octobre 1670 : « Leurs Majestés (arrivées depuis le 9 en ce château) eurent hier pour la première fois le divertissement d'un ballet de six entrées, accompagné de comédie, dont l'ouverture se fit par une merveilleuse symphonie, suivie d'un dialogue en musique des plus agréables. » Cette mention, si peu précise qu'elle puisse paraître, désigne à n'en pas douter *le Bourgeois gentilhomme*. Robinet, de son côté, dans sa lettre en vers du 18 octobre, s'exprime comme il suit :

> Les deux Majestés, à Chambord,
> Ont reçu, tout de plein abord,
> Harangues, mauvaises ou bonnes,
> Des plus magistrales personnes.
> Et depuis ce jour, profitants
> Tant qu'elles peuvent du beau temps,
> S'y sont comme il faut diverties,
> Notamment en plusieurs parties
> De chasse ; illec, en bonne foi,
> Plus qu'ailleurs, un plaisir de roi.
> Mardi, ballet et comédie[1]
> Avec très bonne mélodie
> Aux autres ébats succéda ;
> Où tout, dit-on, du mieux alla
> Par les soins des deux grands Baptistes[2];

---

1. Intitulés *le Bourgeois gentilhomme*. (Note de l'auteur.)
2. Les sieurs Molière et Lulli. (Note de l'auteur.)

> Originaux, et non copistes,
> Comme on sait, dans leur noble emploi
> Pour divertir notre grand roi.

C'était presque l'anniversaire de la première apparition de *Monsieur de Pourceaugnac* que le poète célébrait, dans le même château, sous les traits de M. Jourdain. Chambord, comme on voit, inspirait une énergique gaieté au génie de Molière. *Le Bourgeois gentilhomme* offre certainement un des plus excellents types qu'il ait créés et un des plus heureux sujets de comédie que le ridicule des hommes ait pu fournir. Molière, en effet, n'avait peut-être pas encore peint un travers aussi commun, aussi général, aussi impérissable en France, et pour ainsi dire aussi national. La Fontaine a dit :

> La sotte vanité nous est particulière :
> C'est proprement le mal françois.

Si on la trouve dans tous les rangs, si elle pousse les gens de tous les états, depuis les plus humbles jusqu'aux plus élevés, à sortir de leur condition, si

> Tout bourgeois veut bâtir comme les grands seigneurs,
> Tout petit prince a des ambassadeurs,
> Tout marquis veut avoir des pages,

Molière a justement saisi le degré de la société où il devait placer son personnage. Ainsi que le remarque Voltaire, « la faiblesse ou la folie d'un bourgeois qui veut être homme de qualité est la seule qui soit comique et qui puisse faire rire au théâtre : ce sont les extrêmes disproportions des manières et du langage d'un homme avec les airs et les discours qu'il veut affecter, qui font un ridicule plaisant. Cette espèce de ridicule ne se trouve point dans des princes ou dans des hommes élevés à la cour, qui couvrent toutes les sottises du même air et du même langage. Mais ce ridicule se montre tout entier dans un bourgeois élevé grossièrement et dont le naturel fait à tout moment un contraste avec l'art dont il veut se parer. »

Mais en dessinant ce masque plaisant de M. Jourdain, Molière n'entendait pas immoler, même devant la cour, la bourgeoisie à la noblesse; tel est cependant l'effet qui eût été inévitablement produit si, en regard de l'opulent roturier, tardivement affolé de savoir, de belles manières et d'illustres fréquentations, il avait placé un gentilhomme accompli, irréprochable, écrasant M. Jourdain, non seulement par la supériorité de son éducation et de sa politesse, mais encore par celle de son caractère. Il fallait absolument un contraste à M. Jourdain ; il fallait que l'homme qu'il voulait et ne pouvait être, fût tout à côté de lui, précisément pour qu'on vît mieux l'inanité des efforts qu'il fait et la différence existant entre l'état dont il veut sortir et celui où il aspire vainement. Le gentilhomme placé en regard de M. Jourdain ne pouvait pas avoir par conséquent les défauts extérieurs de sa classe, ni l'air éventé, ni la fatuité des marquis de Mascarille. La situation exigeait ici un tout autre personnage.

Si Molière fit de M. Jourdain le plus ridicule des bourgeois, il fit de Dorante le moins scrupuleux des gentilshommes. Dorante n'a pas sans doute la fière audace de Don Juan ; il n'est pas évidemment d'une naissance ni d'une position qui l'égalent à celui-ci ; il poursuit un but plus modeste. Mais il a la même impertinence froide et railleuse, de l'élégance et de l'esprit. Sous ces brillants dehors se cache une âme avilie. Il met au pillage la caisse du bourgeois qu'il caresse ; il feint de s'entremettre pour favoriser la folle ardeur qu'inspire à M. Jourdain la belle marquise à qui lui-même fait la cour. Il trouve moyen de faire payer à sa dupe les fêtes, les régals, les présents qu'il offre à sa maîtresse ; et ses manœuvres peu délicates sont couronnées d'un plein succès. Dorante a certainement un rôle odieux ; et, ce qui est non moins constant, c'est que le personnage n'avait rien de chimérique et que le coup ne frappait pas en l'air. Dans l'illustre compagnie qui assistait à ce spectacle, on aurait pu désigner tels héros de cour qui en agissaient aussi cavalièrement vis-à-vis de la morale et même de la probité. « On les voyait, dit Auger, se glorifier avec impunité des mêmes choses qu'un roturier n'eût pas faites sans honte ou sans châtiment. Il doit suffire ici d'un seul exemple. Dans sa jeunesse, le comte de Grammont trouvait plaisant de voler au jeu, et même d'appeler au secours d'une adresse coupable une violence plus coupable encore, en appuyant une partie de quinze d'un détachement d'infanterie ; et vers la fin de sa longue carrière, il s'indigna des scrupules bourgeois de Fontenelle, qui, censeur du livre d'Hamilton, voulait en effacer le récit de ces charmants larcins et de ces aimables guet-apens, comme pouvant porter quelque atteinte à l'honneur d'un gentilhomme. » Il est vrai que Grammont était capable d'autres tours qui expliquent mieux l'espèce d'admiration que lui vouèrent ses contemporains. On sait comment il s'offrit à Louis XIV « pour prendre Dôle avec des mots », et comment il y réussit. Le comte s'approche d'une porte; on lui crie de s'éloigner; il s'éloigne un instant et revient. Un soldat le couche en joue. Il répond à la menace par une plaisanterie. Le soldat relève son arme; il lui répugne de tirer sur un homme si singulièrement brave. Quelques-uns de ses camarades arrivent; ils trouvent le spectacle et l'homme amusants; pendant quatre heures ils font assaut de quolibets; l'homme leur tient tête à tous. Il a soif; il récompense magnifiquement celui qui lui donne à boire. Enfin un tambour lui ouvre la porte; il se fait mener aux principaux bourgeois, il les embrasse comme de vieilles connaissances; il se nomme; il exalte la puissance du roi, ses vertus magnanimes et sa redoutable colère; il peint les horreurs de l'assaut et ses suites : « N'est-ce pas, s'écrie-t-il, une épouvantable opération que d'être passé tout vif au fil de l'épée? Et comme Besançon se réjouira de la prise, de la ruine de Dôle! » Le comte s'arrête; il a touché juste; les Dôlois ont quelque courage; mais ils ont, avant tout, la haine de Besançon. L'idée de voir transférer à cette rivale odieuse leurs privilèges et leur parlement les émeut; ils demandent à délibérer, le lendemain ils capitulent. Le comte de Grammont a tenu sa promesse. Voilà encore une scène de comédie.

Molière, n'ayant à montrer que le côté vicieux et dégradé des personnages de cette sorte, n'atténue rien, ne fait aucune concession aux puissances qu'il fronde. Il attaque la noblesse de cour aussi franchement qu'il a attaqué la noblesse provinciale. Dorante, dans son genre, est une peinture aussi vigoureuse que M. de Sotenville ou M. de Pourceaugnac. On s'est étonné de la hardiesse du poète; on a eu peine à s'expliquer comment la bassesse d'un tel caractère pris dans la classe la plus élevée de la société n'indisposa pas le roi. Mais qui croirait que Jean-

Jacques Rousseau et d'autres critiques après lui ont pu trouver là un sujet de blâme?

Que n'eût-on pas dit si Molière s'était borné à railler les hobereaux ridicules, les sots campagnards, dont il n'y avait rien à craindre? On n'eût pas manqué de lui en faire un crime. On l'eût accusé de « sacrifier aux plaisirs d'une cour voluptueuse et élégante les vieilles mœurs, les manoirs gothiques, les petites villes ombrageuses et mécontentes ». Ne laissant aucun prétexte à cette accusation, Molière va plus loin dans la satire contre les familiers de Versailles qu'il n'a été contre les nobliaux obscurs. On est donc obligé de reconnaître qu'il embrasse la société entière dans sa raillerie impartiale.

Jean-Jacques Rousseau voit les choses tout autrement : « Quel est le plus blâmable, s'écrie-t-il dans une saillie de son humeur sophistique, quel est le plus blâmable, d'un bourgeois sans esprit et vain, qui fait sottement le gentilhomme, ou du gentilhomme fripon qui le dupe? Dans la pièce, ce dernier n'est-il pas l'honnête homme? n'a-t-il pas pour lui l'intérêt? et le public n'applaudit-il pas à tous les tours qu'il fait à l'autre? » Ce sont là autant d'affirmations évidemment contraires à la vérité. De ce qu'on n'est pas fâché que M. Jourdain soit puni, il ne s'ensuit pas qu'on estime le chevalier d'industrie qui l'exploite. Si M. Jourdain fait rire à ses dépens, c'est du mépris qu'on éprouve pour ce comte qui a ses entrées chez le roi, et le public est tout à fait d'accord avec Mme Jourdain, lorsqu'elle lui dit : « Cela est fort vilain à vous, pour un grand seigneur, de prêter la main comme vous faites aux sottises de mon mari. »

Quant à la marquise Dorimène, c'est une des silhouettes les plus fines et les plus vraies qu'ait dessinées Molière. Elle reçoit les cadeaux de Dorante avec toute l'innocence du monde; elle est comme l'hermine sans tache dans cette réunion composée d'un gentilhomme escroc et d'un vieux fou amoureux. Est-il bien probable, cependant, que son illusion soit réellement aussi complète? que ses regards ne devinent rien de suspect? C'est difficile à croire. Mais la marquise Dorimène est une veuve, et elle a l'expérience du monde. Elle sait qu'il ne faut pas trop approfondir les choses qui plaisent; elle ne les voit que du côté favorable où on les lui montre. En épousant Dorante, elle n'ignore pas ce qu'elle fait autant qu'on pourrait le croire. Mais elle ne tient pas sans doute à en connaître davantage, quelles que soient ses raisons pour cela. C'est un problème assez irritant que nous offre ce personnage, et volontiers l'imagination composerait tout un roman avec la marquise Dorimène.

La marquise Dorimène et Mme Jourdain en présence l'une de l'autre, c'est le contraste le plus frappant qu'une société puisse présenter, et que le théâtre ait jamais fait ressortir.

Prise au cœur même des mœurs contemporaines, la comédie du *Bourgeois gentilhomme* n'a point d'antécédents, et, pour cet ouvrage, la recherche des sources et des imitations est presque inutile. On a bien indiqué quelque rapport entre la première partie de la pièce et deux ou trois scènes des *Nuées* d'Aristophane; le rapprochement offre peu d'intérêt; il suffit qu'on le signale.

On a comparé encore Mme Jourdain à Thérèse Pança, digne épouse de l'écuyer de Don Quichotte, et la comparaison mérite qu'on s'y arrête un peu plus. On n'a pas oublié sans doute l'entretien de Thérèse et de Sancho, au moment où celui-ci va partir pour la troisième fois : « Sur ma foi, dit Sancho, si Dieu m'envoie quelque chose qui ressemble à un gouvernement, je veux, ma femme, marier notre Mari-Sancha en si haut lieu qu'on ne puisse atteindre jusqu'à elle à moins de l'appeler Votre Seigneurie. — Oh! pour cela non, Sancho, répondit Thérèse; mariez-la avec son égal, c'est le plus sûr. Si vous la faites passer des sabots aux escarpins, de la jaquette de laine brune aux vertugadins et aux robes de soie; si d'une Mariette qu'on tutoie, vous faites une belle dame qu'on traite de Doña et de Seigneurie, la pauvre enfant ne s'y reconnaîtra plus, et à chaque pas elle fera mille sottises qui montreront la trame de sa toile grossière et rustique. — Tais-toi, sotte, dit Sancho; tout cela sera l'affaire de deux ou trois ans; après quoi, l'aisance et l'air de dignité lui viendront comme de cire. — Proportionnez-vous, Sancho, à votre état, répondit Thérèse, et ne cherchez pas à vous élever trop haut. Certes, oui, ce serait gentil de marier notre Mari-Sancha à quelque méchant hobereau, à quelque comte à trente-six quartiers qui, à la première fantaisie, lui chanterait pouille en l'appelant vilaine, fille de manant pioche-terre et de paysanne tourne-fuseau! Non, mon ami; non, non, ce n'est pas pour cela que j'ai, moi, élevé ma fille; chargez-vous, Sancho, d'apporter de l'argent, et quant à la marier, fiez-vous à moi, je m'en charge. Nous avons ici Lope Tocho, le fils de Juan Tocho, garçon frais et gaillard que nous connaissons de longue date; j'ai remarqué qu'il ne regarde pas la petite d'un mauvais œil. Avec celui-là, qui est notre égal, elle sera bien mariée; nous ne la perdrons jamais de vue; nous vivrons tous ensemble, pères et enfants, gendre et petits fils, et la bénédiction de Dieu sera sur nous tous. Mais n'allez pas, vous, me la marier dans vos capitales et dans vos grands palais où personne ne l'entendra, où elle ne s'entendra pas elle-même... » Lisez tout ce cinquième chapitre de la seconde partie du *Don Quichotte,* et vous pourrez suivre le développement de deux caractères analogues plutôt que semblables.

Citons aussi pour mémoire l'hypothèse qui assigne à M. Jourdain un modèle vivant que Molière aurait eu sous les yeux. « Il y a des gens de ce temps-ci, dit Grimarest, qui prétendent que Molière ait pris l'idée du *Bourgeois gentilhomme* dans la personne de Gandouin, chapelier, qui avoit consommé cinquante mille écus avec une femme que Molière connoissoit, et à qui ce Gandouin donna une belle maison qu'il avoit à Meudon. Quant cet homme fut abîmé, dit-on, il voulut plaider pour rentrer en possession de son bien. Son neveu, qui étoit procureur, et de meilleur sens que lui, n'ayant pas voulu entrer dans son sentiment, cet oncle furieux lui donna un coup de couteau, dont pourtant il ne mourut pas; mais on fit enfermer ce fou à Charenton, d'où il se sauva par-dessus les murs. » Auger repousse avec raison une supposition si vaine. « Cette fureur de mettre des noms aux portraits du théâtre appartient à ces fureteurs d'anecdotes qui, trop préoccupés du futile objet de leurs recherches, sont incapables de concevoir les procédés du génie comique. Cent mille bourgeois, peut-être, étaient atteints de la manie de s'élever au-dessus de leur condition. De cette foule de sots, Molière fit un seul homme, qu'il appela M. Jourdain; et, loin que, dans cet homme, le public vît le chapelier Gandouin, il n'y eut peut-être pas un seul spectateur qui n'y aperçût quelqu'un de son voisinage ou de sa connaissance. »

Un intermède de la pièce, la réception de M. Jourdain au grade de *mamamouchi,* appelle particulièrement l'attention sur les circonstances qui ont pu donner prétexte à une conception si étrange et si inattendue. Voici l'explication qu'on trouve à ce sujet dans une Vie de Molière, écrite par un anonyme[1] en 1724 : « Un ambassadeur de la Porte Ottomane vint à la cour de France. Le roi, qui aimoit à briller, lui donna audience avec un habit superbe, tout chargé de pierreries. Cet envoyé, sortant des appartements, témoigna de l'admiration pour la bonne mine et l'air majestueux du roi, sans dire un seul mot de la richesse des pierreries. Un courtisan, voulant savoir ce qu'il en pensoit, s'avisa de le mettre sur ce chapitre, et eut pour réponse qu'il n'y avoit rien là de fort admirable pour un homme qui avoit vu le Levant. « Quand Sa Hautesse sort, ajouta l'ambassadeur, la « housse de son cheval porte plus de pierreries qu'il n'y en a « sur l'habit de Sa Majesté. » Les adorateurs du demi-dieu se sentirent blessés de cette réponse; Colbert, s'entretenant avec Molière à ce propos, lui demanda s'il ne seroit pas possible de rabattre l'orgueil du mécréant. Molière accepta la mission ; c'est dans ce but qu'il imagina, de concert avec Lulli, l'extravagante cérémonie où il a caricaturé l'étiquette asiatique et les rites de l'Alcoran. L'ambassadeur, qu'on vouloit mortifier par ce spectacle ridicule, en fit une critique fort modérée : il trouva seulement à redire qu'on donnât la bastonnade sur le dos au lieu de la donner sur la plante des pieds, comme c'est l'usage. » Ou nous nous trompons bien, ou la riposte de Son Excellence turque, si elle avait réellement eu lieu, serait partie d'un esprit moins naïf et plus malicieux qu'on a l'air de le supposer communément; et, dans cette circonstance, Molière, qui jouait M. Jourdain, n'aurait pas eu, comme on dit, le dernier mot. Avons-nous besoin d'avertir que toute cette histoire anecdotique est loin d'offrir de suffisantes garanties d'authenticité? Ainsi, l'on voit bien qu'au printemps de cette année 1670 un envoyé extraordinaire du Grand Seigneur, que la Gazette nomme Muta Ferraca, fut reçu à Paris; mais ce ministre de la Porte était parti le 29 mai, et il n'avait pas eu de successeur immédiat.

---

1. Cet auteur anonyme est, selon Bruys, Bruzen de La Martinière.

D'après le témoignage du chevalier d'Arvieux, c'est le roi lui-même qui aurait eu l'idée de mettre les Turcs sur la scène. « Sa Majesté m'ordonna, dit-il[1], de me joindre à MM. de Molière et de Lulli pour composer une pièce de théâtre où l'on pût faire entrer quelque chose des habillements et des manières des Turcs (l'arrivée de l'ambassadeur turc à Paris étoit toute récente). Je me rendis pour cet effet au village d'Auteuil, où M. de Molière avoit une maison fort jolie. Ce fut là que nous travaillâmes à cette pièce de théâtre que l'on voit dans les Œuvres de Molière, sous le titre de *Bourgeois gentilhomme*. » Le chevalier d'Arvieux avait séjourné douze ans dans les Échelles du Levant ; il avait, en 1668, négocié avec le dey de Tunis un traité qui rendit à la liberté trois cent quatre-vingts esclaves français ; et, en 1672, il fut encore envoyé à Constantinople, où il contribua efficacement comme interprète à la conclusion d'un traité avec Mahomet IV ; il connaissait parfaitement les langues turque et arabe. C'est donc à cette connaissance qu'il aurait dû de collaborer avec Molière et Lulli : il aurait fourni quelques-uns des détails de la cérémonie, quelques mots des langues turque et arabe qui y sont employés. Ainsi entendue, sa collaboration est tout à fait admissible.

L'ancienne critique trouvait beaucoup à dire à cette mascarade, elle la jugeait trop bouffonne, burlesque, impossible. On est moins rigoureux aujourd'hui. On a appris à mieux goûter cette verve folle, cette fantaisie étourdissante, ces ébats où la farce, emportée par le rire, ne garde plus de mesure et se perd dans un surcroît d'inventions comiques qui vont renchérissant les unes sur les autres. C'est par là que Molière rivalise avec les théâtres plus libres que nous connaissons, et rejoint notamment le fantasque et hyperbolique Aristophane.

Au reste, cette bouffonnerie excessive n'était pas si éloignée de la vraisemblance qu'elle nous le paraît à présent. L'histoire de cette époque devait fournir à Molière la plus singulière justification. L'abbé de Saint-Martin, qui employa une partie de sa fortune à orner la ville de Caen de plusieurs monuments utiles, et entre autres de fort belles fontaines, porta la crédulité

---

1. *Mémoires du chevalier d'Arvieux*, t. IV, p. 252.

aussi loin que M. Jourdain, puisqu'il s'imagina que le roi de Siam, ayant lu ses ouvrages, l'avait élevé à la dignité de mandarin, et qu'il fut reçu avec des cérémonies plus bizarres encore que celles du *Bourgeois gentilhomme*. Le crédule abbé resta toute sa vie persuadé qu'il était mandarin de Siam, et marquis de Miskou à la Nouvelle France[1]; et il ne manquait jamais de joindre tous ces titres à sa signature. Cette grande réception se fit à Caen en 1686, c'est-à-dire seize ans après la première représentation du *Bourgeois gentilhomme*.

Le musicien Lulli eut une grande part dans ce divertissement. Non seulement il composa la musique du *Bourgeois gentilhomme*, mais encore il remplit le rôle du Muphti. A ce rôle se rattache une anecdote qu'on raconte ainsi :

« Il y avoit déjà longtemps que le roi avoit donné des lettres de noblesse à Lulli. Quelqu'un lui alla dire qu'il étoit bien heureux que le roi l'eût ainsi exempté de suivre la route commune, qui est qu'on aille à la gentilhommerie par une charge de secrétaire du roi; que s'il avoit eu à passer par cette porte, elle lui auroit été fermée, et qu'on ne l'auroit pas reçu. Un homme de cette compagnie s'étoit vanté qu'on refuseroit Lulli s'il se présentoit; à quoi les grands biens qu'il amassoit faisoient juger qu'il pourroit songer quelque jour. Lulli avoit moins d'ambition que de bonne fierté à l'égard de ceux qui le méprisoient. Pour avoir le plaisir de morguer ses ennemis et ses envieux, il garda les lettres de noblesse sans les faire enregistrer, et ne fit semblant de rien.

« En 1681, on rejoua à Saint-Germain *le Bourgeois gentilhomme*, dont il avoit composé la musique. Il chanta lui-même le personnage du Muphti, qu'il exécutoit à merveille. Toute sa vivacité, tout le talent naturel qu'il avoit pour déclamer, se déployèrent là; et quoiqu'il n'eût qu'un filet de voix, et que ce rôle paroisse fort et pénible, il venoit à bout de le remplir au gré de tout le monde. Le roi, qu'il divertit extrêmement, lui en fit des compliments. Lulli prit cette occasion : « Mais, sire, lui dit-il,

---

1. Le récit de cette plaisanterie a été publié en trois volumes in-12, sous le titre de : *Mandarinade ou Histoire comique du mandarinat de M. l'abbé de Saint-Martin*, marquis de Miskou, docteur en théologie et protonotaire du saint-siège, etc.; la Haye, 1738.

« j'avois dessein d'être secrétaire du roi; vos secrétaires ne me
« voudront plus recevoir. — Ils ne voudront plus vous rece-
« voir! repartit le monarque en propres termes; ce sera bien
« de l'honneur pour eux. Allez; voyez monsieur le chance-
« lier. »

« Lulli alla du même pas chez M. Le Tellier, et le bruit se
répandit que Lulli devenoit monsieur le secrétaire. Cette compagnie et mille gens commencèrent à en murmurer tout haut.
« Voyez-vous le moment qu'il prend? A peine a-t-il quitté son
« grand chapeau de Muphti qu'il ose prétendre à une charge, à
« une qualité honorable. Ce farceur, encore essoufflé des gam-
« bades qu'il vient de faire sur le théâtre, demande à entrer au
« sceau. »

« M. de Louvois, sollicité par messieurs de la chancellerie, et
qui étoit de leur corps, parce que tous les secrétaires d'État
doivent être secrétaires du roi, s'en offensa fort. Il reprocha à
Lulli sa témérité, qui ne convenoit pas à un homme comme lui,
qui n'avoit de recommandation et de services que d'avoir fait
rire. « Hé! têtebleu! lui répondit Lulli, vous en feriez autant si
« vous le pouviez. » La riposte étoit gaillarde. Il n'y avoit dans le
royaume que M. le maréchal de La Feuillade et Lulli qui eussent
répondu à M. de Louvois de cet air. Enfin le roi en parla à
M. Le Tellier. Les secrétaires du roi étant venus faire des remontrances à ce ministre sur ce que Lulli avoit traité d'une charge
parmi eux, et sur l'intérêt qu'ils avoient qu'on le refusât pour
la gloire de tout le corps, M. Le Tellier leur répondit en des
termes encore plus désagréables que ceux dont le roi s'étoit
servi.

« Quand ce vint aux provisions, on les expédia à Lulli avec des
agréments inouïs[1]. Le reste de la cérémonie s'accomplit avec la
même facilité; il ne trouva à son chemin aucun confrère brusque
ni impoli. Aussi fit-il noblement les choses de son côté. Le jour
de sa réception, il donna un magnifique repas, une vraie fête,
aux anciens et aux gens importants de sa compagnie, et le soir
un plat de son métier, l'Opéra, où l'on jouoit *le Triomphe de
l'Amour*. Ils étoient vingt-cinq ou trente qui y avoient ce jour-

---

1. Ce fut au mois de décembre 1681. *Mercure* de décembre, page 328.

là, comme de raison, les bonnes places : de sorte qu'on voyoit la chancellerie en corps, deux ou trois rangs de gens graves, en manteau noir et en grand chapeau de castor, aux premiers rangs de l'amphithéâtre, qui écoutoient d'un sérieux admirable les menuets et les gavottes de leur confrère le musicien. Ils faisoient une décoration rare, et qui embellissoit le spectacle; et l'Opéra apprit ainsi publiquement que son seigneur, s'étant voulu donner un nouveau titre, n'en avoit pas eu le démenti. M. de Louvois même ne crut pas devoir garder sa mauvaise humeur. Suivi d'un gros de courtisans, il rencontra bientôt après Lulli à Versailles. « Bonjour, lui dit-il en passant; bonjour, mon confrère. » Ce qui s'appela alors un bon mot de M. de Louvois[1].

Revenons à la nouvelle comédie, et racontons ce que Grimarest rapporte de l'accueil qui lui fut fait à Chambord. « A la première représentation, le roi n'avoit donné aucun signe de satisfaction; et, à son souper, il ne dit pas un seul mot à Molière. Ce silence du monarque parut aux courtisans une marque certaine de mécontentement, et ils se mirent à traiter le poète comme un homme en disgrâce, c'est-à-dire à le déchirer. « Molière nous « prend assurément pour des grues, de croire nous divertir avec « de telles pauvretés, disoit M. le duc de ***. — Qu'est-ce qu'il « veut dire avec son Halaba balachou? » ajoutoit M. le duc de ***. « Le pauvre homme extravague; il est épuisé. Si quelque auteur « ne prend le théâtre, il va tomber. Cet homme-là donne dans la « farce italienne. » Il se passa cinq ou six jours avant que l'on représentât cette pièce pour la seconde fois; et, pendant ces cinq jours, Molière, tout mortifié, se tint caché dans sa chambre. Il appréhendoit le mauvais compliment du courtisan prévenu. Il envoyoit seulement Baron à la découverte, qui lui rapportoit toujours de mauvaises nouvelles. Toute la cour étoit révoltée.

« Cependant on joua cette pièce pour la seconde fois. Après la représentation, le roi, qui n'avoit point encore porté son jugement, eut la bonté de dire à Molière: « Je ne vous ai point « parlé de votre pièce à la première représentation, parce que

---

1. *Vie de Quinault* (1714). L'auteur, Boffrand, neveu de Quinault, renvoie à De Fresneuse, tome II, p. 207 et suiv.

« j'ai appréhendé d'être séduit par la manière dont elle avoit été
« représentée; mais, en vérité, Molière, vous n'avez encore rien
« fait qui m'ait plus diverti, et votre pièce est excellente. »
Molière reprit haleine au jugement de Sa Majesté, et aussitôt il fut
accablé de louanges par les courtisans, qui tous d'une voix répé-
toient, tant bien que mal, ce que le roi venoit de dire à l'avantage
de la pièce. « Cet homme-là est inimitable, disoit le même duc
« de ***; il y a un *vis comica* dans tout ce qu'il fait que les anciens
« n'ont pas aussi heureusement rencontré que lui. »

Nous voyons, dans la Gazette, que la seconde représentation
eut lieu le 16 octobre, trois jours, par conséquent, et non cinq
jours après la première. *Le Bourgeois gentilhomme* fut encore
joué à Chambord le 20 et le 21; puis à Saint-Germain-en-Laye
le 9, le 11 et le 13 novembre[1]. Lorsque la cour fut bien rassasiée
de ce spectacle, Molière fut autorisé à en réjouir la ville. Robinet,
dans sa lettre datée du 22 novembre, annonçait au public *le Bourgeois gentilhomme* en même temps que la *Bérénice* de Corneille :

> La première (nouvelle) en forme d'avis,
> Dont maints et maints seront ravis,
> Est que ce poème de Corneille,
> Sa *Bérénice* non pareille,
> Se donnera pour le certain
> Le jour de vendredi prochain,
> Sur le théâtre de Molière;
> Et que, par grâce singulière,
> Mardi, l'on y donne au public,
> De bout en bout et ric à ric,
> Son charmant *Bourgeois gentilhomme*,
> C'est-à-dire presque tout comme
> A Chambord et dans Saint-Germain
> L'a vu notre grand souverain,
> Mêmes avecques des entrées
> De ballet les mieux préparées,
> D'harmonieux et grands concerts,
> Et tous les ornements divers
> Qui firent de ce gai régale
> La petite oie à la royale[2].

1. Voyez, à la fin de la pièce, le détail des frais occasionnés par ces représentations.
2. On nommait *petite oie* ce qui était l'agrément et l'ornement des choses; dans la
toilette, c'étaient les plumes, les rubans; en amour, c'étaient les premiers privilèges,
les menues faveurs. En se rappelant les différentes applications de ce mot, aujourd'hui
inusité, on comprendra ce que Robinet veut dire.

> J'ajoute encor, brièvement,
> Qu'on doit alternativement
> Jouer la grande *Berénice*
> Qu'on loue avec tant de justice,
> Et *le Gentilhomme bourgeois*.
> L'on pourra donc, comme je crois,
> Beaucoup ainsi se satisfaire.

La comédie nouvelle fut en effet jouée le 23 novembre; la première représentation produisit 1,397 livres; la deuxième, 1,260 livres. La Grange enregistre au 28 novembre la représentation de *Bérénice*, qui produisit le premier jour 1,913 livres, le second jour 1,669 livres. Les deux pièces furent données alternativement: *le Bourgeois gentilhomme* eut vingt-quatre représentations jusqu'à la clôture de Pâques suivant, et *Bérénice* vingt.

Le Bourgeois gentilhomme a été donné à la Comédie française, avec la musique de Lulli, les intermèdes et la cérémonie turque, le jeudi 28 octobre 1880, à l'occasion du deux-centième anniversaire de la fondation de la Comédie française. La distribution fut telle :

UN MAITRE DE PHILOSOPHIE.....	MM. Got.
CLÉONTE.................	Delaunay.
M. JOURDAIN.............	Thiron.
DORANTE	Laroche.
COVIELLE	Coquelin cadet.
UN MAITRE DE MUSIQUE	Prudhon.
UN GARÇON TAILLEUR.........	Roger.
UN MAITRE D'ARMES.........	Villain.
UN MAITRE TAILLEUR........	Richard.
UN MAITRE DE DANSE	Truffier.
UN LAQUAIS..............	Tronchet.
Mme JOURDAIN.............	Mmes Jouassain.
LUCILE.................	Reichemberg.
DORIMÈNE...............	Émilie Broisat.
NICOLE.................	J. Samary.

DIVERTISSEMENTS.

Chant. — MM. Vernouillet, Fontaine, Mlle Jacob, du Conservatoire national de Musique.

Danse. — MM. Marius, François, Perrot, E. Bergé, du Théâtre national de l'Opéra.

Les Divertissements de danse ont été réglés par Mlle Laure Fonta, de l'Opéra.

Cette représentation suggéra à M. A. Vitu les réflexions suivantes :

« Parmi les grands ouvrages de Molière, je n'en connais pas qui soient restés si vrais, si vivants, si actuels, que *le Bourgeois gentilhomme*.

« Connais-toi toi-même ! » oserai-je dire à ceux de mes contemporains qui voyagent à travers la vie à peu près comme ces Anglais qui lisent en chemin de fer le *handbook* et ne regardent pas le paysage. Comment! on osera dire que le cas de M. Jourdain est une maladie disparue, et qu'il n'y a plus de bourgeois gentilhomme dans notre société démocratique, où tous les hommes sont égaux ! Mais regardez donc autour de vous! A aucune époque la superstition des titres, la soif des distinctions, l'amour des hochets et du panache, n'ont régné plus despotiquement sur les hommes. La noblesse n'est plus rien dans l'État; elle tient une place d'autant plus grande dans les mœurs. Le marchand d'aujourd'hui, comme au temps de Molière, méfiant envers les pauvres et les humbles, livre sa boutique au pillage des escrocs qui s'affublent d'un titre sonore; M. Dimanche s'incline plus bas que jamais devant Don Juan, qui, de son côté, ne s'abaisse plus à lui demander des nouvelles de son petit dernier ni du petit chien Brisquet.

« — Mon gentilhomme, donnez, s'il vous plaît, aux garçons
« quelque chose pour boire! — Tenez, voilà pour mon gentil-
« homme. — Monseigneur, nous vous sommes bien obligés. —
« Tenez, voilà ce que Monseigneur vous donne. — Monseigneur,
« nous allons boire tous à la santé de Votre Grandeur. — Tenez,
« voilà pour ma Grandeur. S'il étoit allé jusqu'à l'Altesse, il
« auroit eu toute la bourse. » De bonne foi, croyez-vous qu'il faille remonter jusqu'à Molière pour entendre ce dialogue? Mais non, vous l'avez mille fois surpris à l'entrée des restaurants et des spectacles, et vous avez vu plus d'un cuistre se rengorger en s'entendant appeler mon ambassadeur par un ramasseur de bouts de cigares.

« Le ridicule du bourgeois qui veut trancher du gentilhomme est plus répandu que jamais; la Révolution française l'a vulgarisé, bien loin de le faire disparaître. Comme la qualité de gentilhomme ne se prouve plus, comme il n'existe plus de charges de magistrature ni de finance par lesquelles la noblesse s'acquière, comme les terres ne sont plus seigneuriales et ne confèrent plus de titres à ceux qui les achètent, l'entrée de la noblesse, si largement ouverte à la bourgeoisie d'autrefois, lui est fermée depuis 1789 ; aussi se dispute-t-elle avec une ardeur fébrile les titres et les cordons, du moins ceux qui se peuvent encore acheter.

« Si j'entreprenais de raconter ici tout ce que j'ai vu déployer de volonté, d'imagination, de persévérance, ce que j'ai vu de trucs et de tours à la Mascarille exécutés par quelques-uns de mes contemporains les mieux posés, je remplirais plusieurs numéros du journal où j'écris. Ils en ont tant fait que les chancelleries étrangères sont devenues prudentes. Mais on ne peut ni tout prévoir ni tout refuser.

« Et le curieux, c'est que la manie de M. Jourdain descend des sommets de la haute bourgeoisie et s'infiltre dans les couches modestes de l'industrie et du négoce. J'ai connu un très notable officier ministériel, né de tabellions et tabellion lui-même, qui est mort dans la peau d'un marquis des croisades. Je sais un ancien dentiste qui est duc (notez qu'on ne connaît pas de duc qui se soit fait dentiste, c'est trop difficile).

« N'était-ce pas encore un bourgeois gentilhomme que ce marchand de cravates qui a mal fini, et qui, baronnifié sous Louis-Philippe par de hautes influences dont la moindre n'était pas celle d'une spirituelle personne dont Paris galant a pleuré récemment la perte, aimait à discuter, devant les gentilshommes devenus ses pairs, sur le parti qu'il aurait pris pour ou contre l'émigration, s'il avait vécu du temps de la Révolution française. Aurait-il émigré comme les Polignac ? C'est une question qu'il agitait sans la pouvoir résoudre. Il a eu le temps d'y réfléchir en faisant tourner le *tread mill*.

« La chasse aux commanderies, aux canonicats, aux ordres fantastiques de la maison d'Este et des Quatre Empereurs, aux dignités chimériques telles que membre de l'Institut de France et d'Algérie, est si courue et si fructueuse qu'elle fait vivre un certain nombre de maisons de confiance, qui trouvent dans ce commerce l'honneur non moins que le profit.

« N'est-ce donc pas hier qu'un ex-marchand de cirage, qui s'était déclaré *proprio motu* délégué général du président irresponsable et intangible d'une république qui reste à découvrir, exécuta, en faveur d'un banquier de second ordre, une cérémonie d'investiture non moins solennelle et non moins audacieuse peut-être que la mamamouchification de M. Jourdain, cérémonie qui se termina par l'élévation de tous les assistants au grade de commandeur d'un ordre transatlantique?

« Voilà pour la fausse gentilhommerie.

« Mais les mœurs? Comment nous reconnaître à travers les bizarres personnages dont Molière entoure son grotesque héros? Vraiment! les mœurs! Elles ont changé tant que cela? Il n'y a donc plus de quinquagénaire vieilli derrière le comptoir, à qui la fantaisie vienne, en son été de la Saint-Martin, de goûter les plaisirs défendus? Il n'y a donc plus de gentilhomme libertin qui se fasse un plaisir de présenter l'enrichi ou le parvenu d'hier à quelque femme aimable qui n'en est pas moins du monde, et qui entretienne sa maîtresse avec les écus de sa dupe? Tous les comtes Dorante sont donc morts, et toutes les marquises Dorimène aussi? Ce n'est pas ce que dit la chronique, si j'en crois certaine aventure qui date d'hier, dans laquelle Dorimène aurait souffleté Jourdain en présence de Dorante, qui avait commandé le souper en cabinet particulier.

« Et cet entourage de complaisants et de pique-assiettes, philosophant, chantant ou dansant, *ambubajarum collegia, pharmacopolæ, mendici, mimæ, balatrones,* vous imaginez-vous que les Jourdains et les Jourdaines de notre âge n'en soient pas dévorés comme leurs aïeux et aïeules? Allez-y voir : je vous donnerai des adresses. — Ici vous m'arrêtez d'un air triomphant : « Il n'y a plus de théorbes, ni de théorbistes. » C'est vrai : la chanteuse en tient lieu chez les uns, la maîtresse de piano ou le ténor chez les autres, sans compter le régisseur de petit théâtre et ses aides, chargés de la surintendance des spectacles de société.

« Vous me concéderez au moins que le maître de philosophie « ne se peut plus rencontrer; l'espèce en est perdue, si jamais « elle exista; pure caricature! » Ne vous avancez pas. Je vous assure, moi, que la science des *o*, des *u* et des *i*, était encore professée, en 1872, sans changement notable, devant les élèves de l'École polytechnique par un philologue patenté.

« Les costumes diffèrent, j'y souscris; la différence est évidente : sous Louis XIV les hommes se coiffaient d'une perruque; ce sont vos femmes qui portent perruque aujourd'hui.

« Mais enfin vous m'abandonnerez les tailleurs dansants, qui « rentrent dans la farce pure et qui sont dignes des tréteaux de « la foire plutôt que du noble proscenium de la Comédie fran- « çaise. » C'est précisément là que je vous attendais, pour vous prendre en flagrant délit de préjugés et pour vous contraindre à reconnaître l'étonnante actualité du *Bourgeois gentilhomme*. Eh! quoi! il vous fâche que le tailleur de M. Jourdain amène ses gens pour habiller son client en cadence, et pour lui passer le bel habit de la manière qu'ils ont coutume de faire aux personnes de qualité?

« En vérité, vous me confondez, et je ne croyais pas qu'on pût ignorer à ce point les usages et les modes de son temps. Mais consultez, je vous prie, la première Dorimène venue : elle vous dira que les choses ne se passent autrement pour les femmes de nos jours qu'elles ne se passaient pour les hommes en 1670; et que tel grand couturier, lorsqu'il daigne essayer lui-même, fait jouer par son pianiste à l'année un morceau qui correspond au sentiment de sa composition couturière, pendant que la cliente se promène en cadence sous son œil inspiré...

« D'où je conclus que, puisqu'il n'y a contre *le Bourgeois gentilhomme* d'autre reproche que de manquer d'actualité, il faut s'en tenir au jugement du grand roi, et répéter à travers les siècles ces paroles définitives : « Molière, votre pièce est excellente! »

Sur la mise en scène et l'interprétation, voici les appréciations du même critique :

« On sait que Molière, encadrant sa belle comédie dans les fêtes du château de Chambord, l'intitula comédie-ballet; elle renferme, en effet, plusieurs divertissements chorégraphiques et des intermèdes de chant; l'un de ces derniers, celui de la cérémonie turque, offre seul les proportions et le caractère d'une composition musicale un peu suivie. La Comédie française a voulu, ce soir, donner au public l'aspect général de cette sorte d'opéra en prose. Les simples intermèdes ont été fort bien rendus par MM. Vernouillet, Fontaine, Pujol et Mlle Jacob, élèves du Conservatoire, et par quatre jeunes danseurs de l'Opéra.

« Quant à la cérémonie turque, il faut reconnaître, pour dire les choses comme elles sont, qu'elle ne supporte pas la comparaison avec l'exécution magistrale qui en eut lieu, il y a quatre ans, à la Gaîté, par les soins de MM. Vizentini, Duquesnel et Wekerlin. C'était M. Danbé qui conduisait l'orchestre; les parties concertantes étaient tenues par MM. Montaubry, Habay, Fugère, Mmes Perret et Luigini; enfin, M. Vauthier chantait le Muphti avec sa voix splendide et un entrain qui rappelait la verve florentine de Baptiste Lulli, le créateur du rôle. M. Wekerlin avait reconstitué les parties de flûtes, de hautbois et de bassons, tandis qu'à la Comédie française on nous donne seulement le quatuor, dont la maigreur accuse plus que de raison le sentiment généralement triste de la musique de Lulli et la monotonie de ses formules scolastiques.

« Mais si M. Got ne fait pas oublier M. Vauthier dans le rôle chanté du Muphti, il garde l'intégrité de son talent supérieur dans le personnage du maître de philosophie, et la Comédie française supplée victorieusement aux imperfections de sa musique par la présence des excellents artistes qui composent la troupe entière, et dont la vue est toujours agréable au public. Les costumes sont d'ailleurs fort beaux, notamment ceux de M. Mounet-Sully et de Mlle Croizette.

« M. Thiron se montre extrêmement comique dans le rôle de M. Jourdain, auquel il donne un délicieux cachet de sottise naïve.

« M. Laroche est fort bien placé dans le rôle de Dorante, qu'il joue avec une politesse sournoise, très spirituellement étudiée.

« Quant à M. Delaunay, dont le talent fait venir au premier rang le rôle de Cléonte, il joue en perfection la scène où Cléonte oblige son valet à énumérer les prétendues imperfections de Lucile et le réfute avec enthousiasme. C'est la jeunesse, la flamme et l'amour même.

« M. Truffier, l'un des plus jeunes pensionnaires de la maison, a beaucoup réussi dans le rôle de maître à danser.

« Mlles Reichemberg et Jeanne Samary sont charmantes dans leurs petits rôles ; Mme Broisat dit fort bien le sien, mais je crois qu'il faudrait choisir pour Dorimène une coquetterie plus accentuée ; Dorimène tout à fait honnête femme me paraît une espèce de contre-sens. Mme Jouassain est une excellente Mme Jourdain, et le rôle, l'un des mieux tracés de la pièce, n'est pas facile à jouer dans la tradition, ayant été créé par un homme. »

La pièce fut imprimée peu après la représentation à la ville : *Le Bourgeois gentilhomme,* comédie-ballet faite à Chambord pour le divertissement du Roy, par J.-B. P. Molière. Et se vend pour l'autheur. A Paris, chez Pierre Le Monnier, au Palais, vis-à-vis la porte de l'église de la Sainte-Chapelle, à l'image S. Louis et au Feu divin. 1671. Avec privilège du Roy. »

Deuxième édition : « *Le Bourgeois gentilhomme,* comédie-ballet faite à Chambord pour le divertissement du Roy, par J.-B. P. Molière. A Paris, chez Claude Barbin, au Palais, sur le second perron de la Sainte-Chapelle. 1673. Avec privilège du Roy. »

Enfin elle a place dans l'édition de 1682 sous ce titre : « *Le Bourgeois gentilhomme,* comédie-ballet faite à Chambord pour le divertissement du Roy, au mois d'octobre 1670, par J.-B. P. de Molière, et représentée en public à Paris, pour la première fois, sur le théâtre du Palais-Royal, le 23 novembre de la même année 1670, par la troupe du Roy. »

Avant toutes ces éditions de la pièce, on avait eu le livre du ballet : « *Le Bourgeois gentilhomme,* comédie-ballet, donné par le Roy à toute sa cour dans le château de Chambord, au mois d'octobre 1670. A Paris, chez Robert Ballard, seul imprimeur du Roy pour la musique. 1670. Avec privilège de Sa Majesté. »

Nous donnons ce livre de ballet à la suite de la pièce.

LE
BOURGEOIS GENTILHOMME

PERSONNAGES.	ACTEURS.
MONSIEUR JOURDAIN, bourgeois.	Molière[1].
MADAME JOURDAIN, sa femme	Hubert.
LUCILE, fille de M. Jourdain	Mlle Molière.
CLÉONTE, amoureux de Lucile	***
DORIMÈNE, marquise.	Mlle Debrie.
DORANTE, comte, amant de Dorimène	La Grange.
NICOLE, servante de M. Jourdain.	Mlle Beauval[2].
COVIELLE, valet de Cléonte	Du Croisy.
UN MAITRE DE MUSIQUE.	Hubert.
UN ÉLÈVE du maître de musique	Gaye[3].
UN MAITRE A DANSER	La Thorillière.
UN MAITRE D'ARMES.	Debrie.
UN MAITRE DE PHILOSOPHIE.	Du Croisy.
UN MAITRE TAILLEUR	***
UN GARÇON TAILLEUR.	Beauval[4].

Deux Laquais.
Plusieurs Musiciens, Musiciennes, Joueurs d'instruments, Danseurs, Cuisiniers, Garçons tailleurs, et autres personnages des intermèdes du ballet.

La scène est à Paris[5].

1. Le costume que portait Molière est ainsi décrit dans l'inventaire après décès : « *Item*. Un habit pour la représentation du *Bourgeois gentilhomme*, consistant en une robe de chambre rayée, doublée de taffetas aurore et vert, un haut-de-chausses de panne rouge, une camisole de panne bleue*, un bonnet de nuit et une coiffe**, des chausses et une écharpe de toile peinte à l'indienne, une veste à la turque et un turban, un sabre, des chausses de brocart aussi garnies de rubans vert et aurore, et deux points de Sedan. Le pourpoint de taffetas garni de dentelle d'argent faux. Le ceinturon, des bas de soie verts et des gants, avec un chapeau garni de plumes aurore et vert, prisé ensemble soixante-dix livres. »

2. Mademoiselle Beauval venait d'entrer dans la troupe du Palais-Royal.

3. Le nom de ce chanteur est donné par le livre du ballet; mais on ne sait pas s'il chanta à la ville.

4. Cette distribution est certaine pour les rôles de M. Jourdain, de Mme Jourdain, de Lucile, de Nicole. Les autres noms d'acteurs sont ceux qu'on lit dans le *Répertoire des Comédies qui se peuvent jouer en 1685*. Ce manuscrit donne, pour le rôle de Cléonte, Dauvilliers; pour ceux de l'élève de musique et du maître d'armes, Guérin; pour celui du maître tailleur, Brécourt; et Rosimont pour celui de M. Jourdain.

5. Le manuscrit de Mahelot dit : « Le théâtre est une chambre ; une ferme (dans le sens technique). Il faut des sièges, une table pour le festin et une pour le buffet. Les ustensiles pour la cérémonie. »

* Ce doit être une erreur de l'huissier-priseur; dans la seconde scène du *Bourgeois gentilhomme*, M. Jourdain montre à son maître de musique son haut-de-chausses étroit de velours rouge et sa camisole de velours *vert*. (*Note de M. Soulié*.)

** La coiffe est la garniture du bonnet de nuit, « qu'on change, dit Furetière, quand elle est sale ».

LE BOURGEOIS GENTILHOMME

COMÉDIE BALLET

ACTE PREMIER.

L'ouverture se fait par un grand assemblage d'instruments ; et dans le milieu du théâtre on voit un élève du maître de musique qui compose sur une table un air que le bourgeois a demandé pour une sérénade.

SCÈNE PREMIÈRE.

UN MAITRE DE MUSIQUE, UN MAITRE A DANSER, TROIS MUSICIENS, DEUX VIOLONS, QUATRE DANSEURS.

LE MAITRE DE MUSIQUE, parlant à ses musiciens.

Venez, entrez dans cette salle, et vous reposez là, en attendant qu'il vienne.

LE MAITRE A DANSER, parlant aux danseurs.

Et vous aussi, de ce côté.

LE MAITRE DE MUSIQUE, à l'élève.

Est-ce fait?

L'ÉLÈVE.

Oui.

LE MAITRE DE MUSIQUE.

Voyons... Voilà qui est bien.

LE MAITRE A DANSER.

Est-ce quelque chose de nouveau?

LE MAITRE DE MUSIQUE.

Oui, c'est un air pour une sérénade, que je lui ai fait composer ici, en attendant que notre homme fût éveillé.

LE MAITRE A DANSER.

Peut-on voir ce que c'est?

LE MAITRE DE MUSIQUE.

Vous l'allez entendre avec le dialogue, quand il viendra. Il ne tardera guère.

LE MAITRE A DANSER.

Nos occupations, à vous et à moi, ne sont pas petites maintenant.

LE MAITRE DE MUSIQUE.

Il est vrai. Nous avons trouvé ici un homme comme il nous le faut à tous deux. Ce nous est une douce rente que ce monsieur Jourdain, avec les visions de noblesse et de galanterie qu'il est allé se mettre en tête. Et votre danse et ma musique auroient à souhaiter que tout le monde lui ressemblât.

LE MAITRE A DANSER.

Non pas entièrement; et je voudrois pour lui qu'il se connût mieux qu'il ne fait aux choses que nous lui donnons.

LE MAITRE DE MUSIQUE.

Il est vrai qu'il les connoît mal, mais il les paye bien;

et c'est de quoi maintenant nos arts ont plus besoin que de toute autre chose.

LE MAITRE A DANSER.

Pour moi, je vous l'avoue, je me repais un peu de gloire. Les applaudissements me touchent, et je tiens que, dans tous les beaux arts, c'est un supplice assez fâcheux que de se produire à des sots, que d'essuyer, sur des compositions, la barbarie d'un stupide[1]. Il y a plaisir, ne m'en parlez point[2], à travailler pour des personnes qui soient capables de sentir les délicatesses d'un art, qui sachent faire un doux accueil aux beautés d'un ouvrage, et, par de chatouillantes approbations, vous régaler de votre travail[3]. Oui, la récompense la plus agréable qu'on puisse recevoir des choses que l'on fait, c'est de les voir connues, de les voir caressées d'un applaudissement qui vous honore. Il n'y a rien, à mon avis, qui nous paye mieux que cela de toutes nos fatigues; et ce sont des douceurs exquises que des louanges éclairées.

LE MAITRE DE MUSIQUE.

J'en demeure d'accord, et je les goûte comme vous. Il n'y a rien assurément qui chatouille davantage que les applaudissements que vous dites; mais cet encens ne fait pas vivre. Des louanges toutes pures ne mettent point un

---

1. Le maître à danser parle un langage qui ressemble à celui des précieuses. C'est un trait de pinceau qu'il est bon de remarquer.

2. Dans le même sens que : Parlez-moi de cela.

3. *Régaler*, dans le sens de dédommager, de donner contentement et joie en échange d'une peine, d'un travail, d'un souci.

Régaler, dit M. Génin, est la forme itérative de *galer*, qui signifiait se réjouir, prendre du bon temps. « Vous ne faites qu'aler par pays et galer par les travernes. » (*Lettres de Rémission de* 1409.)

Ce mot s'employait activement dans le sens de bien traiter, de réjouir, et aussi, ironiquement, dans celui de battre, frotter, faire danser.

Çà, çà, galons-le en enfant de bon lieu.
(LA FONTAINE, *le Diable de Papefiguière*.)

homme à son aise : il y faut mêler du solide, et la meilleure façon de louer, c'est de louer avec les mains[1]. C'est un homme, à la vérité, dont les lumières sont petites, qui parle à tort et à travers de toutes choses, et n'applaudit qu'à contre-sens; mais son argent redresse les jugements de son esprit. Il a du discernement dans sa bourse; ses louanges sont monnoyées; et ce bourgeois ignorant nous vaut mieux, comme vous voyez, que le grand seigneur éclairé qui nous a introduits ici.

LE MAITRE A DANSER.

Il y a quelque chose de vrai dans ce que vous dites; mais je trouve que vous appuyez un peu trop sur l'argent, et l'intérêt est quelque chose de si bas qu'il ne faut jamais qu'un honnête homme montre pour lui de l'attachement.

LE MAITRE DE MUSIQUE.

Vous recevez fort bien pourtant l'argent que notre homme vous donne.

LE MAITRE A DANSER.

Assurément; mais je n'en fais pas tout mon bonheur; et je voudrois qu'avec son bien il eût encore quelque bon goût des choses.

LE MAITRE DE MUSIQUE.

Je le voudrois aussi; et c'est à quoi nous travaillons tous deux autant que nous pouvons. Mais, en tout cas, il nous donne moyen de nous faire connoître dans le monde; et il payera pour les autres ce que les autres loueront pour lui[2].

---

1. Non pas en applaudissant, mais en payant.
2. L'amour des louanges chez le maître à danser, et l'amour de l'argent chez le maître de musique, forment un contraste naturel et piquant ; mais le coup de maître, c'est d'avoir fait le plus sensible à la gloire celui des deux

LE MAITRE A DANSER.

Le voilà qui vient.

SCÈNE II.

MONSIEUR JOURDAIN, en robe de chambre et en bonnet de nuit; LE MAITRE DE MUSIQUE, LE MAITRE A DANSER, L'ÉLÈVE DU MAITRE DE MUSIQUE, UNE MUSICIENNE, DEUX MUSICIENS, DANSEURS, DEUX LAQUAIS.

MONSIEUR JOURDAIN.

Hé bien, messieurs? Qu'est-ce? Me ferez-vous voir votre petite drôlerie?

qui a le moins droit d'y prétendre. Dans un musicien, un compositeur, préférer l'honneur au profit serait un sentiment légitime et noble; dans un danseur, ce n'est guère qu'un ridicule. Ainsi Molière met en action cette observation de mœurs, qu'on est souvent à portée de faire, que la vanité d'un artiste est toujours en raison de la futilité de son art. (AUGER.)

Il y a du vrai dans cette remarque d'Auger. Faisons toutefois observer que l'art de la danse était alors en beaucoup plus haute considération qu'il ne l'est aujourd'hui. M. Castil-Blaze cite à ce propos les considérants de l'acte de Louis XIV qui fonda l'Académie de Danse en 1661 : « Bien que l'art de la danse ait toujours été reconnu l'un des plus honnêtes et des plus nécessaires à former le corps, et lui donner les premières et les plus naturelles dispositions à toutes sortes d'exercices, et entre autres à ceux des armes, et par conséquent l'un des plus utiles à notre noblesse et autres qui ont l'honneur de nous approcher, non seulement en temps de guerre, dans nos armées, mais encore en temps de paix, dans les divertissements de nos ballets; néanmoins il s'est, pendant les désordres des dernières guerres, introduit dans ledit art, comme dans tous les autres, un grand nombre d'abus capables de les porter à leur ruine irréparable. Beaucoup d'ignorants ont tâché de défigurer la danse et de la corrompre en la personne de la plus grande partie des gens de qualité; ce qui fait que nous en voyons peu, dans notre cour et suite, capables d'entrer dans nos ballets, quelque dessein que nous eussions de les y appeler. A quoi étant nécessaire de pourvoir, et désirant rétablir ledit art dans sa perfection, et l'augmenter en tant que faire se pourra, nous avons jugé à propos d'établir dans notre bonne ville de Paris une Académie royale de Danse. »

LE MAITRE A DANSER.

Comment? Quelle petite drôlerie?

MONSIEUR JOURDAIN.

Eh! là... Comment appelez-vous cela? Votre prologue ou dialogue de chansons et de danse.

LE MAITRE A DANSER.

Ah! ah!

LE MAITRE DE MUSIQUE.

Vous nous y voyez préparés.

MONSIEUR JOURDAIN.

Je vous ai fait un peu attendre; mais c'est que je me fais habiller aujourd'hui comme les gens de qualité; et mon tailleur m'a envoyé des bas de soie que j'ai pensé ne mettre jamais.

LE MAITRE DE MUSIQUE.

Nous ne sommes ici que pour attendre votre loisir.

MONSIEUR JOURDAIN.

Je vous prie tous deux de ne vous point en aller qu'on ne m'ait apporté mon habit, afin que vous me puissiez voir.

LE MAITRE A DANSER.

Tout ce qu'il vous plaira.

MONSIEUR JOURDAIN.

Vous me verrez équipé comme il faut, depuis les pieds jusqu'à la tête.

LE MAITRE DE MUSIQUE.

Nous n'en doutons point.

MONSIEUR JOURDAIN.

Je me suis fait faire cette indienne-ci[1].

---

1. L'indienne désignait alors une étoffe venue de l'Inde, et était un grand luxe.

ACTE I, SCÈNE II.

LE MAITRE A DANSER.

Elle est fort belle.

MONSIEUR JOURDAIN.

Mon tailleur m'a dit que les gens de qualité étoient comme cela le matin.

LE MAITRE DE MUSIQUE.

Cela vous sied à merveille.

MONSIEUR JOURDAIN.

Laquais! holà, mes deux laquais!

PREMIER LAQUAIS.

Que voulez-vous, monsieur?

MONSIEUR JOURDAIN.

Rien. C'est pour voir si vous m'entendez bien. (Au maître de musique et au maître à danser.) Que dites-vous de mes livrées?

LE MAITRE A DANSER.

Elles sont magnifiques.

MONSIEUR JOURDAIN. Il entr'ouvre sa robe, et fait voir un haut-de-chausses étroit de velours rouge, et une camisole de velours vert, dont il est vêtu.

Voici encore un petit déshabillé pour faire le matin mes exercices.

LE MAITRE DE MUSIQUE.

Il est galant.

MONSIEUR JOURDAIN.

Laquais!

PREMIER LAQUAIS.

Monsieur.

MONSIEUR JOURDAIN.

L'autre laquais!

SECOND LAQUAIS.

Monsieur.

MONSIEUR JOURDAIN, ôtant sa robe de chambre.

Tenez ma robe. (Au maître de musique et au maître à danser.) Me trouvez-vous bien comme cela ?

LE MAITRE A DANSER.

Fort bien. On ne peut pas mieux.

MONSIEUR JOURDAIN.

Voyons un peu votre affaire.

LE MAITRE DE MUSIQUE.

Je voudrois bien auparavant vous faire entendre un air (Montrant son élève.) qu'il vient de composer pour la sérénade que vous m'avez demandée. C'est un de mes écoliers, qui a pour ces sortes de choses un talent admirable.

MONSIEUR JOURDAIN.

Oui, mais il ne falloit pas faire faire cela par un écolier; et vous n'étiez pas trop bon vous-même pour cette besogne-là.

LE MAITRE DE MUSIQUE.

Il ne faut pas, monsieur, que le nom d'écolier vous abuse. Ces sortes d'écoliers en savent autant que les plus grands maîtres; et l'air est aussi beau qu'il s'en puisse faire. Écoutez seulement.

MONSIEUR JOURDAIN, à ses laquais.

Donnez-moi ma robe pour mieux entendre... Attendez, je crois que je serai mieux sans robe. Non, redonnez-la-moi; cela ira mieux.

UN MUSICIEN, chantant[1].

Je languis nuit et jour, et mon mal est extrême,
Depuis qu'à vos rigueurs vos beaux yeux m'ont soumis.
Si vous traitez ainsi, belle Iris, qui vous aime,
Hélas! que pourriez-vous faire à vos ennemis?

---

1. Dans le livre du ballet, c'est une musicienne, comme on le verra ci-après.

ACTE 1, SCÈNE II.

MONSIEUR JOURDAIN.

Cette chanson me semble un peu lugubre; elle endort, et je voudrois que vous la pussiez un peu ragaillardir par ci par là[1].

LE MAITRE DE MUSIQUE.

Il faut, monsieur, que l'air soit accommodé aux paroles.

MONSIEUR JOURDAIN.

On m'en apprit un tout à fait joli, il y a quelque temps. Attendez... là... Comment est-ce qu'il dit?

LE MAITRE A DANSER.

Par ma foi, je ne sais.

MONSIEUR JOURDAIN.

Il y a du mouton dedans.

LE MAITRE A DANSER.

Du mouton?

MONSIEUR JOURDAIN.

Oui. Ah! (Il chante.)

  Je croyois Jeanneton
  Aussi douce que belle;
  Je croyois Jeanneton
  Plus douce qu'un mouton.
   Hélas! hélas!
Elle est cent fois, mille fois plus cruelle
  Que n'est le tigre au bois[2].

---

1. Le flûtiste Descoteaux, le même à qui Molière disait un jour en parlant de La Fontaine : « Nos beaux esprits ont beau se trémousser, ils n'effaceront pas le bonhomme, » Descoteaux faisait cette remarque : « Si je joue à ma fenêtre un air du Pont-Neuf, une brunette du temps d'Henri IV, tout le monde s'arrête. Si je fais entendre un air nouveau, quel qu'il soit, les Parisiens passent leur chemin sans y prêter la moindre attention. » Le goût musical de M. Jourdain était donc celui qui régnait alors dans la classe moyenne : quelque chose en reste encore aujourd'hui.

2. C'est ainsi que la chanson est imprimée dans l'édition originale et dans celle de 1682. On a proposé d'écrire ainsi les trois derniers vers :

  Hélas! hélas! elle est cent fois,
  Mille fois plus cruelle
  Que n'est le tigre au bois.

N'est-il pas joli?
LE MAITRE DE MUSIQUE.
Le plus joli du monde!
LE MAITRE A DANSER.
Et vous le chantez bien.
MONSIEUR JOURDAIN.
C'est sans avoir appris la musique.
LE MAITRE DE MUSIQUE.
Vous devriez l'apprendre, monsieur, comme vous faites la danse. Ce sont deux arts qui ont une étroite liaison ensemble.
LE MAITRE A DANSER.
Et qui ouvrent l'esprit d'un homme aux belles choses.
MONSIEUR JOURDAIN.
Est-ce que les gens de qualité apprennent aussi la musique?
LE MAITRE DE MUSIQUE.
Oui, monsieur.
MONSIEUR JOURDAIN.
Je l'apprendrai donc. Mais je ne sais quel temps je pourrai prendre : car, outre le maître d'armes qui me montre, j'ai arrêté encore un maître de philosophie qui doit commencer ce matin.
LE MAITRE DE MUSIQUE.
La philosophie est quelque chose; mais la musique, monsieur, la musique...
LE MAITRE A DANSER.
La musique et la danse... La musique et la danse, c'est là tout ce qu'il faut.
LE MAITRE DE MUSIQUE.
Il n'y a rien qui soit si utile dans un État que la musique[1].

---

1. Dans les lettres données par Charles IX en 1570 pour l'établissement

ACTE I, SCÈNE II.

LE MAITRE A DANSER.

Il n'y a rien qui soit si nécessaire aux hommes que la danse.

LE MAITRE DE MUSIQUE.

Sans la musique, un État ne peut subsister.

LE MAITRE A DANSER.

Sans la danse, un homme ne sauroit rien faire.

LE MAITRE DE MUSIQUE.

Tous les désordres, toutes les guerres qu'on voit dans le monde, n'arrivent que pour n'apprendre pas la musique.

LE MAITRE A DANSER.

Tous les malheurs des hommes, tous les revers funestes dont les histoires sont remplies, les bévues des politiques, et les manquements des grands capitaines, tout cela n'est venu que faute de savoir danser.

MONSIEUR JOURDAIN.

Comment cela?

LE MAITRE DE MUSIQUE.

La guerre ne vient-elle pas d'un manque d'union entre les hommes?

MONSIEUR JOURDAIN.

Cela est vrai.

LE MAITRE DE MUSIQUE.

Et si tous les hommes apprenoient la musique, ne

---

de l'Académie de musique, on lit : « Et que l'opinion de plusieurs grands philosophes anciens ne soit à mespriser, à sçavoir qu'il importe grandement pour les mœurs des citoyens d'une ville que la musique courante et usitée au pays soit retenue sous certaines loix, d'autant que la plupart des esprits des hommes se conforment et comportent selon qu'elle est; de façon que là où la musique est désordonnée, là volontiers les mœurs sont dépravez, et où elle est bien ordonnée, là sont les hommes bien moriginez. A ces causes, etc. »

seroit-ce pas le moyen de s'accorder ensemble, et de voir dans le monde la paix universelle ?

MONSIEUR JOURDAIN.

Vous avez raison.

LE MAITRE A DANSER.

Lorsqu'un homme a commis un manquement dans sa conduite, soit aux affaires de sa famille, ou au gouvernement d'un État, ou au commandement d'une armée, ne dit-on pas toujours : Un tel a fait un mauvais pas dans une telle affaire[1] ?

MONSIEUR JOURDAIN.

Oui, on dit cela.

LE MAITRE A DANSER.

Et faire un mauvais pas peut-il procéder d'autre chose que de ne savoir pas danser ?

MONSIEUR JOURDAIN.

Cela est vrai, vous avez raison tous deux[2].

LE MAITRE A DANSER.

C'est pour vous faire voir l'excellence et l'utilité de la danse et de la musique.

MONSIEUR JOURDAIN.

Je comprends cela à cette heure.

LE MAITRE DE MUSIQUE.

Voulez-vous voir nos deux affaires ?

---

1. Dans les *Aventures du baron de Fœneste*, ouvrage satirique, composé en 1620 par T.-Agrippa d'Aubigné, on lit : « Un baladin nommé Faucheri, qui n'étoit point assis avec les autres, vint dire par-dessus les épaules que les royaumes se ruinoient faute de la danse. »

2. Ce dialogue a donné lieu de rappeler la vanité des deux danseurs dont on peut dire qu'ils ont été les derniers grands hommes de leur profession, Marcel et Vestris. Marcel avait la prétention de reconnaître un homme d'État à sa manière de danser ; et Vestris disait, en parlant de lui-même, et cela sérieusement : « Il n'y a que trois grands hommes en Europe : le roi de Prusse, Voltaire, et moi ! »

MONSIEUR JOURDAIN.

Oui.

LE MAITRE DE MUSIQUE.

Je vous l'ai déjà dit, c'est un petit essai que j'ai fait autrefois des diverses passions que peut exprimer la musique.

MONSIEUR JOURDAIN.

Fort bien.

LE MAITRE DE MUSIQUE, aux musiciens.

Allons, avancez. (A monsieur Jourdain.) Il faut vous figurer qu'ils sont habillés en bergers.

MONSIEUR JOURDAIN.

Pourquoi toujours des bergers? On ne voit que cela partout.

LE MAITRE A DANSER.

Lorsqu'on a des personnes à faire parler en musique, il faut bien que, pour la vraisemblance, on donne dans la bergerie. Le chant a été de tout temps affecté aux bergers; et il n'est guère naturel, en dialogue, que des princes ou des bourgeois chantent leurs passions[1].

MONSIEUR JOURDAIN.

Passe, passe. Voyons.

---

1. La plupart des commentateurs ont cru découvrir, dans le dernier couplet du maître à danser, un trait satirique dirigé contre l'opéra italien, introduit en France par Mazarin en 1645, et contre l'opéra français, qui préparait son début. On pourrait aussi bien prendre ces paroles pour un conseil prudent qui a été suivi. Molière exclut de la scène lyrique les princes et les bourgeois; que restait-il à Perrin, à Cambert, fondateurs de notre opéra? la mythologie et la féerie. Le champ était encore assez vaste, et des personnages fantastiques semblaient inventés tout exprès pour faire accepter un langage séduisant, mais, sans contredit, très peu naturel. L'Académie a suivi le plan que Molière lui traçait; elle a même saisi le mot de l'énigme qu'il lui laissait à deviner, en exploitant les fictions de la mythologie antique, de la féerie du moyen âge, combinées plus ou moins adroitement avec les fadaises de la bergerie. (CASTIL-BLAZE.)

DIALOGUE EN MUSIQUE

UNE MUSICIENNE ET DEUX MUSICIENS.

LA MUSICIENNE.
Un cœur, dans l'amoureux empire,
De mille soins est toujours agité.
On dit qu'avec plaisir on languit, on soupire;
  Mais, quoi qu'on puisse dire,
Il n'est rien de si doux que notre liberté.

PREMIER MUSICIEN.
Il n'est rien de si doux que les tendres ardeurs
  Qui font vivre deux cœurs
  Dans une même envie;
On ne peut être heureux sans amoureux désirs.
  Otez l'amour de la vie,
  Vous en ôtez les plaisirs.

SECOND MUSICIEN.
Il seroit doux d'entrer sous l'amoureuse loi,
  Si l'on trouvoit en amour de la foi;
  Mais, hélas! ô rigueur cruelle!
On ne voit point de bergère fidèle;
Et ce sexe inconstant, trop indigne du jour,
Doit faire pour jamais renoncer à l'amour.

PREMIER MUSICIEN.
Aimable ardeur,

LA MUSICIENNE.
Franchise[1] heureuse,

SECOND MUSICIEN.
Sexe trompeur,

---

1. *Franchise,* dans le sens d'*indépendance.*

PREMIER MUSICIEN.
Que tu m'es précieuse!
LA MUSICIENNE.
Que tu plais à mon cœur!
SECOND MUSICIEN.
Que tu me fais d'horreur!
PREMIER MUSICIEN.
Ah! quitte, pour aimer, cette haine mortelle!
LA MUSICIENNE.
On peut, on peut te montrer
Une bergère fidèle.
SECOND MUSICIEN.
Hélas! où la rencontrer?
LA MUSICIENNE.
Pour défendre notre gloire,
Je te veux offrir mon cœur.
SECOND MUSICIEN.
Mais, bergère, puis-je croire
Qu'il ne sera point trompeur?
LA MUSICIENNE.
Voyons, par expérience,
Qui des deux aimera mieux.
SECOND MUSICIEN.
Qui manquera de constance,
Le puissent perdre les dieux!
TOUS TROIS ENSEMBLE.
A des ardeurs si belles
Laissons-nous enflammer;
Ah! qu'il est doux d'aimer
Quand deux cœurs sont fidèles!
MONSIEUR JOURDAIN.
Est-ce tout?

LE MAITRE DE MUSIQUE.

Oui.

MONSIEUR JOURDAIN.

Je trouve cela bien troussé, et il y a là dedans de petits dictons assez jolis.

LE MAITRE A DANSER.

Voici, pour mon affaire, un petit essai des plus beaux mouvements et des plus belles attitudes dont une danse puisse être variée.

MONSIEUR JOURDAIN.

Sont-ce encore des bergers?

LE MAITRE A DANSER.

C'est ce qu'il vous plaira. (Aux danseurs.) Allons.

ENTRÉE DE BALLET.

Quatre danseurs exécutent tous les mouvements différents et toutes les sortes de pas que le maître à danser leur commande : et cette danse fait le premier intermède.

ACTE DEUXIÈME[1].

SCÈNE PREMIÈRE.

MONSIEUR JOURDAIN, LE MAITRE DE MUSIQUE,
LE MAITRE A DANSER, UN LAQUAIS.

MONSIEUR JOURDAIN.

Voilà qui n'est point sot, et ces gens-là se trémoussent bien.

LE MAITRE DE MUSIQUE.

Lorsque la danse sera mêlée avec la musique, cela fera plus d'effet encore ; et vous verrez quelque chose de galant dans le petit ballet que nous avons ajusté pour vous.

MONSIEUR JOURDAIN.

C'est pour tantôt, au moins ; et la personne pour qui j'ai fait faire tout cela me doit faire l'honneur de venir dîner céans.

LE MAITRE A DANSER.

Tout est prêt.

---

1. Les actes de cette pièce sont séparés par des intermèdes à la manière des anciens ; comme les mêmes personnages se retrouvent toujours sur la scène, rien ne serait plus facile que de réunir les cinq actes en un seul. *Le Bourgeois gentilhomme* est donc en réalité une pièce en un acte, divisée par des entrées de ballet. Aucun autre des ouvrages de Molière ne présente une pareille singularité. (AIMÉ MARTIN.)

Dans le livre du ballet, *le Bourgeois gentilhomme* n'est divisé qu'en trois actes ; le premier acte continue après le premier intermède.

LE MAITRE DE MUSIQUE.

Au reste, monsieur, ce n'est pas assez; il faut qu'une personne comme vous, qui êtes magnifique, et qui avez de l'inclination pour les belles choses, ait un concert de musique chez soi tous les mercredis ou tous les jeudis[1].

MONSIEUR JOURDAIN.

Est-ce que les gens de qualité en ont?

LE MAITRE DE MUSIQUE.

Oui, monsieur.

MONSIEUR JOURDAIN.

J'en aurai donc. Cela sera-t-il beau?

LE MAITRE DE MUSIQUE.

Sans doute. Il vous faudra trois voix, un dessus, une haute-contre[2], et une basse, qui seront accompagnées d'une basse de viole, d'un téorbe, et d'un clavecin pour les basses continues, avec deux dessus de violon pour les ritournelles[3].

---

1. Il paraît que ces deux jours de la semaine étaient spécialement choisis pour les réunions musicales. Les directeurs de l'Opéra, dont le théâtre fut ouvert l'année suivante (1671, 10 mars), ne les prirent pas. L'Opéra donna ses représentations les dimanches, mardis, vendredis, depuis les fêtes de Pâques jusqu'à la Saint-Martin (11 novembre). Pour la saison d'hiver, une quatrième représentation par semaine avait lieu le jeudi. Pendant toute l'année, les premières représentations d'ouvrages nouveaux ou remis en scène étaient données invariablement le jeudi. (CASTIL-BLAZE.)

2. Le mot *haute-contre* désignait une voix plus élevée et moins volumineuse que le ténor; c'était le *contraltino* des Italiens.

3. Les violes, le téorbe, le luth, le clavecin, avaient le privilège exclusif d'accompagner la musique de chambre. Leur son plus doux, la faculté de former des accords, des arpèges, les faisaient préférer aux violons, à qui l'on abandonnait le soin de jouer les préludes, les ritournelles, et de se faire entendre pendant que les voix se taisaient. La *basse de viole* est un instrument de la forme du violon, mais beaucoup plus grand, ayant sept cordes, et dont on joue avec l'archet. Il n'est plus d'usage, non plus que le *téorbe*, ou *tuorbe*, espèce de luth à deux manches dont on joue en pinçant les cordes avec les doigts.

MONSIEUR JOURDAIN.

Il y faudra mettre aussi une trompette marine[1]. La trompette marine est un instrument qui me plaît, et qui est harmonieux.

LE MAITRE DE MUSIQUE.

Laissez-nous gouverner les choses.

MONSIEUR JOURDAIN.

Au moins, n'oubliez pas tantôt de m'envoyer des musiciens pour chanter à table[2].

1. Remarquons d'abord que c'est justement le moins harmonieux de tous les instruments de musique. Il est bruyant, mais il n'a d'autre harmonie que celle de ses aliquotes, harmonie fantastique et qu'il faut examiner avec la loupe de Savart ou de Chladni.

Beaucoup de personnes savent ce que c'est qu'une trompette marine. Aux représentations du *Bourgeois gentilhomme,* je me suis aperçu que plusieurs l'ignoraient. En effet, ce mot de *trompette marine* donne l'idée d'une conque de triton, d'un cornet à bouquin, d'un buccin, d'un turlututu, d'un taratantara de la même espèce. La trompette marine, ancien monocorde, *fidis ad modum tubæ resonans,* est un instrument de la forme d'une grande mandoline. Sur un manche extrêmement long se déploie une seule corde de boyau très grosse, montée sur un chevalet qui ne touche que d'un pied sur la table. On presse la corde avec le pouce, tandis qu'on la frotte vivement avec l'archet. Les Italiens, les Espagnols, les Allemands, les Anglais, lui donnent le même nom que nous, *tromba marina, trompa marina, see trompete, marine trumpet.*

En 1775, les joueurs de trompette marine faisaient encore leur partie dans la musique du roi. Le dessus de cet instrument était exécuté par H. G. Carrion de Nisas, la quinte par P. Anores, la basse par P. Féray. Comme les trombones, les trompettes marines figuraient au nombre de trois. Elles ne pouvaient faire sonner les trois notes de l'accord d'une autre manière, la double corde leur étant interdite. (CASTIL-BLAZE.)

2. C'était l'usage, parmi les grands personnages de cette époque, d'égayer les festins avec de la musique et de la danse. On rencontre dans les Mémoires un grand nombre de traces de cette coutume. Citons ces quelques lignes des *Mémoires* de mademoiselle de Montpensier : « Madame de Châtillon entra comme je dînois, et que mes violons jouoient; elle me dit : « Avez-« vous le cœur d'entendre ces violons, pendant que l'on assure que nous « serons tous chassés? » Je lui répondis : « Il faut attendre et se résoudre. »

Et encore, cent ans plus tard : « Aux festins splendides que La Poupelinière donnoit en son château de Passy, dit Marmontel, lorsque de belles voix avoient charmé l'oreille, que Jéliote et mademoiselle Fel avoient chanté

LE MAITRE DE MUSIQUE.

Vous aurez tout ce qu'il vous faut.

MONSIEUR JOURDAIN.

Mais, surtout, que le ballet soit beau.

LE MAITRE DE MUSIQUE.

Vous en serez content, et, entre autres choses, de certains menuets que vous y verrez.

MONSIEUR JOURDAIN.

Ah! les menuets sont ma danse, et je veux que vous me les voyiez danser [1]. Allons, mon maître [2].

les délices de l'amour heureux; que Chassé, d'une voix éclatante et sonore, frappoit la dernière cadence d'une chanson bachique, on étoit agréablement surpris de voir Lany, sa sœur, mademoiselle Puvigné, quitter la table, et dans la même salle danser les airs que l'orchestre exécutoit. »

1. On disait *danser les menuets,* suivant l'étymologie du mot : danser les pas menus.

2. Cette leçon de danse reçoit ordinairement à la scène des développements qui ne sont pas de Molière, mais bien d'un nommé Faure, qui avait été danseur à l'Opéra avant la Révolution et avait débuté à la Comédie française en 1808. Son triomphe était le rôle du maître de danse, qu'il jouait avec l'autorité que lui donnait son ancien métier de danseur.

Il est intéressant de reproduire les additions faites par lui au texte de Molière, et qui sont restées de tradition à la Comédie :

« Placez-vous, monsieur, dit le maître à M. Jourdain, le corps droit, la tête haute, le sourire sur les lèvres. Bien. — Troisième position : le talon à la rosette du soulier. Effacez vos épaules... Un peu plus. Soutenez vos coudes... sans raideur. La poitrine en avant... Un peu moins. Écartez le petit doigt. — C'est ce que nous appelons de la grâce. Souriez. Bon. — Nous saluons du bras droit. (*Il salue.*) Un, deux, trois et quatre. — Pour le bras gauche : le coude à la hauteur de l'épaule. En passant la main devant vous, déployez le bras dans toute sa longueur pour présenter, en souriant, la main à la dame. Ainsi : (*galamment.*) Madame! Moi, seul, une fois, pour la mémoire : (*Il danse en chantant.*) La, la, la, la, la, la, la, etc.

« A vous, monsieur. (*Pendant que M. Jourdain danse, le maître à danser chante.*) La, la, la, la, la; en cadence, s'il vous plaît. La, la, la, la, la; la jambe droite. La, la, la. Bien.

« Ensemble maintenant, monsieur.

« Vous, par ici; moi, par là. (*Chantant et dansant.*) La, la, la, la, la, la, la, etc.

« Bien. — Tenez vous droit, monsieur. Le corps sur la jambe qui est derrière. Le menton à l'épaule; regardez-moi; souriez. Nous partons. Deux

ACTE II, SCÈNE I.

LE MAITRE A DANSER.

Un chapeau, monsieur, s'il vous plaît. (Monsieur Jourdain va prendre le chapeau de son laquais, et le met par-dessus son bonnet de nuit. Son maître lui prend les mains, et le fait danser sur un air de menuet qu'il chante.) La, la, la; la, la, la, la, la, la; la, la, la (*bis*); la, la, la; la, la. En cadence, s'il vous plaît. La, la, la, la, la. La jambe droite. La, la, la. Ne remuez point tant les épaules. La, la, la, la, la; la, la, la, la, la. Vos deux bras sont estropiés. La, la, la, la, la. Haussez la tête. Tournez la pointe du pied en dehors. La, la, la. Dressez votre corps.

MONSIEUR JOURDAIN.

Euh?

LE MAITRE DE MUSIQUE.

Voilà qui est le mieux du monde.

MONSIEUR JOURDAIN.

A propos. Apprenez-moi comme il faut faire une révérence pour saluer une marquise; j'en aurai besoin tantôt.

LE MAITRE A DANSER.

Une révérence pour saluer une marquise?

MONSIEUR JOURDAIN.

Oui. Une marquise qui s'appelle Dorimène.

LE MAITRE A DANSER.

Donnez-moi la main.

---

pas en avant; en cadence : (*Il danse avec M. Jourdain.*) La, la, la. Ne remuez point tant les épaules. Donnez-moi la main. La, la, la. Regardez-moi, monsieur, sous le bras, gracieusement. Là; vos deux bras sont estropiés.

« Nous continuons, monsieur. Rendons les saignées. Ne cassez point vos poignets. Deux pas en avant. En cadence : (*Il chante et danse.*) La, la, la, la, la. Haussez la tête. Donnez-moi la main. La, la, la. Tournez la pointe du pied en dehors. La, la, la. Dressez votre corps. Bien. Assemblé soutenu en tournant. Des demi-pointes. Monsieur, des demi-pointes ! — Bon. Saluez. Souriez... On ne peut pas mieux ! »

MONSIEUR JOURDAIN.

Non. Vous n'avez qu'à faire; je retiendrai bien.

LE MAITRE A DANSER.

Si vous voulez la saluer avec beaucoup de respect, il faut faire d'abord une révérence en arrière, puis marcher vers elle avec trois révérences en avant, et à la dernière vous baisser jusqu'à ses genoux.

MONSIEUR JOURDAIN.

Faites un peu. (Après que le maître à danser a fait trois révérences.) Bon.

SCÈNE II.

MONSIEUR JOURDAIN, LE MAITRE DE MUSIQUE,
LE MAITRE A DANSER, UN LAQUAIS.

LE LAQUAIS.

Monsieur, voilà votre maître d'armes qui est là.

MONSIEUR JOURDAIN.

Dis-lui qu'il entre ici pour me donner une leçon. (Au maître de musique et au maître à danser.) Je veux que vous me voyiez faire.

SCÈNE III.

MONSIEUR JOURDAIN, UN MAITRE D'ARMES,
LE MAITRE DE MUSIQUE, LE MAITRE A DANSER,
UN LAQUAIS, tenant deux fleurets.

LE MAITRE D'ARMES, après avoir pris les deux fleurets de la main du laquais, et en avoir présenté un à monsieur Jourdain.

Allons, monsieur, la révérence. Votre corps droit. Un peu penché sur la cuisse gauche. Les jambes point tant écartées. Vos pieds sur une même ligne. Votre poignet à l'opposite de votre hanche. La pointe de votre épée vis-à-

ACTE II, SCÈNE III.

vis de votre épaule. Le bras pas tout à fait si étendu. La main gauche à la hauteur de l'œil. L'épaule gauche plus quartée¹.* La tête droite. Le regard assuré. Avancez. Le corps ferme. Touchez-moi l'épée de quarte, et achevez de même. Une, deux. Remettez-vous. Redoublez de pied ferme. [Une, deux.]** Un saut en arrière. Quand vous portez la botte, monsieur, il faut que l'épée parte la première, et que le corps soit bien effacé. Une, deux. Allons, touchez-moi l'épée de tierce, et achevez de même. Avancez. Le corps ferme. Avancez. Partez de là. Une, deux. Remettez-vous. Redoublez. [Une, deux.]*** Un saut en arrière. En garde, monsieur, en garde. (Le maître d'armes lui pousse deux ou trois bottes, en lui disant : En garde.)

MONSIEUR JOURDAIN.

Euh?****

LE MAITRE DE MUSIQUE.

Vous faites des merveilles.

LE MAITRE D'ARMES.

Je vous l'ai déjà dit; tout le secret des armes ne consiste qu'en deux choses : à donner et à ne point recevoir; et, comme je vous fis voir l'autre jour par raison démonstrative, il est impossible que vous receviez si vous savez détourner l'épée de votre ennemi de la ligne de votre

---

* VAR. *L'épaule gauche plus quarrée* (1682). Ce mot n'a point de sens.
** VAR. Ces deux mots se trouvent seulement dans l'édition de 1682.
*** VAR. Ces deux mots n'existent, de même, que dans l'édition de 1682.
**** VAR. *Euh!* (1682). Suivant l'une ou l'autre ponctuation, on pourrait croire soit que M. Jourdain se récrie contre les bottes que lui pousse le maître d'armes, soit qu'il provoque les compliments des personnages qui le regardent.

1. *Quartée* est un terme d'escrime qui indique la position que doit avoir l'épaule gauche lorsqu'on est en quarte, c'est-à-dire lorsque l'épée de votre adversaire est à votre gauche, et que l'épaule, plus menacée, doit être par conséquent effacée avec plus de soin.

corps : ce qui ne dépend seulement que d'un petit mouvement du poignet, ou en dedans, ou en dehors.

MONSIEUR JOURDAIN.

De cette façon, donc, un homme, sans avoir du cœur, est sûr de tuer son homme, et de n'être point tué?

LE MAITRE D'ARMES.

Sans doute ; n'en vîtes-vous pas la démonstration?

MONSIEUR JOURDAIN.

Oui.

LE MAITRE D'ARMES.

Et c'est en quoi l'on voit de quelle considération nous autres nous devons être dans un État; et combien la science des armes l'emporte hautement sur toutes les autres sciences inutiles, comme la danse, la musique, la...

LE MAITRE A DANSER.

Tout beau, monsieur le tireur d'armes; ne parlez de la danse qu'avec respect.

LE MAITRE DE MUSIQUE.

Apprenez, je vous prie, à mieux traiter l'excellence de la musique.

LE MAITRE D'ARMES.

Vous êtes de plaisantes gens, de vouloir comparer vos sciences à la mienne !

LE MAITRE DE MUSIQUE.

Voyez un peu l'homme d'importance !

LE MAITRE A DANSER.

Voilà un plaisant animal, avec son plastron !

LE MAITRE D'ARMES.

Mon petit maître à danser, je vous ferois danser comme il faut. Et vous, mon petit musicien, je vous ferois chanter de la belle manière.

LE MAITRE A DANSER.

Monsieur le batteur de fer, je vous apprendrai votre métier.

MONSIEUR JOURDAIN, au maître à danser.

Êtes-vous fou de l'aller quereller, lui qui entend la tierce et la quarte, et qui sait tuer un homme par raison démonstrative?

LE MAITRE A DANSER.

Je me moque de sa raison démonstrative, et de sa tierce et de sa quarte.

MONSIEUR JOURDAIN, au maître à danser.

Tout doux, vous dis-je.

LE MAITRE D'ARMES, au maître à danser.

Comment? petit impertinent!

MONSIEUR JOURDAIN.

Hé! mon maître d'armes.

LE MAITRE A DANSER, au maître d'armes.

Comment? grand cheval de carrosse!

MONSIEUR JOURDAIN.

Hé! mon maître à danser.

LE MAITRE D'ARMES.

Si je me jette sur vous...

MONSIEUR JOURDAIN, au maître d'armes.

Doucement.

LE MAITRE A DANSER.

Si je mets sur vous la main...

MONSIEUR JOURDAIN, au maître à danser.

Tout beau.

LE MAITRE D'ARMES.

Je vous étrillerai d'un air...

MONSIEUR JOURDAIN, au maître d'armes.

De grâce...

LE MAITRE A DANSER.

Je vous rosserai d'une manière...

MONSIEUR JOURDAIN, au maître à danser.

Je vous prie...

LE MAITRE DE MUSIQUE.

Laissez-nous un peu lui apprendre à parler.

MONSIEUR JOURDAIN, au maître de musique.

Mon Dieu! arrêtez-vous.

SCÈNE IV.

UN MAITRE DE PHILOSOPHIE,
MONSIEUR JOURDAIN, LE MAITRE DE MUSIQUE,
LE MAITRE A DANSER,
LE MAITRE D'ARMES, UN LAQUAIS.

MONSIEUR JOURDAIN.

Holà! monsieur le philosophe, vous arrivez tout à propos avec votre philosophie. Venez un peu mettre la paix entre ces personnes-ci.

LE MAITRE DE PHILOSOPHIE.

Qu'est-ce donc? qu'y a-t-il, messieurs?

MONSIEUR JOURDAIN.

Ils se sont mis en colère, pour la préférence de leurs professions, jusqu'à se dire des injures et vouloir en venir aux mains.

LE MAITRE DE PHILOSOPHIE.

Hé quoi, messieurs! faut-il s'emporter de la sorte? et n'avez-vous point lu le docte traité que Sénèque a composé de la colère? Y a-t-il rien de plus bas et de plus honteux que cette passion, qui fait d'un homme une bête féroce? Et la raison ne doit-elle pas être maîtresse de tous nos mouvements?

ACTE II, SCÈNE IV.

LE MAITRE A DANSER.

Comment, monsieur! il vient nous dire des injures à tous deux, en méprisant la danse, que j'exerce, et la musique, dont il fait profession.

LE MAITRE DE PHILOSOPHIE.

Un homme sage est au-dessus de toutes les injures qu'on lui peut dire : et la grande réponse qu'on doit faire aux outrages, c'est la modération et la patience.

LE MAITRE D'ARMES.

Ils ont tous deux l'audace de vouloir comparer leurs professions à la mienne!

LE MAITRE DE PHILOSOPHIE.

Faut-il que cela vous émeuve? Ce n'est pas de vaine gloire et de condition que les hommes doivent disputer entre eux; et ce qui nous distingue parfaitement les uns des autres, c'est la sagesse et la vertu.

LE MAITRE A DANSER.

Je lui soutiens que la danse est une science à laquelle on ne peut faire assez d'honneur.

LE MAITRE DE MUSIQUE.

Et moi, que la musique en est une que tous les siècles ont révérée.

LE MAITRE D'ARMES.

Et moi, je leur soutiens à tous deux que la science de tirer des armes est la plus belle et la plus nécessaire de toutes les sciences.

LE MAITRE DE PHILOSOPHIE.

Et que sera donc la philosophie? Je vous trouve tous trois bien impertinents de parler devant moi avec cette arrogance, et de donner impudemment le nom de science à des choses que l'on ne doit pas même honorer du nom d'art, et qui ne peuvent être comprises que sous le nom de métier misérable de gladiateur, de chanteur, et de baladin!

LE MAITRE D'ARMES.

Allez, philosophe de chien.

LE MAITRE DE MUSIQUE.

Allez, bélître de pédant.

LE MAITRE A DANSER.

Allez, cuistre fieffé.

LE MAITRE DE PHILOSOPHIE.

Comment, marauds que vous êtes!... (Le philosophe se jette sur eux, et tous trois le chargent de coups.)

MONSIEUR JOURDAIN.

Monsieur le philosophe!

LE MAITRE DE PHILOSOPHIE.

Infâmes! coquins! insolents!

MONSIEUR JOURDAIN.

Monsieur le philosophe!

LE MAITRE D'ARMES.

La peste l'animal!*

MONSIEUR JOURDAIN.

Messieurs!

LE MAITRE DE PHILOSOPHIE.

Impudents!

MONSIEUR JOURDAIN.

Monsieur le philosophe!

LE MAITRE A DANSER.

Diantre soit de l'âne bâté!

MONSIEUR JOURDAIN.

Messieurs!

LE MAITRE DE PHILOSOPHIE.

Scélérats!

* Var. *La peste de l'animal!* (1682).

MONSIEUR JOURDAIN.
Monsieur le philosophe!
LE MAITRE DE MUSIQUE.
Au diable l'impertinent!
MONSIEUR JOURDAIN.
Messieurs!
LE MAITRE DE PHILOSOPHIE.
Fripons! gueux! traîtres! imposteurs!
MONSIEUR JOURDAIN.
Monsieur le philosophe! Messieurs! Monsieur le philosophe! Messieurs! Monsieur le philosophe!

(Ils sortent en se battant.)

SCÈNE V.

MONSIEUR JOURDAIN, UN LAQUAIS.

MONSIEUR JOURDAIN.
Oh! battez-vous tant qu'il vous plaira : je n'y saurois que faire, et je n'irai pas gâter ma robe pour vous séparer. Je serois bien fou de m'aller fourrer parmi eux, pour recevoir quelque coup qui me feroit mal.

SCÈNE VI.

LE MAITRE DE PHILOSOPHIE,
MONSIEUR JOURDAIN, UN LAQUAIS.

LE MAITRE DE PHILOSOPHIE, raccommodant son collet.
Venons à notre leçon.
MONSIEUR JOURDAIN.
Ah! monsieur, je suis fâché des coups qu'ils vous ont donnés.
LE MAITRE DE PHILOSOPHIE.
Cela n'est rien. Un philosophe sait recevoir comme il

faut les choses ; et je vais composer contre eux une satire du style de Juvénal, qui les déchirera de la belle façon. Laissons cela. Que voulez-vous apprendre?

MONSIEUR JOURDAIN.

Tout ce que je pourrai : car j'ai toutes les envies du monde d'être savant, et j'enrage que mon père et ma mère ne m'aient pas fait bien étudier dans toutes les sciences quand j'étois jeune.

LE MAITRE DE PHILOSOPHIE.

Ce sentiment est raisonnable; *nam, sine doctrina, vita est quasi mortis imago.* Vous entendez cela, et vous savez le latin sans doute.

MONSIEUR JOURDAIN.

Oui; mais faites comme si je ne savois pas. Expliquez-moi ce que cela veut dire.

LE MAITRE DE PHILOSOPHIE.

Cela veut dire que, *sans la science, la vie est presque une image de la mort.*

MONSIEUR JOURDAIN.

Ce latin-là a raison.

LE MAITRE DE PHILOSOPHIE.

N'avez-vous point quelques principes, quelques commencements des sciences?

MONSIEUR JOURDAIN.

Oh! oui, je sais lire et écrire.

LE MAITRE DE PHILOSOPHIE.

Par où vous plaît-il que nous commencions[1]? Voulez-vous que je vous apprenne la logique?

MONSIEUR JOURDAIN.

Qu'est-ce que c'est que cette logique?

1. On a rapproché ce dialogue de celui de Socrate et de Strepsiade dans *les Nuées* d'Aristophane :

« SOCRATE. Eh bien! quelle science veux-tu d'abord apprendre, de toutes

LE MAITRE DE PHILOSOPHIE.

C'est elle qui enseigne les trois opérations de l'esprit.

MONSIEUR JOURDAIN.

Qui sont-elles, ces trois opérations de l'esprit?

LE MAITRE DE PHILOSOPHIE.

La première, la seconde, et la troisième. La première est de bien concevoir, par le moyen des universaux ; la seconde, de bien juger, par le moyen des catégories ; et la troisième, de bien tirer une conséquence, par le moyen des figures : *Barbara, Celarent, Darii, Ferio, Baralipton*[1].

MONSIEUR JOURDAIN.

Voilà des mots qui sont trop rébarbatifs. Cette logi-

---

celles qu'on ne t'a jamais enseignées? Les mesures, les rythmes ou les vers?

« STREPSIADE. Ah! les mesures : l'autre jour, un marchand de farine m'a fraudé de deux chénix.

« SOCRATE. Ce n'est pas là ce que je te demande. Mais quelle est selon toi, la plus belle mesure : le trimètre ou le tétramètre? (Ce sont des mètres poétiques.)

« STREPSIADE. Celle que je préfère est le demi-setier. (Strepsiade comprend qu'il s'agit de mesures de capacité.)

« SOCRATE. Tu radotes, mon brave homme.

« STREPSIADE. Je te parie que ton tétramètre est un demi-setier.

« SOCRATE. Peste soit du balourd et de l'ignorant! Allons, peut-être apprendras-tu plus vite les rythmes, etc. »

Il y a incontestablement de l'analogie entre la scène du comique grec et la scène du comique français, mais c'est une ressemblance éloignée.

1. On reconnaît toujours en logique trois opérations de l'esprit, la conception ou perception, le jugement et le raisonnement. Quant aux termes d'*universaux* et de *catégories,* ils appartiennent à l'ancien jargon de l'école, heureusement abandonné aujourd'hui. On comptait cinq *universaux* : le genre, l'espèce, la différence, le propre et l'accident. Les *catégories,* suivant Aristote, étaient au nombre de dix, savoir : la substance, la quantité, la qualité, la relation, la situation, etc. *Barbara, Celarent, Darii, Ferio, Baralipton,* est le premier de quatre vers techniques, composés de mots purement artificiels, et inventés comme un moyen de désigner les dix-neuf modes de syllogismes réguliers. Chaque mot est formé de trois syllabes, représentant les trois propositions d'un syllogisme, et la voyelle de chaque syllabe indique la nature de chaque proposition. (AUGER.)

que-là ne me revient point. Apprenons autre chose qui soit plus joli.

LE MAITRE DE PHILOSOPHIE.

Voulez-vous apprendre la morale?

MONSIEUR JOURDAIN.

La morale?

LE MAITRE DE PHILOSOPHIE.

Oui.

MONSIEUR JOURDAIN.

Qu'est-ce qu'elle dit, cette morale?

LE MAITRE DE PHILOSOPHIE.

Elle traite de la félicité, enseigne aux hommes à modérer leurs passions, et...

MONSIEUR JOURDAIN.

Non; laissons cela. Je suis bilieux comme tous les diables, et il n'y a morale qui tienne : je me veux mettre en colère tout mon soûl, quand il m'en prend envie.

LE MAITRE DE PHILOSOPHIE.

Est-ce la physique que vous voulez apprendre?

MONSIEUR JOURDAIN.

Qu'est-ce qu'elle chante, cette physique?

LE MAITRE DE PHILOSOPHIE.

La physique est celle qui explique les principes des choses naturelles, et les propriétés des corps; qui discourt de la nature des éléments, des métaux, des minéraux, des pierres, des plantes et des animaux, et nous enseigne les causes de tous les météores, l'arc-en-ciel, les feux volants, les comètes, les éclairs, le tonnerre, la foudre, la pluie, la neige, la grêle, les vents, et les tourbillons.

MONSIEUR JOURDAIN.

Il y a trop de tintamarre là-dedans, trop de brouillamini.

ACTE II, SCÈNE VI.

LE MAITRE DE PHILOSOPHIE.

Que voulez-vous donc que je vous apprenne?

MONSIEUR JOURDAIN.

Apprenez-moi l'orthographe.

LE MAITRE DE PHILOSOPHIE.

Très volontiers.

MONSIEUR JOURDAIN.

Après, vous m'apprendrez l'almanach, pour savoir quand il y a de la lune et quand il n'y en a point.

LE MAITRE DE PHILOSOPHIE.

Soit. Pour bien suivre votre pensée, et traiter cette matière en philosophe, il faut commencer, selon l'ordre des choses, par une exacte connoissance de la nature des lettres, et de la différente manière de les prononcer toutes. Et là-dessus j'ai à vous dire que les lettres sont divisées en voyelles, ainsi dites voyelles parce qu'elles expriment les voix; et en consonnes, ainsi appelées consonnes parce qu'elles sonnent avec les voyelles, et ne font que marquer les diverses articulations des voix. Il y a cinq voyelles, ou voix: A, E, I, O, U.

MONSIEUR JOURDAIN.

J'entends tout cela.

LE MAITRE DE PHILOSOPHIE.

La voix A se forme en ouvrant fort la bouche: A.

MONSIEUR JOURDAIN.

A, A. Oui.

LE MAITRE DE PHILOSOPHIE.

La voix E se forme en rapprochant la mâchoire d'en bas de celle d'en haut: A, E.

MONSIEUR JOURDAIN.

A, E; A, E. Ma foi, oui. Ah! que cela est beau!

LE MAITRE DE PHILOSOPHIE.

Et la voix I, en rapprochant encore davantage les mâchoires l'une de l'autre, et écartant les deux coins de la bouche vers les oreilles : A, E, I.

MONSIEUR JOURDAIN.

A, E, I, I, I, I. Cela est vrai. Vive la science !

LE MAITRE DE PHILOSOPHIE.

La voix O se forme en rouvrant les mâchoires, et approchant les lèvres par les deux coins, le haut et le bas : O.

MONSIEUR JOURDAIN.

O, O. Il n'y a rien de plus juste : A, E, I, O, I, O. Cela est admirable ! I, O ; I, O.

LE MAITRE DE PHILOSOPHIE.

L'ouverture de la bouche fait justement comme un petit rond qui représente un O.

MONSIEUR JOURDAIN.

O, O, O. Vous avez raison. O. Ah ! la belle chose que de savoir quelque chose !

LE MAITRE DE PHILOSOPHIE.

La voix U se forme en rapprochant les dents sans les joindre entièrement, et allongeant les deux lèvres en dehors, les approchant aussi l'une de l'autre, sans les joindre tout à fait : U.

MONSIEUR JOURDAIN.

U, U. Il n'y a rien de plus véritable : U.

LE MAITRE DE PHILOSOPHIE.

Vos deux lèvres s'allongent comme si vous faisiez la moue : d'où vient que si vous la voulez faire à quelqu'un et vous moquer de lui, vous ne sauriez lui dire que U[1].

---

1. Le poète italien Alfieri, qui semblerait avoir eu le même maître de français que M. Jourdain, a laissé éclater de la manière la plus comique son

MONSIEUR JOURDAIN.

U, U. Cela est vrai. Ah! que n'ai-je étudié plus tôt pour savoir tout cela !

LE MAITRE DE PHILOSOPHIE.

Demain, nous verrons les autres lettres, qui sont les consonnes.

MONSIEUR JOURDAIN.

Est-ce qu'il y a des choses aussi curieuses qu'à celles-ci?

LE MAITRE DE PHILOSOPHIE.

Sans doute. La consonne D, par exemple, se prononce en donnant du bout de la langue au-dessus des dents d'en haut : DA.

MONSIEUR JOURDAIN.

DA, DA. Oui ! Ah ! les belles choses ! les belles choses !

LE MAITRE DE PHILOSOPHIE.

L'F, en appuyant les dents d'en haut sur la lèvre de dessous : FA.

MONSIEUR JOURDAIN.

FA, FA. C'est la vérité. Ah! mon père et ma mère, que je vous veux de mal !

LE MAITRE DE PHILOSOPHIE.

Et l'R, en portant le bout de la langue jusqu'au haut du palais ; de sorte qu'étant frôlée par l'air qui sort avec force, elle lui cède, et revient toujours au même endroit, faisant une manière de tremblement : R, RA [1].

---

indignation contre cette voyelle : « L'*u* français, dit-il, m'a toujours déplu par sa maigre articulation, et par la petite bouche que font les lèvres de celui qui le prononce : on dirait la grimace ridicule des singes. A présent même, ajoute-t-il, depuis cinq ou six ans que je suis en France, quoique j'aie les oreilles pleines de cet *u*, je ne puis m'empêcher d'en rire toutes les fois que j'y prends garde au théâtre, et surtout dans les salons. » (*Mémoires d'Alfieri*, tome I, page 121.)

1. Toutes ces explications sur le mécanisme qui produit les voix et les

MONSIEUR JOURDAIN.

R, R, RA, R, R, R, R, R, RA. Cela est vrai. Ah! l'habile

articulations sont tirées presque mot pour mot d'un ouvrage de M. de Cordemoy, de l'Académie française, intitulé *Discours physique de la parole*, et publié en 1668, c'est-à-dire deux ans avant la représentation du *Bourgeois gentilhomme*. On en jugera par ces citations, où j'aurai soin de souligner les phrases empruntées par Molière :

« Si, par exemple, on ouvre la bouche autant qu'on la peut ouvrir en criant, on ne sauroit former qu'une voix en A.

« Que si l'on ouvre un peu moins la bouche, *en avançant la mâchoire d'en bas vers celle d'en haut*, on formera une autre voix terminée en E.

« Et *si l'on approche encore un peu davantage les mâchoires l'une de l'autre* sans toutefois que les dents se touchent, on formera une troisième voix en I.

« Mais si, au contraire, on vient à ouvrir les mâchoires, et à *rapprocher en même temps les lèvres par les deux coins, le haut et le bas*, sans néanmoins les fermer tout à fait, on formera une voix en O.

« Enfin, si l'on *rapproche les dents sans les joindre entièrement*, et si, en même instant, *on allonge les deux lèvres, sans les joindre tout à fait*, on formera une voix en U.

« Le D se prononce en approchant *le bout de la langue au-dessus des dents d'en haut*.

« La lettre F se prononce quand on joint la lèvre de dessous aux dents de dessus.

« *Et la lettre R en portant le bout de la langue jusqu'au haut du palais, de manière qu'étant frôlée par l'air qui sort avec force, elle lui cède, et revient souvent au même endroit.* » (AUGER.)

Tout ce fatras n'avait rien de nouveau, et les spectateurs y reconnaissaient les études de leur jeunesse : car, il faut bien le remarquer, la critique de Molière ne porte pas seulement sur le livre de Cordemoy, mais sur les puérilités scolastiques que la routine perpétuait dans les écoles. Les divers passages du livre de Cordemoy sont traduits littéralement d'un traité du xve siècle, dont voici le titre : *Galeoti Martii Narniensis de homine libri duo, cum annotationibus Georgii Merulæ*. (Cap. *de Literis*, p. 57.) Molière paraît même avoir emprunté à Galeotus plusieurs traits qui ne se trouvent pas dans Cordemoy; tel est celui-ci : *O rotundiore spiritu comparatur; forma per se patet, nec declaratione indiget. Circulus enim est forma capacissima : unde ore rotundo loqui dicuntur hi qui multa paucis exprimunt.* « Le son de l'o est produit par un mouvement arrondi de la bouche : on le lit sur les lèvres qui le prononcent. Le cercle est de toutes les figures celle qui renferme le plus d'espace : et c'est pour cela qu'on a dit de ceux qui expriment beaucoup de choses en peu de mots, qu'ils parlent avec une bouche arrondie. » Galeotus professait à Bologne; Louis XI le fit venir en

homme que vous êtes, et que j'ai perdu de temps! R, R, R, RA.

LE MAITRE DE PHILOSOPHIE.

Je vous expliquerai à fond toutes ces curiosités.

MONSIEUR JOURDAIN.

Je vous en prie. Au reste, il faut que je vous fasse une confidence. Je suis amoureux d'une personne de grande qualité, et je souhaiterois que vous m'aidassiez à lui écrire quelque chose dans un petit billet que je veux laisser tomber à ses pieds.

LE MAITRE DE PHILOSOPHIE.

Fort bien.

MONSIEUR JOURDAIN.

Cela sera galant, oui.

LE MAITRE DE PHILOSOPHIE.

Sans doute. Sont-ce des vers que vous lui voulez écrire?

MONSIEUR JOURDAIN.

Non, non; point de vers.

LE MAITRE DE PHILOSOPHIE.

Vous ne voulez que de la prose?

MONSIEUR JOURDAIN.

Non, je ne veux ni prose ni vers.

LE MAITRE DE PHILOSOPHIE.

Il faut bien que ce soit l'un ou l'autre.

MONSIEUR JOURDAIN.

Pourquoi?

France, où il mourut en 1448. Quant à l'ouvrage de Cordemoy, il était dédié à Louis XIV: circonstance qui dut contribuer aux plaisirs de la cour et du roi, à qui sans doute on ne laissa pas ignorer la source où Molière avait puisé. (AIMÉ MARTIN.)

Molière travaillait par la moquerie, comme les solitaires de Port-Royal par la science, à la réforme de l'enseignement. (LOUANDRE.)

LE MAITRE DE PHILOSOPHIE.

Par la raison, monsieur, qu'il n'y a, pour s'exprimer, que la prose ou les vers.

MONSIEUR JOURDAIN.

Il n'y a que la prose ou les vers?

LE MAITRE DE PHILOSOPHIE.

Non, monsieur. Tout ce qui n'est point prose est vers, et tout ce qui n'est point vers est prose.

MONSIEUR JOURDAIN.

Et comme l'on parle, qu'est-ce que c'est donc que cela?

LE MAITRE DE PHILOSOPHIE.

De la prose.

MONSIEUR JOURDAIN.

Quoi! quand je dis : Nicole, apportez-moi mes pantoufles et me donnez mon bonnet de nuit, c'est de la prose [1]?

LE MAITRE DE PHILOSOPHIE.

Oui, monsieur.

MONSIEUR JOURDAIN.

Par ma foi, il y a plus de quarante ans que je dis de la prose sans que j'en susse rien ; et je vous suis le plus obligé du monde de m'avoir appris cela. Je voudrois donc lui mettre dans un billet : *Belle marquise, vos beaux yeux me font mourir d'amour;* mais je voudrois que cela fût mis d'une manière galante, que cela fût tourné gentiment.

LE MAITRE DE PHILOSOPHIE.

Mettre que les feux de ses yeux réduisent votre cœur en cendres; que vous souffrez nuit et jour pour elle les violences d'un...

---

1. Cette naïveté était dès longtemps attribuée au comte de Soissons, mort en 1641. C'est du moins ce qu'on doit conclure du début d'une lettre de madame de Sévigné, du 12 juin 1681 : « Comment! ma fille, j'ai donc fait un sermon sans y penser! J'en suis aussi étonnée que monsieur le comte de Soissons, quand on lui découvrit qu'il faisoit de la prose. »

MONSIEUR JOURDAIN.

Non, non, non, je ne veux point tout cela. Je ne veux que ce que je vous ai dit : *Belle marquise, vos beaux yeux me font mourir d'amour.*

LE MAITRE DE PHILOSOPHIE.

Il faut bien étendre un peu la chose.

MONSIEUR JOURDAIN.

Non, vous dis-je. Je ne veux que ces seules paroles-là dans le billet, mais tournées à la mode, bien arrangées comme il faut. Je vous prie de me dire un peu, pour voir, les diverses manières dont on les peut mettre.

LE MAITRE DE PHILOSOPHIE.

On les peut mettre premièrement comme vous avez dit : *Belle marquise, vos beaux yeux me font mourir d'amour.* Ou bien : *D'amour mourir me font, belle marquise, vos beaux yeux.* Ou bien : *Vos yeux beaux d'amour me font, belle marquise, mourir.* Ou bien : *Mourir vos beaux yeux, belle marquise, d'amour me font.* Ou bien : *Me font vos yeux beaux mourir, belle marquise, d'amour.*

MONSIEUR JOURDAIN.

Mais de toutes ces façons-là, laquelle est la meilleure?

LE MAITRE DE PHILOSOPHIE.

Celle que vous avez dite : *Belle marquise, vos beaux yeux me font mourir d'amour.*

MONSIEUR JOURDAIN.

Cependant je n'ai point étudié, et j'ai fait cela tout du premier coup. Je vous remercie de tout mon cœur, et vous prie de venir demain de bonne heure.

LE MAITRE DE PHILOSOPHIE.

Je n'y manquerai pas.

SCÈNE VII.

MONSIEUR JOURDAIN, UN LAQUAIS.

MONSIEUR JOURDAIN, à son laquais.

Comment! mon habit n'est point encore arrivé?

LE LAQUAIS.

Non, monsieur.

MONSIEUR JOURDAIN.

Ce maudit tailleur me fait bien attendre pour un jour où j'ai tant d'affaires. J'enrage. Que la fièvre quartaine puisse serrer bien fort le bourreau de tailleur! Au diable le tailleur! La peste étouffe le tailleur! Si je le tenois maintenant, ce tailleur détestable, ce chien de tailleur-là, ce traître de tailleur, je...

SCÈNE VIII.

MONSIEUR JOURDAIN, UN MAITRE TAILLEUR, UN GARÇON TAILLEUR portant l'habit de monsieur Jourdain; UN LAQUAIS.

MONSIEUR JOURDAIN.

Ah! vous voilà! je m'allois mettre en colère contre vous [1].

LE MAITRE TAILLEUR.

Je n'ai pas pu venir plus tôt, et j'ai mis vingt garçons après votre habit.

. Après la colère furibonde de monsieur Jourdain, quoi de plus comique que cette apostrophe presque doucereuse? Monsieur Jourdain est impatient comme un parvenu, et timide comme un bourgeois qui ne sait pas encore se faire servir. Il n'y a point de traits d'esprit qui vaillent ces petites passions maniées avec une telle délicatesse.

MONSIEUR JOURDAIN.

Vous m'avez envoyé des bas de soie si étroits que j'ai eu toutes les peines du monde à les mettre, et il y a déjà deux mailles de rompues.

LE MAITRE TAILLEUR.

Ils ne s'élargiront que trop.

MONSIEUR JOURDAIN.

Oui, si je romps toujours des mailles. Vous m'avez aussi fait faire des souliers qui me blessent furieusement[1].

LE MAITRE TAILLEUR.

Point du tout, monsieur.

MONSIEUR JOURDAIN.

Comment! point du tout?

LE MAITRE TAILLEUR.

Non, ils ne vous blessent point.

MONSIEUR JOURDAIN.

Je vous dis qu'ils me blessent, moi.

LE MAITRE TAILLEUR.

Vous vous imaginez cela.

MONSIEUR JOURDAIN.

Je me l'imagine parce que je le sens. Voyez la belle raison!

LE MAITRE TAILLEUR.

Tenez, voilà le plus bel habit de la cour, et le mieux assorti. C'est un chef-d'œuvre que d'avoir inventé un habit sérieux qui ne fût pas noir; et je le donne en six coups aux tailleurs les plus éclairés.

---

1. On voit que le tailleur, à cette époque, se chargeait de fournir presque toutes les parties de l'habillement; ce qui était nécessaire, en effet, pour qu'il pût introduire une certaine harmonie dans un costume très compliqué.

MONSIEUR JOURDAIN.

Qu'est-ce que c'est que ceci? vous avez mis les fleurs en en bas [1].

LE MAITRE TAILLEUR.

Vous ne m'avez pas dit que vous les vouliez en en haut.

MONSIEUR JOURDAIN.

Est-ce qu'il faut dire cela?

LE MAITRE TAILLEUR.

Oui, vraiment. Toutes les personnes de qualité les portent de la sorte.

MONSIEUR JOURDAIN.

Les personnes de qualité portent les fleurs en en bas?

LE MAITRE TAILLEUR.

Oui, monsieur.

MONSIEUR JOURDAIN.

Oh! voilà qui est donc bien.

LE MAITRE TAILLEUR.

Si vous voulez, je les mettrai en en haut.

MONSIEUR JOURDAIN.

Non, non.

LE MAITRE TAILLEUR.

Vous n'avez qu'à dire.

MONSIEUR JOURDAIN.

Non, vous dis-je; vous avez bien fait. Croyez-vous que l'habit m'aille bien? *

---

* Var. *Croyez-vous que mon habit m'aille bien?* (1682).

1. Nicot écrit d'un seul mot *embas, enhaut*. Perrault parlant de la feuille d'arbre :

> Lorsque l'hiver répand sa neige et ses frimas,
> Elle quitte sa tige, et descend *en en bas*.

« Ce mot, dit Trévoux, doit être, en de certaines occasions, regardé comme substantif, car on lui donne une préposition. »

ACTE II, SCÈNE VIII.

LE MAITRE TAILLEUR.

Belle demande! Je défie un peintre, avec son pinceau, de vous faire rien de plus juste. J'ai chez moi un garçon qui, pour monter une ringrave, est le plus grand génie du monde; et un autre qui, pour assembler un pourpoint, est le héros de notre temps.

MONSIEUR JOURDAIN.

La perruque et les plumes sont-elles comme il faut?

LE MAITRE TAILLEUR.

Tout est bien.

MONSIEUR JOURDAIN, en regardant l'habit du tailleur.

Ah! ah! monsieur le tailleur, voilà de mon étoffe du dernier habit que vous m'avez fait. Je la reconnois bien.

LE MAITRE TAILLEUR.

C'est que l'étoffe me sembla si belle que j'en ai voulu lever un habit pour moi.

MONSIEUR JOURDAIN.

Oui; mais il ne falloit pas le lever avec le mien.

LE MAITRE TAILLEUR.

Voulez-vous mettre votre habit?

MONSIEUR JOURDAIN.

Oui; donnez-moi.

LE MAITRE TAILLEUR.

Attendez. Cela ne va pas comme cela. J'ai amené des gens pour vous habiller en cadence, et ces sortes d'habits se mettent avec cérémonie. Holà! entrez, vous autres.

SCÈNE IX.

MONSIEUR JOURDAIN,
LE MAITRE TAILLEUR, LE GARÇON TAILLEUR,
GARÇONS TAILLEURS dansants, UN LAQUAIS.

LE MAITRE TAILLEUR, à ses garçons.

Mettez cet habit à monsieur, de la manière que vous faites aux personnes de qualité.

PREMIÈRE ENTRÉE DE BALLET.

Quatre garçons tailleurs* entrent, dont deux lui arrachent le haut-de-chausses de ses exercices, et deux autres la camisole; puis ils lui mettent son habit neuf; et monsieur Jourdain se promène entre eux, et leur montre son habit pour voir s'il est bien. Le tout à la cadence de toute la symphonie.

GARÇON TAILLEUR.

Mon gentilhomme, donnez, s'il vous plaît, aux garçons quelque chose pour boire.

MONSIEUR JOURDAIN.

Comment m'appelez-vous?

GARÇON TAILLEUR.

Mon gentilhomme.

MONSIEUR JOURDAIN.

Mon gentilhomme! Voilà ce que c'est, de se mettre en personne de qualité! Allez-vous-en demeurer toujours habillé en bourgeois, on ne vous dira point : Mon gentilhomme. (Donnant de l'argent.) Tenez, voilà pour Mon gentilhomme.

---

* Les éditions de la pièce disent quatre garçons tailleurs, au lieu de six que compte le livre du ballet.

ACTE II, SCÈNE IX.

GARÇON TAILLEUR.

Monseigneur nous vous sommes bien obligés.

MONSIEUR JOURDAIN.

Monseigneur! Oh! oh! Monseigneur! Attendez, mon ami; Monseigneur mérite quelque chose, et ce n'est pas une petite parole que Monseigneur! Tenez, voilà ce que Monseigneur vous donne.

GARÇON TAILLEUR.

Monseigneur nous allons boire tous à la santé de Votre Grandeur.

MONSIEUR JOURDAIN.

Votre Grandeur! Oh! oh! oh! Attendez; ne vous en allez pas. A moi, Votre Grandeur! (Bas, à part.) Ma foi, s'il va jusqu'à l'Altesse, il aura toute la bourse. (Haut.) Tenez, voilà pour Ma Grandeur.

GARÇON TAILLEUR.

Monseigneur, nous la remercions très humblement de ses libéralités.

MONSIEUR JOURDAIN.

Il a bien fait, je lui allois tout donner [1].

DEUXIÈME ENTRÉE DE BALLET.

Les quatre garçons tailleurs se réjouissent de la libéralité de monsieur Jourdain par une danse qui fait le second intermède.

---

1. D'après le livre du ballet, *le Bourgeois gentilhomme* fut primitivement divisé en trois actes, dont le premier finissait en cet endroit.

ACTE TROISIÈME.

SCÈNE PREMIÈRE.
MONSIEUR JOURDAIN, DEUX LAQUAIS.

MONSIEUR JOURDAIN.

Suivez-moi, que j'aille un peu montrer mon habit par la ville; et surtout ayez soin tous deux de marcher immédiatement sur mes pas, afin qu'on voie bien que vous êtes à moi.

LAQUAIS.

Oui, monsieur.

MONSIEUR JOURDAIN.

Appelez-moi Nicole, que je lui donne quelques ordres. Ne bougez : la voilà.

SCÈNE II.
MONSIEUR JOURDAIN, NICOLE, DEUX LAQUAIS.

MONSIEUR JOURDAIN.

Nicole!

NICOLE.

Plaît-il?

MONSIEUR JOURDAIN.

Écoutez.

NICOLE, riant.

Hi, hi, hi, hi, hi.

MONSIEUR JOURDAIN.

Qu'as-tu à rire?

NICOLE.

Hi, hi, hi, hi, hi, hi.

MONSIEUR JOURDAIN.

Que veut dire cette coquine-là?

NICOLE.

Hi, hi, hi. Comme vous voilà bâti! Hi, hi, hi.

MONSIEUR JOURDAIN.

Comment donc?

NICOLE.

Ah! ah! mon Dieu! Hi, hi, hi, hi, hi.

MONSIEUR JOURDAIN.

Quelle friponne est-ce là? Te moques-tu de moi?

NICOLE.

Nenni, monsieur; j'en serois bien fâchée. Hi, hi, hi, hi, hi, hi.

MONSIEUR JOURDAIN.

Je te baillerai sur le nez, si tu ris davantage.

NICOLE.

Monsieur, je ne puis pas m'en empêcher. Hi, hi, hi, hi, hi, hi.

MONSIEUR JOURDAIN.

Tu ne t'arrêteras pas?

NICOLE.

Monsieur, je vous demande pardon; mais vous êtes si plaisant que je ne saurois me tenir de rire. Hi, hi, hi.

MONSIEUR JOURDAIN.

Mais voyez quelle insolence!

NICOLE.

Vous êtes tout à fait drôle comme cela. Hi, hi.

MONSIEUR JOURDAIN.

Je te...

NICOLE.

Je vous prie de m'excuser. Hi, hi, hi, hi.

MONSIEUR JOURDAIN.

Tiens, si tu ris encore le moins du monde, je te jure que je t'appliquerai sur la joue le plus grand soufflet qui se soit jamais donné.

NICOLE.

Hé bien! monsieur, voilà qui est fait : je ne rirai plus.

MONSIEUR JOURDAIN.

Prends-y bien garde. Il faut que, pour tantôt, tu nettoies...

NICOLE.

Hi, hi.

MONSIEUR JOURDAIN.

Que tu nettoies comme il faut...

NICOLE.

Hi, hi.

MONSIEUR JOURDAIN.

Il faut, dis-je, que tu nettoies la salle, et..

NICOLE.

Hi, hi.

MONSIEUR JOURDAIN.

Encore?

NICOLE, tombant à force de rire[1].

Tenez, monsieur, battez-moi plutôt, et me laissez rire tout mon soûl; cela me fera plus de bien. Hi, hi, hi, hi, hi.

---

1. Cette indication a été donnée pour la première fois par l'éditeur de 1734, Marc-Ant. Joly, d'après la tradition du théâtre; mais elle n'existe ni dans les éditions originales ni dans l'édition de 1682

ACTE III, SCÈNE II.

MONSIEUR JOURDAIN.

J'enrage!

NICOLE.

De grâce, monsieur, je vous prie de me laisser rire. Hi, hi, hi.

MONSIEUR JOURDAIN.

Si je te prends...

NICOLE.

Monsieur, eur, je crèverai, ai, si je ne ris. Hi, hi, hi.

MONSIEUR JOURDAIN.

Mais a-t-on jamais vu une pendarde comme celle-là, qui me vient rire insolemment au nez, au lieu de recevoir mes ordres?

NICOLE.

Que voulez-vous que je fasse, monsieur?

MONSIEUR JOURDAIN.

Que tu songes, coquine, à préparer ma maison pour la compagnie qui doit venir tantôt.

NICOLE, se relevant[1].

Ah! par ma foi, je n'ai plus envie de rire; et toutes vos compagnies font tant de désordre céans que ce mot est assez pour me mettre en mauvaise humeur.

MONSIEUR JOURDAIN.

Ne dois-je point pour toi fermer ma porte à tout le monde?

NICOLE.

Vous devriez au moins la fermer à certaines gens.

---

1. Cette indication a, bien entendu, la même source que la précédente.

SCÈNE III.

MADAME JOURDAIN, MONSIEUR JOURDAIN, NICOLE, DEUX LAQUAIS.

MADAME JOURDAIN.

Ah! ah! voici une nouvelle histoire! Qu'est-ce que c'est donc, mon mari, que cet équipage-là? Vous moquez-vous du monde, de vous être fait enharnacher de la sorte? et avez-vous envie qu'on se raille partout de vous?

MONSIEUR JOURDAIN.

Il n'y a que des sots et des sottes, ma femme, qui se railleront de moi.

MADAME JOURDAIN.

Vraiment, on n'a pas attendu jusqu'à cette heure; et il y a longtemps que vos façons de faire donnent à rire à tout le monde.

MONSIEUR JOURDAIN.

Qui est donc tout ce monde-là, s'il vous plaît?

MADAME JOURDAIN.

Tout ce monde-là est un monde qui a raison, et qui est plus sage que vous. Pour moi, je suis scandalisée de la vie que vous menez. Je ne sais plus ce que c'est que notre maison. On diroit qu'il est céans carême prenant[1] tous les jours; et dès le matin, de peur d'y manquer, on y entend des vacarmes de violons ou de chanteurs dont tout le voisinage se trouve incommodé.

NICOLE.

Madame parle bien. Je ne saurois plus voir mon ménage propre avec cet attirail de gens que vous faites venir

---

1. On appelait ainsi autrefois les jours gras qui précèdent le carême.

LE BOURGEOIS GENTILHOMME.

ACTE III — SCÈNE III.

Garnier frères Éditeurs

chez vous. Ils ont des pieds qui vont chercher de la boue dans tous les quartiers de la ville pour l'apporter ici; et la pauvre Françoise est presque sur les dents, à frotter les planchers que vos biaux maîtres viennent crotter régulièrement tous les jours.

MONSIEUR JOURDAIN.

Ouais! notre servante Nicole, vous avez le caquet bien affilé, pour une paysanne!

MADAME JOURDAIN.

Nicole a raison; et son sens est meilleur que le vôtre. Je voudrois bien savoir ce que vous pensez faire d'un maître à danser, à l'âge que vous avez.

NICOLE.

Et d'un grand maître tireur d'armes, qui vient, avec ses battements de pied, ébranler toute la maison, et nous déraciner tous les carriaux de notre salle.

MONSIEUR JOURDAIN.

Taisez-vous, ma servante et ma femme.

MADAME JOURDAIN.

Est-ce que vous voulez apprendre à danser pour quand vous n'aurez plus de jambes?

NICOLE.

Est-ce que vous avez envie de tuer quelqu'un?

MONSIEUR JOURDAIN.

Taisez-vous, vous dis-je : vous êtes des ignorantes l'une et l'autre; et vous ne savez pas les prérogatives de tout cela.

MADAME JOURDAIN.

Vous devriez bien plutôt songer à marier votre fille, qui est en âge d'être pourvue.

MONSIEUR JOURDAIN.

Je songerai à marier ma fille quand il se présentera

un parti pour elle, mais je veux songer aussi à apprendre les belles choses.

NICOLE.

J'ai encore ouï dire, madame, qu'il a pris aujourd'hui, pour renfort de potage, un maître de philosophie.

MONSIEUR JOURDAIN.

Fort bien. Je veux avoir de l'esprit, et savoir raisonner des choses parmi les honnêtes gens.

MADAME JOURDAIN.

N'irez-vous point, l'un de ces jours, au collège vous faire donner le fouet, à votre âge?

MONSIEUR JOURDAIN.

Pourquoi non? Plût à Dieu l'avoir tout à l'heure, le fouet, devant tout le monde, et savoir ce qu'on apprend au collège[1]!

NICOLE.

Oui, ma foi, cela vous rendroit la jambe bien mieux faite.

MONSIEUR JOURDAIN.

Sans doute.

MADAME JOURDAIN.

Tout cela est fort nécessaire pour conduire votre maison!

MONSIEUR JOURDAIN.

Assurément. Vous parlez toutes deux comme des bêtes, et j'ai honte de votre ignorance. (A madame Jourdain.) Par exemple savez-vous, vous, ce que vous dites à cette heure?

MADAME JOURDAIN.

Oui. Je sais que ce que je dis est fort bien dit, et que vous devriez songer à vivre d'autre sorte.

---

1. « La sotte chose, dit Montaigne, qu'un vieillard abécédaire! On peut continuer en tout temps l'estude, non pas l'escholage. »

Cependant les spectateurs d'aujourd'hui ne sont pas éloignés d'approuver le beau zèle de M. Jourdain pour la science.

MONSIEUR JOURDAIN.

Je ne parle pas de cela. Je vous demande ce que c'est que les paroles que vous dites ici.

MADAME JOURDAIN.

Ce sont des paroles bien sensées, et votre conduite ne l'est guère.

MONSIEUR JOURDAIN.

Je ne parle pas de cela, vous dis-je. Je vous demande, ce que je parle avec vous, ce que je vous dis à cette heure, qu'est-ce que c'est?

MADAME JOURDAIN.

Des chansons.

MONSIEUR JOURDAIN.

Hé! non, ce n'est pas cela. Ce que nous disons tous deux, le langage que nous parlons à cette heure.

MADAME JOURDAIN.

Hé bien?

MONSIEUR JOURDAIN.

Comment est-ce que cela s'appelle?

MADAME JOURDAIN.

Cela s'appelle comme on veut l'appeler.

MONSIEUR JOURDAIN.

C'est de la prose, ignorante.

MADAME JOURDAIN.

De la prose?

MONSIEUR JOURDAIN.

Oui, de la prose. Tout ce qui est prose n'est point vers; et tout ce qui n'est point vers n'est point prose [1]. Heu! voilà ce que c'est d'étudier. (A Nicole.) Et toi, sais-tu bien comme il faut faire pour dire un U?

___

1. Ainsi dans l'édition princeps. On a corrigé dans les éditions suivantes : « Tout ce qui n'est point vers est prose. » Mais l'intention de l'auteur a fort bien pu être de faire répéter tout de travers à M. Jourdain la leçon de son maître de philosophie.

NICOLE.

Comment?

MONSIEUR JOURDAIN.

Oui. Qu'est-ce que tu fais quand tu dis un U?

NICOLE.

Quoi?

MONSIEUR JOURDAIN.

Dis un peu U, pour voir.

NICOLE.

Hé bien! U.

MONSIEUR JOURDAIN.

Qu'est-ce que tu fais?

NICOLE.

Je dis U.

MONSIEUR JOURDAIN.

Oui; mais quand tu dis U, qu'est-ce que tu fais?

NICOLE.

Je fais ce que vous me dites.

MONSIEUR JOURDAIN.

Oh! l'étrange chose que d'avoir affaire à des bêtes! Tu allonges les lèvres en dehors, et approches la mâchoire d'en haut de celle d'en bas[1] : U, vois-tu? U, je fais la moue : U.

NICOLE.

Oui, cela est biau.

MADAME JOURDAIN.

Voilà qui est admirable.

MONSIEUR JOURDAIN.

C'est bien autre chose, si vous aviez vu O, et DA, DA, et FA, FA.

MADAME JOURDAIN.

Qu'est-ce que c'est donc que ce galimatias-là?

1. Ici encore M. Jourdain ne répète que fort inexactement la leçon de son maître.

NICOLE.

De quoi est-ce que tout cela guérit?

MONSIEUR JOURDAIN.

J'enrage, quand je vois des femmes ignorantes.

MADAME JOURDAIN.

Allez, vous devriez envoyer promener tous ces gens-là, avec leurs fariboles.

NICOLE.

Et surtout ce grand escogriffe de maître d'armes, qui remplit de poudre tout mon ménage.

MONSIEUR JOURDAIN.

Ouais! ce maître d'armes vous tient fort au cœur!* Je te veux faire voir ton impertinence tout à l'heure. (Il fait apporter des fleurets, et en donne un à Nicole.) Tiens, raison démonstrative. La ligne du corps. Quand on pousse en quarte, on n'a qu'à faire cela, et, quand on pousse en tierce, on n'a qu'à faire cela. Voilà le moyen de n'être jamais tué; et cela n'est-il pas beau, d'être assuré de son fait quand on se bat contre quelqu'un? Là, pousse-moi un peu, pour voir.

NICOLE.

Hé bien! quoi? (Nicole pousse plusieurs coups à monsieur Jourdain.)

MONSIEUR JOURDAIN.

Tout beau! Holà! ho! Doucement. Diantre soit la coquine!

NICOLE.

Vous me dites de pousser.

MONSIEUR JOURDAIN.

Oui; mais tu me pousses en tierce avant que de pousser en quarte, et tu n'as pas la patience que je pare.

* VAR. *Ouais! ce maître d'armes vous tient bien au cœur!* (1682).

MADAME JOURDAIN.

Vous êtes fou, mon mari, avec toutes vos fantaisies ; et cela vous est venu depuis que vous vous mêlez de hanter la noblesse.

MONSIEUR JOURDAIN.

Lorsque je hante la noblesse, je fais paroître mon jugement ; et cela est plus beau que de hanter votre bourgeoisie.

MADAME JOURDAIN.

Çamon[1] vraiment ! il y a fort à gagner à fréquenter vos nobles, et vous avez bien opéré avec ce beau monsieur le comte dont vous vous êtes embéguiné !

MONSIEUR JOURDAIN.

Paix ; songez à ce que vous dites. Savez-vous bien, ma femme, que vous ne savez pas de qui vous parlez, quand vous parlez de lui ? C'est une personne d'importance plus que vous ne pensez, un seigneur que l'on considère à la cour, et qui parle au roi tout comme je vous parle. N'est-ce pas une chose qui m'est tout à fait honorable, que l'on

---

1. *Çamon*, abrégé de *ce a mon*. On disait aussi et plus ordinairement : *c'est mon*. « Un médecin vantoit à Nicoclès son art estre de grande autorité : Vraiment, c'est mon, dict Nicoclès, qui peult impunément tuer tant de gens. » (MONTAIGNE, livre II, ch. XXXVII.)

Ardez, vraiment c'est mon, on vous l'endurera!
(CORNEILLE, la Galerie du Palais, IV, XII.)

On disait encore : *assavoir mon, savoir mon, ce fais mon*, etc.

Ces diverses manières de parler se résument dans l'emploi de *mon* comme particule affirmative ; les étymologistes se sont donné carrière à ce sujet et ont expliqué fort diversement l'origine de cette expression, qui fut en usage jusqu'au XVIIIe siècle. On admet généralement aujourd'hui que *mon* était une transformation du μων grec et du *num* latin, gardant de l'un et de l'autre un sens moitié interrogatif et moitié affirmatif. Si l'on veut connaître ce qui a été écrit de plus satisfaisant et de plus complet sur ce point de linguistique, on consultera le *Lexique de la langue de Molière*, par F. Génin, page 47 ; et le *Lexique de la langue de Corneille*, par F. Godefroy, tome II, page 55.

voie venir chez moi si souvent une personne de cette qualité, qui m'appelle son cher ami, et me traite comme si j'étois son égal? Il a pour moi des bontés qu'on ne devineroit jamais; et, devant tout le monde, il me fait des caresses dont je suis moi-même confus.

MADAME JOURDAIN.

Oui, il a des bontés pour vous, et vous fait des caresses; mais il vous emprunte votre argent.

MONSIEUR JOURDAIN.

Hé bien! ne m'est-ce pas de l'honneur, de prêter de l'argent à un homme de cette condition-là? et puis-je faire moins pour un seigneur qui m'appelle son cher ami?

MADAME JOURDAIN.

Et ce seigneur, que fait-il pour vous?

MONSIEUR JOURDAIN.

Des choses dont on seroit étonné, si on les savoit[1].

MADAME JOURDAIN.

Et quoi?

MONSIEUR JOURDAIN.

Baste! je ne puis pas m'expliquer. Il suffit que si je lui ai prêté de l'argent, il me le rendra bien, et avant qu'il soit peu.

MADAME JOURDAIN.

Oui. Attendez-vous à cela.

MONSIEUR JOURDAIN.

Assurément. Ne me l'a-t-il pas dit?

MADAME JOURDAIN.

Oui, oui, il ne manquera pas d'y faillir[2].

---

1. Nous les saurons bientôt, ces *choses;* et vraiment il y aura de quoi être étonné, pour le moins. (AUGER.)

2. Aujourd'hui qu'on a retranché, ou à peu près, le verbe *faillir*, comme suranné, il faudrait dire : Il ne manquera pas d'y manquer. Voilà l'avantage de supprimer les synonymes. (F. GÉNIN.)

MONSIEUR JOURDAIN.

Il m'a juré sa foi de gentilhomme.

MADAME JOURDAIN.

Chansons!

MONSIEUR JOURDAIN.

Ouais! Vous êtes bien obstinée, ma femme! Je vous dis qu'il me tiendra sa parole; j'en suis sûr.

MADAME JOURDAIN.

Et moi, je suis sûre que non, et que toutes les caresses qu'il vous fait ne sont que pour vous enjôler.

MONSIEUR JOURDAIN.

Taisez-vous. Le voici.

MADAME JOURDAIN.

Il ne nous faut plus que cela. Il vient peut-être encore vous faire quelque emprunt; et il me semble que j'ai dîné quand je le vois.

MONSIEUR JOURDAIN.

Taisez-vous, vous dis-je.

SCÈNE IV.

DORANTE, MONSIEUR JOURDAIN,
MADAME JOURDAIN, NICOLE.

DORANTE.

Mon cher ami, monsieur Jourdain, comment vous portez-vous?

MONSIEUR JOURDAIN.

Fort bien, monsieur, pour vous rendre mes petits services.

DORANTE.

Et madame Jourdain, que voilà, comment se porte-t-elle?

MADAME JOURDAIN.

Madame Jourdain se porte comme elle peut.

ACTE III, SCÈNE IV.

DORANTE.

Comment! monsieur Jourdain, vous voilà le plus propre du monde!

MONSIEUR JOURDAIN.

Vous voyez.

DORANTE.

Vous avez tout à fait bon air avec cet habit; et nous n'avons point de jeunes gens à la cour qui soient mieux faits que vous.

MONSIEUR JOURDAIN.

Hai, hai.

MADAME JOURDAIN, à part.

Il le gratte par où il se démange[1].

DORANTE.

Tournez-vous. Cela est tout à fait galant.

MADAME JOURDAIN, à part.

Oui, aussi sot par derrière que par devant.

DORANTE.

Ma foi, monsieur Jourdain, j'avois une impatience étrange de vous voir. Vous êtes l'homme du monde que j'estime le plus; et je parlois encore de vous, ce matin, dans la chambre du roi.

MONSIEUR JOURDAIN.

Vous me faites beaucoup d'honneur, monsieur. (A madame Jourdain.) Dans la chambre du roi!

DORANTE.

Allons, mettez[2].

MONSIEUR JOURDAIN.

Monsieur, je sais le respect que je vous dois.

---

1. La forme correcte du proverbe serait : « Il le gratte où il lui démange. » Mais madame Jourdain ne se distingue point par la correction du langage.

2. Formule alors en usage pour inviter les gens à mettre leur chapeau sur la tête.

DORANTE.

Mon Dieu! mettez. Point de cérémonie entre nous, je vous prie.

MONSIEUR JOURDAIN.

Monsieur...

DORANTE.

Mettez, vous dis-je, monsieur Jourdain, vous êtes mon ami.

MONSIEUR JOURDAIN.

Monsieur, je suis votre serviteur.

DORANTE.

Je ne me couvrirai point, si vous ne vous couvrez.

MONSIEUR JOURDAIN, se couvrant.

J'aime mieux être incivil qu'importun.

DORANTE.

Je suis votre débiteur, comme vous le savez.

MADAME JOURDAIN, à part.

Oui : nous ne le savons que trop.

DORANTE.

Vous m'avez généreusement prêté de l'argent en plusieurs occasions, et m'avez obligé de la meilleure grâce du monde, assurément.

MONSIEUR JOURDAIN.

Monsieur, vous vous moquez.

DORANTE.

Mais je sais rendre ce qu'on me prête, et reconnoître les plaisirs qu'on me fait.

MONSIEUR JOURDAIN.

Je n'en doute point, monsieur.

DORANTE.

Je veux sortir d'affaire avec vous, et je viens ici pour faire nos comptes ensemble.

MONSIEUR JOURDAIN, bas, à madame Jourdain.

Hé bien! vous voyez votre impertinence, ma femme.

DORANTE.

Je suis homme qui aime à m'acquitter le plus tôt que je puis.

MONSIEUR JOURDAIN, bas, à madame Jourdain.

Je vous le disois bien.

DORANTE.

Voyons un peu ce que je vous dois.

MONSIEUR JOURDAIN, bas, à madame Jourdain.

Vous voilà, avec vos soupçons ridicules.

DORANTE.

Vous souvenez-vous bien de tout l'argent que vous m'avez prêté?

MONSIEUR JOURDAIN.

Je crois que oui. J'en ai fait un petit mémoire. Le voici. Donné à vous une fois deux cents louis.

DORANTE.

Cela est vrai.

MONSIEUR JOURDAIN.

Une autre fois, six-vingts.

DORANTE.

Oui.

MONSIEUR JOURDAIN.

Et une autre fois, cent quarante.

DORANTE.

Vous avez raison.

MONSIEUR JOURDAIN.

Ces trois articles font quatre cent soixante louis, qui valent cinq mille soixante livres[1].

DORANTE.

Le compte est fort bon. Cinq mille soixante livres.

1. Le louis valait onze livres.

MONSIEUR JOURDAIN.

Mille huit cent trente-deux livres à votre plumassier.

DORANTE.

Justement.

MONSIEUR JOURDAIN.

Deux mille sept cent quatre-vingts livres à votre tailleur.

DORANTE.

Il est vrai.

MONSIEUR JOURDAIN.

Quatre mille trois cent septante-neuf livres douze sous huit deniers à votre marchand.

DORANTE.

Fort bien. Douze sous huit deniers; le compte est juste.

MONSIEUR JOURDAIN.

Et mille sept cent quarante-huit livres sept sous quatre deniers à votre sellier.

DORANTE.

Tout cela est véritable. Qu'est-ce que cela fait?

MONSIEUR JOURDAIN.

Somme totale, quinze mille huit cents livres.

DORANTE.

Somme totale est juste. Quinze mille huit cents livres. Mettez encore deux cents pistoles que vous m'allez donner : cela fera justement dix-huit mille francs, que je vous payerai au premier jour[1].

---

1. Comme il manque 2,200 francs à Dorante pour faire la somme de 18,000, des éditeurs modernes ont cru que *deux cents pistoles* ne feraient pas le compte, et ils ont mis *deux cents louis*, qui, à onze francs pièce, font, en effet, 2,200 livres. Mais ils ont ignoré qu'alors on disait indifféremment louis pour pistole, et pistole pour louis: ce qui n'empêchait pas la pistole d'être aussi une monnaie de compte, valant dix francs. (AUGER.)

ACTE III, SCÈNE IV.

MADAME JOURDAIN, bas, à monsieur Jourdain.

Hé bien! ne l'avois-je pas bien deviné?

MONSIEUR JOURDAIN, bas, à madame Jourdain.

Paix.

DORANTE.

Cela vous incommodera-t-il, de me donner ce que je vous dis?

MONSIEUR JOURDAIN.

Hé! non.

MADAME JOURDAIN, bas, à monsieur Jourdain.

Cet homme-là fait de vous une vache à lait.

MONSIEUR JOURDAIN, bas, à madame Jourdain.

Taisez-vous.

DORANTE.

Si cela vous incommode, j'en irai chercher ailleurs.

MONSIEUR JOURDAIN.

Non, monsieur.

MADAME JOURDAIN, bas, à monsieur Jourdain.

Il ne sera pas content qu'il ne vous ait ruiné.

MONSIEUR JOURDAIN, bas, à madame Jourdain.

Taisez-vous, vous dis-je.

DORANTE.

Vous n'avez qu'à me dire si cela vous embarrasse.

MONSIEUR JOURDAIN.

Point, monsieur.

MADAME JOURDAIN, bas, à monsieur Jourdain.

C'est un vrai enjôleux[1].

MONSIEUR JOURDAIN, bas, à madame Jourdain.

Taisez-vous donc.

---

1. Madame Jourdain donne à ce mot la terminaison patoise, que les éditeurs du siècle dernier et ceux du commencement de ce siècle-ci supprimaient; Auger, par exemple, fait dire à madame Jourdain : « C'est un vrai enjôleur ».

MADAME JOURDAIN, bas, à monsieur Jourdain.

Il vous sucera jusqu'au dernier sou.

MONSIEUR JOURDAIN, bas, à madame Jourdain.

Vous tairez-vous?

DORANTE.

J'ai force gens qui m'en prêteroient avec joie; mais comme vous êtes mon meilleur ami, j'ai cru que je vous ferois tort si j'en demandois à quelque autre.

MONSIEUR JOURDAIN.

C'est trop d'honneur, monsieur, que vous me faites. Je vais quérir votre affaire.

MADAME JOURDAIN, bas, à monsieur Jourdain.

Quoi! vous allez encore lui donner cela?

MONSIEUR JOURDAIN, bas, à madame Jourdain.

Que faire? voulez-vous que je refuse un homme de cette condition-là, qui a parlé de moi ce matin dans la chambre du roi?

MADAME JOURDAIN, bas, à monsieur Jourdain.

Allez, vous êtes une vraie dupe.

SCÈNE V.

DORANTE, MADAME JOURDAIN, NICOLE.

DORANTE.

Vous me semblez toute mélancolique. Qu'avez-vous, madame Jourdain?

MADAME JOURDAIN.

J'ai la tête plus grosse que le poing, et si[1] elle n'est pas enflée.

DORANTE.

Mademoiselle votre fille, où est-elle, que je ne la vois point?

---

1. *Et si*, c'est-à-dire *et pourtant*.

MADAME JOURDAIN.

Mademoiselle ma fille est bien où elle est.

DORANTE.

Comment se porte-t-elle?

MADAME JOURDAIN.

Elle se porte sur ses deux jambes[1].

DORANTE.

Ne voulez-vous point, un de ces jours, venir voir avec elle le ballet et la comédie que l'on fait chez le roi?

MADAME JOURDAIN.

Oui vraiment! nous avons fort envie de rire, fort envie de rire nous avons[2].

DORANTE.

Je pense, madame Jourdain, que vous avez eu bien des amants dans votre jeune âge, belle et d'agréable humeur comme vous étiez.

---

1. Dans *l'Eunuque*, de Térence, le parasite Gnathon aborde l'esclave Parmenon :

GNATHO.
Plurima salute Parmenonem
Summum suum impertit Gnatho. Quid agitur?
PARMENO.
Statur.
GNATHO.
Video...

« GNATHON. Mille saluts à Parmenon, notre excellent ami, de la part de Gnathon. Comment se porte-t-il?

« PARMENON. Sur les jambes.

« GNATHON. Je le vois. »

2. Cette manière de répéter une phrase en renversant l'ordre des mots était un agrément de style, un trope particulier à l'usage des gens du peuple. Dans *le Festin de Pierre* (acte II, scène I), Molière fait dire à Pierrot : « Comme dit l'autre, je les ai le premier avisés, avisés le premier je les ai. » — Le paysan Gareau, du *Pédant joué*, de Cyrano de Bergerac, dit de même (acte II, scène II) : « Pourtant je paraissi un sot basquié, un sot basquié je paraissi ». — Dans *le Retour de la Foire de Bezons*, un acte de Gherardi, 1er octobre 1695, Colombine dit pareillement : « Je ne sommes pas de carton, je sommes de chair et d'os, et j'en valons bien d'autres, bien d'autres j'en valons. »

MADAME JOURDAIN.

Tredame[1]! monsieur, est-ce que madame Jourdain est décrépite, et la tête lui grouille-t-elle déjà[2]?

DORANTE.

Ah! ma foi, madame Jourdain, je vous demande pardon! je ne songeois pas que vous êtes jeune; et je rêve le plus souvent. Je vous prie d'excuser mon impertinence.

SCÈNE VI.

MONSIEUR JOURDAIN, MADAME JOURDAIN, DORANTE, NICOLE.

MONSIEUR JOURDAIN, à Dorante.

Voilà deux cents louis bien comptés.

DORANTE.

Je vous assure, monsieur Jourdain, que je suis tout à vous, et que je brûle de vous rendre un service à la cour.

MONSIEUR JOURDAIN.

Je vous suis trop obligé.

---

1. Abréviation de *Notre Dame*.
2. C'est-à-dire : la tête lui branle-t-elle déjà? Célimène dit, dans le *Misanthrope* :

> Et l'on demande l'heure, et l'on bâille vingt fois,
> Qu'elle grouille aussi peu qu'une pièce de bois.

Grouiller, dit M. Génin, est une forme de *crouller*. La prononciation les confondait. *Crouller*, verbe actif ou verbe neutre, *trembler, agiter, ébranler;* en italien, *crollare : crollare il capo, secouer la tête :* « Les fundemens des munz sunt emeuz et *crolles*, kar nostre sire est curuciez. » (*Rois*, p. 205.) Les fondements des monts sont émus et ébranlés, *concussa et conquassata*.

> Baucent l'oï, si a froncie le nez;
> La teste croule.   (*La bataille d'Aliscans.*)

Le cheval Baucent *grouille la tête*, secoue la tête.

ACTE III, SCÈNE VI.

DORANTE.

Si madame Jourdain veut voir le Divertissement royal[1], je lui ferai donner les meilleures places de la salle.

MADAME JOURDAIN.

Madame Jourdain vous baise les mains.

DORANTE, bas, à monsieur Jourdain.

Notre belle marquise, comme je vous ai mandé par mon billet, viendra tantôt ici pour le ballet et le repas; et je l'ai fait consentir enfin au cadeau[2] que vous lui voulez donner.*

MONSIEUR JOURDAIN.

Tirons-nous un peu plus loin, pour cause.

DORANTE.

Il y a huit jours que je ne vous ai vu; et je ne vous

---

* VAR. *Au régal que vous lui voulez donner* (1682).

1. On appelait *divertissement royal* chacune de ces fêtes où la comédie, la musique et la danse, s'associaient pour contribuer aux plaisirs du roi et de sa cour.
2. *Cadeau*, dîner en partie de campagne, dont on régale quelqu'un. Molière l'explique lui-même dans ce passage :

> Des promenades du temps,
> Ou dîners qu'on donne aux champs,
> Il ne faut point qu'elle essaye :
> Selon les prudents cerveaux,
> Le mari, dans ces *cadeaux*,
> Est toujours celui qui paye.
> (*École des Femmes*, III, II.)

Arnolphe raille les maris bénins qui :

> De leurs femmes toujours vont citant les galants,
> . . . .
> Témoignent avec eux d'étroites sympathies,
> Sont de tous leurs *cadeaux*, de toutes leurs parties.
> (*Ibid.*, IV, VIII.)

« J'aime le jeu, les visites, les assemblées, les *cadeaux*, et les promenades... »
(*Mariage forcé*, IV.)

« *Cadeau* se dit aussi des repas qu'on donne hors de chez soi, et particulièrement à la campagne. Les femmes coquettes ruinent leurs galants à force de leur faire faire des *cadeaux*. En ce sens il vieillit. » (FURETIÈRE.)

ai point mandé de nouvelles du diamant que vous me mîtes entre les mains pour lui en faire présent de votre part; mais c'est que j'ai eu toutes les peines du monde à vaincre son scrupule; et ce n'est que d'aujourd'hui qu'elle s'est résolue à l'accepter.

MONSIEUR JOURDAIN.

Comment l'a-t-elle trouvé?

DORANTE.

Merveilleux; et je me trompe fort, ou la beauté de ce diamant fera pour vous sur son esprit un effet admirable

MONSIEUR JOURDAIN.

Plût au ciel!

MADAME JOURDAIN, à Nicole.

Quand il est une fois avec lui, il ne peut le quitter.

DORANTE.

Je lui ai fait valoir comme il faut la richesse de ce présent, et la grandeur de votre amour.

MONSIEUR JOURDAIN.

Ce sont, monsieur, des bontés qui m'accablent; et je suis dans une confusion la plus grande du monde, de voir une personne de votre qualité s'abaisser pour moi à ce que vous faites[1].

DORANTE.

Vous moquez-vous? Est-ce qu'entre amis on s'arrête à ces sortes de scrupules? et ne feriez-vous pas pour moi la même chose, si l'occasion s'en offroit?

MONSIEUR JOURDAIN.

Oh! assurément, et de très grand cœur.

MADAME JOURDAIN, à Nicole.

Que sa présence me pèse sur les épaules!

---

1. Monsieur Jourdain, qui a fait si longtemps de la prose sans s'en douter, qualifie avec la même naïveté la conduite de Dorante.

DORANTE.

Pour moi, je ne regarde rien quand il faut servir un ami ; et lorsque vous me fîtes confidence de l'ardeur que vous aviez prise pour cette marquise agréable, chez qui j'avois commerce, vous vîtes que d'abord je m'offris de moi-même à servir votre amour.

MONSIEUR JOURDAIN.

Il est vrai. Ce sont des bontés qui me confondent.

MADAME JOURDAIN, à Nicole.

Est-ce qu'il ne s'en ira point?

NICOLE.

Ils se trouvent bien ensemble.

DORANTE.

Vous avez pris le bon biais pour toucher son cœur. Les femmes aiment surtout les dépenses qu'on fait pour elles ; et vos fréquentes sérénades, et vos bouquets continuels, ce superbe feu d'artifice qu'elle trouva sur l'eau, le diamant qu'elle a reçu de votre part, et le cadeau que vous lui préparez,* tout cela lui parle bien mieux en faveur de votre amour que toutes les paroles que vous auriez pu lui dire vous-même.

MONSIEUR JOURDAIN.

Il n'y a point de dépenses que je ne fisse, si par là je pouvois trouver le chemin de son cœur. Une femme de qualité a pour moi des charmes ravissants ; et c'est un honneur que j'achèterois au prix de toutes choses.

MADAME JOURDAIN, bas, à Nicole.

Que peuvent-ils tant dire ensemble? Va-t'en un peu tout doucement prêter l'oreille.

---

* Var. *Et le régal que vous lui préparez* (1682).

DORANTE.

Ce sera tantôt que vous jouirez à votre aise du plaisir de sa vue; et vos yeux auront tout le temps de se satisfaire.

MONSIEUR JOURDAIN.

Pour être en pleine liberté, j'ai fait en sorte que ma femme ira dîner chez ma sœur, où elle passera toute l'après-dînée.

DORANTE.

Vous avez fait prudemment, et votre femme auroit pu nous embarrasser. J'ai donné pour vous l'ordre qu'il faut au cuisinier, et à toutes les choses qui sont nécessaires pour le ballet. Il est de mon invention; et pourvu que l'exécution puisse répondre à l'idée, je suis sûr qu'il sera trouvé...

MONSIEUR JOURDAIN. Il s'aperçoit que Nicole écoute, et lui donne un soufflet.

Ouais! vous êtes bien impertinente! (A Dorante.) Sortons, s'il vous plaît.

SCÈNE VII.
MADAME JOURDAIN, NICOLE.

NICOLE.

Ma foi, madame, la curiosité m'a coûté quelque chose, mais je crois qu'il y a quelque anguille sous roche, et ils parlent de quelque affaire où ils ne veulent pas que vous soyez.

MADAME JOURDAIN.

Ce n'est pas d'aujourd'hui, Nicole, que j'ai conçu des soupçons de mon mari. Je suis la plus trompée du monde, ou il y a quelque amour en campagne; et je travaille à découvrir ce que ce peut être. Mais songeons à ma fille. Tu sais l'amour que Cléonte a pour elle : c'est un homme qui me revient ; et je veux aider sa recherche, et lui donner Lucile, si je puis.

NICOLE.

En vérité, madame, je suis la plus ravie du monde de vous voir dans ces sentiments : car si le maître vous revient, le valet ne me revient pas moins, et je souhaiterois que notre mariage se pût faire à l'ombre du leur.

MADAME JOURDAIN.

Va-t'en lui en parler de ma part, et lui dire que tout à l'heure il me vienne trouver, pour faire ensemble, à mon mari, la demande de ma fille.

NICOLE.

J'y cours, madame, avec joie, et je ne pouvois recevoir une commission plus agréable. (Seule.) Je vais, je pense, bien réjouir les gens.

SCÈNE VIII.

CLÉONTE, COVIELLE, NICOLE.

NICOLE, à Cléonte.

Ah ! vous voilà tout à propos ! Je suis une ambassadrice de joie, et je viens...

CLÉONTE.

Retire-toi, perfide, et ne me viens point amuser avec tes traîtresses paroles.

NICOLE.

Est-ce ainsi que vous recevez...

CLÉONTE.

Retire-toi, te dis-je, et va-t'en dire, de ce pas, à ton

infidèle maîtresse qu'elle n'abusera de sa vie le trop simple Cléonte.

NICOLE.

Quel vertigo est-ce donc là? Mon pauvre Covielle, dis-moi un peu ce que cela veut dire.

COVIELLE.

Ton pauvre Covielle, petite scélérate! Allons, vite, ôte-toi de mes yeux, vilaine, et me laisse en repos.

NICOLE.

Quoi! tu me viens aussi...

COVIELLE.

Ote-toi de mes yeux, te dis-je, et ne me parle pas de ta vie.

NICOLE, à part.

Ouais! Quelle mouche les a piqués tous deux? Allons de cette belle histoire informer ma maîtresse[1].

SCÈNE IX.

CLÉONTE, COVIELLE.

CLÉONTE.

Quoi! traiter un amant de la sorte, et un amant le plus fidèle et le plus passionné de tous les amants!

COVIELLE.

C'est une chose épouvantable que ce qu'on nous fait à tous deux.

---

1. Ici, Molière se prépare à traiter, pour la troisième fois, une situation qu'on avait déjà vue dans *le Dépit amoureux* et dans *le Tartuffe*, celle de la brouillerie et du raccommodement des deux amants. La scène du *Dépit amoureux* est annoncée, amenée exactement comme celle-ci. Marinette, chargée d'un doux message pour Éraste, est reçue de même par le maître et par le valet; et elle dit de même, dans son étonnement : « Quelle mouche le pique! »

CLÉONTE.

Je fais voir pour une personne toute l'ardeur et toute la tendresse qu'on peut imaginer; je n'aime rien au monde qu'elle, et je n'ai qu'elle dans l'esprit; elle fait tous mes soins, tous mes désirs, toute ma joie; je ne parle que d'elle, je ne pense qu'à elle, je ne fais des songes que d'elle, je ne respire que par elle, mon cœur vit tout en elle; et voilà de tant d'amitié la digne récompense! Je suis deux jours sans la voir, qui sont pour moi deux siècles effroyables : je la rencontre par hasard ; mon cœur, à cette vue, se sent tout transporté, ma joie éclate sur mon visage, je vole avec ravissement vers elle, et l'infidèle détourne de moi ses regards, et passe brusquement, comme si de sa vie elle ne m'avoit vu!

COVIELLE.

Je dis les mêmes choses que vous.

CLÉONTE.

Peut-on rien voir d'égal, Covielle, à cette perfidie de l'ingrate Lucile?

COVIELLE.

Et à celle, monsieur, de la pendarde de Nicole?

CLÉONTE.

Après tant de sacrifices ardents, de soupirs et de vœux que j'ai faits à ses charmes!

COVIELLE.

Après tant d'assidus hommages, de soins et de services que je lui ai rendus dans la cuisine!*

CLÉONTE.

Tant de larmes que j'ai versées à ses genoux!

COVIELLE.

Tant de seaux d'eau que j'ai tirés au puits pour elle!

* Var. *Dans sa cuisine* (1682).

CLÉONTE.

Tant d'ardeur que j'ai fait paroître à la chérir plus que moi-même!

COVIELLE.

Tant de chaleur que j'ai soufferte à tourner la broche à sa place!

CLÉONTE.

Elle me fuit avec mépris!

COVIELLE.

Elle me tourne le dos avec effronterie!

CLÉONTE.

C'est une perfidie digne des plus grands châtiments.

COVIELLE.

C'est une trahison à mériter mille soufflets.

CLÉONTE.

Ne t'avise point, je te prie, de me parler jamais pour elle.

COVIELLE.

Moi, monsieur? Dieu m'en garde!

CLÉONTE.

Ne viens point m'excuser l'action de cette infidèle.

COVIELLE.

N'ayez pas peur.

CLÉONTE.

Non, vois-tu, tous tes discours pour la défendre ne serviront de rien.

COVIELLE.

Qui songe à cela?

CLÉONTE.

Je veux contre elle conserver mon ressentiment, et rompre ensemble tout commerce.

COVIELLE.

J'y consens.

CLÉONTE.

Ce monsieur le comte qui va chez elle lui donne peut-être dans la vue; et son esprit, je le vois bien, se laisse éblouir à la qualité. Mais il me faut, pour mon honneur, prévenir l'éclat de son inconstance. Je veux faire autant de pas qu'elle au changement où je la vois courir, et ne lui laisser pas toute la gloire de me quitter.

COVIELLE.

C'est fort bien dit, et j'entre pour mon compte dans tous vos sentiments.

CLÉONTE.

Donne la main à mon dépit, et soutiens ma résolution contre tous les restes d'amour qui me pourroient parler pour elle. Dis-m'en, je t'en conjure, tout le mal que tu pourras. Fais-moi de sa personne une peinture qui me la rende méprisable, et marque-moi bien, pour m'en dégoûter, tous les défauts que tu peux voir en elle.

COVIELLE.

Elle, monsieur ? voilà une belle mijaurée, une pimpesouée[1] bien bâtie, pour vous donner tant d'amour! Je ne lui vois rien que de très médiocre; et vous trouverez cent personnes qui seront plus dignes de vous. Premièrement, elle a les yeux petits.

CLÉONTE.

Cela est vrai, elle a les yeux petits, mais elle les a pleins de feu, les plus brillants, les plus perçants du monde, les plus touchants qu'on puisse voir.

COVIELLE.

Elle a la bouche grande.

1. Une *pimpesouée*, c'est-à-dire une personne délicate et prétentieuse. Ce mot vient probablement d'un ancien verbe *pimper*, qui signifiait *se parer, s'attiffer*, et dont il nous reste *pimpant;* et du vieil adjectif *souef, souefve*, qui vouloit dire *doux, agréable*.

CLÉONTE.

Oui ; mais on y voit des grâces qu'on ne voit point aux autres bouches ; et cette bouche, en la voyant, inspire des désirs, est la plus attrayante, la plus amoureuse du monde.

COVIELLE.

Pour sa taille, elle n'est pas grande.

CLÉONTE.

Non ; mais elle est aisée et bien prise.

COVIELLE.

Elle affecte une nonchalance dans son parler et dans ses actions.

CLÉONTE.

Il est vrai ; mais elle a grâce à tout cela, et ses manières sont engageantes, ont je ne sais quel charme à s'insinuer dans les cœurs.

COVIELLE.

Pour de l'esprit...

CLÉONTE.

Ah ! elle en a, Covielle, du plus fin, du plus délicat.

COVIELLE.

Sa conversation...

CLÉONTE.

Sa conversation est charmante.

COVIELLE.

Elle est toujours sérieuse.

CLÉONTE.

Veux-tu de ces enjouements épanouis, de ces joies toujours ouvertes ? et vois-tu rien de plus impertinent que des femmes qui rient à tout propos ?

COVIELLE.

Mais, enfin, elle est capricieuse autant que personne du monde.

CLÉONTE.

Oui, elle est capricieuse, j'en demeure d'accord ; mais tout sied bien aux belles : on souffre tout des belles[1].

COVIELLE.

Puisque cela va comme cela, je vois bien que vous avez envie de l'aimer toujours.

CLÉONTE.

Moi? j'aimerois mieux mourir ; et je vais la haïr autant que je l'ai aimée.

COVIELLE.

Le moyen, si vous la trouvez si parfaite?

CLÉONTE.

C'est en quoi ma vengeance sera plus éclatante, en quoi je veux faire mieux voir la force de mon cœur, à la haïr, à la quitter, toute belle, toute pleine d'attraits, tout aimable que je la trouve. La voici.

SCÈNE X.

LUCILE, CLÉONTE, COVIELLE, NICOLE.

NICOLE, à Lucile.

Pour moi, j'en ai été toute scandalisée.

LUCILE.

Ce ne peut être, Nicole, que ce que je te dis.* Mais le voilà.

* Var. *Que ce que je dis* (1682).

1. On prétend que Molière s'est plu à tracer, dans les réponses de Cléonte, le portrait de sa femme, telle qu'elle était, ou du moins telle qu'il la voyait. Rien n'empêche de le croire, et ce qui viendrait à l'appui de l'anecdote, c'est que mademoiselle Molière fut chargée du rôle même de Lucile. Mais cette particularité, vraie ou fausse, nous importe moins que l'admirable vérité de passion qui brille dans les sentiments opposés, dans les discours contradictoires de Cléonte.

CLÉONTE, à Covielle.

Je ne veux pas seulement lui parler.

COVIELLE.

Je veux vous imiter.

LUCILE.

Qu'est-ce donc, Cléonte? qu'avez-vous?

NICOLE.

Qu'as-tu donc, Covielle?

LUCILE.

Quel chagrin vous possède?

NICOLE.

Quelle mauvaise humeur te tient?

LUCILE.

Êtes-vous muet, Cléonte?

NICOLE.

As-tu perdu la parole, Covielle?

CLÉONTE.

Que voilà qui est scélérat!

COVIELLE.

Que cela est Judas!

LUCILE.

Je vois bien que la rencontre de tantôt a troublé votre esprit.

CLÉONTE, à Covielle.

Ah! ah! On voit ce qu'on a fait.

NICOLE.

Notre accueil de ce matin t'a fait prendre la chèvre[1].

COVIELLE, à Cléonte.

On a deviné l'enclouure[2].

---

1. *Prendre la chèvre*, pour s'alarmer, se fâcher. *Se cabrer* est étymologiquement le même terme.
2. *Enclouure*. Cette expression métaphorique, fort usitée en style de

LUCILE.

N'est-il pas vrai, Cléonte, que c'est là le sujet de votre dépit?

CLÉONTE.

Oui, perfide, ce l'est, puisqu'il faut parler; et j'ai à vous dire que vous ne triompherez pas, comme vous pensez, de votre infidélité; que je veux être le premier à rompre avec vous, et que vous n'aurez pas l'avantage de me chasser. J'aurai de la peine, sans doute, à vaincre l'amour que j'ai pour vous : cela me causera des chagrins, je souffrirai un temps; mais j'en viendrai à bout, et je me percerai plutôt le cœur que d'avoir la foiblesse de retourner à vous.

COVIELLE, à Nicole.

Queussi, queumi[1].

LUCILE.

Voilà bien du bruit pour un rien. Je veux vous dire, Cléonte, le sujet qui m'a fait ce matin éviter votre abord.

CLÉONTE, voulant s'en aller pour éviter Lucile.

Non, je ne veux rien écouter.

NICOLE, à Covielle.

Je te veux apprendre la cause qui nous a fait passer si vite.

COVIELLE, voulant aussi s'en aller pour éviter Nicole.

Je ne veux rien entendre.

LUCILE, suivant Cléonte.

Sachez que ce matin...

---

comédie et de conversation, se dit au propre de la blessure qu'on a faite à un cheval lorsqu'en le ferrant on l'a piqué au vif. Comme cet accident le fait boiter, on cherche, et quelquefois on ne trouve pas sans peine quel est le clou de la ferrure qui en est cause.

1. Tout de même, il en sera ainsi de moi.

CLÉONTE, *marchant toujours sans regarder Lucile.*

Non, vous dis-je.

NICOLE, *suivant Covielle.*

Apprends que...

COVIELLE, *marchant aussi sans regarder Nicole.*

Non, traîtresse!

LUCILE.

Écoutez.

CLÉONTE.

Point d'affaire.

NICOLE.

Laisse-moi dire.

COVIELLE.

Je suis sourd.

LUCILE.

Cléonte!

CLÉONTE.

Non.

NICOLE.

Covielle!

COVIELLE.

Point.

LUCILE.

Arrêtez.

CLÉONTE.

Chansons.

NICOLE.

Entends-moi.

COVIELLE.

Bagatelles.

LUCILE.

Un moment.

ACTE III, SCÈNE X.

CLÉONTE.

Point du tout.

NICOLE.

Un peu de patience.

COVIELLE.

Tarare[1].

LUCILE.

Deux paroles.

CLÉONTE.

Non : c'en est fait.

NICOLE.

Un mot.

COVIELLE.

Plus de commerce.

LUCILE, s'arrêtant.

Hé bien! puisque vous ne voulez pas m'écouter, demeurez dans votre pensée, et faites ce qu'il vous plaira.

NICOLE, s'arrêtant aussi.

Puisque tu fais comme cela, prends-le tout comme tu voudras.

CLÉONTE, se tournant vers Lucile.

Sachons donc le sujet d'un si bel accueil.

LUCILE, s'en allant à son tour pour éviter Cléonte.

Il ne me plaît plus de le dire.

---

1. De même dans *George Dandin*, acte II, scène VII :
GEORGE DANDIN. Je te donnerai...
LUBIN. *Tarare...*
L'emploi de ce mot paraît remonter très haut dans les origines de notre langue. *Tarare* serait une tradition de *taratara,* parole dépourvue de sens, espèce d'onomatopée pour exprimer le son émis d'une bouche qui ne peut articuler. « La peste lui avoit ôté la parole; au lieu de parler il siffloit, et, voulant crier, ne faisoit entendre que *taratara* » (ou *tarare*). » (*Vie de saint Augustin,* DU CANGE, in *Taratara*.)

COVIELLE, se tournant vers Nicole.

Apprends-nous un peu cette histoire.

NICOLE, s'en allant aussi pour éviter Covielle.

Je ne veux plus, moi, te l'apprendre.

CLÉONTE, suivant Lucile.

Dites-moi...

LUCILE, marchant toujours sans regarder Cléonte.

Non, je ne veux rien dire.

COVIELLE, suivant Nicole.

Conte-moi...

NICOLE, marchant aussi sans regarder Covielle.

Non, je ne conte rien.

CLÉONTE.

De grâce!

LUCILE.

Non, vous dis-je.

COVIELLE.

Par charité.

NICOLE.

Point d'affaire.

CLÉONTE.

Je vous en prie.

LUCILE.

Laissez-moi.

COVIELLE.

Je t'en conjure.

NICOLE.

Ote-toi de là.

CLÉONTE.

Lucile!

LUCILE.

Non.

ACTE III, SCÈNE X.

COVIELLE.

Nicole !

NICOLE.

Point.

CLÉONTE.

Au nom des dieux.

LUCILE.

Je ne veux pas.

COVIELLE.

Parle-moi.

NICOLE.

Point du tout.

CLÉONTE.

Éclaircissez mes doutes.

LUCILE.

Non : je n'en ferai rien.

COVIELLE.

Guéris-moi l'esprit.

NICOLE.

Non : il ne me plaît pas.

CLÉONTE.

Hé bien! puisque vous vous souciez si peu de me tirer de peine, et de vous justifier du traitement indigne que vous avez fait à ma flamme, vous me voyez, ingrate, pour la dernière fois ; et je vais, loin de vous, mourir de douleur et d'amour.

COVIELLE, à Nicole.

Et moi, je vais suivre ses pas.

LUCILE, à Cléonte, qui veut sortir.

Cléonte !

NICOLE, à Covielle, qui veut sortir.

Covielle !

CLÉONTE, s'arrêtant.

Hé?

COVIELLE, s'arrêtant aussi.

Plaît-il?

LUCILE.

Où allez-vous?

CLÉONTE.

Où je vous ai dit.

COVIELLE.

Nous allons mourir.

LUCILE.

Vous allez mourir, Cléonte?

CLÉONTE.

Oui, cruelle, puisque vous le voulez.

LUCILE.

Moi! je veux que vous mouriez!

CLÉONTE.

Oui, vous le voulez.

LUCILE.

Qui vous le dit?

CLÉONTE, s'approchant de Lucile.

N'est-ce pas le vouloir, que de ne vouloir pas éclaircir mes soupçons?

LUCILE.

Est-ce ma faute? et, si vous aviez voulu m'écouter, ne vous aurois-je pas dit que l'aventure dont vous vous plaignez a été causée ce matin par la présence d'une vieille tante, qui veut à toute force que la seule approche d'un homme déshonore une fille, qui perpétuellement nous sermonne sur ce chapitre, et nous figure tous les hommes comme des diables qu'il faut fuir.

NICOLE, à Covielle.

Voilà le secret de l'affaire.

CLÉONTE.

Ne me trompez-vous pas, Lucile?

COVIELLE, à Nicole.

Ne m'en donnes-tu point à garder?

LUCILE, à Cléonte.

Il n'est rien de plus vrai.

NICOLE, à Covielle.

C'est la chose comme elle est.

COVIELLE, à Cléonte.

Nous rendrons-nous à cela?

CLÉONTE.

Ah! Lucile, qu'avec un mot de votre bouche vous savez apaiser de choses dans mon cœur, et que facilement on se laisse persuader aux personnes qu'on aime.

COVIELLE.

Qu'on est aisément amadoué par ces diantres d'animaux-là[1]!

SCÈNE XI.

MADAME JOURDAIN, CLÉONTE, LUCILE, COVIELLE, NICOLE.

MADAME JOURDAIN.

Je suis bien aise de vous voir, Cléonte, et vous voilà

---

1. Cette fois, les deux scènes du *Dépit amoureux* sont ramenées à une seule. Au lieu de duos successifs, on a un quatuor. Nicole répétant ce qu'a dit Lucile, comme Covielle ce qu'a dit Cléonte, leurs paroles s'entrelacent exactement à la manière des morceaux lyriques dans lesquels quatre personnes dialoguent entre elles. Ajoutons à cela que les mouvements, les changements d'humeur et de résolution des deux hommes sont répétés par les deux femmes, et réciproquement; c'est-à-dire que l'un de ces deux couples tient rigueur quand l'autre supplie, et que ce dernier tient rigueur à son tour lorsque le premier s'adoucit : d'où résultent, sur le théâtre même, plusieurs marches et contremarches qu'on croirait avoir été dessinées par un maître de ballets.

tout à propos. Mon mari vient; prenez vite votre temps pour lui demander Lucile en mariage.

CLÉONTE.

Ah! madame, que cette parole m'est douce, et qu'elle flatte mes désirs! Pouvois-je recevoir un ordre plus charmant, une faveur plus précieuse?

SCÈNE XII.

CLÉONTE, MONSIEUR JOURDAIN, MADAME JOURDAIN, LUCILE, COVIELLE, NICOLE.

CLÉONTE.

Monsieur, je n'ai voulu prendre personne pour vous faire une demande que je médite il y a longtemps. Elle me touche assez pour m'en charger moi-même, et, sans autre détour, je vous dirai que l'honneur d'être votre gendre est une faveur glorieuse que je vous prie de m'accorder.

MONSIEUR JOURDAIN.

Avant de vous rendre réponse, monsieur, je vous prie de me dire si vous êtes gentilhomme.

CLÉONTE.

Monsieur, la plupart des gens, sur cette question, n'hésitent pas beaucoup; on tranche le mot aisément. Ce nom ne fait aucun scrupule à prendre, et l'usage aujourd'hui semble en autoriser le vol. Pour moi, je vous l'avoue, j'ai les sentiments, sur cette matière, un peu plus délicats. Je trouve que toute imposture est indigne d'un honnête homme, et qu'il y a de la lâcheté à déguiser ce que le ciel nous a fait naître, à se parer aux yeux du monde d'un titre dérobé, à se vouloir donner pour ce qu'on n'est pas. Je suis né de parents, sans doute, qui ont tenu des charges honorables : je me suis acquis, dans les armes, l'honneur de six ans de service, et je me trouve assez de bien pour tenir dans le monde un rang assez passable; mais, avec tout cela, je ne veux point me donner un nom où d'autres en ma place croiroient pouvoir prétendre, et je vous dirai franchement que je ne suis point gentilhomme[1].

MONSIEUR JOURDAIN.

Touchez là, monsieur : ma fille n'est pas pour vous.

CLÉONTE.

Comment?

MONSIEUR JOURDAIN.

Vous n'êtes point gentilhomme, vous n'aurez pas ma fille.

MADAME JOURDAIN.

Que voulez-vous donc dire avec votre gentilhomme? Est-ce que nous sommes, nous autres, de la côte de saint Louis[2]?

MONSIEUR JOURDAIN.

Taisez-vous, ma femme; je vous vois venir.

MADAME JOURDAIN.

Descendons-nous tous deux que de bonne bourgeoisie?

MONSIEUR JOURDAIN.

Voilà pas le coup de langue!

MADAME JOURDAIN.

Et votre père n'étoit-il pas marchand aussi bien que le mien?

---

1. Aujourd'hui encore cette tirade va à son adresse, et elle ne manque jamais, à la représentation, d'exciter l'applaudissement du public.
2. C'était une façon de parler proverbiale pour dire : « Est-ce que nous sommes de si haute noblesse? »

MONSIEUR JOURDAIN.

Peste soit de la femme! elle n'y a jamais manqué. Si votre père a été marchand, tant pis pour lui ; mais pour le mien, ce sont des malavisés qui disent cela. Tout ce que j'ai à vous dire, moi, c'est que je veux avoir un gendre gentilhomme.

MADAME JOURDAIN.

Il faut à votre fille un mari qui lui soit propre ; et il vaut mieux, pour elle, un honnête homme riche et bien fait qu'un gentilhomme gueux et mal bâti.

NICOLE.

Cela est vrai : nous avons le fils du gentilhomme de notre village, qui est le plus grand malitorne[1] et le plus sot dadais que j'aie jamais vu.

MONSIEUR JOURDAIN, à Nicole.

Taisez-vous, impertinente ; vous vous fourrez toujours dans la conversation. J'ai du bien assez pour ma fille ; je n'ai besoin que d'honneurs, et je la veux faire marquise.

MADAME JOURDAIN.

Marquise?

MONSIEUR JOURDAIN.

Oui, marquise.

MADAME JOURDAIN.

Hélas! Dieu m'en garde!

MONSIEUR JOURDAIN.

C'est une chose que j'ai résolue.

MADAME JOURDAIN.

C'est une chose, moi, où je ne consentirai point. Les alliances avec plus grand que soi sont sujettes toujours à de fâcheux inconvénients. Je ne veux point qu'un gendre

---

1. *Malitorne*, de *male tornatus*, maladroit, inepte, qui ne peut rien faire de bien ni à propos. (RICHELET.)

puisse à ma fille reprocher ses parents, et qu'elle ait des enfants qui aient honte de m'appeler leur grand'maman. S'il falloit qu'elle me vînt visiter en équipage de grand'-dame, et qu'elle manquât, par mégarde, à saluer quelqu'un du quartier, on ne manqueroit pas aussitôt de dire cent sottises. Voyez-vous, diroit-on, cette madame la marquise qui fait tant la glorieuse? c'est la fille de monsieur Jourdain, qui étoit trop heureuse, étant petite, de jouer à la madame avec nous. Elle n'a pas toujours été si relevée que la voilà, et ses deux grands-pères vendoient du drap auprès de la porte Saint-Innocent[1]. Ils ont amassé du bien à leurs enfants, qu'ils payent maintenant, peut-être, bien cher en l'autre monde; et l'on ne devient guère si riche à être honnêtes gens. Je ne veux point tous ces caquets, et je veux un homme, en un mot, qui m'ait obligation de ma fille, et à qui je puisse dire : Mettez-vous là, mon gendre, et dînez avec moi.

MONSIEUR JOURDAIN.

Voilà bien les sentiments d'un petit esprit, de vouloir demeurer toujours dans la bassesse. Ne me répliquez pas davantage : ma fille sera marquise, en dépit de tout le monde, et, si vous me mettez en colère, je la ferai duchesse[2].

1. Aucun des historiens de Paris n'a parlé de la *porte Saint-Innocent*, ou plutôt des *Saints-Innocents*. Ce n'était pas une porte de la ville, comme les *portes Saint-Denis, Saint-Martin, Saint-Honoré, de Buci*, etc.; c'était sans doute la porte du fameux cimetière des Saints-Innocents, dont le terrain est occupé aujourd'hui par une partie des Halles.
2. Voyez, dans la Notice, l'entretien de Sancho Pança et de Thérèse, sa femme, traduit du chapitre v, deuxième partie de *Don Quichotte*.

SCÈNE XIII.

MADAME JOURDAIN, LUCILE, CLÉONTE, NICOLE, COVIELLE

MADAME JOURDAIN.

Cléonte, ne perdez point courage encore. (A Lucile.) Suivez moi, ma fille, et venez dire résolûment à votre père que si vous ne l'avez, vous ne voulez épouser personne.

SCÈNE XIV.

CLÉONTE, COVIELLE.

COVIELLE.

Vous avez fait de belles affaires, avec vos beaux sentiments.

CLÉONTE.

Que veux-tu ? j'ai un scrupule là-dessus que l'exemple ne sauroit vaincre.

COVIELLE.

Vous moquez-vous, de le prendre sérieusement avec un homme comme cela ? Ne voyez-vous pas qu'il est fou ? et vous coûtoit-il quelque chose de vous accommoder à ses chimères ?

CLÉONTE.

Tu as raison ; mais je ne croyois pas qu'il fallût faire ses preuves de noblesse pour être gendre de monsieur Jourdain.

COVIELLE, riant.

Ah ! ah ! ah !

CLÉONTE.

De quoi ris-tu ?

ACTE III, SCÈNE XIV.   341

COVIELLE.

D'une pensée qui me vient pour jouer notre homme, et vous faire obtenir ce que vous souhaitez.

CLÉONTE.

Comment?

COVIELLE.

L'idée est tout à fait plaisante.

CLÉONTE.

Quoi donc?

COVIELLE.

Il s'est fait depuis peu une certaine mascarade qui vient le mieux du monde ici, et que je prétends faire entrer dans une bourle*[1] que je veux faire à notre ridicule. Tout cela sent un peu sa comédie; mais, avec lui, on peut hasarder toute chose : il n'y faut point chercher tant de façons, et il est homme à y jouer son rôle à merveille, et à donner aisément dans toutes les fariboles qu'on s'avisera de lui dire. J'ai les acteurs, j'ai les habits tout prêts; laissez-moi faire seulement.

CLÉONTE.

Mais apprends-moi...

COVIELLE.

Je vais vous instruire de tout. Retirons-nous; le voilà qui revient.

* VAR. *Dans une bourde* (1682).

1. L'édition originale porte *bourle* : c'est le vrai mot; il vient de l'italien *burla*, qui signifie : plaisanterie, niche, et dont *burlesque* est un des dérivés. *Bourde*, qu'on a substitué à *bourle* dans ce passage, signifie : mensonge, défaite; sens qui ne peut convenir à la phrase de Covielle. Il est vrai que *bourle* n'est plus usité.

SCÈNE XV.

MONSIEUR JOURDAIN, seul.

Que diable est-ce là? ils n'ont rien que les grands seigneurs à me reprocher, et moi, je ne vois rien de si beau que de hanter les grands seigneurs; il n'y a qu'honneur et que civilité avec eux, et je voudrois qu'il m'eût coûté deux doigts de la main, et être né comte ou marquis.

SCÈNE XVI.

MONSIEUR JOURDAIN, UN LAQUAIS.

LE LAQUAIS.

Monsieur, voici monsieur le comte, et une dame qu'il mène par la main.

MONSIEUR JOURDAIN.

Hé! mon Dieu! j'ai quelques ordres à donner. Dis-leur que je vais venir ici tout à l'heure.

SCÈNE XVII.

DORIMÈNE, DORANTE, UN LAQUAIS.

LE LAQUAIS.

Monsieur dit comme cela qu'il va venir ici tout à l'heure.

DORANTE.

Voilà qui est bien.

SCÈNE XVIII.

DORIMÈNE, DORANTE.

DORIMÈNE.

Je ne sais pas, Dorante, je fais encore ici une étrange

démarche, de me laisser amener par vous dans une maison où je ne connois personne.

DORANTE.

Quel lieu voulez-vous donc, madame, que mon amour choisisse pour vous régaler, puisque, pour fuir l'éclat, vous ne voulez ni votre maison ni la mienne?

DORIMÈNE.

Mais vous ne dites pas que je m'engage insensiblement chaque jour, à recevoir de trop grands témoignages de votre passion[1]. J'ai beau me défendre des choses, vous fatiguez ma résistance, et vous avez une civile opiniâtreté qui me fait venir doucement à tout ce qu'il vous plaît. Les visites fréquentes ont commencé, les déclarations sont venues ensuite, qui après elles ont traîné les sérénades et les cadeaux, que les présents ont suivis. Je me suis opposée à tout cela; mais vous ne vous rebutez point, et, pied à pied, vous gagnez mes résolutions. Pour moi, je ne puis plus répondre de rien, et je crois qu'à la fin vous me ferez venir au mariage, dont je me suis tant éloignée.

DORANTE.

Ma foi, madame, vous y devriez déjà être : vous êtes veuve, et ne dépendez que de vous; je suis maître de moi, et vous aime plus que ma vie : à quoi tient-il que dès aujourd'hui vous ne fassiez tout mon bonheur?

DORIMÈNE.

Mon Dieu! Dorante, il faut des deux parts bien des qualités pour vivre heureusement ensemble; et les deux plus raisonnables personnes du monde ont souvent peine à composer une union dont ils soient satisfaits.

---

1. C'est-à-dire : en recevant de trop grands témoignages de votre passion.

DORANTE.

Vous vous moquez, madame, de vous y figurer tant de difficultés; et l'expérience que vous avez faite ne conclut rien pour tous les autres.

DORIMÈNE.

Enfin j'en reviens toujours là ; les dépenses que je vous vois faire pour moi m'inquiètent par deux raisons : l'une, qu'elles m'engagent plus que je ne voudrois; et l'autre, que je suis sûre, sans vous déplaire, que vous ne les faites point que vous ne vous incommodiez; et je ne veux point cela.

DORANTE.

Ah! madame, ce sont des bagatelles; et ce n'est pas par là...

DORIMÈNE.

Je sais ce que je dis; et, entre autres, le diamant que vous m'avez forcée à prendre est d'un prix...

DORANTE.

Hé! madame, de grâce, ne faites point tant valoir une chose que mon amour trouve indigne de vous; et souffrez... Voici le maître du logis.

SCÈNE XIX.

MONSIEUR JOURDAIN, DORIMÈNE, DORANTE.

MONSIEUR JOURDAIN, *après avoir fait deux révérences, se trouvant trop près de Dorimène.*

Un peu plus loin, madame.

DORIMÈNE.

Comment?

MONSIEUR JOURDAIN.

Un pas, s'il vous plaît.

ACTE III, SCÈNE XIX.

DORIMÈNE.

Quoi donc?

MONSIEUR JOURDAIN.

Reculez un peu, pour la troisième.

DORANTE.

Madame, monsieur Jourdain sait son monde.

MONSIEUR JOURDAIN.

Madame, ce m'est une gloire bien grande de me voir assez fortuné pour être si heureux que d'avoir le bonheur que vous ayez eu la bonté de m'accorder la grâce de me faire l'honneur de m'honorer de la faveur de votre présence; et si j'avois aussi le mérite pour mériter un mérite comme le vôtre, et que le ciel... envieux de mon bien... m'eût accordé... l'avantage de me voir digne... des...

DORANTE.

Monsieur Jourdain, en voilà assez. Madame n'aime pas les grands compliments, et elle sait que vous êtes homme d'esprit. (Bas, à Dorimène.) C'est un bon bourgeois assez ridicule, comme vous voyez, dans toutes ses manières.

DORIMÈNE, bas, à Dorante.

Il n'est pas malaisé de s'en apercevoir.

DORANTE.

Madame, voilà le meilleur de mes amis.

MONSIEUR JOURDAIN.

C'est trop d'honneur que vous me faites.

DORANTE.

Galant homme tout à fait.

DORIMÈNE.

J'ai beaucoup d'estime pour lui.

MONSIEUR JOURDAIN.

Je n'ai rien fait encore, madame, pour mériter cette grâce.

DORANTE, bas, à monsieur Jourdain.

Prenez bien garde, au moins, à ne lui point parler du diamant que vous lui avez donné.

MONSIEUR JOURDAIN, bas, à Dorante.

Ne pourrois-je pas seulement lui demander comment elle le trouve?

DORANTE, bas, à monsieur Jourdain.

Comment! gardez-vous-en bien. Cela seroit vilain à vous; et, pour agir en galant homme, il faut que vous fassiez comme si ce n'étoit pas vous qui lui eussiez fait ce présent[1]. (Haut.) Monsieur Jourdain, madame, dit qu'il est ravi de vous voir chez lui.

DORIMÈNE.

Il m'honore beaucoup.

MONSIEUR JOURDAIN, bas, à Dorante.

Que je vous suis obligé, monsieur, de lui parler ainsi pour moi!

DORANTE, bas, à monsieur Jourdain.

J'ai eu une peine effroyable à la faire venir ici.

MONSIEUR JOURDAIN, bas, à Dorante.

Je ne sais quelles grâces vous en rendre.

DORANTE.

Il dit, madame, qu'il vous trouve la plus belle personne du monde.

---

1. Voyez *la Farce de Gros Guillaume et de Turlupin*. Frères Parfait, *Histoire du Théâtre françois,* tome IV, p. 260-263. Turlupin, à qui Horace a remis une chaîne pour Florentine et Florentine un anneau pour Horace, garde l'un et l'autre objet. Turlupin recommande bien à Horace de ne point parler de la chaîne à Florentine, car il aurait l'air de lui reprocher ce qu'il lui donne. Turlupin recommande à Florentine de ne point parler de l'anneau à Horace par discrétion. C'est un bon tour de fripon que le comte Dorante ne dédaigne pas de s'approprier.

DORIMÈNE.
C'est bien de la grâce qu'il me fait.
MONSIEUR JOURDAIN.
Madame, c'est vous qui faites les grâces; et...
DORANTE.
Songeons à manger.

SCÈNE XX.

MONSIEUR JOURDAIN, DORIMÈNE, DORANTE, UN LAQUAIS.

LE LAQUAIS, à monsieur Jourdain.
Tout est prêt, monsieur.
DORANTE.
Allons donc nous mettre à table, et qu'on fasse venir les musiciens.

SCÈNE XXI.

ENTRÉE DE BALLET.

Six cuisiniers, qui ont préparé le festin, dansent ensemble, et font le troisième intermède; après quoi ils apportent une table couverte de plusieurs mets.

ACTE QUATRIÈME.

SCÈNE PREMIÈRE.

DORANTE, DORIMÈNE, MONSIEUR JOURDAIN,
DEUX MUSICIENS, UNE MUSICIENNE,* LAQUAIS.

DORIMÈNE.

Comment, Dorante ? voilà un repas tout à fait magnifique !

MONSIEUR JOURDAIN.

Vous vous moquez, madame ; et je voudrois qu'il fût plus digne de vous être offert.

(Tous se mettent à table.)

DORANTE.

Monsieur Jourdain a raison, madame, de parler de la sorte ; et il m'oblige de vous faire si bien les honneurs de chez lui. Je demeure d'accord avec lui que le repas n'est pas digne de vous. Comme c'est moi qui l'ai ordonné, et que je n'ai pas sur cette matière les lumières de nos amis, vous n'avez pas ici un repas fort savant, et vous y trouverez des incongruités de bonne chère, et des barbarismes de bon goût. Si Damis, [notre ami,]** s'en étoit mêlé, tout

---

* Le livre du ballet, au lieu de : *Deux musiciens, une musicienne,* indique : *Trois musiciens.* Ainsi, trois chanteurs dirent à la cour les chansons à boire ci-après, et deux chanteurs et une chanteuse les dirent à la ville.

** Ces deux mots sont ajoutés par le texte de 1682.

seroit dans les règles; il y auroit partout de l'élégance et de l'érudition[1], et il ne manqueroit pas de vous exagérer lui-même toutes les pièces du repas qu'il vous donneroit, et de vous faire tomber d'accord de sa haute capacité dans la science des bons morceaux, de vous parler d'un pain de rive[2] à biseau doré, relevé de croûte partout, croquant tendrement sous la dent; d'un vin à sève veloutée, armé d'un vert qui n'est point trop commandant; d'un carré de mouton gourmandé de persil; d'une longe de veau de rivière[3], longue comme cela, blanche, délicate, et qui, sous les dents, est une vraie pâte d'amande; de perdrix relevées d'un fumet surprenant; et, pour son opéra[4], d'une

1. « Cliton n'a jamais eu en toute sa vie que deux affaires, qui est de dîner le matin, et de souper le soir. Il ne semble né que pour la digestion. Il n'a de même qu'un entretien : il dit les entrées qui ont été servies au dernier repas où il s'est trouvé; il dit combien il y a eu de potages, et quels potages; il place ensuite le rôt et les entremets; il se souvient exactement de quels plats on a relevé le premier service; il n'oublie pas les hors-d'œuvre, le fruit et les assiettes; il nomme tous les vins et toutes les liqueurs dont il a bu. Il possède le langage des cuisines autant qu'il peut s'étendre... C'est un personnage illustre dans son genre, et qui a porté le talent de se bien nourrir jusqu'où il pouvoit aller. » (LA BRUYÈRE, *de l'Homme*.)

2. *Un pain de rive* est un pain qui, ayant été placé au bord du four, et par conséquent n'ayant pas été en contact avec les autres pains, est bien cuit sur les bords, et a un *biseau doré*.

3. *Veau de rivière*, veau élevé en Normandie, dans les prairies voisines de la Seine.

4. *Opéra*, mot italien adopté par les Français, était assez souvent employé dans le sens d'*œuvre capitale*. Voici quelques exemples de ce mot appliqué à d'autres choses qu'à la gastronomie :

> Vous avez fait, seigneur, un opéra.
> Quoi! le vieux duc, suivi de Caprara?
> Quoi! la bravoure et la matoiserie?
> Grande est la gloire, ainsi que la tuerie.
> Vous savez coudre avec encor plus d'art
> Peau de lion avec peau de renard.
>
> (LA FONTAINE, *épître XI, à M. de Turenne*, 1674.)

— « On ne doute plus du mariage de la comtesse de P***. C'est son amie

soupe à bouillon perlé, soutenue d'un jeune gros dindon cantonné de pigeonneaux¹, et couronnée d'oignons blancs mariés avec la chicorée². Mais, pour moi, je vous avoue mon ignorance; et, comme monsieur Jourdain a fort bien dit, je voudrois que le repas fût plus digne de vous être offert.

DORIMÈNE.

Je ne réponds à ce compliment qu'en mangeant comme je fais.

MONSIEUR JOURDAIN.

Ah! que voilà de belles mains!

DORIMÈNE.

Les mains sont médiocres, monsieur Jourdain; mais vous voulez parler du diamant, qui est fort beau.

---

qui a fait cet opéra; le tout pour de l'argent. » (Madame DE SCUDÉRY, *Lettre au comte de Bussy-Rabutin*, 6 juin 1673.)

— « Vous vous souvenez bien de la lettre que vous m'avez promise dès que vous m'avez appris que je serois grand-père. Je m'attends à un opéra. » (BUSSY-RABUTIN, *Lettre à madame de G***, 3 janvier 1676.)

1. *Cantonné* est une expression empruntée au blason, et qui signifie : ayant à ses quatre coins. On dit : *une croix cantonnée de quatre étoiles*.

2. Dans une petite pièce intitulée *les Costeaux ou les Marquis friands*, par de Villiers (1665), on s'entretient avec admiration d'un potage aux oignons blancs farcis :

> LÉANDRE.
> Je fus hier dîner chez un de mes amis,
> Et mangeai d'un potage aux oignons blancs farcis.
> CLIDAMANT.
> Aux oignons blancs farcis! Peste! il est admirable;
> J'en ai vu l'inventeur.
> LÉANDRE.
> Il aimoit bien la table.
> CLIDAMANT.
> Aux oignons blancs farcis!
> LÉANDRE.
> Tu les aimes, je croi?
> CLIDAMANT.
> Je puis bien les aimer, c'est un manger de roi.

Voyez *les Contemporains de Molière*, par V. Fournel, tome I, page 338.

ACTE IV, SCÈNE I.

MONSIEUR JOURDAIN.

Moi, madame? Dieu me garde d'en vouloir parler! ce ne seroit pas agir en galant homme; et le diamant est fort peu de chose.

DORIMÈNE.

Vous êtes bien dégoûté.

MONSIEUR JOURDAIN.

Vous avez trop de bonté...

DORANTE, après avoir fait signe à monsieur Jourdain.

Allons, qu'on donne du vin à monsieur Jourdain, et à ces messieurs,* qui nous feront la grâce de nous chanter un air à boire.**

DORIMÈNE.

C'est merveilleusement assaisonner la bonne chère que d'y mêler la musique, et je me vois ici admirablement régalée.

MONSIEUR JOURDAIN.

Madame, ce n'est pas...

DORANTE.

Monsieur Jourdain, prêtons silence à ces messieurs : ce qu'ils nous diront vaudra mieux que tout ce que nous pourrions dire.***

Les musiciens et la musicienne prennent des verres, chantent deux chansons à boire, et sont soutenus de toute la symphonie.

PREMIÈRE CHANSON A BOIRE.

Un petit doigt, Philis, pour commencer le tour :
Ah! qu'un verre en vos mains a d'agréables charmes!

---

* VAR. *Et à ces messieurs et à ces dames* (1682).
** VAR. *De nous chanter quelque air à boire* (1682).
*** VAR. *Ce qu'ils nous feront entendre vaudra mieux que tout ce que nous pourrions dire* (1682).

Vous et le vin, vous vous prêtez des armes,
Et je sens pour tous deux redoubler mon amour;
Entre lui, vous et moi, jurons, jurons, ma belle,
  Une ardeur éternelle.

Qu'en mouillant votre bouche il en reçoit d'attraits!
Et que l'on voit par lui votre bouche embellie!
  Ah! l'un de l'autre ils me donnent envie,
Et de vous et de lui je m'enivre à longs traits.
Entre lui, vous et moi, jurons, jurons, ma belle,
  Une ardeur éternelle.

SECONDE CHANSON A BOIRE.

Buvons, chers amis, buvons!
Le temps qui fuit nous y convie :
  Profitons de la vie
  Autant que nous pouvons.

Quand on a passé l'onde noire,
Adieu le bon vin, nos amours.
  Dépêchons-nous de boire ;
  On ne boit pas toujours.

Laissons raisonner les sots
Sur le vrai bonheur de la vie ;
  Notre philosophie
  Le met parmi les pots.

Les biens, le savoir et la gloire
N'ôtent point les soucis fâcheux ;
  Et ce n'est qu'à bien boire
  Que l'on peut être heureux. *

---

* Ces quatre vers manquent dans l'édition de 1682; ils sont remplacés par le refrain du premier couplet « Quand on a passé l'onde noire, etc. »

TOUS TROIS ENSEMBLE.

Sus, sus, du vin, partout versez, garçons, versez ;
Versez, versez toujours, tant qu'on vous dise : Assez.

DORIMÈNE.

Je ne crois pas qu'on puisse mieux chanter; et cela est tout à fait beau.

MONSIEUR JOURDAIN.

Je vois encore ici, madame, quelque chose de plus beau.

DORIMÈNE.

Ouais! monsieur Jourdain est galant plus que je ne pensois.

DORANTE.

Comment, madame! pour qui prenez-vous monsieur Jourdain?

MONSIEUR JOURDAIN.

Je voudrois bien qu'elle me prît pour ce que je dirois.

DORIMÈNE.

Encore!

DORANTE, à Dorimène.

Vous ne le connoissez pas.

MONSIEUR JOURDAIN.

Elle me connoîtra quand il lui plaira.

DORIMÈNE.

Oh! je le quitte.

DORANTE.

Il est homme qui a toujours la riposte en main. Mais vous ne voyez pas que monsieur Jourdain, madame, mange tous les morceaux que vous touchez.*

DORIMÈNE.

Monsieur Jourdain est un homme qui me ravit.

---

* *Tous les morceaux que vous avez touchés* (1682).

MONSIEUR JOURDAIN.

Si je pouvois ravir votre cœur, je serois...

SCÈNE II.

MADAME JOURDAIN, MONSIEUR JOURDAIN, DORIMÈNE, DORANTE, MUSICIENS, MUSICIENNE, LAQUAIS.

MADAME JOURDAIN.

Ah! ah! je trouve ici bonne compagnie, et je vois bien qu'on ne m'y attendoit pas. C'est donc pour cette belle affaire-ci, monsieur mon mari, que vous avez eu tant d'empressement à m'envoyer dîner chez ma sœur? Je viens de voir un théâtre là-bas[1], et je vois ici un banquet à faire noces. Voilà comme vous dépensez votre bien; et c'est ainsi que vous festinez les dames en mon absence, et que vous leur donnez la musique et la comédie, tandis que vous m'envoyez promener[2].

DORANTE.

Que voulez-vous dire, madame Jourdain? et quelles fantaisies sont les vôtres, de vous aller mettre en tête que votre mari dépense son bien, et que c'est lui qui donne ce régale[3] à madame? Apprenez que c'est moi, je vous prie;

---

1. Ce *théâtre* est celui que Covielle a fait dresser pour la réception de M. Jourdain, en qualité de mamamouchi. Comme madame Jourdain n'est pas dans la confidence de cette farce, il est tout simple qu'elle voie dans ces préparatifs une nouvelle folie de son mari.

2. Il y a, dans l'*Asinaire* de Plaute, une situation presque semblable : Artémone surprend son mari Déménète, à table, chez la courtisane Philénie; elle apostrophe vertement la courtisane; et, comme de raison, traite encore plus mal le galant suranné.

3. Il y a *régale* dans le texte original. Ce mot s'écrivait souvent ainsi, et Molière a dit dans *Amphitryon,* acte I, scène IV :

> Mais quoi! partir ainsi d'une façon brutale,
> Sans me dire un seul mot de douceur pour régale.

Voyez ci après, page 394.

qu'il ne fait seulement que me prêter sa maison, et que vous devriez un peu mieux regarder aux choses que vous dites.

MONSIEUR JOURDAIN.

Oui, impertinente, c'est monsieur le comte qui donne tout ceci à madame, qui est une personne de qualité. Il me fait l'honneur de prendre ma maison, et de vouloir que je sois avec lui.

MADAME JOURDAIN.

Ce sont des chansons que cela; je sais ce que je sais.

DORANTE.

Prenez, madame Jourdain, prenez de meilleures lunettes.

MADAME JOURDAIN.

Je n'ai que faire de lunettes, monsieur, et je vois assez clair. Il y a longtemps que je sens les choses, et je ne suis pas une bête. Cela est fort vilain à vous, pour un grand seigneur, de prêter la main comme vous faites aux sottises de mon mari. Et vous, madame, pour une grand' dame, cela n'est ni beau, ni honnête à vous, de mettre de la dissension dans un ménage, et de souffrir que mon mari soit amoureux de vous.

DORIMÈNE.

Que veut donc dire tout ceci? Allez, Dorante, vous vous moquez, de m'exposer aux sottes visions de cette extravagante.

DORANTE, suivant Dorimène, qui sort.

Madame, holà! madame, où courez-vous?

MONSIEUR JOURDAIN.

Madame... Monsieur le comte, faites-lui excuses, et tâchez de la ramener.

SCENE III.

MADAME JOURDAIN, MONSIEUR JOURDAIN, LAQUAIS.

MONSIEUR JOURDAIN.

Ah! impertinente que vous êtes, voilà de vos beaux faits! Vous me venez faire des affronts devant tout le monde; et vous chassez de chez moi des personnes de qualité.

MADAME JOURDAIN.

Je me moque de leur qualité.

MONSIEUR JOURDAIN.

Je ne sais qui me tient, maudite, que je ne vous fende la tête avec les pièces du repas que vous êtes venue troubler.

(On ôte la table.)

MADAME JOURDAIN, sortant.

Je me moque de cela. Ce sont mes droits que je défends, et j'aurai pour moi toutes les femmes.

MONSIEUR JOURDAIN.

Vous faites bien d'éviter ma colère.

SCÈNE IV.

MONSIEUR JOURDAIN,

Elle est arrivée là bien malheureusement. J'étois en humeur de dire de jolies choses; et jamais je ne m'étois senti tant d'esprit. Qu'est-ce que c'est que cela?

SCÈNE V.

MONSIEUR JOURDAIN, COVIELLE, déguisé.

COVIELLE.

Monsieur, je ne sais pas si j'ai l'honneur d'être connu de vous.

MONSIEUR JOURDAIN.

Non, monsieur.

COVIELLE, étendant la main à un pied de terre.

Je vous ai vu que vous n'étiez pas plus grand que cela.

MONSIEUR JOURDAIN.

Moi?

COVIELLE.

Oui. Vous étiez le plus bel enfant du monde, et toutes les dames vous prenoient dans leurs bras pour vous baiser.

MONSIEUR JOURDAIN.

Pour me baiser?

COVIELLE.

Oui. J'étois grand ami de feu monsieur votre père.

MONSIEUR JOURDAIN.

De feu monsieur mon père?

COVIELLE.

Oui. C'étoit un fort honnête gentilhomme.

MONSIEUR JOURDAIN.

Comment dites-vous?

COVIELLE.

Je dis que c'étoit un fort honnête gentilhomme.

MONSIEUR JOURDAIN.

Mon père?

COVIELLE.

Oui.

MONSIEUR JOURDAIN.

Vous l'avez fort connu?

COVIELLE.

Assurément.

MONSIEUR JOURDAIN.

Et vous l'avez connu pour gentilhomme?

COVIELLE.

Sans doute.

MONSIEUR JOURDAIN.

Je ne sais donc pas comment le monde est fait!

COVIELLE.

Comment?

MONSIEUR JOURDAIN.

Il y a de sottes gens qui me veulent dire qu'il a été marchand.

COVIELLE.

Lui, marchand! C'est pure médisance, il ne l'a jamais été. Tout ce qu'il faisoit, c'est qu'il étoit fort obligeant, fort officieux; et, comme il se connoissoit fort bien en étoffes, il en alloit choisir de tous les côtés, les faisoit apporter chez lui, et en donnoit à ses amis pour de l'argent.

MONSIEUR JOURDAIN.

Je suis ravi de vous connoître, afin que vous rendiez ce témoignage-là que mon père étoit gentilhomme.

COVIELLE.

Je le soutiendrai devant tout le monde.

MONSIEUR JOURDAIN.

Vous m'obligerez. Quel sujet vous amène?

COVIELLE.

Depuis avoir connu feu monsieur votre père, honnête gentilhomme, comme je vous ai dit, j'ai voyagé par tout le monde.

MONSIEUR JOURDAIN.

Par tout le monde?

COVIELLE.

Oui.

MONSIEUR JOURDAIN.

Je pense qu'il y a bien loin en ce pays-là.

COVIELLE.

Assurément. Je ne suis revenu de tous mes longs voyages que depuis quatre jours; et, par l'intérêt que je prends à tout ce qui vous touche, je viens vous annoncer la meilleure nouvelle du monde.

MONSIEUR JOURDAIN.

Quelle?

COVIELLE.

Vous savez que le fils du Grand Turc est ici?

MONSIEUR JOURDAIN.

Moi? Non.

COVIELLE.

Comment! il a un train tout à fait magnifique; tout le monde le va voir, et il a été reçu en ce pays comme un seigneur d'importance.

MONSIEUR JOURDAIN.

Par ma foi, je ne savois pas cela.

COVIELLE.

Ce qu'il y a d'avantageux pour vous, c'est qu'il est amoureux de votre fille.

MONSIEUR JOURDAIN.

Le fils du Grand Turc?

COVIELLE.
Oui; et il veut être votre gendre.
MONSIEUR JOURDAIN.
Mon gendre, le fils du Grand Turc?
COVIELLE.
Le fils du Grand Turc, votre gendre. Comme je le fus voir, et que j'entends parfaitement sa langue, il s'entretint avec moi; et, après quelques autres discours, il me dit : *Acciam croc soler ouch alla moustaph gidelum amanahem varahini oussere carbulath*[1], c'est-à-dire : N'as-tu point vu une jeune belle personne, qui est la fille de monsieur Jourdain, gentilhomme parisien?
MONSIEUR JOURDAIN.
Le fils du Grand Turc dit cela de moi?
COVIELLE.
Oui. Comme je lui eus répondu que je vous connoissois particulièrement, et que j'avois vu votre fille : Ah! me dit-il, *marababa sahem!* c'est-à-dire : Ah! que je suis amoureux d'elle!
MONSIEUR JOURDAIN.
Marababa sahem veut dire : Ah! que je suis amoureux d'elle?
COVIELLE.
Oui.

---

1. Molière, qui se serait donné une peine très inutile en se procurant des phrases correctes et significatives, a pris la plupart de ces prétendus mots turcs dans une comédie de Rotrou, intitulée *la Sœur*. On pourrait cependant en distinguer quelques-uns qui semblent se rapprocher de mots turcs ou arabes défigurés par une très vicieuse orthographe; ainsi, *acciam* (peut être *actchem* ou, par une mauvaise prononciation *actcham*) qui signifie: mon argent; *Alla* (probablement *Allah*), qui signifie : Dieu; *Moustapha*, qui est le nom propre *Moustapha*, et *gidelum* (*guidelum*), qui veut dire : allons-nous-en.

ACTE IV, SCÈNE V.

MONSIEUR JOURDAIN.

Par ma foi, vous faites bien de me le dire : car, pour moi, je n'aurois jamais cru que *marababa sahem* eût voulu dire : Ah ! que je suis amoureux d'elle ! Voilà une langue admirable que ce turc !

COVIELLE.

Plus admirable qu'on ne peut croire. Savez-vous bien ce que veut dire *cacaracamouchen* ?

MONSIEUR JOURDAIN.

Cacaracamouchen ? Non.

COVIELLE.

C'est-à-dire : Ma chère âme.

MONSIEUR JOURDAIN.

Cacaracamouchen veut dire : Ma chère âme ?

COVIELLE.

Oui.

MONSIEUR JOURDAIN.

Voilà qui est merveilleux. *Cacaracamouchen,* Ma chère âme. Diroit-on jamais cela ? Voilà qui me confond.

COVIELLE.

Enfin, pour achever mon ambassade, il vient vous demander votre fille en mariage ; et, pour avoir un beau-père qui soit digne de lui, il veut vous faire *mamamouchi*[1], qui est une certaine dignité de son pays.

MONSIEUR JOURDAIN.

Mamamouchi ?

COVIELLE.

Oui, *mamamouchi,* c'est-à-dire, en notre langue, paladin. Paladin, ce sont de ces anciens... Paladin, enfin. Il

---

1. Pour : *Turc de carnaval.* Mot de la création de Molière, et qui est resté dans la langue française.

n'y a rien de plus noble que cela dans le monde, et vous irez de pair avec les plus grands seigneurs de la terre.

MONSIEUR JOURDAIN.

Le fils du Grand Turc m'honore beaucoup; et je vous prie de me mener chez lui pour lui faire mes remerciements.

COVIELLE.

Comment! le voilà qui va venir ici.

MONSIEUR JOURDAIN.

Il va venir ici?

COVIELLE.

Oui; et il amène toutes choses pour la cérémonie de votre dignité.

MONSIEUR JOURDAIN.

Voilà qui est bien prompt.

COVIELLE.

Son amour ne peut souffrir aucun retardement.

MONSIEUR JOURDAIN.

Tout ce qui m'embarrasse ici, c'est que ma fille est une opiniâtre qui s'est allé mettre dans la tête[1] un certain Cléonte, et elle jure de n'épouser personne que celui-là.

COVIELLE.

Elle changera de sentiment quand elle verra le fils du Grand Turc; et puis il se rencontre ici une aventure merveilleuse : c'est que le fils du Grand Turc ressemble à ce Cléonte, à peu de chose près. Je viens de le voir, on me l'a montré; et l'amour qu'elle a pour l'un pourra passer aisément à l'autre, et... Je l'entends venir; le voilà.

1. Il y a : *qui s'est allé mettre,* dans le texte original et dans l'édition de 1682. On n'aurait pas écrit alors plus qu'aujourd'hui, *elle est* ALLÉ *se mettre dans la tête;* mais en plaçant le pronom personnel avant le verbe auxiliaire, on se croyait dispensé de faire accorder le participe avec le sujet de la proposition, et l'on écrivait, *elle s'est allé mettre dans la tête,* comme on eût écrit : *elle s'est laissé mettre dans la tête,* bien que les deux cas soient tout à fait différents.

SCÈNE VI.

CLÉONTE, en Turc; TROIS PAGES, portant la veste de Cléonte;
MONSIEUR JOURDAIN, COVIELLE.

CLÉONTE.

Ambousahim oqui boraf, Jordina, salamalequi [1].

COVIELLE, à monsieur Jourdain.

C'est-à-dire : Monsieur Jourdain, votre cœur soit toute l'année comme un rosier fleuri. Ce sont façons de parler obligeantes de ces pays-là.

MONSIEUR JOURDAIN.

Je suis très humble serviteur de Son Altesse turque.

COVIELLE.

Carigar camboto oustin moraf.

CLÉONTE.

Oustin yoc catamalequi basum base alla moran.

COVIELLE.

Il dit : Que le ciel vous donne la force des lions et la prudence des serpents.

MONSIEUR JOURDAIN.

Son Altesse turque m'honore trop, et je lui souhaite toutes sortes de prospérités.

COVIELLE.

Ossa binamen sadoc babally oracaf ouram.

---

1. Dans ce mot *salamalequi*, il est impossible de ne pas apercevoir les mots arabes *salam aleïqui*, qui signifient : que le salut soit sur ta tête ! et qui sont une formule dont les musulmans se servent pour saluer ceux qu'ils rencontrent. On sait que nous en avons fait le mot *salamalec,* qui dans notre langage familier veut dire : révérence profonde.

CLÉONTE.

Bel-men[1].

COVIELLE.

Il dit que vous alliez vite avec lui vous préparer pour la cérémonie, afin de voir ensuite votre fille et de conclure le mariage.

MONSIEUR JOURDAIN.

Tant de choses en deux mots?

COVIELLE.

Oui, la langue turque est comme cela, elle dit beaucoup en peu de paroles[2]. Allez vite où il souhaite.

SCÈNE VI.

COVIELLE, seul.

Ah! ah! ah! Ma foi, cela est tout à fait drôle. Quelle dupe! Quand il auroit appris son rôle par cœur, il ne pourroit pas le mieux jouer. Ah! ah!

---

1. *Bel-men*, peut-être *bilmen*, qui, en turc, signifie : je ne sais pas.
2. Dans *la Sœur*, cette comédie de Rotrou dont nous avons parlé plus haut, un valet fourbe interprète encore plus longuement, c'est-à-dire en six vers, les deux mots, *vare hec* : ce qui fait dire au bonhomme que l'on trompe :

> T'en a-t-il pu tant dire en si peu de propos?

Le faux truchement répond :

> Oui, le langage turc dit beaucoup en deux mots.

Hauteroche, dans *le Feint Polonois*, a introduit un amant et son valet qui se travestissent et jargonnent comme Cléonte et Covielle. Un personnage de la pièce, à qui l'on explique en beaucoup de paroles quelques mots, non de turc, mais de polonois, n'est pas moins étonné que M. Jourdain et dit à peu près comme lui : « Cette langue est admirable; elle dit vingt choses en trois paroles. »

SCÈNE VIII.

DORANTE, COVIELLE.

COVIELLE.

Je vous prie, monsieur, de nous vouloir aider céans dans une affaire qui s'y passe.

DORANTE.

Ah! ah! Covielle, qui t'auroit reconnu? Comme te voilà ajusté!

COVIELLE.

Vous voyez Ah! ah!

DORANTE.

De quoi ris-tu?

COVIELLE.

D'une chose, monsieur, qui le mérite bien.

DORANTE.

Comment?

COVIELLE.

Je vous le donnerois en bien des fois, monsieur, à deviner le stratagème dont nous nous servons auprès de monsieur Jourdain, pour porter son esprit à donner sa fille à mon maître.

DORANTE.

Je ne devine point le stratagème; mais je devine qu'il ne manquera pas de faire son effet, puisque tu l'entreprends.

COVIELLE.

Je sais, monsieur, que la bête vous est connue.

DORANTE.

Apprends-moi ce que c'est.

COVIELLE.

Prenez la peine de vous tirer un peu plus loin, pour faire place à ce que j'aperçois venir. Vous pourrez voir une partie de l'histoire, tandis que je vous conterai le reste.

SCÈNE IX.

CÉRÉMONIE TURQUE[1].

LE MUPHTI, DERVIS, TURCS, ASSISTANTS DU MUPHTI, CHANTANTS ET DANSANTS.

PREMIÈRE ENTRÉE DE BALLET.

Six Turcs entrent gravement deux à deux, au son des instruments. Ils portent trois tapis qu'ils lèvent fort haut, après en avoir fait, en dansant, plusieurs figures. Les Turcs chantants passent par-dessous ces tapis pour s'aller ranger aux deux côtés du théâtre. Le muphti, accompagné des dervis, ferme cette marche.

Les Turcs étendent les tapis par terre, et se mettent dessus à genoux. Le muphti et les dervis restent debout au milieu d'eux; et, pendant que le muphti invoque Mahomet, en faisant beaucoup de contorsions et de grimaces, sans proférer une parole, les Turcs assistants se prosternent jusqu'à terre en chantant

---

1. Cette cérémonie n'est tracée que sommairement dans le livre du ballet et dans les premières éditions de la pièce. Les éditeurs de 1682, développant le programme de cette cérémonie, y firent entrer tout ce qui se disait à la représentation. L'éditeur de 1734, à son tour, y introduisant la division en scènes et en entrées de ballet, a arrangé ce long intermède d'après le système usité pour les œuvres dramatiques qui vivent au théâtre. Nous n'avons pas voulu repousser cet ensemble définitif et consacré, pour revenir soit au sommaire de l'édition de 1671, soit au texte de 1682. Toutefois, pour donner satisfaction à cette curiosité archéologique qui règne de nos jours, nous publierons à la suite de la pièce le programme élémentaire que donne le texte original.

Alli, puis lèvent les bras au ciel en chantant *Alla;* ce qu'ils continuent jusqu'à la fin de l'invocation. Alors ils se relèvent tous, chantant *Alla eckber*[1]; et deux dervis vont chercher monsieur Jourdain.

SCÈNE X.

LE MUPHTI, DERVIS, TURCS CHANTANTS ET DANSANTS; MONSIEUR JOURDAIN, vêtu à la turque, la tête rasée, sans turban et sans sabre.

LE MUPHTI, à monsieur Jourdain.

Se ti sabir,
Ti respondir;
Se non sabir,
Tazir, tazir.

Mi star muphti,
Ti qui star, ti?
Non intendir?
Tazir, tazir[2].

(Deux dervis font retirer monsieur Jourdain.)

---

1. *Alli* et *Alla,* qui s'écrit *Allah,* signifient Dieu. *Alla eckber* : Dieu est grand.
2. Ces deux petits couplets, chantés par le muphti, sont en langue franque. On sait que cette langue, parlée dans les États barbaresques et aux Échelles du Levant, est un mélange corrompu d'italien, d'espagnol, de portugais, de turc, etc., dans lequel les verbes sont presque toujours employés à l'infinitif, comme dans le jargon des nègres de nos colonies. Voici la traduction des deux couplets :

Si toi savoir,
Toi répondre ;
Si non savoir,
Te taire, te taire.

Moi être muphti :
Toi qui être, toi?
Pas entendre?
Te taire, te taire.

SCÈNE XI.

LE MUPHTI, DERVIS, TURCS CHANTANTS ET DANSANTS.

LE MUPHTI.
Dice, Turque, qui star quista? Anabatista? anabatista[1]?

LES TURCS.
Ioc[2].

LE MUPHTI.
Zuinglista[3]?

LES TURCS.
Ioc.

LE MUPHTI.
Coffita[4]?

LES TURCS.
Ioc.

LE MUPHTI.
Hussita? Morista? Fronista[5]?

LES TURCS.
Ioc, ioc, ioc.

LE MUPHTI.
Ioc, ioc, ioc. Star Pagana[6]?

LES TURCS.
Ioc.

LE MUPHTI.
Luterana[7]?

---

1. « Dis, Turc, qui être celui-là? Anabaptiste? anabaptiste? »
2. *Ioc*, ou plutôt *yoc*, mot turc qui signifie : non.
3. *Zuinglista*, zuinglien, ou de la secte de Zuingle.
4. *Coffita*, cophte, chrétien d'Égypte, de la secte des jacobites.
5. *Hussita*, hussite, ou de la secte de Jean Huss. *Morista*, more. — *Fronista*, probablement phroniste, ou contemplatif.
6. « Être païen? »
7. *Luterana*, luthérien.

ACTE IV, SCÈNE XI.

LES TURCS.

Ioc.

LE MUPHTI.

Puritana¹?

LES TURCS.

Ioc.

LE MUPHTI.

Bramina? Moffina? Zurina²?

LES TURCS.

Ioc, ioc, ioc.

LE MUPHTI.

Ioc, ioc, ioc. Mahametana? Mahametana?

LES TURCS.

Hi Valla. Hi Valla³.

LE MUPHTI.

Como chamara? Como chamara⁴?

LES TURCS.

Giourdina, Giourdina.

LE MUPHTI, *sautant et regardant de côté et d'autre.*

Giourdina? Giourdina? Giourdina?

LES TURCS.

Giourdina, Giourdina, Giourdina.

LE MUPHTI.

Mahameta, per Giourdina,
Mi pregar sera e matina.
Voler far un paladina
De Giourdina, de Giourdina.

---

1. *Puritana,* puritain.
2. *Bramina,* bramine. Quant à *Moffina* et à *Zurina,* ce sont probablement des noms d'invention. Du moins on ne les trouve dans aucun des livres qui traitent des religions et des sectes religieuses.
3. *Hi Valla,* mots arabes qui devraient être écrits *Ei Vallah,* et qui signifient : oui, par Dieu.
4. « Comment s'appelle-t-il? Comment s'appelle-t-il? »

Dar turbanta e dar scarrina,
Con galera e brigantina,
Per deffender Palestina.
Mahameta, per Giourdina,
Mi pregar sera e matina.
(Aux Turcs.)
Star bon Turca Giourdina¹? (*Bis.*)

LES TURCS.

Hi Valla. Hi Valla².

LE MUPHTI, chantant et dansant.

Ha la ba, ba la chou, ba la ba, ba la da³.

LES TURCS.

Ha la ba, ba la chou, ba la ba, ba la da.

SCÈNE XII.

TURCS CHANTANTS ET DANSANTS.

DEUXIÈME ENTRÉE DE BALLET.

---

1. Voici la traduction littérale de ce couplet :

> Mahomet, pour Jourdain,
> Moi prier soir et matin.
> Vouloir faire un paladin
> De Jourdain, de Jourdain.
> Donner turban et donner cimeterre
> Avec galère et brigantine,
> Pour défendre la Palestine.
> Mahomet, pour Jourdain,
> Moi prier soir et matin.
> Être bon Turc Jourdain?

2. Comme on l'a vu plus haut, *Hi Valla*, ou plutôt *Ei Vallah*, signifie en turc : oui, par Dieu.

3. Ces syllabes, ainsi détachées, n'ont aucun sens. Mais, en les rapprochant, et en rectifiant ce qu'elles ont d'incorrect, on en forme aisément ces mots : *Allah, baba, hou, Allah, baba*, qui sont véritablement turcs, et qui signifient : Dieu, mon père; Dieu, Dieu, mon père.

SCÈNE XIII.

LE MUPHTI, DERVIS, MONSIEUR JOURDAIN,
TURCS CHANTANTS ET DANSANTS.

Le muphti revient coiffé avec son turban de cérémonie, qui est d'une grosseur démesurée, et garni de bougies allumées à quatre ou cinq rangs; il est accompagné de deux dervis qui portent l'Alcoran, et qui ont des bonnets pointus, garnis aussi de bougies allumées.

Les deux autres dervis amènent le bourgeois [qui est tout épouvanté de cette cérémonie], et le font mettre à genoux, les mains par terre, de façon que son dos, sur lequel est mis l'Alcoran, sert de pupitre au muphti. Le muphti fait une seconde invocation burlesque, fronçant le sourcil [et ouvrant la bouche, sans dire mot; puis parlant avec véhémence, tantôt radoucissant sa voix, tantôt la poussant d'un enthousiasme à faire trembler, en se tenant les côtes avec les mains, comme pour faire sortir les paroles], frappant de temps en temps sur l'Alcoran, et tournant les feuillets avec précipitation. Après quoi, en levant les bras au ciel, le muphti crie à haute voix : *Hou*[1].

Pendant cette seconde invocation, les Turcs assistants s'inclinent trois fois et trois fois se relèvent, en chantant aussi *Hou, hou, hou*[2].

MONSIEUR JOURDAIN, *après qu'on lui a ôté l'Alcoran de dessus le dos.*

Ouf.

---

1. *Hou,* mot arabe qui signifie *lui,* est un des noms que les musulmans donnent à Dieu; ils ne le prononcent qu'avec une crainte respectueuse. Nous avons restitué dans le texte de cette cérémonie, et notamment dans ce paragraphe, d'après l'édition de 1682, quelques détails supprimés par l'éditeur de 1734. Ces additions sont entre crochets.

2. Cette parodie facétieuse, qui sans doute passa pour fort innocente au XVIIᵉ siècle, a paru de nos jours avoir plus de portée. Et, en effet, il y a du Rabelais là-dedans, c'est-à-dire de la moquerie à outrance, excessive et profonde.

LE MUPHTI, à monsieur Jourdain.
Ti non star furba?
LES TURCS.
No, no, no.
LE MUPHTI.
Non star forfanta?
LES TURCS.
No, no, no.
LE MUPHTI, aux Turcs.
Donar turbanta[1]. (*Bis.*)
LES TURCS.
Ti non star furba?
No, no, no.
Non star forfanta?
No, no, no.
Donar turbanta. (*Bis.*)

TROISIÈME ENTRÉE DE BALLET.

Les Turcs dansants mettent le turban sur la tête de monsieur Jourdain au son des instruments.

LE MUPHTI, donnant le sabre à monsieur Jourdain.
Ti star nobile, non star fabbola[2].
Pigliar schiabbola.
LES TURCS, mettant tous le sabre à la main.
Ti star nobile, non star fabbola.
Pigliar schiabbola.

QUATRIÈME ENTRÉE DE BALLET.

Les Turcs dansants donnent en cadence plusieurs coups de sabre à monsieur Jourdain.

1. « Toi pas être fourbe? — Pas être imposteur? — Donner turban. »
2. « Toi être noble; pas être une fable. Prendre sabre. »

ACTE IV, SCÈNE XIII.

LE MUPHTI.

Dara, dara
Bastonnara[1]. (*Ter.*)

LES TURCS.

Dara, dara
Bastonnara. (*Ter.*)

CINQUIÈME ENTRÉE DE BALLET.

Les Turcs dansants donnent à monsieur Jourdain des coups de bâton en cadence.

LE MUPHTI.

Non tener honta;
Questa star l' ultima affronta[2].

LES TURCS.

Non tener honta;
Questa star l'ultima affronta.

Le muphti commence une troisième invocation. Les dervis le soutiennent par-dessous les bras avec respect; après quoi les Turcs chantants et dansants, sautant autour du muphti, se retirent avec lui et emmènent monsieur Jourdain.

---

1. « On donnera, on donnera bastonnade. » A chaque fois qu'il a donné un de ces ordres, le muphti, pendant qu'on l'exécute, s'en va à l'écart; puis revient.

2. « N'avoir pas honte; être le dernier affront. »

ACTE CINQUIÈME.

SCÈNE PREMIÈRE.
MADAME JOURDAIN, MONSIEUR JOURDAIN.

MADAME JOURDAIN.

Ah! mon Dieu, miséricorde! Qu'est-ce que c'est donc que cela? Quelle figure! Est-ce un momon[1] que vous allez

---

1. Molière a dit dans *l'Étourdi*, acte III, scène XI :

Trufaldin, ouvrez-leur pour jouer un momon.

On lit dans *les Contens* de Turnèbe : « C'estoit une femme desguisée en homme, qui estoit venue pour voir ma fille et luy porter un mommon. »

« C'eust esté une vraye mocquerie et une grand honte, car c'estoit proprement contrefaire ceux qui portent des momons, lesquels n'osent parler et font parler les autres. » (BRANTOME, édit. *Panth. litt.*, I, 371.)

On peut encore citer ces vers :

Et ne plus ne moins que des masques
Qui viennent de perdre un momon.
(SCARRON, dans *la Gigantomachie*.)

Enfin, le capitaine Marc Papillon de Lasphrise parle, dans la Nouvelle tragi-comique, de ceux qui font à leur dame :

La perleuse faveur d'un moumon inconnu.

« Vous me couvrez le momon », dit figurément madame de Sévigné, dans le sens de : Vous me donnez la réplique.

On disait donc jouer, porter, perdre, donner un momon. Un momon, c'était ce qu'on jouait, portait, perdait, donnait, dans une partie de masques, et, par extension, cette partie elle-même. Voici la cérémonie parfaitement tracée dans *le Roman comique* : « Le soir, je me masquai avec trois de mes camarades... Après avoir éteint le flambeau, je m'approchai de la table, sur laquelle nous posâmes nos boîtes de dragées et jetâmes les dés. La Du Lys me demanda à qui j'en voulois, et je lui fis signe que c'étoit à elle; elle me réporter, et est-il temps d'aller en masque? Parlez donc, qu'est-ce que c'est que ceci? Qui vous a fagoté comme cela?

MONSIEUR JOURDAIN.

Voyez l'impertinente, de parler de la sorte à un *mamamouchi*!

MADAME JOURDAIN.

Comment donc?

MONSIEUR JOURDAIN.

Oui, il me faut porter du respect maintenant, et l'on vient de me faire *mamamouchi*.

MADAME JOURDAIN.

Que voulez-vous dire avec votre *mamamouchi*?

MONSIEUR JOURDAIN.

Mamamouchi, vous-dis-je. Je suis *mamamouchi*.

MADAME JOURDAIN.

Quelle bête est-ce là?

MONSIEUR JOURDAIN.

Mamamouchi, c'est-à-dire, en notre langue, paladin.

MADAME JOURDAIN.

Baladin! Êtes-vous en âge de danser des ballets?

MONSIEUR JOURDAIN.

Quelle ignorante! Je dis paladin[1] : c'est une dignité dont on vient de me faire la cérémonie.

pliqua : Qu'est-ce que je voulois qu'elle mît au jeu, et je lui montrai un nœud de ruban que l'on appelle à présent *galant* et un bracelet de corail qu'elle avoit au bras gauche... Nous jouâmes et je gagnai, et je lui fis un présent de mes dragées. Autant en firent mes compagnons avec la fille aînée et d'autres demoiselles qui étoient venues passer la veillée. » *Roman comique*, édit. V. Fournel, t. II, p. 231. Voir encore le 52ᵉ arrêt, dans les *Aresta amorum* de Martial d'Auvergne.

On voit que les diverses expressions : donner, perdre, porter, jouer un momon, sont expliquées par les détails de cette galanterie. Le mot *momon* a la même origine que le mot *momerie*, et pourrait fort bien venir du *Momus* antique.

1. *Paladin* est un mot que madame Jourdain ne connaît pas, et *baladin*

MADAME JOURDAIN.

Quelle cérémonie donc?

MONSIEUR JOURDAIN.

Mahameta per Jordina.

MADAME JOURDAIN.

Qu'est-ce que cela veut dire?

MONSIEUR JOURDAIN.

Jordina, c'est-à-dire Jourdain.

MADAME JOURDAIN.

Hé bien! quoi, Jourdain?

MONSIEUR JOURDAIN.

Voler far un paladina de Jordina.

MADAME JOURDAIN.

Comment?

MONSIEUR JOURDAIN.

Dar turbanta con galera.

MADAME JOURDAIN.

Qu'est-ce à dire, cela?

MONSIEUR JOURDAIN.

Per deffender Palestina.

MADAME JOURDAIN.

Que voulez-vous donc dire?

MONSIEUR JOURDAIN.

Dara, dara bastonnara.

MADAME JOURDAIN.

Qu'est-ce donc que ce jargon-là?

MONSIEUR JOURDAIN.

Non tener honta, questa star l' ultima affronta.

MADAME JOURDAIN.

Qu'est-ce que c'est donc que tout cela?

est un nom qui semble parfaitement convenir à M. Jourdain, *fagoté* comme il est. Il est tout naturel que madame Jourdain prenne l'un pour l'autre.

MONSIEUR JOURDAIN, chantant et dansant.

Hou la ba, ba la chou, ba la ba, ba la da. (Il tombe par terre.)

MADAME JOURDAIN.

Hélas! mon Dieu! mon mari est devenu fou!

MONSIEUR JOURDAIN, se relevant et s'en allant.

Paix, insolente. Portez respect à monsieur le *mamamouchi*.

MADAME JOURDAIN, seule.

Où est-ce qu'il a donc perdu l'esprit? Courons l'empêcher de sortir. (Apercevant Dorimène et Dorante.) Ah! ah! voici justement le reste de notre écu[1]. Je ne vois que chagrin de tous les côtés.

SCÈNE II.

DORANTE, DORIMÈNE.

DORANTE.

Oui, madame, vous verrez la plus plaisante chose qu'on puisse voir; et je ne crois pas que dans tout le monde il soit possible de trouver encore un homme aussi fou que celui-là. Et puis, madame, il faut tâcher de servir l'amour de Cléonte, et d'appuyer toute sa mascarade. C'est un fort galant homme, et qui mérite que l'on s'intéresse pour lui.

DORIMÈNE.

J'en fais beaucoup de cas, et il est digne d'une bonne fortune.

DORANTE.

Outre cela, nous avons ici, madame, un ballet que nous ne devons pas laisser perdre; et il faut bien voir si mon idée pourra réussir.

---

1. Expression figurée, prise du change des monnaies. Voici le reste de notre écu! c'est-à-dire : voici qui complète notre infortune.

DORIMÈNE.

J'ai vu là des apprêts magnifiques, et ce sont des choses, Dorante, que je ne puis plus souffrir. Oui, je veux enfin vous empêcher vos profusions; et, pour rompre le cours à toutes les dépenses que je vous vois faire pour moi, j'ai résolu de me marier promptement avec vous. C'en est le vrai secret, et toutes ces choses finissent avec le mariage, [comme vous savez].*

DORANTE.

Ah! madame, est-il possible que vous ayez pu prendre pour moi une si douce résolution?

DORIMÈNE.

Ce n'est que pour vous empêcher de vous ruiner; et, sans cela, je vois bien qu'avant qu'il fût peu vous n'auriez pas un sou.

DORANTE.

Que j'ai d'obligation, madame, aux soins que vous avez de conserver mon bien! Il est entièrement à vous, aussi bien que mon cœur, et vous en userez de la façon qu'il vous plaira.

DORIMÈNE.

J'userai bien de tous les deux[1]. Mais voici votre homme; la figure en est admirable.

* Les mots, *comme vous savez*, sont ajoutés dans l'édition de 1682.

1. L'idée du mariage de Dorante et de Dorimène est ramenée là, pour qu'au dénoûment ils profitent du notaire qui fera le contrat de Cléonte et de Lucile, et qu'ainsi ils aient jusqu'à la fin une part personnelle dans l'action de la pièce.

SCÈNE III.

MONSIEUR JOURDAIN, DORIMÈNE, DORANTE.

DORANTE.

Monsieur, nous venons rendre hommage, madame et moi, à votre nouvelle dignité, et nous réjouir avec vous du mariage que vous faites de votre fille avec le fils du Grand Turc.

MONSIEUR JOURDAIN, après avoir fait les révérences à la turque.

Monsieur, je vous souhaite la force des serpents et la prudence des lions.

DORIMÈNE.

J'ai été bien aise d'être des premières, monsieur, à venir vous féliciter du haut degré de gloire où vous êtes monté.

MONSIEUR JOURDAIN.

Madame, je vous souhaite toute l'année votre rosier fleuri. Je vous suis infiniment obligé de prendre part aux honneurs qui m'arrivent; et j'ai beaucoup de joie de vous voir revenue ici, pour vous faire les très humbles excuses de l'extravagance de ma femme.

DORIMÈNE.

Cela n'est rien; j'excuse en elle un pareil mouvement : votre cœur lui doit être précieux, et il n'est pas étrange que la possession d'un homme comme vous puisse inspirer quelques alarmes.

MONSIEUR JOURDAIN.

La possession de mon cœur est une chose qui vous est tout acquise.

DORANTE.

Vous voyez, madame, que monsieur Jourdain n'est pas

de ces gens que les prospérités aveuglent, et qu'il sait, dans sa gloire,* connoître encore ses amis.

DORIMÈNE.

C'est la marque d'une âme tout à fait généreuse.

DORANTE.

Où est donc Son Altesse turque? Nous voudrions bien, comme vos amis, lui rendre nos devoirs.

MONSIEUR JOURDAIN.

Le voilà qui vient, et j'ai envoyé querir ma fille pour lui donner la main.

SCÈNE IV.

MONSIEUR JOURDAIN, DORIMÈNE, DORANTE; CLÉONTE, habillé en Turc.

DORANTE, à Cléonte.

Monsieur, nous venons faire la révérence à Votre Altesse, comme amis de monsieur votre beau-père, et l'assurer avec respect de nos très humbles services.

MONSIEUR JOURDAIN.

Où est le truchement, pour lui dire qui vous êtes, et lui faire entendre ce que vous dites? Vous verrez qu'il vous répondra; et il parle turc à merveille. Holà! où diantre est-il allé? (A Cléonte.) *Strouf, strif, strof, straf.* Monsieur est un *grande segnore, grande segnore, grande segnore;* et madame une *granda dama, granda dama.* (Voyant qu'il ne se fait point entendre.) Ahi! (A Cléonte, montrant Dorante.) Monsieur, lui *mamamouchi* françois, et madame *mamamouchie* françoise. Je ne puis pas parler plus clairement. Bon! voici l'interprète.

---

* VAR. *Dans sa grandeur* (1682).

SCÈNE V.

MONSIEUR JOURDAIN, DORIMÈNE, DORANTE, CLÉONTE, habillé en Turc; COVIELLE, déguisé.

MONSIEUR JOURDAIN.

Où allez-vous donc? nous ne saurions rien dire sans vous. (Montrant Cléonte.) Dites-lui un peu que monsieur et madame sont des personnes de grande qualité, qui lui viennent faire la révérence, comme mes amis, et l'assurer de leurs services. (A Dorimène et à Dorante.) Vous allez voir comme il va répondre.

COVIELLE.

Alabala crociam acci boram alabamen.

CLÉONTE.

Catalequi tubal ourin soter amalouchan.

MONSIEUR JOURDAIN, à Dorimène et à Dorante.

Voyez-vous?

COVIELLE.

Il dit que la pluie des prospérités arrose en tout temps le jardin de votre famille.

MONSIEUR JOURDAIN.

Je vous l'avois bien dit, qu'il parle turc.

DORANTE.

Cela est admirable.

SCÈNE VI.

LUCILE, CLÉONTE, MONSIEUR JOURDAIN, DORIMÈNE, DORANTE, COVIELLE.

MONSIEUR JOURDAIN.

Venez, ma fille; approchez-vous, et venez donner votre

main à monsieur, qui vous fait l'honneur de vous demander en mariage.

LUCILE.

Comment! mon père, comme vous voilà fait! Est-ce une comédie que vous jouez?

MONSIEUR JOURDAIN.

Non, non, ce n'est pas une comédie; c'est une affaire fort sérieuse, et la plus pleine d'honneur pour vous qui se peut souhaiter. (Montrant Cléonte.) Voilà le mari que je vous donne.

LUCILE.

A moi, mon père?

MONSIEUR JOURDAIN.

Oui, à vous. Allons, touchez-lui dans la main, et rendez grâces au ciel de votre bonheur.

LUCILE.

Je ne veux point me marier.

MONSIEUR JOURDAIN.

Je le veux, moi, qui suis votre père.

LUCILE.

Je n'en ferai rien.

MONSIEUR JOURDAIN.

Ah! que de bruit! Allons, vous dis-je. Çà, votre main.

LUCILE.

Non, mon père; je vous l'ai dit, il n'est point de pouvoir qui me puisse obliger à prendre un autre mari que Cléonte; et je me résoudrai plutôt à toutes les extrémités, que de... (Reconnoissant Cléonte.) Il est vrai que vous êtes mon père; je vous dois entière obéissance; et c'est à vous à disposer de moi selon vos volontés.

MONSIEUR JOURDAIN.

Ah! je suis ravi de vous voir si promptement revenue

dans votre devoir ; et voilà qui me plaît, d'avoir une fille obéissante.

SCÈNE VII.

MADAME JOURDAIN, CLÉONTE, MONSIEUR JOURDAIN, LUCILE, DORANTE, DORIMÈNE, COVIELLE.

MADAME JOURDAIN.

Comment donc? qu'est-ce que c'est que ceci? On dit que vous voulez donner votre fille en mariage à un carême-prenant[1].

MONSIEUR JOURDAIN.

Voulez-vous vous taire, impertinente? Vous venez toujours mêler vos extravagances à toutes choses ; et il n'y a pas moyen de vous apprendre à être raisonnable.

MADAME JOURDAIN.

C'est vous, qu'il n'y a pas moyen de rendre sage ; et vous allez de folie en folie. Quel est votre dessein, et que voulez-vous faire avec cet assemblage?

MONSIEUR JOURDAIN.

Je veux marier notre fille avec le fils du Grand Turc.

MADAME JOURDAIN.

Avec le fils du Grand Turc?

MONSIEUR JOURDAIN, montrant Covielle.

Oui. Faites-lui faire vos compliments par le truchement, que voilà.

MADAME JOURDAIN.

Je n'ai que faire de truchement ; et je lui dirai bien moi-même, à son nez, qu'il n'aura point ma fille.

1. C'est-à-dire : à un masque qui court les rues.

MONSIEUR JOURDAIN.

Voulez-vous vous taire, encore une fois?

DORANTE.

Comment! madame Jourdain, vous vous opposez à un honneur comme celui-là? Vous refusez Son Altesse turque pour gendre!

MADAME JOURDAIN.

Mon Dieu! monsieur, mêlez-vous de vos affaires.

DORIMÈNE.

C'est une grande gloire, qui n'est pas à rejeter.

MADAME JOURDAIN.

Madame, je vous prie aussi de ne vous point embarrasser de ce qui ne vous touche pas.

DORANTE.

C'est l'amitié que nous avons pour vous qui nous fait intéresser dans vos avantages.

MADAME JOURDAIN.

Je me passerai bien de votre amitié.

DORANTE.

Voilà votre fille qui consent aux volontés de son père.

MADAME JOURDAIN.

Ma fille consent à épouser un Turc?

DORANTE.

Sans doute.

MADAME JOURDAIN.

Elle peut oublier Cléonte?

DORANTE.

Que ne fait-on pas pour être grand' dame?

MADAME JOURDAIN.

Je l'étranglerois de mes mains, si elle avoit fait un coup comme celui-là.

ACTE V, SCÈNE VII.

MONSIEUR JOURDAIN.

Voilà bien du caquet. Je vous dis que ce mariage-là se fera.

MADAME JOURDAIN.

Je vous dis, moi, qu'il ne se fera point.

MONSIEUR JOURDAIN.

Ah! que de bruit!

LUCILE.

Ma mère!

MADAME JOURDAIN.

Allez, vous êtes une coquine.

MONSIEUR JOURDAIN, à madame Jourdain.

Quoi! vous la querellez de ce qu'elle m'obéit?

MADAME JOURDAIN.

Oui. Elle est à moi aussi bien qu'à vous.

COVIELLE, à madame Jourdain.

Madame!

MADAME JOURDAIN.

Que me voulez-vous conter, vous?

COVIELLE.

Un mot.

MADAME JOURDAIN.

Je n'ai que faire de votre mot.

COVIELLE, à monsieur Jourdain.

Monsieur, si elle veut écouter une parole en particulier, je vous promets de la faire consentir à ce que vous voulez.

MADAME JOURDAIN.

Je n'y consentirai point.

COVIELLE.

Écoutez-moi seulement.

MADAME JOURDAIN.

Non.

MONSIEUR JOURDAIN, à madame Jourdain.

Écoutez-le.

MADAME JOURDAIN.

Non; je ne veux pas écouter.*

MONSIEUR JOURDAIN.

Il vous dira...

MADAME JOURDAIN.

Je ne veux point qu'il me dise rien.

MONSIEUR JOURDAIN.

Voilà une grande obstination de femme! Cela vous fera-t-il mal, de l'entendre?

COVIELLE.

Ne faites que m'écouter; vous ferez après ce qu'il vous plaira.

MADAME JOURDAIN.

Hé bien! quoi?

COVIELLE, bas, à madame Jourdain.

Il y a une heure, madame, que nous vous faisons signe. Ne voyez-vous pas bien que tout ceci n'est fait que pour nous ajuster aux visions de votre mari; que nous l'abusons sous ce déguisement, et que c'est Cléonte lui-même qui est le fils du Grand Turc?

MADAME JOURDAIN, bas, à Covielle.

Ah! ah!

COVIELLE, bas, à madame Jourdain.

Et moi, Covielle, qui suis le truchement?

MADAME JOURDAIN, bas, à Covielle.

Ah! comme cela, je me rends.

COVIELLE, bas, à madame Jourdain.

Ne faites pas semblant de rien.

---

* Var. *Non; je ne veux pas l'écouter* (1682).

ACTE V, SCÈNE VII.

MADAME JOURDAIN, haut.

Oui, voilà qui est fait, je consens au mariage.

MONSIEUR JOURDAIN.

Ah! voilà tout le monde raisonnable. (A madame Jourdain.) Vous ne vouliez pas l'écouter. Je savois bien qu'il vous expliqueroit ce que c'est que le fils du Grand Turc.

MADAME JOURDAIN.

Il me l'a expliqué comme il faut, et j'en suis satisfaite. Envoyons querir un notaire.

DORANTE.

C'est fort bien dit. Et afin, madame Jourdain, que vous puissiez avoir l'esprit tout à fait content, et que vous perdiez aujourd'hui toute la jalousie que vous pourriez avoir conçue de monsieur votre mari, c'est que nous nous servirons du même notaire pour nous marier, madame et moi.

MADAME JOURDAIN.

Je consens aussi à cela.

MONSIEUR JOURDAIN, bas, à Dorante.

C'est pour lui faire accroire.

DORANTE, bas, à monsieur Jourdain.

Il faut bien l'amuser avec cette feinte.

MONSIEUR JOURDAIN, bas.

Bon, bon. (Haut.) Qu'on aille vite querir le notaire.

DORANTE.

Tandis qu'il viendra et qu'il dressera les contrats, voyons notre ballet, et donnons-en le divertissement à Son Altesse turque.

MONSIEUR JOURDAIN.

C'est fort bien avisé. Allons prendre nos places.

MADAME JOURDAIN.

Et Nicole?

MONSIEUR JOURDAIN.

Je la donne au truchement ; et ma femme, à qui la voudra[1].

COVIELLE.

Monsieur, je vous remercie. (a part.) Si l'on en peut voir un plus fou, je l'irai dire à Rome.

(La comédie finit par un petit ballet qui avait été préparé[2].)

1. Certains rôles, tels que Harpagon dans *l'Avare,* monsieur Jourdain dans *le Bourgeois gentilhomme,* etc., permettent à l'acteur qui les remplit de s'abandonner à une sorte d'exagération dans son débit comme dans son jeu muet; mais, pour réussir complètement à la rendre alors agréable aux spectateurs, il faut qu'il ait l'art de les conduire à une sorte d'ivresse qui les mette hors d'état de pouvoir le juger avec la même sévérité que s'ils étaient de sang-froid. Il faut enfin qu'ils soient pour ainsi dire de moitié avec lui, et que le plus ou moins de gaieté qu'il leur inspire soit le thermomètre sur lequel il se règle pour se taire, agir ou parler. (PRÉVILLE, *Réflexions sur l'art du comédien.*)

2. Les représentations solennelles du *Bourgeois gentilhomme* n'exigent pas moins que le concours de la Comédie française et de l'Opéra. Au mois de janvier 1717, la Comédie française vint se réunir à l'Académie royale de musique pour donner une suite de magnifiques représentations du *Bourgeois gentilhomme* sur le théâtre de l'Opéra. « Jamais spectacle n'a été plus brillant, mieux exécuté, plus suivi, » dit le *Mercure de France* de janvier, page 250.

Le 9 janvier 1852, la Comédie française se réunit à l'Académie de musique, et de superbes représentations du *Bourgeois gentilhomme* furent données sur le théâtre de l'Opéra avec non moins de succès qu'au xviiie siècle.

On a vu, dans la Notice préliminaire, la mention de deux grandes reprises plus récentes : l'une eut lieu au théâtre de la Gaîté en 1876, par les soins de MM. Vizentini, Duquesnel et Wekerlin, et l'autre au Théâtre-Français, le 28 octobre 1880, à l'occasion du deux-centième anniversaire de la fondation de la Comédie française.

BALLET DES NATIONS[1].

PREMIÈRE ENTRÉE.

Un homme vient donner les livres du ballet, qui d'abord est fatigué par une multitude de gens de provinces différentes, qui crient en musique pour en avoir, et par trois importuns qu'il trouve toujours sur ses pas.

DIALOGUE

DES GENS QUI, EN MUSIQUE, DEMANDENT DES LIVRES.

TOUS.
A moi, monsieur, à moi, de grâce; à moi, monsieur;
Un livre, s'il vous plaît, à votre serviteur.
HOMME DU BEL AIR.
Monsieur, distinguez-nous parmi les gens qui crient.
Quelques livres ici; les dames vous en prient.
AUTRE HOMME DU BEL AIR.
Holà, monsieur! monsieur! ayez la charité
    D'en jeter de notre côté.
FEMME DU BEL AIR.
Mon Dieu! qu'aux personnes bien faites
On sait peu rendre honneur céans!

---

1. Ce ballet ayant été reproduit dans *les Fêtes de l'Amour et de Bacchus*, pastorale représentée par l'Académie royale de musique en 1672, nous donnerons en notes certaines indications empruntées à cette leçon distincte qui parut du vivant de Molière.

AUTRE FEMME DU BEL AIR.

Ils n'ont des livres et des bancs
Que pour mesdames les grisettes[1].

GASCON.

Aho! l'homme aux libres, qu'on m'en vaille!
J'ai déjà lé poumon usé.
Bous boyez qué chacun mé raille :
Et jé suis escandalisé
De boir ès mains de la canaille
Ce qui m'est par bous refusé.

AUTRE GASCON.

Hé, cadédis! monseu, boyez qui l'on pût être.*
Un libret, jé bous prie, au varon d'Asbarat.
Jé pense, mordi! que le fat
N'a pas l'honnur dé mé connoître.

LE SUISSE.

Mon'siur le donneur de papieir,
Que veul dire sti façon de fifre?
Moi l'écorchair tout mon gosieir
    A crieir,
Sans que je pouvre afoir ein lifre.
Pardi! mon foi, mon'siur, je pense fous l'être ifre[2].

VIEUX BOURGEOIS BABILLARD.

De tout ceci, franc et net,
Je suis mal satisfait;

Var. *Qui l'on peut être.* (*Fêtes de l'Amour et de Bacchus.*)

1. Ce mot s'entendait alors des filles de la bourgeoisie. En 1671, Champmeslé fit jouer, sur le théâtre de l'hôtel de Bourgogne, une comédie en trois actes et en vers intitulée *les Grisettes;* les grisettes dans cette pièce sont deux filles de M. Gripaut, procureur.
2. « Le donneur de livres, fatigué par les *quatre* importuns, se retire en colère. » (*Fêtes de l'Amour et de Bacchus.*)

Et cela sans doute est laid,
Que notre fille
Si bien faite et si gentille,
De tant d'amoureux l'objet,
N'ait pas à son souhait
Un livre de ballet,
Pour lire le sujet
Du divertissement qu'on fait :
Et que toute notre famille
Si proprement s'habille,
Pour être placée au sommet
De la salle, où l'on met
Les gens de Lentriguet[1] !
De tout ceci, franc et net,
Je suis mal satisfait;
Et cela sans doute est laid.

VIEILLE BOURGEOISE BABILLARDE.

Il est vrai que c'est une honte;
Le sang au visage me monte;
Et ce jeteur de vers, qui manque au capital,
L'entend fort mal :
C'est un brutal,

---

1. Lentriguet ou Lantriquet, c'est-à-dire : les gens de la campagne, les provinciaux, comme on dirait aujourd'hui : les gens de Carpentras, les gens de Brives-la-Gaillarde. *Lantriquet* était le nom vulgaire de Tréguier, en Bretagne.

Il fut natif de Lantriquet.
(*Monologue du franc archier de Bagnolet,* attribué à Villon.)

Il est vers Lantriquet,
Entre Kertronquedic et Kerlovidaquet.
(*La Belle Plaideuse,* comédie de Bois-Robert, acte II, scène III.)

Les consonnes *g* et *q* se substituaient parfois l'une à l'autre; ainsi l'on écrivait *intrigue* ou *intrique*.

Un vrai cheval,
Franc animal,
De faire si peu de compte
D'une fille qui fait l'ornement principal
Du quartier du Palais-Royal,
Et que, ces jours passés, un comte
Fut prendre la première au bal.
Il l'entend mal,
C'est un brutal,
Un vrai cheval,
Franc animal.

HOMMES ET FEMMES DU BEL AIR.

Ah! quel bruit!
Quel fracas!
Quel chaos!
Quel mélange!
Quelle confusion!
Quelle cohue étrange!
Quel désordre!
Quel embarras
On y sèche.
L'on n'y tient pas.

GASCON.

Bentre! jé suis à vout.

AUTRE GASCON.

J'enrage, Diou me damne!

LE SUISSE.

Ah! que l'y faire saif dans sti sal de cians!

GASCON.

Jé murs!

AUTRE GASCON.

Jé perds la tramontane!

LE SUISSE.
Mon foi, moi le foudrois être hors de dedans.
VIEUX BOURGEOIS BABILLARD.
Allons, ma mie,
Suivez mes pas,
Je vous en prie,
Et ne me quittez pas.
On fait de nous trop peu de cas;
Et je suis las
De ce tracas.
Tout ce fatras,*
Cet embarras,
Me pèse par trop sur les bras.
S'il me prend jamais envie
De retourner de ma vie
A ballet ni comédie,
Je veux bien qu'on m'estropie.
Allons, ma mie,
Suivez mes pas,
Je vous en prie,
Et ne me quittez pas.
On fait de nous trop peu de cas.
VIEILLE BOURGEOISE BABILLARDE.
Allons, mon mignon, mon fils,
Regagnons notre logis;
Et sortons de ce taudis,
Où l'on ne peut être assis.
Ils seront bien ébaubis,
Quand ils nous verront partis.
Trop de confusion règne dans cette salle,

* Var. *Tout ce fracas* (1682).

Et j'aimerois mieux être au milieu de la Halle.
Si jamais je reviens à semblable régale[1],
Je veux bien recevoir des soufflets plus de six.
   Allons, mon mignon, mon fils,
   Regagnons notre logis;
   Et sortons de ce taudis,
   Où l'on ne peut être assis[2].

    TOUS.

A moi, monsieur, à moi, de grâce; à moi, monsieur;
Un livre, s'il vous plaît, à votre serviteur.

DEUXIÈME ENTRÉE.

Les trois importuns dansent[3].

TROISIÈME ENTRÉE.

TROIS ESPAGNOLS chantent.

PREMIER ESPAGNOL chantant.

Sé que me muero de amor
Y solicito el dolor.
Aun muriendo de querer,
De tan buen ayre adolezco
Que es más de lo que padezco.

---

1. Voyez page 355, à la note.
2. « Le donneur de livres revient avec les quatre importuns qui l'ont suivi, ce qui oblige encore ceux qui sont placés dans les balcons à s'écrier. » (*Fêtes de l'Amour et de Bacchus.*)
3. « Les quatre importuns ayant pris des livres des mains de celui qui es donne, les distribuent aux acteurs qui en demandent; cependant le donneur de livres danse, et les quatre importuns se joignent à lui. » (*Fêtes de l'Amour et de Bacchus.*)

Lo que quiero padecer;
Y no pudiendo exceder
A mi deseo el rigor.

Sé que me muero de amor
Y solicito el dolor.

Lisonjéame la suerte
Con piedad tan advertida,
Que me assegura la vida
En el riesgo de la muerte.
Vivir de su golpe fuerte
Es de mi salud primor.

Sé que me muero de amor
Y solicito el dolor[1].

(Danse de six Espagnols, après laquelle deux autres Espagnols dansent encore ensemble.)

PREMIER ESPAGNOL, chantant.

Ay! que locura, con tanto rigor
   Quexarse de Amor,
   Del niño bonito
   Que todo es dulçura!
     Ay! que locura!
     Ay! que locura!

---

1. Voici la traduction de ces couplets :
« Je sais que je me meurs d'amour, et je recherche la douleur.
« Quoique mourant de désir, je dépéris de si bon air que ce que je désire souffrir est plus que ce que je souffre; et la rigueur de mon mal ne peut excéder mon désir.
« Je sais, etc.
« Le sort me flatte avec une pitié si attentive qu'il m'assure la vie dans le danger de la mort. Vivre d'un coup si fort est le prodige de mon salut.
« Je sais, etc. »

DEUXIÈME ESPAGNOL, chantant.

El dolor solicita
El que al dolor se da :
Y nadie de amor muere,
Sino quien no save amar.

PREMIER ET DEUXIÈME ESPAGNOL, chantant.

Dulce muerte es el amor
Con correspondencia ygual :
Y si esta gozamos hoy,
Por qué la quieres turbar?

PREMIER ESPAGNOL, chantant.

Alégrese enamorado
Y tome mi parecer,
Que en esto de querer,
Todo es hallar el vado.

TOUS TROIS ENSEMBLE.

Vaya, vaya de fiestas!
Vaya de vayle !
Alegría, alegría, alegría !
Que esto de dolor es fantasía[1].

---

1. TRADUCTION : « Ah! quelle folie de se plaindre de l'Amour avec tant de rigueur! de l'enfant gentil qui est la douceur même! Ah! quelle folie! ah! quelle folie!

« La douleur tourmente celui qui s'abandonne à la douleur : et personne ne meurt d'amour, si ce n'est celui qui ne sait pas aimer.

« L'amour est une douce mort, quand on est payé de retour; et si nous en jouissons aujourd'hui, pourquoi la veux-tu troubler?

« Que l'amant se réjouisse, et adopte mon avis : car, lorsqu'on désire, tout est de trouver le moyen.

« Allons, allons, des fêtes; allons, de la danse. Gai, gai, gai; la douleur n'est qu'imagination. »

QUATRIÈME ENTRÉE.

ITALIENS.

UNE MUSICIENNE ITALIENNE fait le premier récit dont voici les paroles :

Di rigori armata il seno,
Contro Amor mi ribellai;
Ma fui vinta in un baleno,
In mirar due vaghi rai.
Ahi! che resiste puoco
Cor di gelo a stral di fuoco!

Ma sí caro è 'l mio tormento,
Dolce è sí la piaga mia,
Ch' il penare è 'l mio contento,
E 'l sànarmi è tirannia.
Ahi! che più giova e piace,
Quanto amor è più vivace[1]!

Après l'air que la musicienne a chanté, deux Scaramouches, deux Trivelins et un Arlequin, représentent une nuit à la manière des comédiens italiens, en cadence.

Un musicien italien se joint à la musicienne italienne, et chante avec elle les paroles qui suivent :

---

1. TRADUCTION : « Ayant armé mon sein de rigueurs, je me révoltai contre l'Amour; mais je fus vaincue, avec la promptitude de l'éclair, en regardant deux beaux yeux. Ah! qu'un cœur de glace résiste peu à une flèche de feu!

« Cependant mon tourment m'est si cher, et ma plaie m'est si douce, que ma peine fait mon bonheur, et que me guérir serait une tyrannie. Ah! plus l'amour est vif, plus il a de charmes et cause de plaisir. »

LE MUSICIEN ITALIEN.

Bel tempo che vola
Rapisce il contento :
D' Amor ne la scola.
Si coglie il momento.

LA MUSICIENNE.

Insinchè florida
　　Ride l' età,
Che pur tropp' orrida
　　Da noi sen và :

TOUS DEUX.

Sù cantiamo,
Sù godiamo
Ne' bei dì di gioventù.
Perduto ben non si racquista più[1].

MUSICIEN.

Pupilla ch' è vaga
Mill' alme incatena,
Fà dolce la piaga,
Felice la pena.

MUSICIENNE.

Ma poichè frigida
　　Langue l' età,

---

1. TRADUCTION : « Le beau temps, qui s'envole, emporte le plaisir : à l'école d'Amour on apprend à profiter du moment.

« Tant que rit l'âge fleuri, qui trop promptement, hélas! s'éloigne de nous :

« Chantons, jouissons dans les beaux jours de la jeunesse. Un bien perdu ne se recouvre plus. »

BALLET DES NATIONS.

Più l' alma rigida
Fiamme non hà.

TOUS DEUX.

Sù cantiamo,
Sù godiamo
Ne' bei dì di gioventù.
Perduto ben non si racquista più[1].

Après les dialogues italiens, les Scaramouches et Trivelins dansent une réjouissance.

CINQUIÈME ENTRÉE.

FRANÇOIS.

Deux musiciens poitevins dansent, et chantent les paroles qui suivent.

PREMIER MENUET.

PREMIER MUSICIEN.

Ah! qu'il fait beau dans ces bocages!
Ah! que le ciel donne un beau jour!

SECOND MUSICIEN.

Le rossignol, sous ces tendres feuillages,
Chante aux échos son doux retour :
Ce beau séjour,
Ces doux ramages,
Ce beau séjour
Nous invite à l'amour.

---

1. TRADUCTION : « Un bel œil enchaîne mille cœurs ; ses blessures sont douces : le mal qu'il cause est un bonheur.

« Mais, quand languit l'âge glacé, l'âme engourdie n'a plus de feux.

« Chantons, jouissons dans les beaux jours de la jeunesse. Un bien perdu ne se recouvre plus. »

SECOND MENUET.

LES DEUX MUSICIENS ENSEMBLE.

Vois, ma Climène,
Vois, sous ce chêne,
S'entrebaiser ces oiseaux amoureux :
Ils n'ont rien dans leurs vœux
Qui les gêne ;
De leurs doux feux
Leur âme est pleine.
Qu'ils sont heureux !
Nous pouvons tous deux,
Si tu le veux,
Être comme eux.

Six autres François viennent après, vêtus galamment à la poitevine, trois en hommes et trois en femmes, accompagnés de huit flûtes et de hautbois, et dansent les menuets.

SIXIÈME ENTRÉE.

Tout cela finit par le mélange des trois nations, et les applaudissements en danse et en musique de toute l'assistance, qui chante les deux vers qui suivent:

Quels spectacles charmants ! Quels plaisirs goûtons-nous !
Les dieux mêmes, les dieux n'en ont point de plus doux.

FIN DU BOURGEOIS GENTILHOMME.

LE
BOURGEOIS GENTILHOMME

COMÉDIE-BALLET

DONNÉ PAR LE ROI A TOUTE SA COUR DANS LE CHATEAU DE CHAMBORD
AU MOIS D'OCTOBRE 1670[1]

L'OUVERTURE se fait par un grand assemblage d'instruments.

Dans le PREMIER ACTE un élève du maître de musique compose sur une table un air que le Bourgeois a demandé pour une sérénade.

L'élève de musique : M. GAYE.

Une musicienne est priée de chanter l'air qu'a composé l'élève.

La musicienne : Mlle HILAIRE.

Laquelle chante les paroles qui suivent :

> Je languis nuit et jour, et mon mal est extrême
> Depuis qu'à vos rigueurs vos beaux yeux m'ont soumis;
> Si vous traitez ainsi, belle Iris, qui vous aime,
> Hélas ! que pourrez-vous faire à vos ennemis?

Après avoir fait chanter cet air au Bourgeois, on lui fait entendre dans un dialogue un petit essai des diverses passions que peut exprimer la musique. Il entre pour cela un musicien et deux violons.

Le musicien : M. LANGEZ.

Les deux violons : les sieurs LAQUAISSE et MARCHAND.

---

1. A Paris, chez Robert Ballard, seul imprimeur du roi pour la musique. M DC LXX. Avec privilège de Sa Majesté.

DIALOGUE EN MUSIQUE.

MADEMOISELLE HILAIRE.
Un cœur, dans l'amoureux empire,
De mille soins est toujours agité.....
M. LANGEZ.
Il n'est rien de si doux que les tendres ardeurs
Qui font vivre deux cœurs.....
M. GAYE.
Il seroit doux d'entrer sous l'amoureuse loi
Si l'on trouvoit en amour de la foi.....
M. LANGEZ.
Aimable ardeur,
MADEMOISELLE HILAIRE.
Franchise heureuse,
M. GAYE.
Sexe trompeur,
M. LANGEZ.
Que tu m'es précieuse!
MADEMOISELLE HILAIRE.
Que tu plais à mon cœur!
M. GAYE.
Que tu me fais d'horreur!
M. LANGEZ.
Ah! quitte, pour aimer, cette haine mortelle!
MADEMOISELLE HILAIRE.
On peut, on peut te montrer
Une bergère fidèle.
M. GAYE.
Hélas! où la rencontrer?
MADEMOISELLE HILAIRE.
Pour défendre notre gloire,
Je te veux donner mon cœur.
M. GAYE.
Mais, bergère, puis-je croire
Qu'il ne sera point trompeur?
MADEMOISELLE HILAIRE.
Voyons, par expérience,
Qui des deux aimera mieux.
M. GAYE.
Qui manquera de constance,
Le puissent perdre les dieux!

M. LANGEZ.
A des ardeurs si belles
Laissons-nous enflammer.
TOUS TROIS.
Ah! qu'il est doux d'aimer
Quand deux cœurs sont fidèles!

En suite de ce dialogue, le maître à danser lui fait voir aussi un petit essai des plus beaux mouvements et des plus belles attitudes dont une danse puisse être variée.

Quatre danseurs : MM. LA PIERRE, FAVIER, S. ANDRÉ, et MAGNY.

Un maître tailleur lui vient apporter un habit, qu'il lui fait vêtir en cadence par six garçons tailleurs.

Les six garçons tailleurs : MM. DOLIVET, LE CHANTRE, BONNART, ISAAC, MAGNY et S. ANDRÉ.

Le Bourgeois, étant habillé, leur donne de quoi boire, et les garçons tailleurs s'en réjouissent par une danse.

Dans le SECOND ACTE, une femme de qualité vient dîner chez le Bourgeois, qui, pour la mieux régaler, fait ouïr à table quelques chansons à boire, qui sont chantées par trois musiciens qu'il a fait venir.

Les trois musiciens : MM. BLONDEL, DE LA GRILLE et MOREL.

PREMIÈRE CHANSON A BOIRE.

MM. DE LA GRILLE ET MOREL.
Un petit doigt, Philis, pour commencer le tour :
Ah! qu'un verre en vos mains sont d'agréables armes;
Vous et le vin, vous vous prêtez des charmes[1],
Et je sens pour tous deux redoubler mon amour;
Entre lui, vous et moi, jurons, jurons, ma belle,
Une ardeur éternelle.

Qu'en mouillant votre bouche il en reçoit d'attraits!.....

---

1. Il y a une interversion dans les expressions de ces deux vers. Voyez p. 351-352. Peut-être n'est-ce qu'une faute d'impression.

SECONDE CHANSON A BOIRE.

MM. BLONDEL ET MOREL.
Buvons, chers amis, buvons;
Le temps, qui fuit, nous y convie.....

Laissons raisonner les sots
Sur le vrai bonheur de la vie.....

TOUS TROIS ENSEMBLE.
Sus, sus, du vin; partout versez, garçons, versez;
Versez, versez toujours, tant qu'on vous dise: Assez.

Dans le TROISIÈME ACTE, le Bourgeois, qui veut donner sa fille au fils du Grand Turc, est anobli auparavant par une cérémonie turque, qui se fait en danse et en musique.

Les acteurs de la cérémonie sont :

Un muphti, représenté par le seigneur CHIACHERON[1].

Douze Turcs musiciens assistant à la cérémonie : MM. LE GROS, ESTIVAL, BLONDEL, GINGANT l'aîné, HÉDOUIN, REBEL, GILLET, FERNON cadet, BERNARD, DESCHAMPS, LANGEZ et GAYE.

Quatre dervis : MM. MOREL, GINGANT cadet, NOBLET et PHILBERT.

Six Turcs dansants : MM. BEAUCHAMP, DOLIVET, LA PIERRE, FAVIER, MAYEU, CHICANNEAU.

Le muphti invoque Mahomet avec les douze Turcs, et les quatre dervis après; on lui amène le Bourgeois, auquel il chante ces paroles :

LE MUPHTI.
Se ti sabir
Ti respondir.....

---

1. Ce nom est ainsi écrit dans le livre du ballet, au lieu de *Chiacchierone*, mot italien qui signifie babillard, jaseur, faiseur de caquets. C'était le sobriquet adopté par Lulli. On trouve un portrait de Lulli dans une petite brochure intitulée *Lettre de Clément Marot touchant ce qui s'est passé à l'arrivée de Jean-Baptiste Lulli aux champs Élysées*. Voici ce portrait, qui mérite de trouver place ici : « Sur une espèce de brancard composé de plusieurs branches de laurier, parut, porté par douze satyres, un petit homme d'assez mauvaise mine et d'un extérieur fort négligé. De petits yeux bordés de rouge qu'on voyoit à peine, et qui avoient peine à voir, brilloient en lui d'un feu sombre, qui marquoit tout ensemble beaucoup d'esprit et beaucoup de malignité. Un caractère de plaisanterie étoit répandu sur son visage; enfin sa figure entière respiroit la bizarrerie; et quand nous n'aurions pas été instruits de ce qu'il étoit, sur la foi de sa physionomie nous l'aurions pris sans peine pour un musicien. »

Le muphti demande en même langue aux Turcs assistants de quelle religion est le Bourgeois, et ils l'assurent qu'il est mahométan. Le muphti invoque Mahomet en langue franque, et chante les paroles qui suivent :

LE MUPHTI.
Mahameta, per Giourdina,
Mi pregar sera e mattina.....

Le muphti demande aux Turcs si le Bourgeois sera ferme dans la religion mahométane, et leur chante ces paroles :

LE MUPHTI.
Star bon Turca Giourdina?.....

Les Turcs répondent les mêmes vers.
Le muphti propose de donner le turban au Bourgeois, et chante les paroles qui suivent :

LE MUPHTI.
Ti non star furba?.....

Les Turcs répètent tout ce qu'a dit le muphti pour donner le turban au Bourgeois. Le muphti et les dervis se coiffent avec des turbans de cérémonie, et l'on présente au muphti l'Alcoran, qui fait une seconde invocation avec tout le reste des Turcs assistants ; après son invocation, il donne au Bourgeois l'épée, et chante ces paroles :

LE MUPHTI.
Ti star nobile, e non star fabbola.
Pigliar schiabbola.

Les Turcs répètent les mêmes vers.
Le muphti commande aux Turcs de bâtonner le Bourgeois, et chante les paroles qui suivent :

LE MUPHTI.
Dara, dara
Bastonnara, bastonnara.

Les Turcs répètent les mêmes vers.
Le muphti, après l'avoir fait bâtonner, lui dit en chantant :

LE MUPHTI.
Non tener honta ;
Questa star ultima affronta.

Les Turcs répètent les mêmes vers.

Le muphti recommence une invocation, et se retire après la cérémonie avec tous les Turcs, en dansant et chantant avec plusieurs instruments à la turquesque.

Toute la cérémonie est mêlée, en plusieurs endroits, tant du muphti que des six Turcs dansants.

Le Bourgeois étant anobli donne sa fille en mariage au fils du Grand Turc, et toute la comédie finit par un petit ballet qui avait été préparé.

BALLET DES NATIONS[1]

PREMIÈRE ENTRÉE.

Un homme vient donner les livres du ballet, qui d'abord est fatigué par une multitude de gens de provinces différentes, qui crient en musique pour en avoir, et par trois importuns qu'il trouve toujours sous ses pas.

Le donneur de livres : M. DOLIVET.

Spectateurs musiciens : MM. LE GROS, *homme du bel air ;* ESTIVAL, HÉDOUIN, GAYE, *Gascon,* MOREL, GINGANT l'aîné, GINGANT cadet, *Gascon,* BLONDEL, *vieux babillard,* LANGEZ, *vieille babillarde,* FERNON, *homme du bel air,* DESCHAMPS, GILLET, PHILBERT, *suisse,* BERNARD, NOBLET, REBEL, *homme du bel air.*

Quatre pages de la musique, filles coquettes : JEANNOT, PIERROT, RENIER, un page de la chapelle.

---

1. C'est toujours la suite du livret.

DIALOGUE DES GENS QUI EN MUSIQUE DEMANDENT DES LIVRES.

TOUS.
A moi, monsieur, à moi, de grâce; à moi, monsieur;
Un livre, s'il vous plaît, à votre serviteur.
HOMME DU BEL AIR.
Monsieur, distinguez-nous parmi les gens qui crient, etc.

SECONDE ENTRÉE.

Les trois importuns : MM. S. André, La Pierre, et Favier.

TROISIÈME ENTRÉE.

Espagnols chantants : MM. Martin, Morel, et Gillet.

M. MOREL.
Sé que me muero de amor
Y solicito el dolor.....

Six Espagnols dansants : MM. Dolivet, Le Chantre, Bonnart, Lestang, Isaac, et Joubert.
Deux Espagnols dansant ensemble : MM. Beauchamp et Chicanneau.
Trois musiciens espagnols.

M. MOREL, *Espagnol chantant.*
Ay ! qué locura, con tanto rigor
Quexarse de amor.....
M. GILLET, *Espagnol chantant.*
El dolor solicita
El que al dolor se da.....
MM. MOREL ET GILLET, *Espagnols.*
Dulce muerte es el amor.....
M. MOREL, *seul.*
Alégrese enamorado
Y tome mi parecer.....

TOUS TROIS ENSEMBLE.
Vaya, vaya de fiestas !.....

QUATRIÈME ENTRÉE.

ITALIENS.

Une musicienne italienne fait le premier récit dont voici les paroles.

La musicienne italienne : MADEMOISELLE HILAIRE.

Di rigori armata il seno.....

Après l'air que la musicienne a chanté, deux Scaramouches, deux Trivelins et un Arlequin représentent une nuit à la manière des comédiens italiens, en cadence.

Les deux Scaramouches : MM. BEAUCHAMP et MAYEU.
Les deux Trivelins : MM. MAGNY et FOIGNARD cadet.
Arlequin : le seigneur DOMINIQUE[1].

1. Il s'agit ici du célèbre arlequin Dominique Biancolelli, dont il est si souvent question dans l'histoire anecdotique du siècle. Voici quelques traits que nous fournissent les historiens du théâtre : A la scène, et sous son masque, il savait exciter le rire des spectateurs; mais, à la ville, il était mélancolique et triste. Étant allé un jour chez un fameux médecin pour le consulter sur la maladie noire dont il était attaqué, celui-ci, qui ne le connaissait pas, lui dit qu'il n'y avait d'autre remède pour lui que d'aller souvent rire aux bouffonneries d'Arlequin. « En ce cas, je suis mort, répondit le pauvre malade, car c'est moi qui suis Arlequin. » Les Italiens jouaient des pièces françaises; les comédiens français prétendirent qu'ils n'en avaient pas le droit. Le roi voulut être le juge de ce différend ; Baron se présenta pour défendre la prétention des Comédiens français, et Arlequin vint pour soutenir celle des Italiens. Après le plaidoyer de Baron, Arlequin dit au roi : « Sire, comment parlerai-je? — Parle comme tu voudras, répondit le roi. — Il n'en faut pas davantage, dit Arlequin, j'ai gagné ma cause. » On assure que cette décision, quoique obtenue par subtilité, eut son effet, et que depuis les comédiens italiens jouèrent des pièces françaises. Dans les mémoires de Dangeau, on lit sous la date du 2 août 1688 : « Arlequin est mort aujourd'hui à Paris. On dit qu'il laisse 300,000 livres de biens. On lui a donné tous les sacrements, parce qu'il a promis de ne plus monter sur le théâtre. » Et un anonyme (Saint-Simon) a ajouté en note : « Cet Arlequin étoit le sieur Dominique, comédien plaisant, salé, mettant du sien, sur-le-champ et avec variété, ce qu'il y avoit de meilleur dans ses rôles ; il étoit sérieux, studieux et très instruit. Le premier président de Harlay, qui le rencontra souvent à la bibliothèque de Saint-Victor, fut si charmé de sa science et de sa modestie, qu'il l'embrassa et lui demanda son amitié. Depuis ce temps-là jusqu'à la mort de ce rare acteur, M. de Harlay le reçut toujours chez lui avec une estime et une distinction particulières; le monde, qui le sut, prétendoit qu'Arlequin le dressoit aux mimes, et qu'il étoit plus savant que le magistrat; mais que celui-ci étoit aussi bien meilleur comédien que Dominique. »

Un musicien italien se joint à M{}^{lle} Hilaire, et chante avec elle les paroles qui suivent.

Le musicien italien : M. GAYE

   Bel tempo che vola.....
  MADEMOISELLE HILAIRE.
  Insinchè florida
   Ride l' età.....
   TOUS DEUX.
  Sù cantiamo.....
    M. GAYE.
  Pupilla ch' è vaga.....
  MADEMOISELLE HILAIRE.
  Ma poichè frigida
   Langue l' età.....
   TOUS LES DEUX.
  Sù cantiamo, etc.

Après le dialogue italien, les Scaramouches et Trivelins dansent une réjouissance.

CINQUIÈME ENTRÉE.

Deux musiciens poitevins dansent et chantent les paroles qui suivent.

  MM. LA GRILLE et NOBLET.

MENUETS.

PREMIER MENUET.
Chante par M. NOBLET.

 Ah! qu'il fait beau dans ces bocages!
 Ah! que le ciel donne un beau jour!
  M. LA GRILLE, *chantant.*
Le rossignol, sous ces tendres feuillages,
 Chante aux échos leur doux retour....

SECOND MENUET.

  TOUS DEUX ENSEMBLE.
  Vois, ma Climène,
  Vois, sous ce chêne.....

Six autres Français viennent après, vêtus galamment à la poitevine, trois en hommes et trois en femmes, accompagnés de huit flûtes et hautbois.

Les trois hommes : MM. La Pierre, Favier et S. André.

Les trois femmes : MM. Faure, Foignard et Favier le jeune.

Les huit flûtes : les sieurs Descousteaux, Pièche le fils, Philidor, Boutet, Du Clos, Plumet, Fossart, et Nicolas Hoterre.

SIXIÈME ENTRÉE.

Tout cela finit par le mélange des trois nations, et les applaudissements en danse et en musique de toute l'assistance, qui chante les deux vers qui suivent :

> Quels spectacles charmants ! Quels plaisirs goûtons-nous !
> Les dieux mêmes, les dieux n'en ont point de plus doux.

FIN DU LIVRE DE BALLET.

LA
CÉRÉMONIE TURQUE

D'APRÈS L'ÉDITION DE 1671[1].

La cérémonie turque pour anoblir le Bourgeois se fait en danse et en musique, et compose le quatrième intermède.

Le muphti, quatre dervis, six Turcs dansants, six Turcs musiciens, et autres joueurs d'instruments à la turque, sont les acteurs de cette cérémonie.

Le muphti invoque Mahomet avec les douze Turcs et les quatre dervis; après on lui amène le Bourgeois, vêtu à la turque, sans turban et sans sabre, auquel il chante ces paroles :

LE MUPHTI.
Se ti sabir,
Ti respondir.....

Le muphti demande en même langue aux Turcs assistants de quelle religion est le Bourgeois, et ils l'assurent qu'il est mahométan. Le muphti invoque Mahomet en langue franque, et chante les paroles qui suivent :

LE MUPHTI.
Mahametta per Giourdina
Mi pregar sera e mattina.....

Le muphti demande aux Turcs si le Bourgeois sera ferme dans la religion mahométane, et leur chante ces paroles :

LE MUPHTI.
Star bon Turca Giourdina?....

Le muphti danse, et chante ces mots :

Hu la ba, ba la chou, ba la ba, ba la da.

1. Voyez ci-devant, page 336, à la note.

Les Turcs répondent les mêmes vers.

Le muphti propose de donner le turban au Bourgeois, et chante les paroles qui suivent :

LE MUPHTI.
Ti non star furba?...

Les Turcs répètent tout ce qu'a dit le muphti pour donner le turban au Bourgeois. Le muphti et les dervis se coiffent avec des turbans de cérémonie, et l'on présente au muphti l'Alcoran, qui fait une seconde invocation avec tout le reste des Turcs assistants; après son invocation, il donne au Bourgeois l'épée et chante ces paroles :

LE MUPHTI.
Ti star nobile, e non star fabbola.
Pigliar schiabbola.

Les Turcs répètent les mêmes vers, mettant tous le sabre à la main, et six d'entre eux dansent autour du Bourgeois, auquel ils feignent de donner plusieurs coups de sabre.

Le muphti commande aux Turcs de bâtonner le Bourgeois, et chante les paroles qui suivent :

LE MUPHTI.
Dara, dara
Bastonnara, bastonnara.

Les Turcs répètent les mêmes vers, et lui donnent plusieurs coups de bâton en cadence.

Le muphti, après l'avoir fait bâtonner, lui dit en chantant :

LE MUPHTI.
Non tener honta,
Questa star l' ultima affronta.

Les Turcs répètent les mêmes vers.

Le muphti recommence une invocation, et se retire après la cérémonie avec tous les Turcs, en dansant et chantant avec plusieurs instruments à la turquesque.

LA
CÉRÉMONIE TURQUE

D'APRÈS L'ÉDITION DE 1682.

La cérémonie turque pour anoblir le Bourgeois se fait en danse et en musique, et compose le quatrième intermède.

Six Turcs dansent entre eux gravement deux à deux, au son de tous les instruments. Ils portent trois tapis fort longs, dont ils font plusieurs figures; et à la fin de cette première cérémonie, ils les lèvent fort haut; les Turcs musiciens et autres joueurs d'instruments passent par-dessous; quatre derviches, qui accompagnent le muphti, ferment cette marche.

Alors les Turcs étendent les tapis par terre, et se mettent dessus à genoux; le muphti est debout au milieu, qui fait une invocation avec des contorsions et des grimaces, levant le menton, et remuant les mains contre sa tête, comme si c'étoit des ailes. Les Turcs se prosternent jusqu'à terre, chantant *alli*, puis se relèvent, chantant *alla,* et continuant alternativement jusqu'à la fin de l'invocation, puis ils se lèvent tous, chantant *alla ekber.*

Alors les derviches amènent devant le muphti le Bourgeois vêtu à la turque, rasé, sans turban, sans sabre, auquel il chante gravement ces paroles.

LE MUPHTI.
Se ti sabir
Te respondir...

Deux derviches font retirer le Bourgeois, puis le muphti demande aux Turcs de quelle religion est le Bourgeois, et chante.

Dice, Turque, qui star quista?
Anabatista? anabatista?

Les Turcs répondent :

> Ioc.
>
> LE MUPHTI.
> Zuinglista? etc.
> LE MUPHTI, *sautant et regardant de côté et d'autre.*
> Giourdina? Giourdina? Giourdina?
> LES TURCS *répètent :*
> Giourdina? Giourdina? Giourdina?
> LE MUPHTI.
> Mahameta, per Giourdina, etc.

Après quoi le muphti demande aux Turcs si le Bourgeois est ferme dans la religion mahométane, et leur chante ces paroles :

> LE MUPHTI,
> Star bon Turca Giourdina.
> LES TURCS.
> Hey Valla. Hey Valla.
> LE MUPHTI *chante et danse.*
> Hu la ba, ba la chou, ba la ba, ba la da.

Après que le muphti s'est retiré, les Turcs dansent et répètent ces mêmes paroles.

> Hu la ba, ba la chou, ba la ba, ba la da.

Le muphti revient avec son turban de cérémonie, qui est d'une grosseur démesurée, garni de bougies allumées, à quatre ou cinq rangs.

Deux derviches l'accompagnent avec des bonnets pointus, garnis aussi de bougies allumées, portant l'Alcoran : les deux autres derviches amènent le Bourgeois, qui est tout épouvanté de cette cérémonie, et le font mettre à genoux le dos tourné au muphti, puis le faisant incliner jusques à mettre ses mains par terre, ils lui mettent l'Alcoran sur le dos, et le font servir de pupitre au muphti, qui fait une invocation burlesque, fronçant le sourcil, et ouvrant la bouche, sans dire mot; puis parlant avec véhémence, tantôt radoucissant sa voix, tantôt la poussant d'un enthousiasme à faire trembler, en se poussant les côtes avec les mains, comme pour faire sortir ses paroles, frappant quelquefois les mains sur l'Alcoran, et tournant les feuillets avec précipitation, et finit enfin en levant les bras, et criant à haute voix : *Hou.*

Pendant cette invocation, les Turcs assistants chantent : *Hou,*

hou, hou, inclinant à trois reprises ; puis se relèvent de même à trois reprises, en chantant : *Hou, hou, hou.* Et continuant alternativement pendant toute l'invocation du muphti.

Après que l'invocation est finie, les derviches ôtent l'Alcoran de dessus le dos du Bourgeois, qui crie : *Ouf !* parce qu'il est las d'avoir été longtemps en cette posture, puis ils le relèvent.

LE MUPHTI, *s'adressant au Bourgeois.*
Ti non star furba?
LES TURCS.
No, no, no.
LE MUPHTI.
Non star forfanta?
LES TURCS.
No, no, no.
LE MUPHTI, *aux Turcs.*
Donar turbanta, donar turbanta.
(*Et s'en va.*)

Les Turcs répètent tout ce que dit le muphti, et donnent en dansant et en chantant le turban au Bourgeois.

LE MUPHTI *revient, et donne le sabre au Bourgeois.*
Ti star nobile, non star fabola.
Pigliar schiabola,
(*Puis il se retire.*)

Les Turcs répètent les mêmes mots, mettant tous le sabre à la main ; et six d'entre eux dansent autour du Bourgeois, auquel ils feignent de donner plusieurs coups de sabre.

Le muphti revient et commande aux Turcs de bâtonner le Bourgeois, et chante ces paroles :

Dara, dara, bastonnara, bastonnara, bastonnara.
(*Puis il se retire.*)

Les Turcs répètent les mêmes paroles, et donnent au Bourgeois plusieurs coups de bâton en cadence.

LE MUPHTI *revient et chante.*
Non tener honta ;
Questa star l' ultima affronta.

Les Turcs répètent les mêmes vers.

Le muphti, au son de tous les instruments, recommence une

invocation, appuyé sur ses derviches; après toutes les fatigues de cette cérémonie, les derviches le soutiennent par-dessous les bras avec respect, et tous les Turcs sautant, dansant et chantant autour du muphti, se retirent au son de plusieurs instruments à la turque.

FIN DE LA CÉRÉMONIE TURQUE.

ESTAT

de la dépence faite pour la comédie-balet intitulé LE BOURGEOIS GENTILHOMME, *dancé à Chambord, au mois d'octobre dernier, et pour la répétition faite à Saint-Germain au mois de novembre ensuivant, auquel estat est joinct la dépense de quelques comédies représentées à Versailles pendant ledit mois de novembre 1670* [1].

Quittance dud. Baraillon de 5,108 livr., passée devant Desprez et Marion, notaires, le 20e décembre 1671.

A Baraillon, tailleur, la somme de 5,108 livr.; sçavoir : 1,760 livr. pour 22 habits à 80 liv. pièce; 2,700 livr. pour 27 habits à 100 liv. pièce; 90 livr. pour un habit seul; et 260 liv. pour quatre habits pour un Anglois; revenant lesdites quatre sommes à celle de 4,810 liv. — plus de 298 liv. pour les cravates, caleçons, louages d'habits pour quelques comédies, et autres fournitures par luy faites pour ledit ballet, suivant qu'il est plus amplement porté par ses parties arrestées à ladite somme de 5,108 liv.

Quittance dud. Fortier de 3,571 livr., passée devant Desprez et Marion, notaires, le 20e décembre 1671.

A Fortier, tailleur, la somme de trois mille cinq cent soixante et unze livres, sçavoir 880 liv. pour unze habits à 80 liv. pièce;

---

[1]. Ce document a été publié pour la première fois, mais avec abréviations, en 1867, dans le volume intitulé *Molière et la Comédie italienne* par Louis Moland, Paris, Didier et Cie, in-8º, page 363. M. Moland l'avait transcrit, en le résumant, sur l'original qui est aux Archives nationales, carton O — 14083. Il a été imprimé *in extenso* par M. J. Claretie dans le journal *le Temps,* nº du 31 août 1880, d'après une copie faite en 1864 par M. Eudore Soulié aux mêmes Archives, et que M. V. Sardou avait retrouvée parmi les papiers de son beau-père et communiquée à M. Claretie.

420 livres pour six habits à 70 liv. pièce; 480 liv. pour huict habits de fluttes à 60 liv. pièce; 120 liv. pour un habit de brocart et un manteau pour un Italien, et 1,500 liv. pour les vingt habits des spectateurs du balet des Nations à 75 liv. pièce; revenant toutes lesdites sommes à celle de 3,400 liv. et — 171 livr. pour les caleçons, cravattes et autres fournitures qu'il a faites, suivant qu'il est plus précisément porté par ses parties modérées à ladite somme de 3,571 livres.

Quittance de Baraillon, de 900 livr. pour le contenu en c t article, passée devant Chupin, notaire, le 14ᵉ septembre 1670.

Aux sieurs de Lully et la demoiselle Hilaire la somme de neuf cent livres pour trois habits à raison de 200 liv. chaque habit et 300 liv. pour les petites oyes desd. habits à raison de 100 liv. chaque, 900 liv.

Quittance du sieur Hubert, comédien, de 2,400 liv. passée devant Desprez et Marion, notaires, le 10ᵉ septembre 1670. Quittance dudit sieur de 2,000 liv. passée devant lesd. notaires, le 23ᵉ septembre 1670.

Aux comédiens de la troupe du Palais-Royal, la somme de quatre mille quatre cents livres pour tous les habits qui leur estoient nécessaires; le tout reiglé au prix ordinaire suivant le mémoire, 4,400 liv.

Quittance de Dufour de 1,177 liv., passée devant Lemoyne et Thomas, notaires, le 29 aoust 1671.

A Dufour, la somme de unze cent soixante et dix-sept livres, sçavoir 949 liv. pour 73 paires de bas de soie à raison de 13 liv. la paire; 60 liv. pour quatre paires couleur de feu, à raison de 15 liv. la paire; 90 liv. pour cinq paires de bas d'attache couleur ordinaire, à raison de 18 liv. la paire; 60 liv. pour cinq paires de bas d'attache couleur de feu, à raison de 20 liv. la paire; et 18 liv. pour six paires de bas d'estame, à raison de 3 liv. la paire; le tout reiglé au prix ordinaire; revenant suivant les parties dudit Dufour, à ladite somme de 1,177 liv.

ÉTAT DE LA DÉPENSE.

*Quittance dud. Destienges de 535 liv., passée devant Buon
et Delaballe, notaires, le dernier aoust 1671.*

A Destienges, la somme de cinq cent trente-cinq livres pour 1,144 aunes de rubans fournies pour le balet de Chambord; 752 aunes pour la répétition à Saint-Germain; 80 aunes de ruban d'argent et 100 aunes de ruban façonné; le tout à raison de 5 solz l'aune et 13 liv. 10 s. pour la garniture de l'habit de femme de l'Anglois, revenant toutes lesdites sommes suivant ses parties à celle de 535 liv.

Quittance de la Vve Vaignard de 1,835 liv., passée devant Marion, le 21ᵉ décembre 1671.

A la Vve Vaignard la somme de dix-huit cent trente-cinq livres, sçavoir 1,214 liv. pour toutes les ustanciles par elle fournies pour ledit balet, et 621 liv. pour les masques, jarretiers, mannes, cadenats et autres fournitures par elle faites, revenant lesdites deux sommes, suivant ses parties, à celle de 1,835 liv.

Quittance dud. Ducreux de 687 liv., passée par devant Mounier, notaire, le dernier aoust 1671.

A Ducreux, la somme de 687 liv. pour les perruques, barbes, jarretiers, mannes, cadenats et autres fournitures, tant à Chambord qu'à Saint-Germain, suivant ses parties modérées à lad. somme de 687 liv.

Quittance dud. Rabache de 76 livr., passée devant Mounier, notaire, le dernier aoust 1671.

A Rabache, perruquier, la somme de 76 liv., savoir : 72 liv. pour six perruques de crin à 12 liv. la pièce, et 4 liv. pour la boete et le port desdit. perruques à Blois, revenant lesdites deux sommes à celle de 76 liv.

Quittance de Lenoir, de 603 liv., passée devant Moufle et Gigault, notaires, le 13ᵉ décembre 1671.

A Lenoir, plumacier, la somme de 603 liv. 1 s. pour toutes les plumes fournies pour ledit balet, à raison de 45 s. la plume double, prix ordinaire, suivant ses parties arrestées à ladite somme de 603 liv. 1 s.

Quittance de Blanchard, de 89 liv. 16 s., passée devant Desprez et Marion, notaires, le 27ᵉ décembre 1671.

A Blanchard, la somme de 89 liv. 16. s., sçavoir : 82 liv. 16 s. pour unze douzaines de gans blancs à 12 s. la paire, tant pour Chambord que la répétition à Saint-Germain, et 7 liv. pour une paire de gans de chamois et une de Cabron, lesd. deux sommes revenant suivant ses parties à celle de 89 liv. 16 s.

Quittance de Brécourt de 220 liv., passée devant Marion, notaire, le 12ᵉ septembre 1671.

A Brécourt, 220 liv. pour toutes les pierreries généralement quelzconques par luy fournies pour ledit balet et répétition, suivant ses parties modérées à la somme de 220 liv.

Quittance dud. Balard, de 1,022 liv., passée devant Dorléans et Le Chanteur, notaires, le 21ᵉ mars 1672.

A Balard, imprimeur, la somme de 1,022 liv. y compris 176 liv. données à Autot, imprimeur à Blois, pour tous les livres qui ont esté nécessaires pour toutes les représentations et répétitions dudit balet, ports et fournitures de mannes, tant à Chambord qu'à Saint-Germain, suivant ses parties arrestées à ladite somme de 1,022 liv.

Quittance de Ducreux, de 420 liv., passée devant Mounier, notaire, le dernier aoust 1671.

420 liv. pour les escarpins qui ont esté nécessaires aux danseurs et concertans, tant pour la représentation à Chambord que répétition à Saint-Germain, sçavoir : 405 liv. pour 90 paires d'escarpins, à raison de 4 liv. 10 s. la paire, et 15 liv. pour trois paires données à Beauchamp, à raison de 5 liv. la paire, revenant lesd. sommes, suivant le mémoire, à celle de 420 liv.

Quittance de Labbé, de 535 liv. 10 s., passée devant Mounier, notaire, le dernier aoust 1671.

535 liv. 10 s. pour tous les logemens des danseurs, musiciens et concertans pour la répétition du balet de Chambord à Saint-

ÉTAT DE LA DÉPENSE.

Germain, et pour une nuit à Saint-Dier, suivant le mémoire, 535 liv. 10 s.

Quittance dud. Labbé, de 3,976 liv., passée devant Mounier, le dernier aoust 1671.

Sept mille neuf cent seize livres dix solz pour toutes les nourritures, tant pour le voiage de Chambord que pour la répétition du balet à Saint-Germain et pour les comédies de l'hostel de Versailles.

Sçavoir : 1,056 liv. pour les musiciens et concertans à qui Sa Majesté a accordé par extraordinaire à chacun 24 liv. pour le voiage de Chambord.

Deux mille trois cent trente-sept livres dix solz pour les danceurs et musiciens à qui Sa Majesté n'accorde point de pentions, marchands, tailleurs, garçons tailleurs et autres gens nécessaires tant pour Chambord que pour Saint-Germain.

592 liv. 10 s. sçavoir : à un Anglois 330 liv., et 33 liv. paiés pour luy au m^r des trois marchands de Blois; 60 liv. au sieur Gillet et 169 liv. au sieur Lagrille.

Quittance du sieur Hubert de 3,442 liv., passée devant Desprez et Marion, notaires, le 8e novembre 1670.

3,442 liv. 10 s. aux comédiens du Palais-Royal pour les nourritures et frais par eux faits, tant pour le voiage de Chambord que répétitions à Saint-Germain, suivant qu'il est plus amplement porté par leur mémoire arresté.

Quittance du sieur Soulas de 488 liv., passée devant Marion, notaire, le 8 novembre 1671.

488 liv. aux comédiens de l'hostel pour le voiage qu'ils ont fait à Versailles, sçavoir : 420 livres pour leurs nourritures et 68 liv. pour les autres frais par eux faits.

Les cinq articles cy-dessus concernant les nourritures montent ensemble suivant les mémoires cy attachés à ladite somme de 7,916 liv. 10 s.

Quittance dudit Cordier de 2,355 liv., passée devant Marion, notaire, le 18ᵉ jour de décembre 1671.

A Cordier la somme de deux mille trois cent cinquante-cinq livres, sçavoir, 2,205 liv. pour le pain, vin, verres, bouteilles, bois, viandes et fruit pour les répétitions et les représentations tant à Paris qu'à Chambord et à Saint-Germain, et 60 liv. pour pareilles fournitures aux comédiens de l'hostel et autres à Versailles, suivant ses parties arrestées à ladite somme de 2,355 liv.

Quittance du sieur Vigarany, de 1,500 liv., passée devant Marion, notaire, le 27ᵉ septembre 1670. Quittance dudit sieur de 985 liv., passée devant Le Semelier, le dernier aoust 1671.

Quittance dudit sieur de Vigarany, de 585 liv, passée devant Ogier et Moufle, notaires, le 26ᵉ décembre 1671.

Trois mille soixante et quinze livres pour la construction du théâtre fait à Chambord, sçavoir: 1,302 pour les ouvriers qui ont servy audit théâtre; 1,250 liv. à Marotte, peintre; 120 liv. à Jumel pour un service de table et la voiture; 273 liv. pour les cordages, les clouds et la thoile; et 130 liv. pour les voitures, tables et sièges plians nécessaires sur le théâtre; toutes lesdites sommes modérées sur les parties du sieur Vigarany à ladite somme de 3,075 liv.

Quittance de Hertier de 1,578 liv. 2 s., passée devant Marion, notaire, le 30 aoust 1671.

Quinze cent soixante et dix huict livres deux solz pour toutes les planches, sollives, chevrons et autres bois fournies à Chambord pour les logemens des comédiens, musiciens et concertans, journées de quelques ouvriers, une gallerie pour habiller les danseurs, et pour un amphithéâtre fait dans la salle des comédies dudit Chambord, sçavoir: à Sauvage 881 liv. 10 s.; à Claude Bafou, menuisier, 231 liv.; à Jean Chenet, aussy menuisier, 240 liv.; à Claude Lenoble, 49 liv. 12 s.; à Jean Cagnet, 16 liv., et à Hertier, menuisier de la Chambre, 160 liv., revenant toutes lesdites sommes, suivant toutes les parties des ouvriers attachées ensemble, à la somme de 1,578 liv. 2 s.

*Quittance de Sauvage de 325 liv., passée devant Le Semelier,
notaire, le dernier aoust 1671.*

Soixante-dix livres pour toutes les serrures, couplets, targettes et autres ferrures, pour servir à fermer les loges des musiciens, comédiens, concertans et autres, sçavoir : à Denis Marin, 26 liv., et 44 liv. à Louis Larbalettrie, revenant lesdites deux sommes à celle de 70 liv.

Cet article est compris dans le précédent.

A Sauvage, la somme de deux cent cinquante-cinq livres huict solz pour toute la menuiserie, journées d'ouvriers et autres fournitures qui ont esté faites dans la salle du théâtre de Saint-Germain pour la répétition dud. ballet, suivant ses parties, 255 liv. 8 s.

*Quittance dud. Ducreux de 180 liv. 3 s., passée devant Mounier
le dernier aoust 1671*

A Ducreux, la somme de cent quatre vingt livres trois solz pour les frais par luy faits tant à Chambord qu'à Saint-Germain et dans les chemins; fourniture de 80 aunes de thoile pour boucher les fenêtres des musiciens, comédiens et concertans, paiemens de quelques ouvriers et autres menues choses, suivant son mémoire arresté à ladite somme de 180 liv. 3 s.

*Quittance de Paysan de 210 liv., passée devant Mouret
le 5ᵉ septembre 1671.*

A Paysan, pour la poudre, pommade, y compris ses peines, celles de ses garçons et les frais de leur voiage à Chambord, la somme de 210 liv.

Neuf mille neuf cent quatre-vingt-dix-huict livres pour toutes les voitures généralement quelzconques tant pour le balet de Chambord, les répétitions à Saint-Germain, que pour le voiage des comédiens de l'hostel à Versailles au mois de novembre dernier.

Quittance de Lavigne de 2,936 liv., passée devant Ogier et Gigault, notaires, le dernier aoust 1671.

A Lavigne, 2,302 liv., pour sa part des carrosses qu'il a fourny pour Chambord, et 634 liv. pour ce qu'il a fourny tant pour la répétition du ballet à Saint-Germain que pour la troupe des comédiens de l'hostel à Versailles.

Quittance de Le Jay de 3,553 liv., passée devant Desprez et Marion, notaires, le 1er juillet 1671.

Au commis du grand bureau des carosses 3,174 livres, pour la part de ses fournitures de carosses pour le voiage de Chambord, et 379 liv. pour la répétition du balet à Saint-Germain.

Quittance de Jean Bordes, dit Tourangeau, de 664 liv., passée devant Ferret, notaire, le 6e janvier 1671.

A Tourangeau, 664 liv., pour ses fournitures de carosses tant pour le voiage de Chambord, répétition du balet à Saint-Germain, que pour les comédiens de l'hostel de Versailles.

Quittance de Louis Hubert de 2,352 liv., passée devant Marion, notaire, le 21e décembre 1671.

A Me Louis, 2,148 liv., pour les charettes pour porter le bagage des comédiens, les mannes des danseurs et concertans et autres choses nécessaires, à raison de 12 liv. par jour chaque charette, et 204 liv. pour la répétition du balet à Saint-Germain et pour porter le bagage des comédiens de l'hostel à Versailles.

Quittance de Charlotte Le Trotteur de 493 liv., passée devant Gigault, notaire, le dernier aoust 1671.

493 liv. pour d'autres voitures données pour le voiage de Chambord, quelqu'unes ayant manqué suivant qu'il est plus amplement porté par un mémoire particulier cy attaché.

Les cinq articles cy dessus revenant ensemble, suivant les parties et mémoires, à ladite somme de 9,998 liv.

Quittance de Marie, de Lyon, de 50 liv. 8 s., passée devant Bellanger et Dupuis, le 5ᵉ septembre 1671.

Cinquante livres huict solz pour trois bannes qui ont servy à couvrir les charrettes où estoient les habits, à raison de huict solz par jour chaque pendant quarante-deux jours, monte à 50 liv. 8 s.

Quittance de Labbé de 153 liv., passée devant Mounier, notaire, le dernier aoust 1671.

Pour tous les Suisses qui ont servy tant à Chambord qu'à Saint-Germain et à toutes les répétitions, 153 liv.

Quittance du sieur Lully de 800 liv., passée devant Ogier, le 21ᵉ février 1671.

Au sieur de Lully, pour ses copistes, leur entretien et nourriture, la somme de 800 liv.

Pour les ports, raports et entretiens d'instruments, 196 liv.

Quittance du sieur Gissez de 483 liv., passée devant Ogier, notaire, le 7ᵉ décembre 1670.

Pour les dessins et peines du sieur Gissez, 483 liv.

Quittance de Ducreux de 250 liv., passée devant Marion et Le Bois, notaires, le 14ᵉ mars 1672.

Pour les peines d'avertisseurs, huissiers et autres gens nécessaires, 300 liv.

Quittance du sieur Soulègne, concierge de Saint-Germain, de 100 liv., passée devant Marion, notaire, le 21ᵉ janvier 1671.

Aux concierges de Chambord et Saint-Germain, à raison de 100 liv. chacun, 200 liv.

Quittance de Labbé de 405 liv., passée devant Mounier, notaire, le dernier aoust 1671.

Pour tous les menus frais imprévus suivant le mémoire cy attaché, 405 liv.

Il a esté paié sur la despense du présent estat la somme de 27,000 liv. en trois ordonnances portant celle pour le parfait paiement la somme de 22,404 liv., 18 s., sur le sieur Turlin, trésorier de l'Argenterie.

Somme totalle du contenu au présent estat, 49,404 liv. 18 s.[1]

Nous, Louis-Marie d'Aumont de Rochebaron, duc et pair de France, premier gentilhomme de la chambre du Roy, certiffions avoir ordonné la dépence contenue au présent Estat et l'avoir arrestée pour Sa Majesté à la somme de quarante-neuf mille quatre cent quatre livres dix-huict solz.

Fait à Paris, le   février 1671.

Signé : LE DUC D'AUMONT.

Enregistré au contrôle général de l'Argenterie par moy, Intendant et contrôleur général de ladite Argenterie et des Menus-Plaisirs et affaires de la chambre de Sa Majesté, les jour et an de l'autre part.

Signé : BOILEAU.

1. Le roi eut, pour cette somme, quatre représentations à Chambord, et trois à Saint-Germain (voyez la Notice préliminaire, page 241) ; de plus, les frais d'un voyage des comédiens de l'hôtel de Bourgogne à Versailles, où ils donnèrent plusieurs représentations, sont compris dans ce total. En admettant que ces derniers aient donné trois représentations à Versailles, et c'est le moins, la somme de 49,404 livres paye donc une dizaine de spectacles de cour, ce qui les met l'un dans l'autre à moins de cinq mille livres chacun. On peut conclure de là, il nous semble, que, malgré la magnificence que le roi aimait à déployer dans ces circonstances, et en tenant compte du nombreux personnel mis en mouvement et de la longueur des voyages, ces dépenses voluptuaires étaient assez sévèrement contrôlées.

FIN DE L'ÉTAT DE LA DÉPENSE.

ÉLOMIRE HYPOCONDRE

OU

LES MÉDECINS VENGÉS

COMÉDIE

PAR MONSIEUR LE BOULANGER DE CHALUSSAY [1]

---

1. A Paris, chez Charles de Sercy, au sixième pilier de la Grand' Salle, A la bonne Foy couronnée. M DC LXX, avec privilège du roy.

NOTICE PRÉLIMINAIRE.

Au commencement de cette année 1670 fut dirigée contre Molière la plus violente attaque à laquelle il eût encore été en butte. Elle le fut par un inconnu nommé « monsieur Le Boulanger de Chalussay [1] ». Élaborée dans la forme d'une comédie en cinq actes et en vers, elle s'intitule *Élomire hypocondre ou les Médecins vengés.* « En lisant à plusieurs reprises, dit M. Bazin, cette œuvre de haine et d'envie, il nous a été impossible de trouver au juste de quelle rancune elle procédait. Quoiqu'elle ait pour second titre : *les Médecins vengés*, la médecine n'y est nulle part assez respectée pour qu'on puisse l'attribuer à un homme de cette profession. L'indignation des dévots ne s'y montre pas davantage. » Le nom de l'auteur, sur lequel on n'a pas le moindre renseignement, quoiqu'on voie par le privilège de son livre qu'il a réellement existé, n'est d'aucune utilité pour éclaircir la question. On reconnaîtra seulement à la lecture de la pièce que l'homme qui l'a écrite n'en était pas à son coup d'essai et ne maniait pas sans doute le dialogue en vers pour la

---

1. Il y avait plusieurs grandes familles de ce nom de Chalussay ou Chalucet : on connaît Bonin de Chalucet, nommé évêque de Toulon en 1684, mort en 1712. Nous lisons dans *le Mercure galant* du 23 avril 1672, ces mots : « Un des fils de monsieur le Président (de Lamoignon) a depuis peu épousé la fille de monsieur de Chalucet, gouverneur du château de Nantes. Je vous informerai au premier jour du mérite de ces deux illustres mariés. » Dans la *Chanson à boire*, faite par Boileau à Baville (1672), la première des « trois Muses en habit de ville » était Mme de Chalucet, mère de Mme de Baville. Il est bien entendu qu'on ne peut soupçonner aucun de ces personnages, ni même chercher l'auteur d'*Élomire hypocondre* dans leurs familles.

première fois. On sera frappé d'une certaine facilité et d'une certaine rondeur de versification qu'un poète amateur possède rarement. Il serait permis de conclure de là que cet ennemi de Molière était un rimeur passablement exercé, et qu'il n'était même pas tout à fait étranger à la pratique du théâtre.

Élomire hypocondre fut achevé d'imprimer pour la première fois le 4 janvier 1670. Le privilège accordé « au sieur de Chalussay », et qui s'étendait à une autre pièce, celle-ci en prose, intitulée *l'Abjuration du marquisat,* dont il ne reste point de traces, porte la date du 1er décembre 1669. Dans les exemplaires complets on voit, en matière de frontispice, une vignette qui représente Molière prenant des leçons de Scaramouche avec cette inscription :

<blockquote>Scaramouche enseignant, Élomire étudiant.</blockquote>

Et plus bas :

<blockquote>*Qualis erit? tanto docente magistro.*</blockquote>

Puis vient la préface, qu'on trouvera plus loin.

Les scènes rivales du théâtre de Molière ne paraissent pas avoir songé à faire leur profit de l'œuvre de monsieur Le Boulanger de Chalussay. Les comédiens commençaient peut-être à comprendre qu'en cherchant à dénigrer et à avilir l'homme qui répandait sur leur profession tant d'éclat et d'honneur, et qui les relevait dans l'estime publique plus que n'auraient pu faire toutes les ordonnances des rois, ils se faisaient tort à eux-mêmes. On ne voit nulle part l'effet que produisit cette satire sur les contemporains. Il n'est pas impossible toutefois qu'elle ait obtenu l'espèce de succès clandestin auquel peuvent toujours prétendre ces sortes d'ouvrages. *Élomire hypocondre* fut réimprimé en Hollande. Une nouvelle édition fut faite « suivant la copie imprimée à Paris » en 1672; et l'auteur, dans une postface ajoutée à cette édition, explique comme il suit le profond silence qui avait accueilli sa scandaleuse publication [1] :

<blockquote>Ce seroit peu que vous vissiez le portrait du sieur Molière dans cette pièce, si vous n'appreniez en même temps ce qu'il a fait pour la supprimer,</blockquote>

---

[1] Nous reproduisons ce fragment d'après le catalogue de la bibliothèque de Soleinne, l'édition de 1672 ayant échappé à nos recherches.

puisque cela a donné lieu à l'auteur d'en faire une seconde, qui est capable de le faire devenir fou, dès qu'elle aura vu le jour, tant pour la manière dont elle y doit être mise que pour le sujet de la pièce. Mais, pour vous en informer plus particulièrement, vous saurez que l'auteur de cette comédie, ayant su que son libraire avoit été suborné et gagné par le sieur Molière, et qu'il avoit supprimé la pièce au lieu d'en faire part au public et de la débiter, il le tira en cause pour en retirer tous les exemplaires ou la valeur, suivant le traité fait entre eux. Mais l'artifice et le crédit du sieur Molière eurent tant de force que, par une sentence du juge de police, cet auteur perdit son procès, et ses exemplaires furent confisqués; le sieur Molière en triompha. Mais il fut bien surpris d'apprendre ensuite que l'auteur avoit appelé de cette sentence au Parlement, et plus encore quand il vit qu'il en poursuivoit l'audience à la grand'chambre, et que l'avocat qui devoit plaider sa cause étoit un des plus habiles et des plus éloquents du barreau[1]. Cette surprise-là l'interdit pourtant moins que celle qu'il eut, lorsqu'on l'assura que son antagoniste avoit fait une comédie de ce procès, intitulée *le Procès comique*, et qu'il la devoit bientôt donner à ses juges pour factum...

Le Procès comique est aussi introuvable que *l'Abjuration du marquisat*, et Le Boulanger de Chalussay n'a conservé aucun autre titre à figurer dans l'histoire littéraire que son trop fameux *Élomire hypocondre*. Qu'y a-t-il de réel dans les faits que contient cette postface au lecteur? N'est-ce pas de la diffamation, comme tout le reste? Sur ce point non plus on ne saurait rien affirmer.

Rien dans la vie de Molière ne laisse soupçonner qu'il ait reçu de cette attaque le plus léger trouble. On pourrait même douter qu'il en ait eu connaissance, si l'on n'apercevait assez distinctement que cette rapsodie ne lui a peut-être pas été inutile.

Nous avons déjà fait remarquer que Molière prenait volontiers son bien jusque dans les satires dirigées contre lui-même, et notamment qu'il n'avait pas dédaigné d'emprunter à la *Zélinde* le dénoûment du *Médecin malgré lui*[1]. En lisant *Élomire hypocondre*, on se demande si le déguisement d'Élomire en Turc sous le nom du Bassa Sigale n'a pas fait naître l'idée de la réception de M. Jourdain au grade de mamamouchi; le truchement Covielle qui traduit « Ambousahim oqui boraf » par : « Votre cœur soit toute l'année comme un rosier fleuri! » ne rappelle-

---

1. Aucune trace de ce procès ne se trouve sur les registres du parlement.
2. Voyez tome VIII, page 80, note 2.

t-il point tout naturellement le drogman du Bassa accueillant les médecins par ces mots :

> Baroc, Mil-duc, Dalec. Messieurs, votre arrivée
> Profite à Monseigneur comme aux champs la rosée[1] ?

Bien plus, ne doit-on pas convenir que le sujet du *Malade imaginaire* est le même, en somme, que celui d'*Élomire hypocondre*, qu'il faut interpréter : *Molière, malade imaginaire?* Monsieur Le Boulanger de Chalussay fut probablement très surpris, un an environ après cette nouvelle édition, qui ne fit pas plus de bruit que la première, de reconnaître qu'il avait bien pu fournir à Molière une idée de comédie. Il est vrai que, d'autre part, il aura eu la consolation de voir Molière, dont la maladie n'avait, hélas! rien de chimérique, succomber à la quatrième représentation de cette comédie.

Ce point de vue est assez curieux pour donner quelque intérêt à cette méchante pièce. Mais ce n'est point par là seulement qu'elle se recommande à notre attention. Il est certain que l'auteur de cet ouvrage connaissait assez bien Molière, qu'il était plus exactement informé des particularités de sa vie que ne purent l'être ceux qui, par la suite, entreprirent de la raconter dans de plus louables intentions. Il dénature les faits, il les rend aussi odieux, aussi risibles, aussi atroces qu'il lui est possible. Mais un fond de vérité perce souvent à travers ses plus impertinentes calomnies. La personne de Molière, son caractère, y sont noircis, enlaidis, présentés sous le plus triste jour. Mais celui qui a tracé cette caricature avait pourtant vu Molière, et l'avait probablement vu de près. On s'explique par là qu'on aille chercher et qu'on veuille démêler dans cette peinture grotesque quelques traits de la physionomie, quelques circonstances de la biographie véritable. Nous croyons donc devoir mettre sous les yeux du lecteur cette dernière satire qui ait été dirigée contre Molière de son vivant; et nous le ferons avec d'autant moins de scrupule que les ridicules railleries de monsieur Le Boulanger de Chalussay, qui n'eurent pas d'effet au moment où elles paru-

---

1. Il est vrai que ce moyen de comédie existait dans une pièce de Rotrou : *la Sœur*, que Molière connaissait bien.

NOTICE PRÉLIMINAIRE. 433

rent, ne sauraient, à plus forte raison, offusquer d'aucune ombre la glorieuse mémoire de Molière. On y verra, au contraire, à quelles indignes représailles était exposé ce grand justicier des travers de son temps.

Nous allons reproduire ici *Élomire hypocondre*. Dans notre première édition, nous n'en avions reproduit que les parties intéressantes, en donnant une analyse du reste.

Voici le titre complet de la première édition : « *Élomire hypocondre ou les Médecins vengez*, comédie par Monsieur Le Boulanger de Chalussay. A Paris, chez Charles de Sercy, au Palais, au sixième pillier de la Grand'Salle, à la Bonne Foy couronnée, 1670. Avec privilège du Roy. »

L'édition de 1672, comme pour dissiper toute incertitude, au cas où aucun doute eût pu subsister sur le personnage principal, avait pour titre, toujours en nous en rapportant au catalogue de Soleinne : *Élomire, c'est-à-dire Molière, hypocondre, ou les Médecins vengez*.

PRÉFACE

Tous les curieux savent qu'Élomire, voulant exceller dans le comique et surpasser tous les plus habiles en ce genre d'écrire, a eu dessein d'imiter cet Amour de la Fable, qui, ayant inutilement décoché toutes ses flèches et lancé tous ses traits dans le cœur d'une belle difficile à vaincre, s'y lança enfin lui-même pour n'y plus trouver de résistance. Car il est constant que tous ces portraits qu'il a exposés en vue à toute la France, n'ayant pas eu une approbation générale comme il pensoit, et, au contraire, ceux qu'il estimoit le plus ayant été frondés en bien des choses par la plupart des plus habiles, dont il a rejeté la cause sur les originaux qu'il avoit copiés, il s'est enfin résolu de faire le sien et de l'exposer en public, ne doutant point qu'un tel chef-d'œuvre ne dût charmer toute la terre. Il a donc fait son portrait, cet illustre peintre, et il a même promis plus d'une fois de l'exposer en vue et sur le même théâtre où il avoit exposé les autres : car il y a longtemps qu'il a dit, en particulier et en public, qu'il s'alloit jouer lui-même, et que ce seroit là que l'on verroit un coup de maître de sa façon. J'attendois avec impatience et comme les autres curieux un spectacle si extraordinaire et si souhaité, lorsque j'ai appris que, pour des raisons qui ne me sont pas connues, mais que je pourrois deviner, ce fameux peintre a passé l'éponge sur ce tableau; qu'il en a effacé tous les admirables traits, et qu'on n'attend plus la vue de ce portrait qu'inutilement. J'avoue que cette nouvelle m'a surpris, et qu'elle m'a été sensible : car je m'étois formé une si agréable idée de ce portrait fait d'après nature, et par un si grand ouvrier, que j'en espérois beaucoup de plaisir. Mais enfin j'ai fait comme les autres : je me suis consolé d'une si grande perte ; et, afin de le faire plus aisément, j'ai ramassé toutes ces idées, dont j'avois formé ce portrait dans mon imagination ; et j'en ai fait celui que je donne au public. Si Élomire le trouve trop au-dessous de celui qu'il avoit fait, et qu'une telle copie défigure par trop un si grand original, il lui sera facile de tirer raison de ma témérité, puisqu'il n'aura qu'à refaire ce portrait effacé, et à le mettre au jour. S'il le fait ainsi, le public m'aura beaucoup d'obligation par le plaisir que je lui aurai procuré : et s'il ne le fait pas, il ne laissera pas de m'en avoir un peu, puisque la copie d'un merveilleux original perdu n'est pas une chose peu curieuse. Au reste, qu'on ne croie pas que le grand nombre d'acteurs puisse empêcher la représentation de cette comédie : car, outre que la plupart de ceux qui paroissent au commencement ne paroissent point dans la suite, et, par conséquent, qu'ils puissent faire plus d'un personnage chacun, il est encore à observer que les deux tiers ne parlent point, ou fort peu ; que ce sont des personnages muets qui ne servent qu'à l'embellissement de la scène et à l'explication du sujet ; et qu'on a de ces sortes d'acteurs tant qu'on veut et partout.

EXTRAIT DU PRIVILÈGE DU ROY.

Par grace et Privilège du Roy, donné à S. Germain en Laye le 1. jour de Décembre 1669. Signé, par le Roy en son Conseil, BOUCHARD, et scellé. Il est permis au sieur DE CHALUSSAY de faire imprimer, vendre et débiter deux Pièces de Théâtre de sa composition, l'une en prose intitulée *l'Abjuration du Marquisat,* et l'autre en vers, intitulée *Élomire hypocondre, ou les Médecins vengez,* par tel Marchand Libraire que bon luy semblera, pendant le temps et espace de cinq années, à compter du jour que chaque pièce sera achevée d'imprimer pour la première fois, avec deffences à toutes personnes de les imprimer, vendre ny debiter, sans avoir droit de luy par escrit, à peine de confiscation des Exemplaires, de tous despens, dommages et interests, et de 1.500 livres d'amande aplicable à l'Hospital de la ville de Paris, à condition qu'il sera mis deux exemplaires desdites pièces dans la bibliothèque publique de Sa Majesté, un dans son Cabinet, et un dans celle de Monseigneur le Chancelier, ainsi qu'il est plus au long mentionné dans lesdites lettres.

Registré sur le Livre de la Communauté des Marchands Libraires et Imprimeurs de cette ville, suivant et conformément à l'Arrest de la Cour du 8. Avril 1653, aux charges et conditions portées par le présent Privilège. Fait le 3. Décembre 1669.

Signé ANDRÉ SOUBRON, Sindic.

Achevé d'imprimer pour la première fois le 4 janvier 1670.
Les exemplaires ont esté fournis.

LES PERSONNAGES DE LA COMÉDIE.

ÉLOMIRE.
ISABELLE, femme d'Élomire.
LAZARILE, valet d'Élomire.
CASCARET, laquais d'Isabelle.
BARY, \
L'ORVIÉTAN, } opérateurs.
ALCANDRE, \
GÉRASTE,
EPISTENEZ,
ORONTE, } médecins.
CLIMANTE,
CLÉARQUE, /
CLARICE, \
LUCINDE,
ALPHÉE, } femmes des médecins.
LUCILLE,
CALISTE, /
CONVIÉS A LA COMÉDIE ET AU BAL.
DEUX MUSICIENS, représentant Esculape et Mome.
UN EXEMPT DU GUET.
LE BALAFRÉ, \
SANS-MALICE, } archers du guet.
AUTRES ARCHERS.
SIX FEINTS TURCS.
LE DRAGOMAN.
UN SUISSE.
ANTOINE, valet des médecins.

La scène est à Paris.

LES PERSONNAGES DE LA COMÉDIE EN COMÉDIE.

FLORIMONT, \
ROSIDOR, } comédiens.
ÉLOMIRE, /
ANGÉLIQUE, comédienne.
AUTRES COMÉDIENS ET COMÉDIENNES.
LE PORTIER DES COMÉDIENS.
LE CHEVALIER.
LE COMTE.
LE MARQUIS.
UN VALET.

La scène est dans la salle des comédies du Palais-Royal.

ÉLOMIRE HYPOCONDRE

OU

LES MÉDECINS VENGÉS

COMÉDIE

ACTE PREMIER.

La scène de cet acte est dans la chambre d'Élomire, qui doit être fort parée.

SCÈNE PREMIÈRE.

ÉLOMIRE, ISABELLE, LAZARILE.

ÉLOMIRE.

Toi qui, depuis l'hymen qui nous unit tous deux,
N'eus que d'heureuses nuits et que des jours heureux;
Toi qui fus mon plaisir, toi dont je fus la joie,
Apprends le dur revers que le ciel nous envoie;
Et, pour me soulager en de si grands travaux,
Compagne de mes biens, viens l'être de mes maux.

ISABELLE.

Quel mal avez-vous donc?

ÉLOMIRE.

Ah! j'en ai mille ensemble.

ISABELLE.

Quels maux? Et depuis quand? Dites vite, je tremble.

ÉLOMIRE.

N'as-tu point remarqué que depuis quelque temps
Je tousse, et ne dors point?

ISABELLE.
Non.
ÉLOMIRE.
Je crois que tu mens.
Et ce frais embonpoint dont brilloit mon visage,
Comment le trouves-tu?
ISABELLE.
Tout de même.
ÉLOMIRE.
Je gage
Contre toi qu'il s'en faut pour le moins les trois quarts.
ISABELLE, à part.
Que dit-il, justes dieux! Ah! les vilains regards!
Il est fou.
ÉLOMIRE.
Lazarile, ai-je pas le teint blême?
LAZARILE.
Oui, monsieur.
ÉLOMIRE.
Le miroir me l'a dit tout de même.
Et ces bras, qui naguère étoient de vrais gigots,
Comment les trouves-tu?
LAZARILE.
Ce ne sont que des os;
Et je crois que bientôt, plus secs que vieux squelettes,
On s'en pourra servir au lieu de castaignettes.
ISABELLE.
Lazarile!
LAZARILE.
Madame?
ISABELLE.
Apprenez qu'un valet
Qui se moque d'un maître a souvent du balet;
Et, si vous ne voulez proscrire vos épaules,
Taisez-vous, et sachez que nous avons des gaules.
Quoi! votre maître est maigre et pâle, dites-vous?
LAZARILE.
S'il n'est tel à mes yeux, qu'on m'assomme de coups!

ACTE I, SCÈNE I.

ISABELLE.
Est-il tel à vos yeux, s'il est autre à ma vue?
ÉLOMIRE.
Mais, ma femme, peut-être avez-vous la berlue?
Car, enfin, Lazarile...
ISABELLE.
Et Lazarile, et vous,
Si vous vous croyez maigre et pâle, êtes deux fous.
Vous dormez comme un porc, vous mangez tout de même.
Qui diantre donc pourroit vous rendre maigre et blême?
ÉLOMIRE.
J'aurai donc la couleur telle que tu voudras;
Et même, si tu veux, je serai gros et gras.
Mais que m'importe-t-il? Je me crois bien malade,
Et qui croit l'être l'est.
ISABELLE.
Mais qui se persuade
D'être malade, alors qu'il est sain comme vous,
Est dans le grand chemin de l'hôpital des fous.
LAZARILE.
Madame dit fort bien; et, si je ne m'abuse,
Il faudra vous y mettre...
ÉLOMIRE.
O la plaisante buse!
Quand, comme il vous paroît, j'aurois l'esprit gâté,
Est-ce que l'on met là les fous de qualité?
Y vit-on de la cour jamais mener personne?
LAZARILE.
Mon maître n'est pas fou; comment diable! Il raisonne.
Il dit vrai, j'en connois à la cour plus de six
Qui sont plus fous que lui.
ÉLOMIRE.
J'en connois plus de dix;
Et je les nommerois, s'il étoit nécessaire.
ISABELLE.
Ah! mon cher Élomire, apprenez à vous taire.
Je connois votre mal. Pour avoir trop parlé,
Quelque ennemi vous a, sans doute, ensorcelé.

ÉLOMIRE.

Comment! ensorcelé? Je suis donc sans remède?

ISABELLE.

Qui vous a fait le mal vous peut donner de l'aide.

LAZARILE.

Oui bien, si le morceau n'est donné pour toujours :
Car autrement mon maître est sans aucun secours.

ÉLOMIRE.

Mais quand ce sorcier-là pourroit m'être propice,
Comment le voudroit-il, s'il eut tant de malice?

LAZARILE.

S'il étoit honnête homme.

ÉLOMIRE.

     Honnête homme, et sorcier?

LAZARILE.

Il est d'honnêtes gens, monsieur, de tout métier,
Comme de tout métier il en est d'aussi d'autres.

ÉLOMIRE.

Mais, s'il est contre nous, peut-il être des nôtres?

LAZARILE.

On ramène souvent les gens au bon chemin;
Et je vous en réponds, s'il n'est pas médecin.
Mais s'il est tel, ma foi! l'attente est ridicule :
Je n'en connois pas un moins têtu que sa mule.

ÉLOMIRE.

Ah! je suis donc perdu, Lazarile.

LAZARILE.

     Pourquoi?

ÉLOMIRE.

C'en est un. Qu'en dis-tu, ma femme?

ISABELLE.

     Je le croi.
Mais pourquoi diantre aussi vous mîtes-vous en tête
De jouer ces gens-là?

ÉLOMIRE.

     Que veux-tu? j'étois bête.
Mais quoi! j'ai fait la faute, et je la paye bien.

LAZARILE.

Bon courage, monsieur. Peut-être n'est-ce rien.

L'on voit beaucoup de gens prendre pour sortilège
Ce qui n'est que poison.

ÉLOMIRE.

Mais comment le saurai-je?

LAZARILE.

Vous en allez bientôt être tout éclairci.
L'Orviétan et Bary s'en vont venir ici.
Je les en ai priés ce matin, par votre ordre.
Si ceux-là n'y font rien, personne n'y peut mordre.

ÉLOMIRE.

Je le sais mieux que toi; nous avons autrefois
Étudié sous eux, et des jours plus de trois;
Et, sans eux, ce talent que j'ai pour le comique,
Ce talent dont je charme, et dont je fais la nique
Aux plus fameux bouffons, eût avant le berceau,
En malheureux mort-né, rencontré son tombeau.

ISABELLE.

Le ciel l'eût-il permis!

ÉLOMIRE.

Mais, ma chère Isabelle,
Sans lui nous verrions-nous une chambre si belle?
Ces meubles précieux sous de si beaux lambris,
Ces lustres éclatants, ces cabinets de prix,
Ces miroirs, ces tableaux, cette tapisserie [1]
Qui seule épuisa l'art de la Savonnerie;
Enfin tous ces bijoux qui te charment les yeux,
Sans ce divin talent seroient-ils en ces lieux?

ISABELLE.

Non, ils n'y seroient pas. Mais nous vous verrions sage,
Et cela suffiroit dans notre mariage.
Car enfin, dites-moi, sans ces maudits talents,
Auriez-vous entrepris et les dieux et les gens?
Et, sans cette entreprise aussi sotte qu'impie,
Auriez-vous ces accès qui passent la folie?

---

1. Ces meubles, ces cabinets, ces miroirs, ces tableaux, se retrouvent dans l'inventaire après décès publié par M. Soulié. Et la tapisserie qui avait frappé Le Boulanger de Chalussay est vraisemblablement cette tenture qui représentait l'histoire de Persée et d'Andromède, prisée 800 livres à la mort de Molière, 1,100 chez sa fille en 1705, et 550 livres en 1718. Voyez *Recherches sur Molière et sur sa famille*, par E. Soulié, p. 115.

ÉLOMIRE.

Je n'entrepris de trop que les seuls médecins,
Puisque, pour s'en venger, ils sont mes assassins.
Mais qui ne l'eût pas fait, en une conjoncture
Où nous vîmes leur art berné par la nature,
Lorsque sans son secours, que même il n'offroit pas,
Elle tira Daphné des portes du trépas?

SCÈNE II.

CASCARET, ÉLOMIRE, ISABELLE, LAZARILE.

ISABELLE.

Que veux-tu, Cascaret?

CASCARET.

C'est monsieur qu'on demande.

ÉLOMIRE.

Qui?

CASCARET.

Deux hommes, dont l'un a la barbe fort grande,
L'autre fort courte.

LAZARILE.

Bon. Monsieur, ce sont nos gens.

ÉLOMIRE, à Lazarile.

Va les faire monter. Lazarile sort. (A Isabelle :)
Vous, entrez là dedans.

(Isabelle et Lazarile étant sortis, Élomire arrange un fauteuil,
une chaise à dos et un placet.)

SCÈNE III.

BARY, L'ORVIÉTAN, ÉLOMIRE.

(Tous refusent le fauteuil et la chaise à dos, et veulent prendre le placet par cérémonie,
en se faisant de grandes révérences les uns aux autres.)

BARY.

L'humilité trop ravalée
Cache souvent beaucoup d'orgueil.
C'est pourquoi, dans une assemblée,
Le plus grand doit d'abord s'emparer du fauteuil.

ACTE I, SCÈNE III.

Le plus petit, tout au contraire,
Toujours honteux de sa misère,
Ne doit se placer qu'au bas bout,
Et ne parler jamais que nu-tête et debout.

ÉLOMIRE.

Par cette règle qui décide
Ce point entre nous débattu,
Celui de vous deux qui préside
Doit prendre ce fauteuil, ou passer pour têtu.
Car je ne puis, sans méconnaître
Que l'un et l'autre fut mon maître,
Ni sans mériter mille coups,
Me seoir ni me couvrir, sans m'éloigner de vous.

L'ORVIÉTAN.

La chosse a pien chanché de face
Depuis le temps dont fou parlez :
Fou n'étiez lors qu'une limace
Et qu'un paufre serpent; maintenant fou folez ;
Ma fou folez à tire d'ailes.
Les Taparins et les Padelles [1]
Ne seroient que fos écoliers,
Tant la cour chaque jour fou coufre de lauriers!

ÉLOMIRE.

Il est vrai qu'avec quelque gloire
L'on me voit paroître à la cour;
Et, sans par trop m'en faire accroire,
Je sais faire figure en ce brillant séjour.
Mais, quelque rang que l'on m'y donne
Et quelque éclat qui m'environne,
Je ne prendrai point le dessus :
Si je vois qui je suis, je sais ce que je fus.

BARY.

L'humilité, je vous l'avoue,
Quand elle part du fond d'un cœur
Fraîchement sorti de la boue,

---

1. Sur Barry, l'Orviétan, Tabarin, Padelle, Mondor, et tous les opérateurs et charlatans cités dans ce premier acte, consultez *les Spectacles populaires et les artistes des rues* (tableau du vieux Paris), par V. Fournel, un volume in-12. 1863.

Mérite qu'on l'estime et qu'on lui fasse honneur;
Mais, à parler sans artifice,
Je croirois avecque justice
Devoir tenir mon quant-à-moi,
Si j'étois, comme vous, le premier fou du roi.

LAZARILE, à Bary.

Dites bouffon, monsieur; le nom de fou nous choque.

BARY.

Ah! l'ignare! Entre nous, ce terme est univoque :
Qui dit fou, dit bouffon; qui dit bouffon, dit fou.

LAZARILE.

Quoi! comme qui diroit, ou chou vert, ou vert chou?

BARY.

Tout de même....

LAZARILE.

En ce cas, mon maître est l'un et l'autre:
Car c'est un grand bouffon.

ÉLOMIRE.

Taisez-vous, valet notre;
Je ne demeure pas bien d'accord de ce fait.

BARY, s'asseyant brusquement dans le fauteuil.

Je vais vous le prouver, et fort clair et fort net.
Soyez-vous.

(L'Orviétan prend brusquement la chaise à dos, et Élomire le placet.)

Apprenez, mes illustres confrères,
Que tout notre art consiste en deux points nécessaires :
Le premier, c'est d'apprendre à grimacer des mieux;
L'autre, à bien débiter ces grands charmes des yeux,
Ces gestes contrefaits, cette grimace affreuse,
Dont on fait toujours rire une troupe nombreuse.
Dedans ce premier point, nous ne sommes que fous;
Mais, dans l'autre, bouffons.

LAZARILE.

De grâce, expliquez-vous,
Je ne vous entends point.

BARY.

Par exemple, Élomire
Veut se rendre parfait dans l'art de faire rire :

ACTE I, SCÈNE III.

Que fait-il, le matois, dans ce hardi dessein ?
Chez le grand Scaramouche il va soir et matin.
Là, le miroir en main et ce grand homme en face,
Il n'est contorsion, posture ni grimace,
Que ce grand écolier du plus grand des bouffons
Ne fasse et ne refasse en cent et cent façons :
Tantôt, pour exprimer les soucis d'un ménage,
De mille et mille plis il fronce son visage;
Puis, joignant la pâleur à ces rides qu'il fait,
D'un mari malheureux il est le vrai portrait;
Après, poussant plus loin cette triste figure,
D'un cocu, d'un jaloux, il en fait la peinture;
Tantôt, à pas comptés, vous le voyez chercher
Ce qu'on voit par ses yeux qu'il craint de rencontrer;
Puis, s'arrêtant tout court, écumant de colère,
Vous diriez qu'il surprend une femme adultère;
Et l'on croit, tant ses yeux peignent bien cet affront,
Qu'il a la rage au cœur et les cornes au front.
Ensuite...

ÉLOMIRE.

C'est assez. Je l'entends et l'avoue :
Je suis fou quand j'apprends, et bouffon quand je joue.

BARY.

Justement. Mais en quoi vous pouvons-nous servir?

ÉLOMIRE.

En connoissant mes maux, et les pouvant guérir.

BARY.

Vous n'en pouvez douter, sans une erreur extrême;
Je vous garantis sain, fussiez-vous le mal même.
Et l'Orviétan, sans doute, est de mon sentiment.

L'ORVIÉTAN.

Oui, s'il s'achit ici de poison seulement :
Ma foussiez-fou larté d'aspics et de vipères,
L'io forte et l'arsenic proulât-il fos fiscères,
Déjà fos intestins en foussent-ils ronchés,
Et foussiez-fou mordou de cent chians enrachés,
Ne craindé pu la mort, ni que le mal empire :
Foici moi, l'Orviétan, et cela c'est tout dire.

LAZARILE.

Mais, messieurs, si mon maître étoit ensorcelé?
BARY.

Je le guéris, te dis-je, et fût-il endiablé!
Mieux je guéris les maux, plus ils sont incurables.
ÉLOMIRE.

Dieu bénisse des gens si bons et si capables!
BARY.

Quel est donc votre mal?
ÉLOMIRE.

Il est tel, mes amis,
Que, sans vous, je suis mort, et peut-être encor pis.
BARY.

Et peut-être encor pis? La mort est, ce me semble,
Le suc et le pressis de tous les maux ensemble.
On remédie à tout, dit-on, fors qu'à la mort.
ÉLOMIRE.

Il est vrai. Sachez donc enfin quel est mon sort.
Mon *Amour médecin*, cette illustre satire
Qui plut tant à la cour et qui la fit tant rire,
Ce chef-d'œuvre qui fut le fleau des médecins,
Me fit des ennemis de tous ces assassins;
Et, du depuis, leur haine à ma perte obstinée
A toujours conspiré contre ma destinée.
BARY.

Ce n'est pas sans sujet qu'on dit à ce propos :
Plures Medicinam nutrire nefandos.
ÉLOMIRE.

Ce n'est pas sans sujet en effet, car moi-même
J'éprouve chaque jour cette malice extrême.
Écoutez. L'un d'entre eux, dont je tiens ma maison,
Sans vouloir m'alléguer prétexte ni raison,
Dit qu'il veut que j'en sorte, et me le signifie.
Mais, n'en pouvant sortir ainsi sans infamie,
Et d'ailleurs ne voulant m'éloigner du quartier,
Je pare cette insulte, augmentant mon loyer.
Dieu sait si cette dent que mon hôte m'arrache
Excite mon courroux; toutefois, je le cache.

Mais quelque temps après que tout fut terminé,
Quand mon bail fut refait, quand nous l'eûmes signé,
Je cherche à me venger, et ma bonne fortune
M'en fait trouver d'abord la rencontre opportune.
Nous avions résolu, mes compagnons et moi,
De ne jouer jamais, excepté chez le roi,
Devant ce médecin ni devant sa sequelle ;
Pourtant, soit à dessein de nous faire querelle,
Soit par d'autres motifs, la femme de ce fat
Vint pour nous voir jouer. Mais elle prit un rat :
Car la mienne aussitôt, en étant avertie,
Lui fit danser d'abord un branle de sortie.
Comme alors je croyois que tout m'étoit permis,
Je négligeai d'en dire un mot à mes amis.
Las! j'aurois prévenu par là ce que ce hère,
Pour venger cet affront, ne manqua pas de faire!
Je fis donc ce faux pas. Tandis, ce raffiné
Prévint toute la cour, dont je me vis berné :
Car par un dur arrêt, qui fut irrévocable,
On nous ordonna presque une amende honorable.
Je vais, je viens, je cours ; mais j'ai beau tempêter,
On me ferme la bouche ; et, loin de m'écouter :
« Taisez-vous, me dit-on, petit vendeur de baume ;
Et croyez qu'Esculape est plus grand dieu que Mome. »
Après ce coup de foudre, il fallut tout souffrir :
Ma femme en enragea ; je faillis d'en mourir ;
Et ce qui fut le pis, pendant ma maladie,
Fallut de mes bourreaux souffrir la tyrannie.
Ma femme les manda sans m'en rien témoigner.
D'abord qu'ils m'eurent vu : « Faut saigner, faut saigner,
Dit notre bredouilleur. — Ah! n'allons pas si vite ;
L'on part toujours à temps, quand on arrive au gîte,
Dit monsieur le lambin. — C'est là bien décider,
Dit un autre ; il ne faut ni saigner, ni tarder :
Si l'on tarde, il est mort ; si l'on saigne, hydropique ;
Et notre peu d'espoir n'est plus qu'en l'émétique. »
Chacun des trois s'obstine et soutient son avis ;
Et tous trois, tour à tour, enfin furent suivis :

L'on saigna, l'on tarda, l'on donna l'émétique,
Et je fus fort longtemps leur plus grande pratique.
A la fin je guéris; mais, s'il faut l'avouer,
Ce fut par le plaisir que j'eus de voir jouer
Mon *Amour médecin* par mes médecins mêmes :
Car, malgré mes chagrins et mes douleurs extrêmes,
J'admirai ma copie en ces originaux,
Et je tirai mon mal d'où j'avois pris mes maux.
BARY.
C'est ainsi qu'un miracle en a produit un autre.
ÉLOMIRE.
Si j'ai fait mon miracle, il faut faire le vôtre.
BARY.
Nous vous l'avons promis, non pas *semel,* mais *bis,*
Mais, baste! *Operibus credito, non verbis.*
L'ORVIÉTAN.
Res faciunt fidem, non verba, dit Flamine.
ÉLOMIRE.
Soit. Voilà de mes maux la première origine;
Écoutez la seconde. Aussitôt que mon cœur
Eut repris tant soit peu de force et de vigueur,
Et que de mon esprit la fâcheuse pensée
Des suites de la mort se fut un peu passée,
Je pris tant de plaisir à voir tous les matins
Mes grotesques docteurs prêcher sur mes bassins,
Et humer à plein nez leur fumante purée,
Que de ma guérison j'ai la preuve assurée :
Car ma force redouble, et je deviens plus frais,
Et plus gros et plus gras que je ne fus jamais.
Lors je monte au théâtre, où, par de nouveaux charmes,
Mon *Amour médecin* fait rire jusqu'aux larmes :
Car, en le confrontant à ses originaux,
Je l'avois corrigé jusqu'aux moindres défauts.
Ainsi, d'un nouveau bruit cette merveille éclate;
Chacun y court en foule épanouir sa rate;
Et, quoique à trente sols, il n'est point de bourgeois
Qui ne le veuille voir, du moins cinq ou six fois.
Jugez, mes chers amis, si je ris dans ma barbe

ACTE I, SCÈNE III.

De voir ainsi dauber la casse et la rhubarbe;
Et si, voyant grossir chaque jour mon gousset,
De ce douzain bourgeois j'ai le cœur satisfait.
Je l'eus, n'en doutez point, et de toute manière;
Mais que la joie est courte, alors qu'elle est entière,
Et qu'on voit rarement du soir jusqu'au matin
Durer sans changement le cours d'un beau destin!
Je vivois donc ainsi dans une paix profonde,
Plus heureux que mortel qui fût jamais au monde,
Quand un soir, revenant du théâtre chez moi,
Un fantôme hideux, que de loin j'entrevoi,
Se plante sur ma porte et bouche mon allée.
Je n'en fais point le fin : mon âme en fut troublée,
Et troublée à tel point qu'étant tombé d'abord
On ne me releva que comme un homme mort.
Je revins; mais, hélas! depuis cette aventure
J'ai souffert plus de maux qu'un damné n'en endure;
Et, sans exagérer, je vous puis dire aussi
Qu'homme n'a plus que moi de peine et de souci.
Vous en voyez l'effet, de cette peine extrême,
En ces yeux enfoncés, en ce visage blême,
En ce corps qui n'a plus presque rien de vivant,
Et qui n'est presque plus qu'un squelette mouvant.

BARY.

Où souffrez-vous le plus, au fort de ces tortures?

ÉLOMIRE.

Partout également, jusque dans les jointures ;
Mais ce qui plus m'alarme, encor qu'il le dût moins,
C'est une grosse toux, avec mille tintoins
Dont l'oreille me corne.

BARY.

O les grandes merveilles!
Les cornes sont toujours fort proches des oreilles.

ÉLOMIRE.

J'aurois des cornes, moi? Moi, je serois cocu?

L'ORVIÉTAN.

On ne dit pas qu'encor fou le soyez *actu;*
Mais étant marié, c'est chosse très certaine

Que fous l'êtes, du moins, en puissance prochaine.
ÉLOMIRE.
Ah! trêve de puissance et d'acte, s'il vous plaît.
Et, de grâce, laissez le monde comme il est;
Je ne suis point cocu, ni ne le saurois être;
Et j'en suis, Dieu merci, bien assuré.
BARY.
Peut-être.
ÉLOMIRE.
Sans peut-être. Qui forge une femme pour soi,
Comme j'ai fait la mienne, en peut jurer sa foi.
BARY.
Mais, quoique par Arnolphe Agnès ainsi forgée,
Elle l'eût fait cocu, s'il l'avoit épousée.
ÉLOMIRE.
Arnolphe commença trop tard à la forger;
C'est avant le berceau qu'il y devoit songer,
Comme quelqu'un l'a fait.
L'ORVIÉTAN.
On le dit.
ÉLOMIRE.
Et ce dire
Est plus vrai qu'il n'est jour...
BARY et L'ORVIÉTAN, s'éclatant de rire en même temps.
Ah! ah! ah!
ÉLOMIRE.
Pourquoi rire?
BARY.
Bons dieux! qui ne riroit? Quoi! vous, comédien,
Vous piquerez d'un nom dont mille gens de bien
Se moquent tous les jours?
ÉLOMIRE.
Qui le voudra s'en moque!
Je n'en fais point le fin : le nom de sot me choque.
BARY.
Mais, de grâce, parlons un peu sans passion.
Homme fit-il jamais votre profession,
Qui femme eût pour lui seul?

ACTE I, SCÈNE III.

ÉLOMIRE, brusquement.

Et pourquoi pour les autres ?

BARY.

Parce que parmi vous toutes choses sont vôtres :
Point de mien, point de tien, non plus qu'au siècle d'or.

ÉLOMIRE, haussant la voix.

Bon pour les Tabarins, et leur maître Mondor!
Bon pour leurs descendants, qui par tout le royaume
Courent, ainsi que vous, y débiter le baume,
L'onguent pour la brûlure, et le contre-poison.

BARY, haussant sa voix, et se mettant en colère.

Élomire, morbleu!... point de comparaison !
Le nom d'opérateur est d'un trop haut étage
Pour être ravalé par un... Sangbleu! j'enrage.

ÉLOMIRE, du même ton.

Je n'enrage pas moins, ventre! Et si ce n'étoit
Que vous êtes chez moi, le gourdin trotteroit.

L'ORVIÉTAN, du même ton.

Le courdin trotteroit! dis donc sur tes épaules.
Tarte à la crème !

(En disant *tarte à la crème*, il prend un bout du chapeau d'Élomire et lui fait faire un tour sur sa tête.)

ÉLOMIRE, transporté de colère à ce tour de chapeau.

Ah ! tête! A moi, mes gens! des gaules !
Lazarile, fondons sur ces croque-crapauds!

(Élomire se veut jeter sur l'Orviétan et sur Bary à ces mots; et Lazarile se met entre eux et retient Élomire.)

LAZARILE.

Ah! songez à vos maux ;
Et vous ressouvenez que, par cette colère,
Vous perdez un secours qui vous est nécessaire.

ÉLOMIRE, voulant se jeter sur Bary et sur l'Orviétan, malgré Lazarile.

N'importe que je perde! En dussé-je mourir,
Je veux venger l'affront que je viens de souffrir.

BARY, d'un ton menaçant.

Hé bien donc! tu mourras, frénétique caboche!
Mais, quoique ton trépas déjà soit assez proche,
Il n'arrivera point qu'en l'hôpital des fous

Tu ne sois couronné comme le roi de tous.

(Bary et l'Orviétan sortent.)

ÉLOMIRE, étant resté seul avec Lazarile, et demeuré tout d'un coup comme interdit et confus.

Cent fois plus étourdi qu'un homme que la foudre
A, sans briser ses os, renversé sur la poudre;
Interdit et confus du faux pas que j'ai fait,
Je commence déjà d'en ressentir l'effet.
Oui, j'aperçois déjà que tous mes maux redoublent,
Que ma raison s'égare, et que mes sens se troublent.
Et, si ton amitié ne vient à mon secours,
Lazarile, tu vois le dernier de mes jours.

LAZARILE.

Mais pourquoi quereller, et par un pur caprice,
Des gens venus exprès pour vous rendre service?

ÉLOMIRE.

Ah! ne connois-tu pas ma trop jalouse humeur?
Elle emporte mon âme avec tant de fureur
Que, d'abord qu'on me parle ou de femme ou de cornes,
Ma raison est sans force et ma rage sans bornes.

LAZARILE.

Sans ce foible, on vous eût guéri dans un *Pater;*
Mais, *uno avulso, non deficit alter,*
Comme dit doctement votre ami Carmeline.
Quittez donc cet air triste et cette humeur chagrine:
Car sans être connu, par mon invention,
Vous aurez aujourd'hui la consultation
Des trois plus grands docteurs qui soient dans le royaume;
Mais ne les traitez pas en débiteurs de baume.
Ils sont tous médecins, et de la Faculté;
Vous savez ce qu'on doit à cette qualité.

ÉLOMIRE.

Je sais ce qu'on lui rend et ce qu'on lui doit rendre:
Et, par là, je ne sais ce que j'en dois attendre.
Mais n'importe! En l'état où je me vois réduit,
Je me soumets à tout, fût-ce sans aucun fruit.

LAZARILE.

Allons donc.

ÉLOMIRE.

Je le veux. Allons, aimable drille ;
Si je guéris jamais, je te donne ma fille.

LAZARILE.

Votre fille pourroit, possible, être plus mal,
Mais...

ÉLOMIRE.

Sans *mais :* rien ne vaut un valet si loyal.

ACTE DEUXIÈME.

(La scène de cet acte est devant et dedans une grande maison, à la porte de laquelle il y a un Suisse, et où arrivent les trois médecins sur leurs mules pour voir Élomire déguisé en turc, sous le nom du Bassa Sigale.)

SCÈNE PREMIÈRE.

ALCANDRE, GÉRASTE, ÉPISTENEZ, ANTOINE, LE SUISSE.

ANTOINE.
Suisse, est-ce ici l'hôtel de monseigneur Sigale.
LE SUISSE.
Di Bassa, point monsgneur; ma q'veut-sti parpe sale?
ANTOINE.
Ce sont ses médecins qui viennent le guérir.
LE SUISSE.
Martecins? pon mon foi, pou fare li mourir.
Martecins pons pouriots; comme il disoit mon fame,
Quand di leu drogueman, il y voumit son lame.
ALCANDRE.
Ouvrez, suisse, ouvrez vite; après, tout à loisir,
Vous cuverez le vin qui vous fait discourir.
LE SUISSE.
Moi l'ivre? point pourtout : ton chival n'est qu'un peste :
Moi point mal à mon pied; moi point mal à mon tête.
ALCANDRE.
Antoine, entrez dedans, et parlez à quelqu'un.
LE SUISSE, *présentant sa hallebarde à Antoine, qui veut entrer dans la maison.*
Parti! si l'entre toi; moi ti...
ALCANDRE, à part.
Quel importun!

Sans doute il nous fera perdre quelque pratique.

LE SUISSE, jouant de sa hallebarde, et faisant un petit saut après.

Moi pou les martecins fair touchour trique, nique,
Frisque, frasque, et pon fin pour moi Suisse, mon foi.

ALCANDRE, voyant des Turcs dans la cour.

Holà, gens du Bassa ; venez, et parlez-moi.

(A part.)

J'en vois six, et, parbleu ! pas un d'eux ne s'avance ;
Mais, enfin, les voici ; dieux ! quelle contenance !

(Les six Turcs viennent, et font de grandes révérences aux médecins,
sans rien dire, s'étant mis en haie devant la porte.)

SCÈNE II.

SIX TURCS, ALCANDRE, GÉRASTE, ÉPISTENEZ,
ANTOINE, LE SUISSE.

ALCANDRE, aux Turcs faisant les révérences.

Trêve de révérence, et parlez, s'il vous plaît :
Est-il heure d'entrer, votre maître est-il prêt?

LE SUISSE, à Alcandre.

Toi l'est fou, martecin, n'entendre point ton langue.

(Le dragoman paroît.)

Ma foici li dracman, fiche à li ton harangue.

SCÈNE III.

LE DRAGOMAN, LES SIX TURCS, ALCANDRE, GÉRASTE,
ÉPISTENEZ, ANTOINE, LE SUISSE.

ANTOINE.

Monsieur le dragoman, peut-on voir le Bassa?
Voici ses médecins.

LE DRAGOMAN. (Dès qu'il parle l'un des Turcs ouvre vite la grande porte, et
tous les six s'étant mis trois à trois des deux côtés, les médecins entrent sur leurs
mules dans la cour, dont la porte se referme aussitôt que les Turcs et le dragoman sont aussi rentrés.)

Mustapha, Mustapha,
Baroc, Mil-duc, Dalec. Messieurs, votre arrivée

Profite à monseigneur, comme aux champs la rosée!

(Une toile se tire, et il paroît une chambre bien parée, dans laquelle Élomire et Lazarile paroissent habillés en Turcs; Élomire étant assis sur un carreau, les jambes croisées, et Lazarile debout.)

SCÈNE IV.

ÉLOMIRE, LAZARILE.

LAZARILE.

Eh bien, n'aurez-vous pas la consultation
Que vous souhaitiez tant, par mon invention?
Et sans être connu des bâtards d'Hippocrate,
Ne leur pourrez-vous pas montrer et foie et rate,
Et tripes et boudins; c'est-à-dire, en un mot,
Leur dire tous vos maux, jusqu'à ceux du garrot?

ÉLOMIRE.

Qu'entends-tu par ces mots, du garrot? il me semble
Que cela sent le trot, et le galop, et l'amble;
C'est-à-dire la bête, et je ne la suis pas.

LAZARILE.

Combien donc s'en faut-il? par ma foi, pas deux pas:
Oui, vous êtes cent fois moins homme que pécore;
Monsieur, je vous l'ai dit, et je le dis encore:
Ce foible soupçonneux, enfin, vous rendra fou,
Et, si j'y suis trompé, qu'on me casse le cou.
Quoi! dès qu'on dit un mot qui vous semble équivoque,
Vous y trouvez à mordre, et votre esprit s'en choque?

ÉLOMIRE.

Mais quand on dit qu'un homme en tient sur le garrot,
Qu'est-ce à dire, en françois, sinon qu'il est un sot?
Et sot, en cet endroit, n'a-t-il pas un sens double?

LAZARILE.

Mon maître, sur ma foi, peu de chose vous trouble;
Vous trouveriez, je pense, à tondre sur un œuf:
Mais pour notre repos, fussiez-vous déjà veuf!
Aussi bien, sans cela, je vous crois sans remède,
Dans ce foible fâcheux qui si fort vous possède.

ÉLOMIRE.
Tel est l'ordre fatal de mes cruels destins.
LAZARILE.
Mais si, comme il se peut, messieurs vos médecins
Vont toucher cette corde?
ÉLOMIRE.
En ce cas, Lazarile,
Il faudra tout souffrir, quoi que fasse ma bile.

SCÈNE V.

LE DRAGOMAN, ÉLOMIRE, LAZARILE.

LE DRAGOMAN.
Seigneur, tes médecins sont là-bas.
ÉLOMIRE.
Fais monter.
(Le dragoman sort.)
LAZARILE, ayant mis trois sièges aux côtés d'Élomire.
Monsieur, contraignez-vous.
ÉLOMIRE.
Je te vais contenter.

SCÈNE VI.

ALCANDRE, GÉRASTE, ÉPISTENEZ, ÉLOMIRE, LAZARILE.

ÉLOMIRE, ayant fait asseoir les médecins à ses côtés.
Votre gloire, messieurs, doit être sans seconde,
Qu'un homme tel que moi vienne du bout du monde,
Et même du plus beau de tous ses bouts divers,
Chercher ce qu'en vous seuls on trouve en l'univers :
C'est-à-dire un remède à des maux incurables.
ALCANDRE.
Nous ne guérissons point, seigneur, de maux semblables,
Et si les tiens sont tels, il n'étoit pas besoin
Que Ta Hautesse vînt nous chercher de si loin.
ÉLOMIRE.
Si je les nomme ainsi, c'est que je les mesure

Aux cuisantes douleurs que sans cesse j'endure :
Car en comparaison de ces vives douleurs,
Tous les maux des enfers ne sont rien que des fleurs.

GÉRASTE.

Quels que soient ces grands maux, si l'art et la nature
Y peuvent quelque chose, on en verra la cure :
Car nous te pouvons dire ici, sans vanité,
Que tu vois en nous trois toute la Faculté ;
C'est-à-dire, en un mot, tout le savoir du monde,
Touchant notre science et sublime et profonde.
Mais, seigneur, je m'étonne, et non pas sans raison,
Qu'ayant été nourri loin de notre horizon
Tu nous parles françois, et mieux qu'un François même.

ÉLOMIRE.

J'en ferois tout autant si j'étois en Bohême,
En Pologne, en Suède, en Prusse, en Danemarc,
A Venise, au milieu de la place Saint-Marc,
En Espagne, en Savoie, en Suisse, en Angleterre ;
Enfin, dans tous les lieux qu'on habite sur terre.

ALCANDRE, demi-bas.

Voilà de la monnoie à duper bien des gens.

ÉLOMIRE, bas, à Lazarile.

Ils m'appellent trompeur.

LAZARILE, bas, à Élomire.

St, st.

ÉLOMIRE, bas.

Ah ! je t'entends :
Messieurs, revenons donc à notre maladie.

ALCANDRE.

Est-ce la lèpre ?

ÉLOMIRE.

Non.

GÉRASTE.

Quoi donc ? l'épilepsie ?
Ces maux-là sont communs, dit on, dans le Levant.

ÉLOMIRE.

Quelque communs qu'ils soient, j'en suis pourtant exempt :
Grâce au ciel je suis net, et jamais je ne tombe.

ALCANDRE.

Dis-nous donc sous quel mal Ta Hautesse succombe?
Car, excepté ceux-là, je n'en connus jamais
Aucun qui méritât les plaintes que tu fais :
Car tous ces autres maux, comme goutte et gravelle,
Nous les traitons ici de pure bagatelle;
Et si quelqu'un de nous ne les guérissoit pas,
En moins de quatre jours on n'en feroit nul cas.

ÉLOMIRE.

Tous ces maux-là chez nous sont pourtant incurables.

ALCANDRE.

Vraiment, vos médecins sont donc bien peu capables,
Et j'avoue à présent que c'est avec raison
Que Ta Hautesse cherche ailleurs sa guérison.

(Alcandre et Géraste prennent chacun un bras d'Élomire, et lui tâtent le pouls.)

Ça donc, un peu le bras. Ce pouls n'est pas trop juste.

(Parlant à Géraste.)

Monsieur, qu'en dites-vous?

GÉRASTE.
La, la.

ALCANDRE.
D'un sang aduste
Proviennent quelquefois ces inégalités,
Ne nous y trompons pas.

GÉRASTE.
Ho, ho, monsieur, tâtez.
Cette inégalité paroît bien davantage.

(Élomire pâlit de peur à ces mots.)

ALCANDRE.

En effet, je la vois jusque sur son visage :
Il étoit tout à l'heure et vif et coloré,
Et je le vois tout pâle et tout défiguré.

GÉRASTE.

Ta Hautesse sent-elle au fond de ses entrailles
De nouvelles douleurs?

ÉLOMIRE, interdit de peur.
Oui, non.

GÉRASTE.
                    Tu nous railles.
             ÉLOMIRE.
Non, je ne raille point.
             ALCANDRE.
                    Dis donc, que ressens-tu?
As-tu plus de douleurs? Es-tu plus abattu?
       ÉLOMIRE, interdit de plus en plus.
Oui... non... je ne sais.
       GÉRASTE, à Alcandre.
                    Quelque accès qui redouble
Vient d'émouvoir sa bile; et c'est ce qui le trouble.
       ÉLOMIRE, tout transi de peur.
Ah! je me meurs!
             ALCANDRE.
                    Seigneur, parle donc; réponds-nous.
             GÉRASTE.
Courage! ce n'est rien; je retrouve son pouls.
             ALCANDRE.
En effet, je le sens, et fort ferme et fort juste.
Voyez même son teint, et comme il se rajuste.
       ÉLOMIRE, reprenant cœur à ces paroles.
Vous dites vrai, messieurs; je me porte bien mieux.
       GÉRASTE, à Alcandre.
Ce symptôme dénote un corps bien bilieux.
       ALCANDRE, à Géraste.
Vous croyez donc, monsieur, qu'il vienne de la bile?
             GÉRASTE.
Oui, vraiment, il en vient, et de la plus subtile.
             ALCANDRE.
S'il venoit de la bile, il auroit plus duré,
Et même son esprit se seroit égaré.
             GÉRASTE.
Ne l'a-t-il pas été? Ces *oui... non...*
       ÉLOMIRE, d'un ton menaçant.
                           Messieurs, trêve
D'égarement.
       LAZARILE, bas, à Élomire.
St, st.

ACTE II, SCÈNE VI.

ÉLOMIRE, bas, à Lazarile.

Lazarile, je crève :
Ils m'ont fait tant de peur que j'ai pensé mourir,
Et me traitent de fou.

LAZARILE, bas.

Songez à vous guérir.
Vous en pourrez un jour faire une comédie.

ÉLOMIRE, aux médecins.

Çà, messieurs, dites-donc, quelle est ma maladie?
En savez-vous la cause?

ALCANDRE.

On étoit sur ce point,
Tout à l'heure.

ÉLOMIRE.

Pourquoi n'y revenez-vous point?

ALCANDRE.

Quand tu parles, seigneur, c'est à nous à nous taire;
Et tu t'entretenois avec ton secrétaire.

ÉLOMIRE.

Je ne lui parle plus à présent.

GÉRASTE.

Donc, seigneur,
Je disois que ton mal provenoit d'une humeur
Bilieuse; et monsieur soutenoit le contraire
Quand, pour ne t'interrompre, il a fallu nous taire.

ALCANDRE.

Le contraire est aussi, ma foi, bien évident;
Car qui dit bilieux dit jaloux et mordant,
Et Sa Hautesse n'est pourtant ni l'un ni l'autre.

ÉLOMIRE.

Ce sentiment est juste, et fort conforme au nôtre.

GÉRASTE.

Il ne l'est pas au mien; mais peut-être, seigneur,
N'approuveras-tu pas une si libre humeur;
Auquel cas je me tais.

ÉLOMIRE.

Je me tairai moi-même,
Plutôt que d'ignorer d'où vient mon mal extrême :

Car comme je recherche ici la vérité,
Je veux que l'on me parle avec sincérité.

ALCANDRE.

Ta Hautesse a raison: car qui veut qu'on le trompe,
Dit l'un de nos auteurs, mérite qu'on le rompe;
C'est-à-dire qu'on laisse enraciner ses maux,
Jusqu'à pourrir sa chair, et ses nerfs, et ses os.

ÉLOMIRE.

Parlez donc librement, avec toute assurance
D'avoir, si je guéris, une ample récompense.

GÉRASTE.

Je disois donc, seigneur, et je te le redis,
Que tout ce qu'il allègue est contre mon avis.
Il dit, pour soutenir que ce n'est point la bile
Qui cause tous tes maux, en corrompant ton chile,
Que tu ne fus jamais médisant, ni jaloux :
Peut-on parler ainsi, sans être au rang des fous?
Dites-moi, mon confrère, en bonne conscience
Avecque Sa Hautesse avez-vous pris naissance ?
Est-ce vous qui l'avez conduite jusqu'ici?
D'où la connoissez-vous, pour en parler ainsi?

ALCANDRE.

Oh! la belle incartade, et la bonne ânerie :
Ne connoissons-nous rien par physionomie?

GÉRASTE.

Vraiment si c'est par là que vous jugez des maux,
Et que vous les pansez, il est bien des lourdauds;
Car vous ne manquez pas, comme on sait, de pratique.

ALCANDRE.

Non, je n'en manque pas, et c'est ce qui vous pique
Volontiers.

GÉRASTE.

Nullement; mais, monsieur, revenons,
Comme dit galamment Panurge, à nos moutons.

ÉLOMIRE.

C'est bien dit: car déjà j'étois las de querelle.

ALCANDRE.

Ces petits différends ne viennent que du zèle

Que nous avons, seigneur, pour ceux que nous traitons.
ÉLOMIRE.
Ce zèle est indiscret, car tandis nous souffrons.
(S'adressant à Épistenez.)
Mais vous, monsieur, d'où vient un si profond silence?
Vous n'avez pas encor dit un mot.
ÉPISTENEZ.
Quand je pense
A tout ce que je vois sur ton visage écrit,
Un tel étonnement vient saisir mon esprit
Que j'en suis stupéfait.
ÉLOMIRE, à Alcandre et à Géraste.
Autre physionome?
ALCANDRE.
Oui, seigneur, c'en est un, et des grands du royaume;
Je crois qu'auprès de lui le Maltois ne sait rien.
ÉLOMIRE.
Le Maltois? je me trompe, ou je le connois bien.
Oui, jadis j'en vis un qu'on nommoit de la sorte;
Mais celui-là passoit pour grand fourbe à la Porte:
On nomme ainsi, messieurs, la cour du Grand Seigneur.
ALCANDRE.
Celui dont nous parlons est fort homme d'honneur,
Fort savant, fort expert; mais monsieur le surpasse.
ÉLOMIRE, à Épistenez.
De grâce, sachons donc, monsieur, ce qui se passe
Dans un si bel esprit, tandis que vos regards
Roulent tout égarés sur moi de toutes parts.
ÉPISTENEZ.
Ah! s'il m'étoit permis, seigneur, de te tout dire,
Tu guérirois d'un mal qui tous les jours empire.
ÉLOMIRE, se levant brusquement, et les médecins se levant aussi.
De quel mal? dites vite; ah! si j'en puis guérir,
Votre fortune est faite.
ÉPISTENEZ, à part, mais un peu haut.
En dussé-je mourir,
Je m'en vais tout lui dire; hélas! que vais-je faire?
Qui dit vrai chez les grands peut-il jamais leur plaire?

ÉLOMIRE.

Oui, vous me plairez ; je vous....
ÉPISTENEZ.

N'en jure point ;
D'autres que toi, seigneur, m'ont manqué sur ce point,
Qui ne me sembloient pas d'humeur plus inégale.
ÉLOMIRE.

Quoi! vous traitez ainsi le grand Bassa Sigale?
Et ce grand rejeton du sang des Ottomans
Sera cru sans parole, ainsi que vos Normands?
ÉPISTENEZ.

Tu me commandes donc, seigneur, que je te die
Ce que, de ta personne et de ta maladie,
Les règles de mon art me viennent d'expliquer?
Et tu promets de plus de ne t'en pas piquer?
ÉLOMIRE.

Oui, je vous le promets ; et je jure au contraire
Que vous me fâcheriez, si vous le vouliez taire.
ÉPISTENEZ.

Sur ta parole donc, je te dirai, seigneur,
Pour montrer que mon art n'est point un art pipeur
Et que sur lui tu peux fonder tes espérances,
Touchant ta guérison, que vainement tu penses
Passer dans mon esprit pour ce Bassa fameux
Dont tu portes le nom.
ÉLOMIRE, brusquement et haut.

Qui suis-je donc? un gueux?
ÉPISTENEZ.

Je vois qu'avec raison j'avois voulu me taire :
Car tu parles d'un ton qui n'est pas sans colère ;
Demeurons-en donc là, c'est le plus assuré.
ÉLOMIRE.

Non, monsieur, je ne fus jamais plus modéré ;
Si j'ai parlé d'un ton trop haut pour vos oreilles,
Je le rabaisserai.
ÉPISTENEZ.

Tu dis toujours merveilles,
Seigneur, mais....

ÉLOMIRE.

Point de mais ; soit pour, ou contre moi,
Parlez, j'écoute tout, j'en engage ma foi :
Et si vous me voyez dans la moindre colère,
Taisez-vous pour me perdre, et pour vous satisfaire.

ÉPISTENEZ.

Je t'ai donc dit, seigneur, que mon art met au jour
Le tour ingénieux que tu fais à la cour,
En t'y faisant passer pour le Bassa Sigale.

ÉLOMIRE.

Que suis-je donc au vrai?

ÉPISTENEZ.

Ce point est un dédale
Où, malgré tout mon art, je me trouve égaré :
Car, après qu'à loisir je t'ai considéré
Au front, aux yeux, au nez, à la barbe, à la bouche,
Et raisonné partout sur tout ce qui te touche,
Je vois bien que tu viens de ce riche pays
Où les Juifs ramassés demeurèrent jadis.

ÉLOMIRE, bas, à Lazarile.

Il dit vrai; je suis né dedans la friperie,
Qu'autrement à Paris l'on nomme juiverie.
Lararile, cet homme est habile en son art.

(Haut, à Épistenez.)

Poursuivez, s'il vous plaît.

ÉPISTENEZ.

Mais aussi, d'autre part,
Quand j'observe ton air, ta démarche et ta taille,
Je n'y trouve pour toi nulle marque qui vaille ;
Et, n'étoit que ton front prend contre eux ton parti,
Je ne te croirois rien qu'un faquin travesti ;
Mais d'un tel faquinisme en vain je vois la marque :
Ce front que je te dis est le front d'un monarque ;
Et mon art est trompeur, ce que je ne crois pas,
Ou tu t'es vu naguère au rang des potentats.
De ces diversités ne sachant point la cause,
Je n'en parlerai point.

ÉLOMIRE.

Bon, parlons d'autre chose.

ÉPISTENEZ.

Te plaira-t-il, seigneur, que ce soit de ton mal ?

ÉLOMIRE.

C'est comme je l'entends, s'il vous plaît.

ÉPISTENEZ.

         L'animal,
Disent tous nos auteurs, est sujet à cent choses ;
Mais dans la brute seule on en connoît les causes,
Et la raison en est, disent ces grands auteurs,
Qu'en la brute aucun mal ne vient que des humeurs.
Et, comme ces humeurs sont toutes corporelles,
On connoît aisément ces causes par les selles :
Car ces corps une fois l'un à l'autre attachés,
Ne se quittent jamais sans s'être entretachés.
C'est alors qu'entassant remède sur remède,
Un médecin triomphe et que le mal lui cède :
Car, pour grand qu'il puisse être, il en a le dessus,
Puisque *ablata causa, tollitur effectus.*

 Mais dans l'homme, seigneur, il en va d'autre sorte ;
Les maux entrent chez lui par bien plus d'une porte,
Et, ces portes étant différentes en tout,
Si l'on n'y prend bien garde, on n'en vient point à bout.
Je m'explique, et pour mieux faire entendre ces choses,
Je soutiens qu'un seul mal a souvent plusieurs causes.
Par exemple : un poumon respire un mauvais air,
Un air salpétrueux, propre à former l'éclair ;
Sans doute, un tel poumon, par telle nourriture,
Seroit en peu de temps réduit en pourriture,
Si, d'abord qu'on commence à s'en apercevoir,
Un savant médecin, qui fait bien son devoir,
Ne lui changeoit cet air, le changeant de demeure,
Puisque c'est le secret pour guérir de bonne heure.
Personne ne sauroit contester là-dessus,
Puisque *ablata causa, tollitur effectus.*

 Mais si l'on joint à l'air qui ce poumon entiche
Une seconde cause, en vain on le déniche
Et l'on lui fait changer et d'air et de maison :
Si cette cause dure, il est sans guérison.

Par exemple : à Paris, l'air salé de nos boues,
Me piquant les poumons, déjà rougit mes joues ;
Mais au lieu de choyer mes poumons entichés,
Ils deviennent enfin flétris et desséchés
Par l'effort que sans cesse ils font sur un théâtre.
Lors j'ai beau changer d'air, pour y mettre une emplâtre ;
Mes poumons entichés ne guériront jamais,
Si je ne quitte aussi le métier que je fais.
Mais si je quitte ensemble et ville et comédie,
Je vois bientôt la fin de cette maladie.
Personne ne sauroit contester là-dessus,
Puisque *ablata causa, tollitur effectus.*
  A ces causes, seigneur, j'en puis joindre encore une,
Qui dans ce siècle-ci n'est que par trop commune ;
Mais, quand cette troisième est jointe aux autres deux,
On peut dire qu'un mal est des plus périlleux.
Par exemple : attaqué de cette maladie,
On augmente son mal, faisant la comédie,
Parce que les poumons, trop souvent échauffés,
Ainsi que je l'ai dit, s'en trouvent desséchés ;
Et l'on en peut guérir, pourvu que l'on s'abstienne
D'abord de comédie, et de comédienne.
Mais alors que ce mal, dans un comédien,
Augmente jour et nuit, parce qu'il ne vaut rien,
Qu'il choque dieux et gens dedans ses comédies,
Le ciel seul peut alors guérir ses maladies ;
Et tous les médecins de notre Faculté
Ne lui sauroient donner un seul brin de santé.
Ce que je te dis là d'un bouffon de théâtre,
Seigneur, n'est proprement qu'une image de plâtre
Que j'expose à tes yeux, afin de t'expliquer
Les principes des maux que tu peux t'appliquer.

      ÉLOMIRE.

Quand il me connoîtroit, fidèle Lazarile,
Pourroit-il mieux parler ?

    LAZARILE, bas, à Élomire.

        Sans doute, il est habile.
De pareils médecins ne sont pas du commun.

ÉPISTENEZ.

Par ce discours, seigneur, te serois-je importun?

ÉLOMIRE.

Au contraire, poussez, s'il vous plaît.

ÉPISTENEZ.

De la thèse,
Puisque tu le permets, je passe à l'hypothèse;
Et je dis, ces messieurs le diront du bonnet,
Qu'on ne te peut guérir si tu ne parles net.
Oui, si tu ne nous dis l'histoire de ta vie,
C'est en vain que tu veux contenter ton envie.
Au contraire, on pourra par un beau quiproquo
T'envoyer *ad patres,* seigneur, incognito.

ÉLOMIRE, en colère.

Je ferai bien sans vous un si fâcheux voyage.
N'en savez-vous pas plus?

ALCANDRE et GÉRASTE, ensemble.

Non.

ÉLOMIRE, brusquement.

Pliez donc bagage,
Et vite; car de moi jamais vous ne saurez
Que ce que par votre art vous en devinerez.
Allez à la bonne heure, allez; mon secrétaire
Va vous faire à chacun donner votre salaire.

(Les médecins et Lazarile sortent, et Élomire continue étant seul.)

Fut-il jamais malheur à mon malheur égal?
Quoi! je cherche et je trouve un remède à mon mal;
On me l'offre; et je n'ai, pour sortir de misère,
Qu'à raconter ma vie; et je ne le puis faire!

(Lazarile rentre, et Élomire continue.)

Ah! mon cher Lazarile, approche, approche-toi :
Viens partager mes maux, et les plaindre avec moi;
Puisque, pour mon malheur, je suis sans espérance
D'y trouver de ma vie aucune autre allégeance.

LAZARILE.

Qui cause donc en vous un si grand désespoir?

ÉLOMIRE.

Tu l'ignores, après ce que tu viens de voir?

LAZARILE.

J'ai fort peu de mémoire, ou j'ai vu peu de chose
Qui d'un tel désespoir puisse être ainsi la cause.

ÉLOMIRE.

Quoi! tu n'as pas appris de ces trois médecins,
Les plus doctes qui soient parmi ces assassins,
Qu'ils ne sauroient guérir la moindre maladie
Si le souffre-douleurs ne leur conte sa vie?

LAZARILE.

Mais si je vous fais voir un autre médecin,
Qui, sans que vous parliez, sans voir votre bassin,
Sans vous tâter le pouls, tout votre mal devine,
En voyant seulement un peu de votre urine :
Et si ce médecin vous guérit à l'instant,
Des remèdes qu'il donne, en serez-vous content?

ÉLOMIRE.

Quoi! par l'urine seule il devine les causes,
Et les effets des maux?

LAZARILE.

Il fait bien d'autres choses.

ÉLOMIRE.

Et comment donc s'appelle un homme si fameux?

LAZARILE.

On le nommoit jadis le médecin de Beux;
Mais depuis quelque temps sa haute renommée
L'a fait changer de nom, le changeant de contrée,
Et l'on nomme à présent ce médecin savant,
Du bourg de Sennelay l'Esculape vivant.

ÉLOMIRE.

Quoi! de ce Sennelay, pour qui sur notre Seine
Quatre bateaux couverts voguent chaque semaine.

LAZARILE.

Ce Sennelay-là même; et ces bateaux couverts
Sont tout pleins chaque jour de remèdes divers
Que ce grand médecin envoie à ses malades,
Lorsque de leur urine il a vu des rasades.

ÉLOMIRE.

Allons donc, Lazarile, allons à Sennelay.

LAZARILE.

Il est ici.

ÉLOMIRE.

Lui-même?

LAZARILE.

Oui.

ÉLOMIRE.

Mais, dis-tu vrai?

LAZARILE.

Il est si vrai, monsieur, qu'avant qu'il soit une heure
Vous aurez le plaisir de le voir, ou je meure :
Quittons donc le turban, et sous d'autres habits
Allons voir promptement ce Rominagrobis.

ACTE TROISIÈME.

(La scène de cet acte est dans une chambre où Oronte, feint médecin de Sennelay, est assis devant une table sur laquelle il y a six fioles pleines, chacune avec un écriteau, arrangées de suite. Et Climante, Cléarque, Clarice, Lucinde, Alphée et Lucille, feints malades, sont assis sur des sièges un peu éloignés de la table.)

SCÈNE PREMIÈRE.

ORONTE, CLIMANTE, CLÉARQUE, CLARICE, LUCINDE, ALPHÉE, LUCILLE.

ORONTE.
Quoi! ce maître moqueur, qui n'épargnoit personne,
Donne dans le panneau de la sorte?
CLIMANTE.
    Il y donne
Mille fois au-delà de ce que je vous dis;
Don Quichotte et Sancho furent moins fous jadis;
Et je crois que devant qu'en son bon sens il rentre
Nous pourrons sur ma foi le dauber dos et ventre.
Nos confrères déjà l'ont berné comme il faut;
Battons le fer comme eux cependant qu'il est chaud.
ORONTE.
Que chacun donc s'apprête à bien jouer son rôle,
Sitôt que Lazarile aura livré le drôle;
Il n'y manquera pas, puisqu'il nous l'a promis :
Les voici justement, ils n'ont pas beaucoup mis.

SCÈNE II.

ÉLOMIRE, LAZARILE, tous deux vêtus en Espagnols, et se mettant à genoux devant Oronte, une fiole à la main. **ORONTE, CLIMANTE, CLÉARQUE, CLARICE, LUCINDE, ALPHÉE, LUCILLE.**

ÉLOMIRE.

Extirpateur des maux qui n'ont point de remède,
Souffrez qu'à vos genoux nous implorions votre aide,
Et ne permettez pas que, tombant par lambeaux,
Nous descendions tout vifs dans de tristes tombeaux :
Nous sommes étrangers; mais pourtant assez riches
Pour remplir vos désirs, fussiez-vous des plus chiches :
Car si vous nous pouvez exempter du trépas,
Nous vous donnons chacun un millier de ducats.

ORONTE.

Si vous étiez François, vous sauriez mon histoire;
Et par là vous sauriez que mon but est la gloire :
Rengainez donc, messieurs, vos milliers de ducats,
Je n'en ferai pas moins pour ne les prendre pas.

ÉLOMIRE, mettant la main à la poche et faisant semblant d'en vouloir tirer un sac d'argent.

Hé! de grâce.

ORONTE, prenant la fiole d'Élomire.

Non, non; donnez-moi votre urine;

(En regardant la fiole.)

La fiole est de jauge.

LAZARILE, donnant aussi sa fiole.

Elle tient bien chopine,
Et la mienne ne tient sur ma foi guère moins :
Je ne mérite pas qu'elle occupe vos soins;
Mais puisque vous voulez...

ORONTE, mettant les fioles sur la table.

Il faut qu'elle repose;
Après de vos douleurs nous vous dirons la cause :
Cependant de ceux-ci voyons quels sont les maux.

(Oronte prend une des fioles en main, et continue.)

L'homme par la raison est roi des animaux;

Mais dès qu'il lui résiste, ou qu'elle l'abandonne,
C'est un roi dépouillé, sans sceptre et sans couronne;
Car en lâchant la bride à ses désirs brutaux,
Il devient le sujet de ses propres vassaux.
De cette vérité j'ai vu beaucoup d'exemples;
Mais je n'en vis jamais à mon sens de plus amples
Que ceux que je remarque en ces urines-ci.
Vous en aurez l'esprit tout à l'heure éclairci.
Climante!

(Il dit ce nom, lisant l'écriteau de la fiole.)
Qui de vous porte ce nom?
CLIMANTE.
Moi-même.
ORONTE.
Écoutez le récit de votre mal extrême;
Apprenez-en la cause, et bénissez les dieux
Qui m'ont de Sennelay fait venir en ces lieux.
Monsieur, vous vous croyez étique et pulmonique;
Mais vous vous abusez, vous êtes frénétique,
Autrement hypocondre, et la cause, en un mot,
Vient de ce que j'ai dit.
CLIMANTE, brusquement.
Quoi! je serois un sot?
ORONTE.
Si vous aviez toujours eu la raison pour guide,
Ou si vous n'aviez pas si fort lâché la bride
Aux désirs enragés de mordre dieux et gens,
Vous ne vous verriez pas, au plus beau de vos ans,
Avec enfants et femme, et comblé de richesses,
Dévoré, nuit et jour, par de mornes tristesses.
Car ces noires vapeurs qui vous troublent si fort
N'ont contre un innocent qu'un impuissant effort.
Je sais bien, et cela sans doute est quelque chose,
Qu'accablé de l'effet vous maudissez la cause,
Et que vous voudriez, repentant du passé,
Avoir été sans vie, ou n'avoir point gaussé.
Mais comme le passé jamais ne se révoque,
D'un si vain repentir tout le monde se moque;

Et de tous les mortels que vous avez joué
Aucun n'est sans plaisir de vous voir bafoué.
L'un qui vous voit passer près de lui dans la rue
Vous montre au doigt à l'autre, et cet autre vous hue;
Puis, toussant tour à tour, et sur différents tons,
Vous font tousser vous-même, et de tous vos poumons.
Si vous les maudissez, ils vous traitent de même,
Dont le dépit vous cause une douleur extrême;
Et par cette douleur, sans un très prompt secours,
Vous allez voir dans peu le dernier de vos jours.
Voilà, monsieur, l'état de votre maladie:
Il ne tiendra qu'à vous que je n'y remédie :
Car je ne mets qu'au rang de mes moindres travaux
D'avoir cent et cent fois guéri de pareils maux.

ÉLOMIRE, à part.

Je crois que c'est de moi qu'il parle.

GLIMANTE, s'étant jeté aux pieds d'Oronte.

Grand génie,
Qui par ma seule urine avez connu ma vie;
Qui par elle voyez jusqu'au fond de mon cœur;
Et qui par elle, enfin, connoissez ma douleur,
Vous voyez à vos pieds un impie, un infâme,
Qui ne mérite rien que le fer et la flamme ;
Mais, de grâce, grand homme, imitez le soleil :
Aussi bien, comme lui, vous êtes sans pareil ;
Et comme également il répand sa lumière
Sur la pourpre et la bure, et l'or et la poussière,
Agissant comme lui, répandez vos bontés
Sur moi, sans prendre garde à mes impiétés.

ORONTE.

Vous êtes repentant, et fût-ce à la potence,
Quiconque devient tel recouvre l'innocence :
Aussi, soyez certain que, quand vous seriez roi,
Vous ne pourriez jamais plus attendre de moi.
Remettez-vous; tandis voyons cette autre urine :
Cléarque!

(Il lit ce nom sur la fiole qu'il prend, après avoir remis l'autre.)

CLÉARQUE.
C'est de moi, monsieur.
ORONTE.
A votre mine,
Quand vous n'auriez rien dit, je l'aurois deviné :
Car je n'en vis jamais d'un plus déterminé.
La cause de vos maux est certes différente,
En certaine façon, de celle de Climante;
Mais l'espèce en étant pareille, leurs effets
Se ressemblent si fort que ce sont deux portraits
D'un même original, faits d'une main savante.
Climante est donc Cléarque, et Cléarque Climante :
Je veux dire, en un mot, et voici mes témoins,

(Il montre la fiole de Cléarque et celle de Climante.)

Que si Climante est fou, vous ne l'êtes pas moins;
Ainsi n'ayant qu'un mal, vous n'aurez qu'un remède.
Mais soyez assuré du succès.

CLÉARQUE, faisant une profonde révérence.
Dieu vous aide !

ORONTE, prenant une autre fiole, et lisant son écriteau.
Clarice ?

CLARICE.
C'est mon nom.

ORONTE.
Si vos yeux trop fripons
N'avoient pas attiré cet amas de garçons,
Qui vous ont fait passer pour reine des coquettes,
Vous ne vous verriez pas en l'état où vous êtes;
Mais quand on a blanchi sous ce honteux harnois,
On a tout le loisir de s'en mordre les doigts :
On en soupire, on pleure, on en devient malade,
Ou si l'on ne l'est pas, on se le persuade;
Mais dès lors que l'on croit être ce qu'on n'est pas,
On est folle, Clarice, et folle à maints carats.
Vous guérirez pourtant, et redeviendrez sage;
Mais comme ces messieurs vous resterez en cage.

(Il prend une autre fiole, et en lisant l'écriteau il dit tout haut :)
Lucinde !

LUCINDE.
C'est de moi.
ORONTE
La mort d'un jeune amant
Vous a fait perdre ensemble et joie et jugement;
Et c'est ce qui vous fait errer parmi le monde,
Sous l'habit et le nom de triste vagabonde.
Mais allez, je réponds de votre guérison,
Et vous recouvrerez la joie et la raison :
Ne le voulez-vous pas?
LUCINDE.
Oui, de grand cœur.
ORONTE, prenant une autre fiole.
Alphée!
Ah! ma foi, nous tenons une folle fieffée :
C'est une précieuse.
ALPHÉE.
O dieux! qui vous l'a dit?
ORONTE.
Votre urine, ma fille, et cela me suffit;
Car, grâce au ciel, je suis un peu naturaliste.
ALPHÉE.
Mais, que ne dites-vous plutôt ulinaliste?
Ce telme convient mieux à la sose.
ORONTE.
Il est vrai,
Et le monde m'appelle ainsi dans Sennelay.
Mais, de grâce, depuis que l'illustre Élomire
A dépeint votre engeance, et nous en a fait rire;
Depuis que son théâtre a retenti des mots
Dont vous charmiez jadis les sottes et les sots,
Se peut-il que, passant pour folles enragées,
Vous ne vous soyez pas encore corrigées,
Et qu'il s'en trouve encor aujourd'hui parmi nous
Une qui devroit être à l'hôpital des fous?
ALPHÉE.
Quoi, monsieur, ce bouffon, pal de sottes glimaces,
Dont il fait mal au cœur plus que sales limaces,

ACTE III, SCÈNE II.

Palce qu'en les faisant il écume en velat,
Nous livlela chez vous poul folles au calat?
Je m'étonnelois peu qu'un caque d'ignolance
Eût poul ce glimaciel paleille défélence;
Mais que de Sennelay le médecin fameux
Donne dans le panneau, comme un petit molveux;
Qu'il estime un auteul, qu'il le loue et l'admile,
Palce qu'en lécitant ses vels, il l'a fait lile
Pal des contolsions dignes d'un possédé,
Celtes, je suis à bout pal un tel plocédé.
Encol s'il nous cachoit sous ces gestes clotesques,
Quelques beaux tlaits d'esplit en paloles bullesques,
Aplès qu'on auloit li de ses contolsions,
Ses livles nous plailoient, lols que nous les lilions :
Mais, de glace, monsieul, quelle est la comédie,
Encol qu'il n'en ait fait aucune où l'on ne die
Qu'il faut clevel de lile, où l'on puisse tlouvel
Le moindle tlait d'esplit que l'on doive admilel?
Pal exemple, ce *le* de *l'École des Femmes*,
Ce *le,* qui fit tant lile, et qui chalma tant d'âmes;
Ce *le,* qui mit cet homme au lang des beaux esplits,
L'avez-vous jamais pu lile dans ses éclits,
Sans dégoût, sans chaglin, sans une holeul extlême,
Non plus que son *chat molt*, et sa *talte à la clême?*
Cependant, dites-vous, pal de bonnes laisons,
Cet auteul nous condamne aux petites maisons,
Et palce qu'il a dit que nous en étions dignes,
Vous nous mettez au lang des folles plus insignes.

ÉLOMIRE, bas, à Lazarile.

Ah! la méchante bête.

LAZARILE, bas, à Élomire.

Elle a pourtant bien dit.

ÉLOMIRE, bas.

Très mal; mais écoutons.

ORONTE.

Si je suis interdit
Jusqu'à ne pouvoir pas former une parole,
Ne vous étonnez pas, belle et savante folle;

J'en demeure d'accord, vous m'avez confondu :
En effet, qui croiroit qu'un esprit tout perdu
D'histoires, de romans, enfin qu'une hypocondre
Par ses raisonnements auroit pu me confondre?
Pourtant vous l'avez fait, oui, j'avoue avec vous
Qu'Élomire ne doit sa gloire qu'à des fous,
Et qu'un esprit bien fait, quel qu'il soit, dégénère
D'abord que ses écrits commencent à lui plaire.
Je demeure d'accord que pour se réjouir
On le peut aller voir, et qu'on le peut ouïr;
Mais il faut que celui qui va voir Élomire,
Le voie en Fagotin; c'est-à-dire, pour rire.
Vos beaux raisonnements n'empêchent pourtant pas
Qu'aux petites maisons vous n'alliez à grands pas :
Élomire a son foible, et vous avez le vôtre;
Mais je vous guérirai. Voyons un peu cette autre.

ÉLOMIRE, bas, tandis qu'Oronte prend une autre fiole.

Lazarile, quel homme!

LAZARILE, bas.

Écoutez jusqu'au bout.

ORONTE, lisant l'écriteau de la fiole qu'il tient.

Lucille! Voulez-vous que je vous dise tout?

LUCILLE.

Non, monsieur; vous voyez assez par mon urine
Que je ne suis pas moins folle que ma voisine :
Traitez-moi, s'il vous plaît, de même.

ORONTE.

Je le veux.

ÉLOMIRE, bas, à Lazarile, tandis qu'Oronte prend sa fiole.

Lazarile, je suis au comble de mes vœux :
C'est mon tour à glisser.

ORONTE, lisant le nom écrit sur la fiole d'Élomire.

Don Guzman d'Alicante.

Vous mentez, cette urine est encor de Climante.

ÉLOMIRE.

Foi d'Espagnol malade, elle est mienne.

ORONTE.

Tant pis.

ÉLOMIRE.

Pourquoi, tant pis?

ORONTE.

Pourquoi? parce que je le dis :
Encor un coup, tant pis, vous dis-je.

ÉLOMIRE.

Mais, de grâce,
A ce fâcheux tant pis que faut-il que je fasse?

ORONTE.

Ignorez-vous, monsieur, ce que Climante a fait,
Quand à mes pieds il a confessé son forfait,
Et témoigné tout haut son repentir extrême?

ÉLOMIRE, se levant et se jetant aux pieds d'Oronte.

Ah! de grâce, monsieur, traitez-moi donc de même,
Et puisque comme lui j'en suis au repentir,
Veuillez-moi comme à lui vos bontés départir!

ORONTE.

Ce juste repentir qu'exprime votre bouche,
A vous dire le vrai, si vivement me touche
Que je jure ma foi qu'avant qu'il soit deux jours
Vous verrez comme lui l'effet de mon secours.
Mais parlons de cet autre.

(Il prend la fiole de Lazarile et lit:)

Alphonse de la Rote!
Homme ne mérita jamais mieux la marote;
Parce qu'il croit que l'un de ses amis est fou,
Et qu'il veut l'empêcher de courre en loup-garou.
Sa guérison lui tient tellement dans la tête
Qu'il en est hypocondre, et plus que demi-bête.
Il mérite pourtant que j'aie soin de lui,
Car un ami si tendre est fort rare aujourd'hui.

ÉLOMIRE, bas, à Lazarile.

Quel homme, cher ami! Quoi! par la seule urine
Il n'est rien qu'il ne sache, et rien qu'il ne devine?

LAZARILE, bas.

Je vous l'avois bien dit.

ORONTE.

Je connois donc vos maux,

Ou, pour mieux m'expliquer, vos fantasques cerveaux :
Car je n'en vois pas un dedans cette assemblée,
Qui ne se portât bien sans sa tête fêlée.
Nous n'avons donc ici qu'à guérir ces cerveaux ;
Puisqu'en eux seulement résident tous vos maux.
Et comme le plus grand est la mélancolie
Dans laquelle votre âme est presque ensevelie,
Je la veux réveiller en vous divertissant,
Et dissiper par là cet air assoupissant.
J'ai fait venir ici d'un certain vin de Beaune,
Pour qui j'achèterois un gosier long d'une aune :
Car, tandis qu'on l'avale, on sent un tel plaisir
Qu'on voudroit qu'il durât jusqu'au dernier soupir ;
D'une agréable odeur, qui n'a point de pareille,
Il vous charme d'abord qu'il sort de la bouteille ;
Et le vif incarnat dont il frappe les yeux
N'a pas un moindre éclat que le rouge des cieux.
Son esprit, qui pétille en tombant dans le verre,
Forme mille rubis, dont le petit tonnerre,
S'accordant au glou-glou de ce jus précieux,
Charme l'oreille après qu'il a ravi les yeux.
Ce vin que je vous dis est le premier remède
Que je veux appliquer au mal qui vous possède :
Car vos maux tout d'abord s'en trouvant adoucis,
Vous verrez dissiper tous ces fâcheux soucis
Qui fomentent en vous l'humeur mélancolique.
Nous joindrons à ce vin tant soit peu de musique,
Un peu de symphonie, et par ces doux accords
Je changerai d'abord vos esprits et vos corps.
Mon deuxième remède est une comédie,
Propre comme ce vin à votre maladie :
Je vous la ferai voir d'où je vais vous traiter ;
On dit qu'elle est divine, et je n'en puis douter,
Car l'auteur est illustre, et l'histoire si belle
Que les siècles passés n'en ont point vu de telle.
Et ce qui doit encor augmenter ce régal,
C'est qu'il sera suivi d'un magnifique bal,
Où nous irons masqués. C'est ce que je prépare

Pour premier appareil.
ÉLOMIRE, bas.
Que ce remède est rare,
Lazarile; et, surtout, qu'il est doux et charmant!
ORONTE.
Passons donc, pour cela, dans cet appartement.

ACTE QUATRIÈME.

(A cette scène, le théâtre paroît comme il est lorsqu'on est prêt de commencer la comédie, la toile n'étant pas encore tirée; et d'un côté il y a une façon de loge dans laquelle sont les acteurs de cette scène, pour voir la comédie.)

SCÈNE PREMIÈRE.

ÉLOMIRE, LAZARILE, ORONTE,
CLIMANTE, CLÉARQUE, CLARICE, LUCINDE,
ALPHÉE, LUCILLE.

ORONTE.

Dès qu'on aura tiré cette tapisserie,
Sans peine vous verrez d'ici la comédie.
Cependant, nul de vous ne se porte-t-il mieux?

ÉLOMIRE.

Votre régal, monsieur, m'a rendu si joyeux,
Et je me sens déjà si propre à ce remède
Que je ne doute point que mon mal ne lui cède.

CLIMANTE.

Nos visages, monsieur, vous en disent autant:
Car je n'en vois pas un qui ne soit très content.

(Dans ce temps-là, on tire la toile et l'on voit une salle dans laquelle il y a un théâtre et une compagnie pour voir jouer la comédie; et les violons commencent à jouer. Ce qui interrompt cette première scène.)

ORONTE.

Bon, l'on ouvre. Voyez la belle compagnie.

ÉLOMIRE, à Oronte, un peu bas.

Quel titre donne-t-on à cette comédie?

ORONTE.

Le *Divorce comique.*

ÉLOMIRE.

Il est bon, et nouveau.

ORONTE.

Silence; et vous verrez quelque chose de beau.

(Les violons cessent, et on commence la comédie qui suit.)

DIVORCE COMIQUE

COMÉDIE EN COMÉDIE.

(La scène est dans la salle de comédie du Palais-Royal.)

ACTE PREMIER ET DERNIER.

SCÈNE I.

FLORIMONT, ROSIDOR.

FLORIMONT.

Oui, je l'ai résolu : je vais quitter la troupe.
Tu me diras en vain qu'elle a le vent en poupe;
Qu'elle seule a la vogue, et que, dedans Paris,
Pour toute autre aujourd'hui l'on n'a que du mépris.
Cet honneur qu'on lui fait, mais dont elle est indigne,
Passe dans mon esprit pour un affront insigne.
Aussi, loin de souffrir un encens si peu dû,
Comme on me l'a donné je l'ai toujours rendu.
Ne t'en flatte donc point; mais, si tu veux m'en croire,
Ferme l'œil à l'éclat d'une si fausse gloire;
Et, pour trouver la vraie, allons, allons ailleurs
Chercher des compagnons et des destins meilleurs.

ROSIDOR.

A te dire le vrai, je m'étonne moi-même
Du merveilleux éclat de ce bonheur extrême :
Car, enfin, comme toi je connois nos défauts.
Mais qu'importe? Le nombre autorise les sots;
Et quiconque leur plaît ne doit point être en peine
Des défauts des acteurs ni de ceux de la scène ;
La foule suit toujours leur applaudissement ;
Et quiconque a la foule, a la gloire aisément.
Je sais bien que tu dis que cette gloire est fausse;
Qu'il la faut mépriser ; mais, pour moi, je m'en gausse.
Ma véritable gloire est où j'ai du profit ;
J'en ai dans cette troupe, et cela me suffit.

FLORIMONT.

Et cela te suffit! Ah! peux-tu bien, sans honte,
Dire que de l'honneur tu fais si peu de compte?

ROSIDOR.

En faire moins de cas que du moindre intérêt
N'est qu'agir à la mode.

FLORIMONT.

Et la mode t'en plaît?

ROSIDOR.

Puisqu'elle est aujourd'hui la règle de la vie,
Je ne rougirai point quand je l'aurai suivie.

FLORIMONT.

La règle de la vie? Et qu'est donc la raison?

ROSIDOR.

La raison ni l'honneur ne sont plus de saison;
Et bannis pour jamais de la terre où nous sommes,
L'intérêt en leur place y gouverne les hommes.
C'est lui seul qui les règle et lui seul qui fait tout,
Et qui meut l'univers de l'un à l'autre bout;
Mais, quand de cet honneur on feroit quelque compte,
Faut-il, pour en manquer, que je meure de honte?
Et la profession dont nous sommes tous deux
Ne permet-elle pas d'être moins scrupuleux?

FLORIMONT.

Je l'avoue entre nous, autrefois le théâtre
Voyoit traiter d'égaux l'acteur et l'idolâtre;
Et l'un et l'autre, alors l'opprobre des mortels,
Étoit haï du peuple et banni des autels.
Mais depuis qu'un héros, dont notre histoire est pleine,
A purgé le théâtre et corrigé la scène[1];
Depuis qu'il a chassé les infâmes farceurs,
Nos plus grands ennemis sont nos adorateurs.
Tout le monde à l'envi nous caresse et nous loue,
Et nous sommes tout d'or, nous qui n'étions que boue.
Mais, hélas! je crains fort que, d'un revers fatal,
Nous ne tombions bientôt dans notre premier mal;

---

1. C'est M. le cardinal de Richelieu. (*Note de l'auteur.*)

Et que, par le progrès des pièces d'Élomire,
Nous n'éprouvions encor quelque chose de pire.
ROSIDOR.
Il est vrai qu'Élomire a de certains appas,
Dans les farces qu'il fait, que les autres n'ont pas.
FLORIMONT.
Et c'est de ces appas de qui nous devons craindre
Ce mal dont par avance on me voit déjà plaindre :
Car, pour peu que le peuple en soit encor séduit,
Aux farces pour jamais le théâtre est réduit.
Ces merveilles du temps, ces pièces sans pareilles ;
Ces charmes de l'esprit, des yeux et des oreilles ;
Ces vers pompeux et forts, ces grands raisonnements
Qu'on n'écoute jamais sans des ravissements ;
Ces chefs-d'œuvre de l'art, ces grandes tragédies,
Par ce bouffon célèbre en vont être bannies ;
Et nous, bientôt réduits à vivre en Tabarins,
Allons redevenir l'opprobre des humains.
La peur de retomber dans ce malheur infâme
Ne sauroit sans horreur se montrer à mon âme ;
Et tout autant de fois qu'elle attaque mon cœur,
Malgré toute sa force, elle s'en rend vainqueur.
ROSIDOR.
Quoiqu'en quelque façon ta peur soit légitime,
Faire rire pourtant n'est pas un si grand crime ;
Et j'en connois beaucoup, parmi nos courtisans,
Qui seroient peu prisés s'ils n'étoient fort plaisans.
Aussi, loin qu'en cela je condamne Élomire,
Avec beaucoup de gens je l'estime et l'admire ;
Mais l'insolent orgueil de cet esprit altier,
Ses mépris pour tous ceux qui sont de son métier,
Et l'air dont il nous traite, à présent qu'il compose,
Fait que chacun de nous le censure et le glose ;
Et ce maître maroufle en est en tel courroux
Qu'à peine peut-il plus souffrir aucun de nous.
FLORIMONT.
Comme je hais sa farce et son tabarinage,
Il ne me parle plus qu'il ne me fasse outrage ;

Mais pourvu qu'il réglât son style de farceur,
Qu'il n'y mêlât plus rien qui fût contre l'honneur,
Je lui pardonnerois volontiers ses caprices;
Mais je ne veux plus être accusé pour ses vices :
Le scandale qu'ils font est désormais trop grand,
Et quiconque le suit en doit être garant.
Enfin, c'est aujourd'hui qu'il faut qu'il se déclare.
Il changera ce style, ou chacun se sépare :
La plupart de la troupe est de mon sentiment,
Et nous nous assemblons pour cela seulement.
Mais je le vois paroître avec nos camarades.
Préparons-nous d'ouïr de plaisantes bravades.

SCÈNE II.

ÉLOMIRE, ANGÉLIQUE,
PLUSIEURS AUTRES COMÉDIENS ET COMÉDIENNES,
UN VALET, FLORIMONT, ROSIDOR.

ÉLOMIRE, se faisant apporter un siège, et s'asseyant.

Un siège, et qu'on m'écoute! On sait que je suis prompt.

ANGÉLIQUE[1].

Ne faut-il point aussi vous regarder au front,
Et, de même qu'Agnès, faire la révérence?

ÉLOMIRE.

Trêve de raillerie, et qu'on fasse silence!

FLORIMONT.

Autrement?

ÉLOMIRE.

Autrement, quelqu'un en pâtira.

ROSIDOR, bas, à Florimont.

Le plaisant Fagotin!

FLORIMONT, bas, à Rosidor.

Voyons ce qu'il dira.
De l'humeur qu'il paroît, j'en attends des merveilles.

---

1. Angélique représente Madeleine Béjart; et il y avait sans doute, dans le choix de ce nom, l'intention de ce qu'on appelle en rhétorique une antiphrase.

ACTE IV, SCÈNE I.

ROSIDOR, à Élomire.

Que ne parlez-vous donc? Nous ouvrons les oreilles.

ÉLOMIRE, faisant apporter des sièges.

Séyez-vous.

FLORIMONT, bas.

Qu'il est fat!

ÉLOMIRE.

Le divin Salomon,
Dont l'esprit fut plus grand que celui du démon;
Ce savant qui sut tout, jusqu'aux vertus des herbes,
Ne fut jamais plus vrai qu'en l'un de ses Proverbes
Qui dit qu'il vaudroit mieux qu'une cité pérît,
Que de voir sur la terre un gueux qui s'enrichît.
O divine parole! admirable sentence,
Dont moi-même aujourd'hui je fais l'expérience,
Puisqu'après que mes soins ont revêtu des gueux,
Je me vois mépriser et gourmander par eux.
C'est vous, ô champignons élevés sur ma couche;
Vous, pour qui j'ai tiré jusqu'au pain de ma bouche;
Vous, pour qui j'ai veillé tant de jours et de nuits;
C'est vous, ingrats, c'est vous qui me comblez d'ennuis,
Et qui me faites voir d'une insulte superbe
L'infaillibilité de ce divin proverbe.
Rougissez, rougissez, ingrats, de tant de biens
Dont je vous ai comblés, même aux dépens des miens.
Mais pour tant de bienfaits vous êtes sans mémoire;
Il faut, pour vous confondre, en dire ici l'histoire.

FLORIMONT.

Écoutons.

ÉLOMIRE.

En quarante, ou quelque peu devant,
Je sortis du collège, et j'en sortis savant;
Puis, venu d'Orléans où je pris mes licences,
Je me fis avocat au retour des vacances.
Je suivis le barreau pendant cinq ou six mois,
Où j'appris à plein fond l'ordonnance et les lois.
Mais quelque temps après, me voyant sans pratique,
Je quittai là Cujas et je lui fis la nique.

Me voyant sans emploi, je songe où je pouvois
Bien servir mon pays, des talents que j'avois;
Mais ne voyant point où, que dans la comédie,
Pour qui je me sentois un merveilleux génie,
Je formai le dessein de faire en ce métier
Ce qu'on n'avoit point vu depuis un siècle entier :
C'est-à-dire, en un mot, ces fameuses merveilles
Dont je charme aujourd'hui les yeux et les oreilles.

ROSIDOR, bas, à Florimont.

Ne t'étonnes-tu point qu'il n'ait dit les esprits?

FLORIMONT, bas, à Rosidor.

Il se seroit trompé plus de moitié du prix.

ÉLOMIRE, à Florimont et à Rosidor.

Que marmottez-vous là?

FLORIMONT.

Rien du tout.

ÉLOMIRE.

Qu'on m'écoute!
Ayant donc résolu de suivre cette route,
Je cherchai des acteurs qui fussent, comme moi,
Capables d'exceller dans un si grand emploi.
Mais, me voyant sifflé par les gens de mérite,
Et ne pouvant former une troupe d'élite,
Je me vis obligé de prendre un tas de gueux,
Dont le mieux fait étoit bègue, borgne ou boiteux.
Pour des femmes, j'eusse eu les plus belles du monde;
Mais le même refus de la brune et la blonde
Me jeta sur la rousse, où, malgré le gousset,
Grâce aux poudres d'alun, je me vis satisfait.

ROSIDOR, bas, à Angélique.

Angélique, il t'en veut?

ANGÉLIQUE, bas, à Rosidor.

J'en ignore la cause.

ÉLOMIRE, en colère.

Quoi! malgré ma défense incessamment on cause?

ANGÉLIQUE, à Élomire.

Je me tais; mais tantôt...

ACTE IV, SCÈNE I.

ÉLOMIRE.

                Bien ; tantôt nous verrons ;
Cependant taisez-vous, lorsque nous parlerons.
Donc, ma troupe ainsi faite, on me vit à la tête,
Et, si je m'en souviens, ce fut un jour de fête :
Car jamais le parterre avec tous ses échos
Ne fit plus de *ah! ah!* ni plus mal à propos.
Les jours suivants n'étant ni fêtes, ni dimanches,
L'argent de nos goussets ne blessa point nos hanches :
Car alors, excepté les exempts de payer,
Les parents de la troupe et quelque batelier,
Nul animal vivant n'entra dans notre salle ;
Dont, comme vous savez, chacun troussa sa malle.
N'accusant que le lieu d'un si fâcheux destin,
Du port Saint-Paul je passe au faubourg Saint-Germain ;
Mais, comme même effet suit toujours même cause,
J'y vantai vainement nos vers et notre prose :
L'on nous siffla d'abord, et, malgré mon caquet,
Il fallut derechef trousser notre paquet.
Piqué de cet affront, dont s'échauffa ma bile,
Nous prîmes la campagne, où la petite ville,
Admirant les talents de mon petit troupeau,
Protesta mille fois que rien n'étoit plus beau ;
Surtout, quand sur la scène on voyoit mon visage,
Les signes d'allégresse alloient jusqu'à la rage :
Car ces provinciaux, par leurs cris redoublés
Et leurs contorsions, paroissoient tout troublés.
Dieu sait si, me voyant ainsi le vent en poupe,
Je devois être gai ! mais le soin de la soupe,
Dont il falloit remplir vos ventres et le mien ;
Ce soin, vous le savez, hélas ! l'empêchoit bien :
Car, ne prenant alors que cinq sols par personne,
Nous recevions si peu qu'encore je m'étonne
Que mon petit gousset, avec mes petits soins,
Ayent pu si longtemps suffire à nos besoins.
Enfin, dix ans entiers coulèrent de la sorte ;
Mais, au bout de ce temps, la troupe fut si forte
Qu'avec raison je crus pouvoir, dedans Paris,

Me venger hautement de ses sanglants mépris.
Nous y revînmes donc, sûrs d'y faire merveille,
Après avoir appris l'un et l'autre Corneille;
Et tel étoit déjà le bruit de mon renom
Qu'on nous donna d'abord la salle de Bourbon.
Là, par *Héraclius* nous ouvrons un théâtre
Où je crois tout charmer et tout rendre idolâtre;
Mais, hélas! qui l'eût cru? Par un contraire effet,
Loin que tout fût charmé, tout fut mal satisfait;
Et, par ce coup d'essai, que je croyois de maître,
Je me vis en état de n'oser plus paroître.
Je prends cœur, toutefois; et, d'un air glorieux,
J'affiche, je harangue, et fais tout de mon mieux.
Mais inutilement je tentai la fortune :
Après *Héraclius,* on siffla *Rodogune;*
Cinna le fut de même, et *le Cid,* tout charmant,
Reçut avec *Pompée* un pareil traitement.
Dans ce sensible affront, ne sachant où m'en prendre,
Je me vis mille fois sur le point de me pendre;
Mais, d'un coup d'étourdi que causa mon transport,
Où je devois périr je rencontrai le port;
Je veux dire qu'au lieu des pièces de Corneille
Je jouai *l'Étourdi*, qui fut une merveille :
Car, à peine on m'eut vu la hallebarde au poing,
A peine on eut ouï mon plaisant baragouin,
Vu mon habit, ma toque, et ma barbe et ma fraise,
Que tous les spectateurs furent transportés d'aise,
Et qu'on vit sur leurs fronts s'effacer ces froideurs
Qui nous avoient causé tant et tant de malheurs.
Du parterre au théâtre, et du théâtre aux loges,
La voix de cent échos fait cent fois mes éloges;
Et cette même voix demande incessamment
Pendant trois mois entiers ce divertissement.
Nous le donnons autant, et sans qu'on s'en rebute,
Et sans que cette pièce approche de sa chute.
Mon *Dépit amoureux* suivit ce frère aîné;
Et ce charmant cadet fut aussi fortuné :
Car, quand du Gros-René l'on aperçut la taille;

Quand on vit sa dondon rompre avec lui la paille;
Quand on m'eut vu sonner mes grelots de mulets,
Mon bègue dédaigneux déchirer ses poulets,
Et remener chez soi la belle désolée,
Ce ne fut que *ha! ha!* dans toute l'assemblée;
Et de tous les côtés chacun cria tout haut :
C'est là faire et jouer des pièces comme il faut!
Le succès glorieux de ces deux grands ouvrages,
Qui m'avoient mis au port après tant de naufrages,
Me mit le cœur au ventre, et je fis un *Cocu*,
Dont, si j'avois voulu, j'aurois pris un écu :
Je veux dire un écu par personne au parterre,
Tant j'avois trouvé l'art de gagner et de plaire.
Que vous dirois-je enfin? le reste est tout constant.
Dix pièces, oui, morbleu! dix pièces, tout autant,
Ont, depuis ce temps-là, sorti de ma cervelle;
Mais dix pièces, morbleu! de plus belle en plus belle;
De sorte qu'à présent, si je n'en suis l'auteur,
Quelque pièce qu'on joue on en a mal au cœur;
Et, fût-elle jouée à l'hôtel de Bourgogne,
L'auteur n'en est qu'un fat, et l'acteur qu'un ivrogne.
Que d'honneurs, compagnons, après tant de mépris!
Qui de vous, avec moi, n'en seroit pas surpris?
Mais qui ne le seroit encore davantage
De voir qu'en moins de rien des gueux à triple étage,
Des caimans vagabonds, morts-de-faim, demi-nus,
Soient devenus si gros, si gras et si dodus;
Et soient si bien vêtus des pieds jusques au crâne
Que le moindre de vous porte à présent la panne?
Vous me devez ces biens, ingrats, dénaturés!
Mon esprit et mes soins vous les ont procurés;
Et, lâches, toutefois, loin de le reconnoître,
En valets révoltés vous traitez votre maître.
Vous le voulez contraindre à suivre vos avis,
Et vous ne seriez plus s'il les avoit suivis!
Répondez maintenant, répondez, frippe-sauce :
L'histoire que je conte est-elle vraie ou fausse?
N'entreprenez-vous pas de me donner la loi?

Et de vous, toutefois, qui se peut plaindre?
TOUTE LA TROUPE, ensemble et fort haut.
Moi!
ÉLOMIRE, en bouchant ses oreilles.
Ah! pour un Don Japhet ils me prennent sans doute.
Mais qu'on parle autrement si l'on veut que j'écoute :
Bas, et l'un après l'autre; ou...
TOUTE LA TROUPE, ensemble et fort haut.
Qui commencera?
ÉLOMIRE, en colère.
Le diable, si l'on veut! Oui, parle qui voudra.
TOUTE LA TROUPE, ensemble et fort haut.
Donc...
ÉLOMIRE, interrompant, et se bouchant derechef les oreilles.
Donc, me voilà sourd. Hé! de grâce, Angélique,
Parle; aussi bien j'ai dit quelque mot qui te pique.

ANGÉLIQUE.

Oui, oui, je suis piquée; et c'est avec raison.
Non pas, comme tu crois, pour cette exhalaison
Dont ta langue m'accuse avec tant d'insolence :
Car tu mens, et ce mot suffit pour ma défense;
Mais ce qui m'a piquée, et qui me pique au vif,
C'est de voir que le fils..., je ne dis pas d'un juif,
Quoique juif et fripier soit quasi même chose;
C'est, dis-je, qu'un tel fat nous censure et nous glose.
Nous traite de canaille, et principalement
Mes frères, qui l'ont fait ce qu'il est maintenant,
J'entends comédien, dont il tire la gloire
Qu'il nous vient d'étaler, racontant son histoire.

ÉLOMIRE.

Tes frères? Qui? ce bègue, et ce borgne boiteux?

ANGÉLIQUE.

Eux-mêmes; oui, maroufle, eux-mêmes, ce sont eux;
Mais les ingrats, dis-tu, n'ont jamais de mémoire :
Il faut, pour te confondre, en dire ici l'histoire.
En quarante, ou fort peu de temps auparavant,
Il sortit du collège, âne comme devant;

Mais son père ayant su que, moyennant finance,
Dans Orléans un âne obtenoit sa licence,
Il y mena le sien, c'est-à-dire ce fieux
Que vous voyez ici, ce rogue audacieux.
Il l'endoctora donc, moyennant sa pécune ;
Et, croyant qu'au barreau ce fils feroit fortune,
Il le fit avocat, ainsi qu'il vous a dit,
Et le para d'habits qu'il fit faire à crédit ;
Mais, de grâce, admirez l'étrange ingratitude!
Au lieu de se donner tout à fait à l'étude
Pour plaire à ce bon père et plaider doctement,
Il ne fut au Palais qu'une fois seulement.
Cependant, savez-vous ce que faisoit le drôle?
Chez deux grands charlatans il apprenoit un rôle,
Chez ces originaux, l'Orviétan et Bary,
Dont le fat se croyoit déjà le favori.

ÉLOMIRE.

Pour l'Orviétan, d'accord ; mais pour Bary, je nie
D'avoir jamais brigué place en sa compagnie.

ANGÉLIQUE.

Tu briguas chez Bary le quatrième emploi ;
Bary t'en refusa, tu t'en plaignis à moi :
Et je me souviens bien qu'en ce temps-là mes frères
T'en gaussoient, t'appelant *le mangeur de vipères*.
Car tu fus si privé de sens et de raison,
Et si persuadé de son contre-poison,
Que tu t'offris à lui pour faire ses épreuves,
Quoiqu'en notre quartier nous connussions les veuves
De six fameux bouffons crevés dans cet emploi.
Ce fut là que, chez nous, on eut pitié de toi :
Car mes frères, voulant prévenir ta folie,
Dirent qu'il nous falloit faire la comédie;
Et tu fus si ravi d'espérer cet honneur,
Où, comme tu disois, gisoit tout ton bonheur,
Qu'en ce premier transport de ton âme ravie
Tu les nommas cent fois ton salut et ta vie.
Toutefois, double ingrat, aux dépens de ta foi,
Tu n'as que des mépris et pour eux et pour moi ;

Et, parce que tu crois avoir le vent en poupe,
Tu traites de hauteur et nous et notre troupe.
ÉLOMIRE.
Pourquoi non? Suis-je pas le maître de vous tous?
TOUTE LA TROUPE, ensemble et haut.
Le maître? Double fat! en est-il parmi nous?
ÉLOMIRE.
Ah! vous recommencez à brailler tous ensemble?
FLORIMONT.
Camarades, songeons à ce qui nous assemble,
Et, quittant la querelle et l'injure et le bruit,
Laissez-moi chapitrer Élomire avec fruit.
Apprends, de grâce, apprends que ce n'est point l'envie
Qui nous fait censurer tes pièces et ta vie,
Élomire, et sois sûr que notre unique but
Est notre propre honneur et ton propre salut.
ÉLOMIRE.
Mon salut? Je suis donc dans un péril extrême?
FLORIMONT.
Oui, grâce aux saletés de ta *tarte à la crème;*
Grâce à ton *Imposteur,* dont les impiétés
T'apprêtent des fagots déjà de tous côtés.
ÉLOMIRE.
Hé! ce sont des cotrets.
FLORIMONT.
      Trêve de raillerie.
Le cotret pourroit bien être de la partie.
Mille gens de la cour que tu joues...
ÉLOMIRE, d'un air méprisant, et branlant la tête.
              Ces gens...
FLORIMONT.
Ces gens ont les bras longs, et les coups fort pesants.
Garde de les sentir. Mais, sans plus m'interrompre,
Sache que tout à l'heure il faut changer ou rompre.
Bannis donc du théâtre et ta prose et tes vers,
Ou t'apprête tout seul à ces justes revers.
ÉLOMIRE.
Mais, après, que jouer? Les pièces de Corneille?

ACTE IV, SCÈNE I.

Tu sais qu'on nous y siffle, y fissions-nous merveille.
FLORIMONT.
Merveille, justes dieux! En fîmes-nous jamais?
Et comment le pouvoir, aux rôles que tu fais?
ÉLOMIRE.
Je fais le premier rôle, et le fais d'importance,
Quelque sujet qu'il traite.
FLORIMONT.
As-tu cette créance?
Et ton orgueil peut-il t'aveugler à ce point,
Que de faire si mal, et de ne le voir point?
Quoi! dans le sérieux tu crois faire merveilles?
ÉLOMIRE.
Quoi! tu peux démentir tes yeux et tes oreilles?
FLORIMONT.
T'en veux-tu rapporter à tes meilleurs amis?
ÉLOMIRE.
D'accord.

SCÈNE III.

LE PORTIER DES COMÉDIENS, ÉLOMIRE, ANGÉLIQUE, PLUSIEURS AUTRES COMÉDIENS ET COMÉDIENNES, LE VALET, FLORIMONT, ROSIDOR.

LE PORTIER.
Le chevalier, le comte et le marquis
Sont là-bas.
ÉLOMIRE.
Qui dis-tu?
LE PORTIER.
Ces trois messieurs sans queue,
Dont les couleurs des gens sont feuille-morte et bleue.
ÉLOMIRE.
Ah! je sais; fais monter.
(Le portier s'en va, et Élomire continue, parlant à Florimont.)
Ce sont des connaisseux,
Surtout le chevalier.

x.

FLORIMONT.
Eh bien, si tu le veux,
Ils pourront sur-le-champ vider notre querelle.
ÉLOMIRE.
J'y consens; et je sois berné, si j'en appelle!

SCÈNE IV et DERNIÈRE.

LE CHEVALIER, LE COMTE, LE MARQUIS, ÉLOMIRE,
ANGÉLIQUE, plusieurs autres Comédiens
et Comédiennes, LE VALET, FLORIMONT, ROSIDOR.

ÉLOMIRE.
Vous ne pouviez jamais venir plus à propos,
Pour nous servir d'amis, et nous mettre en repos.
Sans vous, nous étions prêts de rompre notre troupe.
LE CHEVALIER.
La rompre dans un temps qu'elle a le vent en poupe,
Ce seroit, ce me semble, assez mal aviser;
Mais d'où vient ce divorce?
FLORIMONT.
Et qui le peut causer,
Qu'Élomire?
ÉLOMIRE, en raillant.
Élomire a toujours fait merveilles.
Il a scandalisé des yeux et des oreilles,
Perverti des esprits, et corrompu des mœurs :
Enfin, c'est un démon, si l'on croit ces docteurs.
Le diable les confonde, eux et leur calomnie!
Mais il s'agit ici d'un point de comédie,
Qui m'importe bien plus que tous ces sots discours.
LE CHEVALIER.
Quel est-il?
ÉLOMIRE.
Ces rêveurs, qui m'insultent toujours,
Disent qu'au sérieux je ne suis qu'une bête :
Et cette impertinence est si fort dans leur tête
Que le diable, je crois, ne l'en ôteroit pas.

LE CHEVALIER.
Quoi! c'est là ce grand point qui cause vos débats?
ÉLOMIRE.
Lui-même.
LE CHEVALIER.
Eh bien! il faut terminer ces grabuges.
FLORIMONT.
De grâce, faites-le; nous vous en faisons juges.
LE CHEVALIER.
Juges d'un point comique? Ah! c'est nous faire honneur.
D'autant plus qu'il s'agit de juger d'un acteur;
Et d'un acteur encor tel que l'est Élomire.
FLORIMONT.
C'est-à-dire fort grand dans les pièces pour rire,
Moyennant que le drôle en soit pourtant l'auteur :
Car, aux pièces d'autrui, je suis son serviteur;
De sa vie il n'entra dans le sens d'aucun autre.
ÉLOMIRE.
C'est là ton sentiment; mais ce n'est pas le nôtre.
LE CHEVALIER, à Élomire.
Récite donc des vers, et des plus sérieux.
ÉLOMIRE.
J'en vais dire à tirer les larmes de vos yeux.
Écoutez, je vais dire une fort belle stance;
Surtout observez bien mon geste et ma cadence.

(Élomire déclame.)

   Noire déesse de la Nuit,
   Pourquoi redoubles-tu tes voiles?
  Et, nous cachant jusqu'aux étoiles,
Nous laisses-tu si peu de lumière et de bruit?
   Jamais, depuis que le silence
    Accompagna l'obscurité,
    L'on ne vit si peu de clarté
   Se joindre à leur intelligence :
Ici rien ne paroît que ténèbres, qu'horreur;
   Mais, las! pardonne à mon erreur;
Puisque je vois les maux que ma Climène endure,
Triste Nuit, c'est à tort que je t'appelle obscure.

Pourquoi donc...
>> LE CHEVALIER, interrompant Élomire.
>> Plus de stance; ah! ce n'est pas ton fait.
>>> ÉLOMIRE.

Tout de bon?
>> LE CHEVALIER.
>> Tout de bon.
>>> ÉLOMIRE.
>>> En effet?
>> LE CHEVALIER.
>> En effet.
>>> ÉLOMIRE.

Disons donc d'autres vers qui soient plus magnifiques,
Et que mon action rende plus pathétiques.
(Élomire recommence à réciter des vers, avec plus de gestes qu'auparavant.)
Que dites-vous, Climène? ah! plutôt l'univers
Retourne en son chaos, que tout soit à l'envers;
Que tout périsse ensemble, et le ciel et la terre,
Plutôt que tant soit peu je vous puisse déplaire!
Mais que dis-je, insensé? ne vous déplais-je pas,
Ne vous fais-je pas seul souhaiter le trépas?
Un autre que Tircis cause-t-il votre peine?
Et ne suis-je pas seul votre fleau, ma Climène?
Oui, Climène, c'est moi dont le coupable amour
Vous veut faire quitter Filidas et le jour :
C'est moi qui fais l'ennui dont votre cœur soupire,
Et qui fais tous les maux sous lesquels il expire;
Ah! si je pouvois vaincre un si fier ennemi,
Ou tout du moins briser mes chaînes à demi;
Si cette passion qui mon âme transporte,
Étoit un peu plus lente, étoit un peu moins forte,
Et que dans ses élans je pusse, sans ma mort,
Vous céder, en faisant un généreux effort;
Que vous verriez bientôt, adorable Climène,
Quelle horreur a Tircis de causer votre peine!
Combien pour tous vos maux il endure de mal,
Et jusqu'à quel excès il aime son rival!
Mais cette passion, cet amour et ces chaînes,
Sont des chevaux fougueux qui n'ont ni mors ni rênes;

ACTE IV, SCÈNE I.

Ils m'emportent partout avec tant de roideur
Que ma chute peut seule apaiser leur fureur.
Tombons donc; aussi bien ma chute est légitime,
Puisque je ne saurois l'éviter sans un crime.
Oui...

LE CHEVALIER, l'interrompant.

Fais-tu de ton mieux, Élomire?

ÉLOMIRE.

Pourquoi?

LE CHEVALIER.

Parce que tu le dois; sinon, prends garde à toi.

ÉLOMIRE, étonné.

Quoi! je ne fais pas bien?

LE CHEVALIER.

Comment? bien? Au contraire;
Je ne t'ai, sur ma foi, jamais vu si mal faire.
Que t'en semble, marquis?

LE MARQUIS.

Que m'en sembleroit-il?
Pour en juger ainsi, faut-il être subtil?

LE CHEVALIER.

Et toi, comte?

LE COMTE.

Pour moi, je suis sur des épines
Quand je l'entends parler, ou que je vois ses mines.

ÉLOMIRE.

Ne jugez pas encor; quatre vers seulement
Vous vont désabuser.

LE CHEVALIER.

Dis-les donc promptement.

ÉLOMIRE. (Il recommence à réciter avec encore plus de mauvais gestes.)

Après tout, qui vous porte à m'être si cruelle?
Filidas est-il plus amoureux, plus fidèle?
Est-il plus beau que moi, vous mérite-il mieux?
N'ai-je pas comme lui de quoi plaire à vos yeux?
Mais quand ce Filidas vous plairoit davantage;
Quand du plus beau des dieux il auroit le visage,
Et quand il en auroit toutes les qualités,

N'étant pas roi, ce choix fait tort à vos beautés.
Ah!...
   LE CHEVALIER, interrompant derechef Élomire, et brusquement.
  De grâce, tais-toi; crois-moi, cher Mascarille,
Fais toujours le docteur, ou fais toujours le drille :
Car, enfin, il est temps de te désabuser,
Tu ne naquis jamais que pour faquiniser ;
Ces rôles d'amoureux ont l'action trop tendre :
Il faut par un regard savoir se faire entendre,
Et par le doux accord d'un mot et d'un soupir,
Toucher ses auditeurs de ce qu'on feint souffrir.
Mais si tu te voyois, quand tu veux contrefaire
Un amant dédaigné qui s'efforce de plaire;
Si tu voyois tes yeux hagards, et de travers;
Ta grande bouche ouverte, en prononçant un vers,
Et ton col renversé sur tes larges épaules,
Qui pourroient à bon droit être l'appui de gaules ;
Si, dis-je...
   ÉLOMIRE, interrompant le chevalier.
  Cela dit qu'il faut faquiniser :
Eh bien, faquinisons; mais comment apaiser
Ces critiques docteurs, qui me traitent d'impie,
Et de maître d'école, en fait de vilenie?
   LE CHEVALIER.
Il n'est rien plus aisé : tu n'as qu'à retrancher
Tout ce que dans tes vers tu t'es vu reprocher.
   ÉLOMIRE.
Je m'en garderai bien.
   LE CHEVALIER.
  Et pourquoi?
   ÉLOMIRE.
     Pourquoi? parce :
Il n'en resteroit plus que pour faire une farce.
   LE CHEVALIER.
Eh bien, la farce est bonne après le sérieux :
Tu la joueras toi-même, et la joueras des mieux,
Et même avecque gloire : a-t-on dans ce royaume
Jamais vu des acteurs pareils à Gros-Guillaume,

ACTE IV, SCÈNE I.

Gautier et Turlupin? de leur temps toutefois
Le sérieux étoit le grand goût des François.
Mais après qu'on avoit admiré Belle-Rose,
Ces trois fameux bouffons triomphoient par leur prose.
Et l'innocent plaisir, dont ils charmoient les cœurs,
Les faisoit adorer de tous les spectateurs.

ÉLOMIRE.

Parbleu, l'avis me plaît, j'en veux faire de même,
Et je vais tout châtrer, jusqu'à *tarte à la crème*.
Pour ces rôles transis, les prenne qui voudra :
Je ferai désormais tout ce qu'on résoudra.

FLORIMONT.

Nous ferons donc pleurer, et puis tu feras rire.

ÉLOMIRE.

J'accepte le parti.

FLORIMONT.

Mais garde-toi d'écrire
Rien de sale et d'impie, et qui choque les mœurs :
Autrement, sans quartier.

LE CHEVALIER.

Il l'a promis, messieurs.

ÉLOMIRE.

Je l'ai déjà juré, derechef je le jure :
Je ne ferai plus rien capable de censure.

FLORIMONT.

En ce cas nous allons faire enrager l'Hôtel.

ROSIDOR.

Et nous, crever de monde.

LE CHEVALIER.

En effet, rien de tel
Ne se verra jamais.

FLORIMONT, parlant au chevalier, au comte et au marquis.

Nous serons redevables
De cet heureux succès à vos soins favorables.
Aussi, messieurs...

LE CHEVALIER, s'en allant avec le comte et le marquis.

Adieu, mais avertissez-nous,
Alors que vous jouerez de la sorte chez vous.
Je le dis derechef, j'en attends des merveilles;

Et j'en veux régaler mes yeux et mes oreilles.

(Ils sortent tous trois, et tous les comédiens ensuite ; après quoi on cache le théâtre avec la toile, comme il étoit auparavant : ce qui finit le *Divorce comique* et fait continuer la scène du quatrième acte par le véritable Élomire, et les autres qui sont dans la loge.)

ÉLOMIRE, bas.

Lazarile, j'en tiens.

LAZARILE, bas.
Il n'en faut dire rien.

ÉLOMIRE, bas.

Non, mais si je guéris, je m'en souviendrai bien ;
Et l'auteur apprendra dans peu, par sa satire,
Qu'on rit à ses dépens quand on rit d'Élomire :
Car j'aurai ma revanche, ou bientôt je mourrai.

ALPHÉE.

Eh bien, gland médecin du fameux Sennelay,
Vous voyez maintenant que je ne suis pas seule
Qui contle Mascalille ait déployé sa gueule.
L'auteul de cette pièce, ainsi que vous voyez,
Ne l'a pas mal daubé, du clâne jusqu'aux pieds ;
Mais ce qui me lavit, dedans cette satile,
C'est que tout en est vlay, et que tout y fait lile.

ÉLOMIRE, bas, à Lazarile.

Elle ment ; si j'osois...

LAZARILE, bas, à Élomire.
Gardez-vous de causer.

ORONTE.
Voici l'heure du bal, allons nous déguiser.

ACTE CINQUIÈME.

(Cette scène est dans une salle préparée pour un bal, où il y a compagnie, et des violons.)

SCÈNE PREMIÈRE.

ALCANDRE, CALISTE, LES CONVIÉS AU BAL, UN LAQUAIS.

ALCANDRE, à un laquais.
Qu'on donne ordre, laquais, de faire entrer les masques.
CALISTE.
Quelle est leur mascarade?
ALCANDRE.
Elle est des plus fantasques :
Et comme ils ont en main chacun un instrument,
Sans doute ils donneront du divertissement :
Les voici; peut-on voir de meilleures crotesques?
CALISTE, voyant entrer les masques.
C'est Esculape et Mome, ô dieux! qu'ils sont crotesques!

SCÈNE II.

Deux musiciens représentant ESCULAPE et MOME, ORONTE, CLIMANTE, CLÉARQUE, ÉLOMIRE, LAZARILE, CLARICE, LUCINDE, ALPHÉE, LUCILLE, tous masqués, et tenant en main chacun un instrument. ALCANDRE, CALISTE, LES CONVIÉS.

(Esculape et Mome chantent en forme de dialogue le récit qui suit, et les autres le répètent.)

RÉCIT DE LA MASCARADE.

ESCULAPE.
Rien n'égale la santé,
Belles, chérissez-la par-dessus toutes choses :

Elle fait de votre beauté
Tous les lis et toutes les roses :
Sans elle vous n'auriez que de foibles appas;
Encor ne les verrions-nous pas.
Je suis le dieu qui la donne
A tous les autres dieux, même à celui qui tonne;
Et si vous me voyez ici,
C'est pour vous la donner aussi.

MOME.

Esculape est un pipeur,
N'écoutez point sa voix, adorables mortelles :
Si vous êtes de belle humeur,
Vous demeurerez toujours belles.
La joie est la santé que demandent vos yeux;
Elle seule charme les dieux :
Je suis celui qui la donne
Aux déesses du ciel, pour plaire au dieu qui tonne;
Et si vous me voyez ici,
C'est pour vous la donner aussi.

ESCULAPE.

Quoi! ce Tabarin des cieux,
Ce Mome qui cent fois reconnut ma puissance,
Viendra m'insulter en ces lieux,
Et ne craindra point ma vengeance?
Non, non, ne souffrons point de cet enfariné;
Sus, amis, pour être berné,
Qu'aux médecins on le donne :
Cet ordre plaît aux dieux, même à celui qui tonne,
Et si vous nous voyez ici,
C'est parce qu'il leur plaît aussi.

SCÈNE III.

**L'EXEMPT, LE BALAFRÉ, SANS-MALICE,
PLUSIEURS AUTRES ARCHERS, ESCULAPE, MOME,
ORONTE, CLIMANTE, CLÉARQUE,
ÉLOMIRE, LAZARILE, CLARICE, LUCINDE, ALPHÉE,
LUCILLE, ALCANDRE, CALISTE, LES CONVIÉS.**

L'EXEMPT.

Archers, en haie; et tous, vis-à-vis de la porte;
Mais qu'on garde surtout que personne ne sorte.
  (A Alcandre, qui va à lui.)
Demeurez là, monsieur; mais qu'on ne craigne rien.

ALCANDRE, à l'exempt.

Guet, me connoissez-vous?

L'EXEMPT.

Oui, je vous connois bien,
Et je sais ce qu'on doit aux gens de votre sorte.

ALCANDRE.

Pourquoi donc à mon nez vous saisir de ma porte?

L'EXEMPT.

Parce qu'un assassin est parmi ces masqués,
Que je veux l'avoir vif, ou mort.

ALCANDRE.

Vous vous moquez;
Je connois trop tous ceux qui sont dans cette bande.

L'EXEMPT, montrant son bâton.

Connoissez ce bâton, monsieur, et qu'on lui rende
Du respect; ou sachez que vous en répondez.
  (Arrachant brusquement le masque à Oronte.)
Allons, le masque bas; vite, vous marchandez?
  (Connoissant Oronte.)
Quoi! vous, mon médecin? vous-même, vous, Oronte?
Vous, en masque? ah! ma foi, vous devriez avoir honte;
Vous, en masque, grands dieux, avec des assassins?

ORONTE.

Vous nommez donc ainsi messieurs les médecins?
Car ceux que vous voyez le sont tous, et leurs femmes.

L'EXEMPT, *s'adressant à Élomire et à Lazarile, qui se sont démasqués avec tous les autres.*

Ceux-là ne le sont pas; qu'êtes-vous, bonnes âmes?
Car vos visages ont un certain air...

ÉLOMIRE.

Croyez
Que vous parleriez mieux si vous me connoissiez.

ALCANDRE.

Prenez garde, monsieur; c'est le Bassa Sigale.

L'EXEMPT.

Qui! ce fourbe qui fuit, de peur qu'on ne l'empale?

ÉLOMIRE.

Je n'eus jamais ce nom, ni cette qualité.

ALCANDRE.

Sous ce nom-là, pourtant, vous m'avez consulté;
Si vous ne l'êtes pas, vous êtes un grand fourbe :
Voyez-vous ce petit bout d'homme qui se courbe
Derrière lui, c'étoit son secrétaire...

LAZARILE, *se redressant.*

Hé bien !
J'étois son secrétaire, et je ne suis plus rien :
Concluez?

L'EXEMPT.

Sur ma foi, ce petit homme est drôle;
Dans une comédie il joueroit un bon rôle.

(*Se tournant vers Élomire.*)

Mais, de grâce, monsieur, qu'êtes-vous? car enfin
Je sais qu'il est entré céans un assassin ;
Qu'il cachoit, comme vous, son visage d'un masque,
Et tenoit comme vous un gros tambour de basque.
Je ne crois pas, monsieur, qu'après un tel rapport
De l'assassin à vous, je puisse avoir grand tort
Quand je vous traînerois dans la Conciergerie;
D'autant plus que pas un de cette compagnie
Ne sait ni votre nom, ni quel est le pays
D'où vous êtes, et dont certes je m'ébahis.
Quoi! malgré tout cela, vous n'ouvrez pas la bouche?

LE BALAFRÉ.

C'est sans doute, monsieur, que le remords le touche;

ACTE V, SCÈNE III.

C'est notre homme, et je vais, si vous le trouvez bon,
Le lier pieds et poings.

L'EXEMPT.

Direz-vous votre nom?

ÉLOMIRE.

Hélas! monsieur, je suis un Espagnol malade,
Qui...

L'EXEMPT.

Fourbe, en cet état va-t-on en mascarade?

ÉLOMIRE.

Oui, monsieur, l'on fait plus : l'on boit à rouges bords,
On rit, on chante, on joue, on s'égaye le corps,
Quand c'est de Sennelay le grand urinaliste
Qui traite un hypocondre, et non pas un chimiste.

L'EXEMPT.

Quoi! pour faire le fou, vous pensez m'abuser?
Ah! ma foi, je m'en vais vous faire dégoiser,
Devant qu'il soit deux jours, de la belle manière,
Ou nous verrons tarir fontaines et rivières;
Oui, fourbe, nous saurons bientôt votre dessein;
Nous vous saurons tirer la vérité du sein.
Balafré, qu'on le lie!

ÉLOMIRE, à Oronte.

O dieux! est-il possible
Qu'un homme tel que vous ait le cœur insensible?
Quoi donc? de Sennelay merveilleux médecin,
Vous me souffrez nommer fou, perfide, assassin,
Archi-fourbe : pour fou, passe, ma maladie
Est telle, dites-vous, par ma mélancolie;
Mais pour ces autres noms, vous savez comme moi
Que je ne les ai point.

ORONTE.

Cet homme est fou, ma foi!
Qu'est-ce que Sennelay? qu'est-ce qu'urinaliste?
Qu'est-ce que votre mal? n'êtes-vous point Lulliste?
Ces gens-là d'ordinaire ont un langage obscur,
Qu'on entend justement comme l'entend un mur.

ÉLOMIRE, à Climante.

Climante, vous savez...

CLIMANTE.

Oui, que je suis Climante ;
Si vous en voulez plus, vous voulez que je mente.

ÉLOMIRE.

Mais, monsieur, vous savez si je suis l'assassin
Que l'on cherche.

CLIMANTE.

Je sais que je suis médecin
De Paris, et, de plus, qu'Oronte l'est de même ;
Mais d'où vient qu'à ces mots vous devenez tout blême ?

ÉLOMIRE, bas, à Lazarile.

Je suis mort, Lazarile.

LAZARILE, bas.

Espérez jusqu'au bout ;
Mais qu'on ne sache point qui vous êtes, surtout.

ÉLOMIRE, bas.

Je m'en garderai bien.

L'EXEMPT, à Élomire.

Que venez-vous de dire ?

ÉLOMIRE, en toussant bien fort.

Rien du tout.

L'EXEMPT.

Vous mentez.

LE BALAFRÉ.

Monsieur, c'est Élomire ;
Oui, c'est lui : je le viens de connoître à sa toux.

L'EXEMPT.

Lui ?

ORONTE.

Lui-même, qui sort de l'hôpital des fous :
Je dis de l'hôpital du grand urinaliste.

ÉLOMIRE, à Oronte.

Vous m'aurez donc joué, monsieur ?

ORONTE.

Oui, Jean-Baptiste ;
Oui, Bassa ; oui, Gusman ; nous vous avons joué.

ÉLOMIRE.

Par ma foi, j'en suis quitte à peu ; Dieu soit loué !

Je me croyois déjà dans la Conciergerie,
Et de là dans la place où...

L'EXEMPT.

La badauderie!
Vous vous entendez tous, et je m'entends aussi.
Balafré, qu'on le lie, et qu'on l'ôte d'ici.

ÉLOMIRE.

Ah! tous les médecins ont pour moi tant de haine
Que, si j'étois coupable, ils le diroient sans peine;
Oui, sans doute, ils seroient ravis de m'accuser,
Et pas un d'eux, monsieur, ne voudroit m'excuser.

LE BALAFRÉ, liant les bras d'Élomire.

Allons, causeur, allons; aide-moi, Sans-Malice.

ÉLOMIRE, se voyant lié.

Fit-on jamais, ô dieux! une telle injustice!

ORONTE, gaussant Élomire.

Le pauvre homme! Messieurs, vous lui rompez les bras :
Prenez garde, il les a, dit-on, fort délicats.
Peut-être qu'au sortir de la Conciergerie
Il en aura besoin : choyez-les, je vous prie.

ÉLOMIRE, à l'exempt, se jetant à ses pieds.

Monsieur, ayez pitié...

L'EXEMPT.

Pitié d'un assassin?

ÉLOMIRE.

Je le serois, monsieur, si j'étois médecin;
Mais je ne le suis pas, vous le savez vous-même.

ORONTE.

Il nous nomme assassins, ô l'impudence extrême!
Que ne diroit-il point s'il étoit hors d'ici?

L'EXEMPT.

Messieurs, il parlera fort peu de temps ainsi :
Moyennant quelques pots de belle eau toute pure,
Je le ferai bientôt changer de tablature;
Mais c'est trop épargner un insolent causeur :
Qu'on marche.

ÉLOMIRE, se voyant traîné.

Lazarile, à moi!

LAZARILE, le suivant.
J'y suis, monsieur.
TOUS LES ACTEURS ensemble, voyant qu'on entraîne Élomire.
Le pauvre homme!
ORONTE, après qu'Élomire et ceux qui le mènent ne paroissent plus.
Ma foi, c'est par trop, ce me semble :
Il croit aller en Grève.
CLIMANTE.
Et si vrai, qu'il en tremble.
ORONTE.
S'il en mouroit?
CLÉARQUE.
Qu'importe? il meurt bien d'autres fous
En nos mains.
ORONTE.
Mais, enfin, que diroit-on de nous?
CLÉARQUE.
On en diroit, ma foi, ce qu'on en voudroit dire;
Mais, quoi que l'on en dit, je n'en ferois que rire.
(L'exempt rentre, et Cléarque continue.)
L'exempt revient.
CLIMANTE, à l'exempt.
Eh bien! l'as-tu fait expirer?
L'EXEMPT.
Donnez-moi, s'il vous plaît, le temps de respirer :
J'ai tant ri que j'en ai presque perdu l'haleine.
Ayant mis notre fou dans la chambre prochaine,
Avec son Lazarile, et notre Balafré,
Je les ai laissés seuls; et puis, étant rentré
Sans être vu, j'ai ouï ce que je vais vous dire :
« Illustre Balafré, dit tout bas Élomire,
L'occasion est chauve, et qui ne la prend pas
Alors qu'il la rencontre, est mis au rang des fats.
— Monsieur, je n'entends rien à ces belles paroles;
Mais je sais ce qu'on fait quand on tient des pistoles,
Lui répond la Balafre, et, si vous en doutiez,
Il ne tiendroit qu'à vous que vous ne le vissiez. »
Élomire, à ces mots, lui met en main sa bourse;

Le Balafré la prend, disant : « Je suis votre ourse :
Suivez-moi. » Cela dit, le drôle fait le saut
De la fenêtre en bas : l'étage est assez haut,
Quoiqu'il soit le premier ; toutefois Élomire,
Et c'est ceci, ma foi, qui m'a le plus fait rire,
Autant pressé de joindre un si grand conducteur
Qu'aveuglé de l'excès de la mortelle peur,
Le suit si prestement, et par la même route,
Qu'il tombe sur son guide ; il l'eût crevé, sans doute,
Si notre Balafré, plus dur que n'est le fer,
Ne l'eût d'un coup de reins fait retourner en l'air.
Élomire retombe, et soudain se redresse,
Et gagne le taillis, d'une belle vitesse.

ORONTE.

Et le bon Lazarile ?

L'EXEMPT.

Il est encore ici.

ORONTE.

Notre vengeance est due à ses soins.

L'EXEMPT.

Dieu merci !
Nous les pouvons payer aux dépens d'Élomire :
Car nous avons sa bourse.

ORONTE.

Il aura donc fait rire
A ses frais ceux qu'il a tant de fois outragés.

L'EXEMPT.

C'est assez : allons boire aux médecins vengés.

FIN D'ÉLOMIRE HYPOCONDRE.

APPENDICE[1].

ÉTAT

de la dépense pour le divertissement de Chambord[2] et pour le dernier ballet recommencé à Saint-Germain-en-Laye, par le commandement de Sa Majesté, depuis le 26ᵉ février jusques au 9ᵉ mars 1670.

A Fortier, tailleur, la somme de mil soixante-neuf livres onze sols, savoir pour le louage de soixante et quatorze habits, à raison de cent sols l'habit pour chaque représentation suivant le prix accoutumé; deux représentations font 740 livres; soixante-six livres pour l'habit de la damoiselle Vauriot, prix fait, et deux cent soixante-trois livres onze sols pour ses fournitures de cravates, caleçons, écharpes et autres choses nécessaires aux deux divertissemens, modérées au prix ordinaire. Toutes lesdites sommes revenant, suivant ses parties, à celle de. . . 1069 livres 11 sols.

A Baraillon[2], la somme de quinze cent soixante et huit livres; savoir pour le louage de cent trente-huit habits à raison de cent sols l'habit, prix ordinaire pour chaque représentation; deux représentations montent à

---

1. Nous reproduisons le document suivant, d'après la publication de M. E. Campardon : « *Nouvelles Pièces sur Molière et sur quelques comédiens de sa troupe*, recueillies aux Archives nationales ; Paris, Berger-Levrault et Cⁱᵉ, éditeurs, 1876. » Ce document est analogue à celui que nous avons donné ci-dessus, page 417, et nous avions pu jadis l'examiner aux Archives nationales, dans le même carton O-14083. Nous avions craint d'abord de multiplier ces pièces de comptabilité; mais l'intérêt qu'on paraît y attacher de plus en plus nous décide à l'imprimer en appendice.

M. Campardon croit que ce compte est applicable à une représentation des *Amants magnifiques* (la quatrième) donnée à Saint-Germain-en-Laye le 4 mars 1670 ; à une reprise de *Monsieur de Pourceaugnac* (le Divertissement de Chambord) qui eut lieu deux jours après, dans la même résidence, et enfin à la cinquième représentation des *Amants magnifiques*, qui se fit le 8 mars.

2. Jean Baraillon, tailleur de la troupe de Molière, épousa, en 1672, une sœur de mère de Mˡˡᵉ Debrie. Son contrat de mariage, où il est qualifié de tailleur ordinaire pour les ballets de Sa Majesté et maître tailleur d'habits à Paris, rue Saint-Honoré, avec Jeanne-Françoise Brouard, majeure, fille de feu Jean Brouard, l'un des vingt-quatre violons de Sa Majesté, et de Nicolle Ravanne, sa femme, demeurant en la maison d'Edme Villequin, officier de Sa Majesté, et de demoiselle Catherine Leclerc, sa femme et sœur utérine de la future épouse, fut passé le 24 avril 1672, en présence de Simon-Guyon Lastre, maître tailleur d'habits, et Catherine Baraillon, sa femme, sœur de l'époux; Denis Castel, neveu de l'époux; des sieur et demoiselle Villequin; de Marie Ravanne, veuve de Nicolas Charles, batteur d'or et d'argent, tante maternelle de l'épouse; Pierre de La Barre, ordinaire de la musique du roi; Achille Varlet, sieur de Verneuil; Charles Varlet, sieur de Lagrange; demoiselles Marie et Marie Ragueneau, filles majeures et amies de l'épouse. (*Archives nationales*) Y, 242.)

1380 livres, et cent quatre-vingt-huit livres pour ses fournitures de caleçons, cravates, écharpes et autres choses nécessaires aux deux divertissemens, arrêtées aux prix accoutumés; lesdites sommes revenant, suivant ses parties, à celle de . . . . 1568 livres.

A la damoiselle Saint-Christophe pour deux habits neufs, un d'Égyptienne au ballet de Chambord, et un de bergère au grand ballet, à raison de deux cens livres chaque habit en la manière accoutumée . 400 livres.

Pour deux autres habits qui lui ont été nécessaires pour les deux divertissemens, suivant la convention qui en a été faite. . . . . . 110 livres.

Pour l'habit de la damoiselle Deffronteaux, la somme de cinquante-cinq livres et trente-trois livres pour la parure de diamans, ainsi qu'il a été convenu. . . . . 88 livres.

Pour la petite-oie des damoiselles de Saint-Christophe, Vauriot et Deffronteaux, à raison de cent livres pour chacune en la manière ordinaire . . . . 300 livres.

Pour la petite-oie du sieur Lully, ainsi qu'il s'est pratiqué au ballet de Chambord . . . . 44 livres.

A la veuve Vaignard, la somme de seize cent deux livres deux sols, savoir 1205 livres pour les fournitures d'ustensiles, masques, jarretières et nœuds pour le grand ballet, et 397 livres 2 sols pour toutes les fournitures faites pour le ballet de Chambord; arrêté ainsi qu'il a été pratiqué pour les ustensiles et pour les autres fournitures aux prix accoutumés; lesdites deux sommes revenant, suivant ses parties, à celle de. 1602 livres 2 sols.

A Ducreux, la somme de quatre cent cinquante-quatre livres dix sols, pour ses fournitures de masques, jarretières, perruques, barbes et autres ustensiles pour lesdits divertissemens, suivant ses parties arrêtées aux prix ordinaires. . . . . 454 livres 10 sols.

A Braton, maître armurier, pour quatre boucliers garnis de couleur de feu, peints et dorés, à raison de 18 livres la pièce. . . . . . . 72 livres.

A Dufour, la somme de dix-huit cent cinquante-une livres, pour fournitures de bas de soie, savoir 468 livres pour vingt-six paires de bas d'attache, à raison de 18 livres la paire : 1248 livres pour quatre-vingt-seize paires de bas, à raison de 13 livres la paire, et 135 livres pour neuf paires de bas couleur de feu, à raison de 15 livres la paire; le tout, réglé aux prix accoutumés, revenant lesdites sommes à celle de. . . . 1851 livres.

A Blanchard, la somme de 127 livres 10 sols pour cent quinze paires de gans, à raison de 12 sols la paire; vingt-six paires à raison de 15 sols, et six paires de gans de cerf pour les combattans, à raison de six livres dix sols la paire; le tout, suivant ses parties modérées à la somme de . . . . 127 livres 10 sols.

A Destranges, la somme de quatre cent vingt-une livres onze sols, pour 1486 aunes de rubans fournis pour les deux divertissements, tant pour les danseurs et concertans que pour la parure des chevaux et des trompettes, savoir, 677 aunes couleur commune à raison de 5 sols l'aune, montant à 169 livres 5 sols, et 809 aunes couleur de feu à raison de 6 sols l'aune, montant à 242 livres 14 sols, outre 24 aunes de dentelle d'argent, à 8 sols l'aune, montant à 9 livres 12 sols; toutes lesdites sommes revenant à celle de . . . . 421 livres 11 sols.

A Chantoiseau et Lenoir la somme de sept cent quarante-trois livres dix sols, pour avoir fourni pour les divertissemens, 326 plumes à raison de quarante-cinq sols la plume, prix ordinaire, et un éventail de plumes avec deux miroirs, pour la Vénitienne, modéré à dix livres, montant le tout, suivant les parties, à. . . . . 743 livres 10 sols.

A Brécourt, pour fournitures de pierreries sur les habits des seigneurs et des damoiselles nécessaires aux divertissemens, suivant ses parties modérées à. . . . . 650 livres.

A Paisant, pour avoir fourni la pommade et la poudre et pour la peine des garçons qui ont ajusté les danseurs dans tous les divertissemens, suivant ses parties modérées à . . . . 105 livres.

Cinq cent quatre-vingt-douze livres quinze sols, pour les logemens des danseurs, concertans, comédiens et autres gens nécessaires ; le tout suivant ce qui s'est pratiqué au dernier ballet et le mémoire arrêté à. . . . . 592 livres 15 sols.

Cinq cent quatre-vingt-onze livres dix sols, pour cent vingt-sept paires d'escarpins, à 4 livres 10 sols la paire, et 4 paires pour Beauchamp[1], à raison de cent sols la paire, suivant le mémoire. . . . . 591 livres 10 sols.

Deux mille soixante et quinze livres quinze sols, pour les nourritures des danseurs, concertans et autres, à qui Sa Majesté n'accorde point de pension et pour celle des comédiens de la troupe du Roi, suivant ce qui s'est pratiqué au dernier ballet, à. . . . . 2075 livres 15 sols.

A Balard[2], six cent quatre-vingt quinze livres, pour avoir fourni pour les deux ballets 1760 livrets simples et 280 couverts de papier marbré avec rubans, suivant ses parties modérées à ladite somme de . . . 695 livres.

A Cordier, sept cent quatre-vingt-seize livres dix-huit sols, pour le pain, vin, verres, bouteilles, bois et autres dépens nécessaires; le tout fait et arrêté suivant ce qui s'est pratiqué au dernier ballet, ainsi qu'il appert par ses parties modérées à ladite somme de . . . . 796 livres 18 sols.

A La Vigne, six cent quarante-cinq livres dix sols pour avoir fourni onze carrosses à quatre chevaux pour aller à Saint-Germain, savoir 4 pour les comédiens, un pour les sieurs Lully et Lambert[3], un pour la damoiselle Saint-Christophe et sa compagnie, un pour deux autres damoiselles et leur compagnie, un pour le service, un pour les voltigeurs et deux pour les tailleurs et marchands qui ont parti à différens jours, 7 carrosses pour le retour, à raison de 20 livres par jour : monte cet article à 360 livres; une calèche pour le sieur Molière, à raison de 11 livres par jour, 2 jours font 22 livres; deux carrosses à deux chevaux pour le retour des damoiselles à 11 livres chacun; trois carrosses pour le service en des occasions pressantes, montant à 22 livres pour les trois : cet article monte à 66 livres. Plus pour deux carrosses à deux chevaux qui ont demeuré à Saint-Germain pendant neuf jours l'un, et l'autre sept : monte cet article à 176 livres; et un cheval pour le service pendant neuf jours, à raison de cent sols par jour;

---

1. Ce Beauchamp, danseur habile, qui figurait dans toutes les représentations données à la cour, devint, en 1688, directeur de l'Académie royale de danse et compositeur des ballets du roi.

2. Balard, imprimeur ordinaire du roi pour la musique.

3. Michel Lambert, beau-père de Lulli, était maître de musique du roi. Né en 1610, il mourut en 1696.

pour le louage et nourriture, 43 livres 10 sols : toutes lesdites sommes revenant à celle de. . . . . 645 livres 10 sols.

Plus pour d'autres voitures la somme de cinq cent cinquante-quatre livres, savoir au grand bureau des carrosses pour avoir conduit à Saint-Germain les grands et petits violons, tous les danseurs et concertans, 10 carrosses à raison de 20 livres par jour et neuf pour le retour; 2 calèches, une pour le sieur Lully et l'autre pour les danseurs, et six livres pour un cheval : monte cet article à 398 livres. A M. Louis pour six charrettes, trois pour le bagage des comédiens et trois pour porter les mannes, à raison de douze livres chacune; deux jours font 144 livres, et douze livres pour Danglebert, Labarre, Dupré et Beaumy, concertans, qui n'ont pu être avertis assez tôt pour se rendre dans les voitures ordinaires, montant lesdites sommes à celle de . . . . 554 livres.

Sept cent quatre-vingt-neuf livres dix sols au sieur Vigarani, pour la dépense faite pour l'entretènement des ouvriers qui ont servi au théâtre et d'autres menues dépenses, suivant le mémoire signé par ledit sieur Vigarani. . . . . 789 livres 10 sols.

Au concierge, pour ses peines et le louage d'une chambre pour habiller les danseurs et mettre les mannes, à l'ordinaire . . . . 60 livres.

Aux comédiens pour avoir fait charger et décharger leur bagage, suivant leur mémoire . . . . 32 livres 10 sols.

Au sieur Joly, pour avoir fait raccommoder les chevaux des voltigeurs, les avoir fait voiturer et pour les peines de ceux qui les ont montés et descendus, suivant leur mémoire. . . . . 80 livres.

Pour les ports et rapports d'instruments . . . . 40 livres.

Au sieur de Lully pour des copistes et leur nourriture . . . 55 livres.

Pour les menues dépenses, tant pour les suisses qui ont gardé la porte du théâtre que pour d'autres faites manuellement. . . . . . . 53 livres.

Pour ceux qui ont averti les danseurs et concertans, tant à Paris qu'à Saint-Germain, et qui ont servi en plusieurs rencontres aux divertissemens, aux choses pressées pour le service. . . . . 40 livres.

Somme totale du contenu au présent état, seize mille huit cens livres deux sols.

Nous Louis-Marie d'Aumont de Rochebaron, duc et pair de France, premier gentilhomme de la chambre du Roi, certifions avoir ordonné les dépenses contenues au présent état et les avoir réduites à la somme de 16708 livres 2 sols.

Fait à Saint-Germain, le 15ᵉ apvril 1670.

Signé : Duc d'Aumont.

FIN DE L'APPENDICE.

TABLE

DU TOME DIXIÈME.

Monsieur de Pourceaugnac, comédie-ballet en trois actes.
    6 octobre 1669 1
    Notice préliminaire 3
    Monsieur de Pourceaugnac 21
    Le Divertissement de Chambord, mêlé de comédie, de musique et
      d'entrées de ballet 115

Les Amants magnifiques, comédie-ballet en cinq actes, représentée à Saint-Germain-en-Laye le 4 février 1670, sous le titre
    de *Le Divertissement royal*. 127
    Notice préliminaire 129
    Le Divertissement royal 139
    Les Amants magnifiques 145
    Les Magnificences du divertissement qui a été pris par Leurs
      Majestés pendant le carnaval. 221

Le Bourgeois gentilhomme, comédie-ballet en cinq actes.
    13 octobre 1670 227
    Notice préliminaire 229
    Le Bourgeois gentilhomme 249
    Le Bourgeois gentilhomme (livre du ballet) 401

TABLE DES MATIÈRES.

La Cérémonie turque, d'après l'édition de 1671. 411
La Cérémonie turque, d'après l'édition de 1682. 413
Estat de la dépence faite pour la comédie-ballet intitulée *le Bourgeois gentilhomme.* 417

ÉLOMIRE HYPOCONDRE OU LES MÉDECINS VENGÉS, comédie par monsieur Le Boulanger de Chalussay. 427
Notice préliminaire. 429
Préface. 435
Élomire hypocondre ou les Médecins vengés. 439

APPENDICE. — *État* de la dépense pour le divertissement de Chambord et pour le dernier ballet recommencé à Saint-Germain-en-Laye, par le commandement de Sa Majesté, depuis le 26ᵉ février jusques au 9ᵉ mars 1670. 515

FIN DE LA TABLE DU TOME DIXIÈME.

PARIS. — TYP. A. QUANTIN, 7, RUE SAINT-BENOIT. — [2232]

ÉDITION DES
ŒUVRES COMPLÈTES
DE VOLTAIRE
IMPRIMÉE PAR M. QUANTIN
FORME 50 VOLUMES IN-8° CAVALIER SUR BEAU PAPIER DU MARAIS

Au prix de 7 francs le volume.

Il a été tiré 150 exempl. sur grand papier de Hollande, à 15 fr. le vol.

UN BEAU PORTRAIT EN PIED DE VOLTAIRE

d'après la célèbre statue de Houdon qui est à la Comédie-Française, a été gravé par un de nos plus éminents artistes pour être mis en tête du premier volume.

Matières contenues dans les 50 volumes :

- Tome 1er.... — Études et documents biographiques. 1 vol.
- — 2 à 7. — Théâtre. 6 vol.
- — 8. — La Henriade. — Poëme de Fontenoy. — Odes, etc. 1 vol.
- — 9. — La Pucelle. — Premiers contes en vers. 1 vol.
- — 10. — Contes en vers.— Satires.— Épîtres, etc. 1 vol.
- — 11 à 13. — Essai sur les mœurs.— Annales de l'Empire. 3 vol.
- — 14 à 15. — Le siècle de Louis XIV, le Siècle de Louis XV. — Histoire du Parlement. 2 vol.
- — 16. — Fin de l'Histoire du Parlement. — Histoire de Charles XII.—Histoire de Russie. 1 vol.
- — 17 à 20. — Dictionnaire philosophique. 4 vol.
- — 21. — Romans. 1 vol.
- — 22 à 30. — Mélanges. 9 vol.
- — 31 et 32. — Commentaires sur Corneille. — Appendice. 2 vol.
- — 33 à 50. — Correspondance (18 vol.). — Le 50e vol. finit par une notice bibliographique de M. G. Bengesco.

SUITE DE 109 GRAVURES
D'après les dessins de MOREAU JEUNE
POUR LES ŒUVRES COMPLÈTES DE VOLTAIRE
Nouvelle édition, tirée sur les planches originales
La collection...................... 30 francs
Il a été tiré 150 épreuves sur papier de Chine, la collection 60 fr.
et 100 sur papier Whatman, 60 fr.

SUITE DE 90 GRAVURES MODERNES
D'après les dessins de STAAL, PHILIPPOTEAUX, etc.
POUR LES ŒUVRES COMPLÈTES DE VOLTAIRE
La collection...................... 30 francs
Il a été tiré 150 exemplaires sur chine, avant la lettre, format gr. in-8...... 60 fr.
— — — gr. in-8 colombier .. 120 fr.

Paris. — Typ. A. QUANTIN, rue Saint-Benoît, 7.

www.ingramcontent.com/pod-product-compliance
Lightning Source LLC
Chambersburg PA
CBHW071402230426
43669CB00010B/1419